21 世纪立体化高职高专规划教材·财经系列
高职高专“双证书”教育特色教材

财务会计实务

何和平　主　编
叶　佳　刘晓菊　郭素勤
何　涛　李　贺　副主编
石　倩　主　审

電子工業出版社
Publishing House of Electronics Industry
北京·BEIJING

内容简介

本书依据最新发布的会计准则和税收政策有关规定，按照高职高专会计专业人才培养的目标及要求，参照国家初级会计资格的职业标准，以会计要素的确认和计量构建内容体系。全书由会计要素确认和计量的基本理论、会计六大要素的确认和计量、会计确认和计量结果的报告、事业单位会计基础等4部分内容组成。全书共10章，各章均设有学习目标、链接、提示、思考、检测、考情分析、同步训练等项目，方便教学中的师生互动或相关知识和技能的测试。

本书的内容体系、检测题和同步训练题与全国初级会计资格考试要求相吻合，有利于课程教学与职业资格考试辅导相融合。本书既可作为高职高专会计类专业的教学用书，也可作为会计从业人员参加国家初级会计资格考试的参考用书。

图书在版编目（CIP）数据

财务会计实务 / 何和平主编. -- 北京：电子工业出版社，2015.2
21世纪立体化高职高专规划教材·财经系列
ISBN 978-7-121-25287-7

Ⅰ.①财… Ⅱ.①何… Ⅲ.①财务会计-高等职业教育-教材 Ⅳ.①F234.4

中国版本图书馆CIP数据核字（2014）第303499号

策划编辑：贾瑞敏 张思博
责任编辑：贾瑞敏　　特约编辑：胡伟卷 孙明珍
印　　刷：三河市鑫金马印装有限公司
装　　订：三河市鑫金马印装有限公司
出版发行：电子工业出版社
　　　　　北京市海淀区万寿路173信箱　　邮编100036
开　　本：787×1 092　1/16　印张：20.25　字数：572千字
版　　次：2015年2月第1版
印　　次：2015年2月第1次印刷
印　　数：3 000册　定价：40.50元

凡所购买电子工业出版社图书有缺损问题，请向购买书店调换。若书店售缺，请与本社发行部联系，联系及邮购电话：（010）88254888。

质量投诉请发邮件至zlts@phei.com.cn，盗版侵权举报请发邮件至dbqq@phei.com.cn。

服务热线：（010）88258888。

前　言

《国家中长期教育改革和发展规划纲要（2010—2020 年）》中指出：积极推进学历证书和职业资格证书“双证书”制度，推进职业学校专业课程内容和职业标准相衔接。“双证书”是指学生在毕业时能同时获得证明其学历的毕业证书和与专业相关的职业资格证书。高职教育是培养生产、建设、服务和管理第一线需要的高技能人才，“双证书”是技能型人才的知识、技能、能力和素质的体现和证明，特别是职业资格证书，是高职毕业生能够直接从事某种职业或岗位群工作的凭证。因此，实行“双证书”制度是高职教育实现高技能人才培养目标的要求。

本教材根据会计职业岗位群的任职要求，参照国家的会计职业资格标准，重构其课程体系及教学内容，把国家对会计职业资格的知识和技能要求融入有关课程的教学过程，使学生毕业时在取得高职会计专业毕业证书的同时，获得相应的会计职业资格证书。构建适合“双证书”教育的特色教材，是编写本教材的主要目的。因此，本教材在内容和编排方面具有以下特点。

1. 以会计确认和计量构建教材内容体系。按照财政部发布的《企业会计准则》和《事业单位会计准则》规定，依据高职会计专业培养技能型人才的目标和要求，参照国家的初级会计资格职业标准，以会计要素的确认和计量为主线构建教材内容体系。

2. 课程教学与职业资格考试辅导相融合。教材内容既符合高职会计人才培养的知识和技能要求，也融入了国家初级会计资格考试的内容，将《初级财务会计》课程教学与初级会计资格考试辅导相融合，将学生的职业能力培养与国家职业资格标准相衔接。需要说明的是，对于国家“初级会计实务考试大纲”中的“产品成本核算”和“产品成本计算与分析”等内容，根据高职会计专业课程设置的一般要求，将融入“成本会计”课程，不列入本教材内容。

3. 体现会计与税制改革完善的最新变化。继 2006 年发布企业会计准则体系——1 项基本准则和 38 项具体准则之后，2014 年财政部修订了基本准则和长期股权投资、职工薪酬、财务报表列报、合并财务报表、金融工具列报等 5 项具体准则，新发布了公允价值计量、合营安排、在其他主体中权益的披露等 3 项具体准则；自 2013 年 8 月 1 日起，在全国范围内开展交通运输业和部分现代服务业营业税改征增值税试点，财政部发布了《营业税改征增值税试点有关企业会计处理规定》；2012 年财政部修订了《事业单位会计准则》和《事业单位会计制度》。同时，近几年来国家对初级会计资格的考试内容及考试方式也有了较大的调整和变化。教材内容适时体现了这些新的变化和发展。

4. 充分考虑教学需要及学生的学习特点。编写风格立足于学生，每一章中设有“学习目标”、“链接”、“提示”、“思考”、“检测”等项目，为课堂教学中师生互动或相关知识点检测提供条件；每一章后配有“考情分析”（全国初级会计资格考试题型、题量及试题分数）、“同步训练”题（单项选择题、多项选择题、判断题、不定项选择题、计算分析题或综合题），便于学生在学习中明确重点并自我测试各章知识和技能的掌握程度。检测题和同步训练题中客观题的题型及要求与全国初级会计资格考试题相吻合。

本教材由何和平担任主编，叶佳、刘晓菊、郭素勤、何涛、李贺担任副主编。具体编写分工为：第一、三、九、十章由金华职业技术学院何和平编写；第二、七章由金华职业技术学院刘晓菊编写；第四、五章由四川职业技术学院何涛编写；第六章由乐山职业技术学院郭素勤编写；第八章由金华职业技术学院叶佳编写。全书由何和平负责拟定写作提纲、统稿和补充修改；由黑龙江职业学院石倩担任主审；参与编写的还有红塔红土基金管理有限公司曾令雄。

本教材主要供高职高专院校的会计专业使用，也可供成人高校（大专）的会计专业使用，还可作为会计从业人员参加国家初级会计资格考试的参考用书。

本教材在编写过程中借鉴和吸收了国内外专家和学者的大量研究成果，本教材的出版得到了电子工业出版社的大力支持，在此一并表示感谢。

由于编者水平和经验有限，若书中存在疏漏和错误之处，恳请读者和同行批评指正。

编　者

请注意：本书有配套的教学资源，为保证教学秩序，选用此书的学校，请仔细阅读书后所附教学资源索取表；通过网站和书店零购的读者，请提供购书发票、购买地点等信息索取。

目　　录

第一章

会计要素的确认和计量

学习目标

知识目标

掌握各项会计要素的定义、特征及确认条件；熟悉会计要素计量属性；了解会计确认和会计计量的含义。

技能目标

能对企业发生的交易或事项进行职业判断，并运用会计要素确认条件，对资产、负债、所有者权益、收入、费用和利润进行确认。

会计是以货币为主要计量单位，对企业单位的经济活动进行核算和监督的一种管理活动。企业会计的目标是向会计信息使用者提供与企业财务状况、经营成果和现金流量等有关的会计信息，反映企业管理层受托责任履行情况，有助于会计信息使用者做出相关决策。承担这一信息载体和功能的是企业编制的以财务报表为核心的财务报告，它是会计要素确认和计量的最终结果。

第一节　会计要素的确认

一、会计确认的含义

会计确认是按照规定的标准和方法，辨认、判断和确定发生的交易或者事项是否作为会计要素进行正式记录并列入财务报表的过程。会计是一个信息系统，会计核算过程实质上是一个信息转换、加工和传输的过程，包括会计确认、计量、记录和报告等环节。会计确认是信息转换的关键环节，是会计核算系统的基础。会计确认可分为初始确认和后续确认。

初始确认是指对发生的交易或者事项的原始经济信息进行的确认。原始经济信息的载体是伴随交易或者事项发生的原始凭证，初始确认从审核和填制原始凭证开始，依据会计要素定义及确认标准，将交易或者事项进行分类，运用复式记账法编制记账凭证，并登记有关账簿。初始确认的标准主要是发生的交易或者事项能否用货币计量，如果不能用货币计量，则将其摒弃在会计核算系统之外。

后续确认是指对已确认的会计要素在日后由于变动影响的再次确认或终止确认，以及对财务报表列报的会计信息进行的确认。经过初始确认并已登记入账的会计要素，依据会计信息质量要求，需要继续进行加工、浓缩、提炼或加以重新归类、组合，确认账簿中的哪些信息应当列入财务报表。后续确认的标准主要是根据会计信息使用者的需要，财务报表列报的会计信息应是能够影响会计信息使用者决策的信息。

会计确认的标准有可定义性、可计量性、可靠性和相关性，其中，可定义性和可计量性是主要标准。如果会计信息主要反映的是企业经营管理者的受托责任，则会计确认更强调其可靠性；如果会计信息主要是满足会计信息使用者的需要，则会计确认更强调其相关性。因此，进行会计确认时应在可靠性和相关性之间权衡，以保证提供的会计信息能够满足各方面的需要。

【链接 1－1】

二、会计要素的确认

会计要素是指根据交易或事项的经济特征所作的基本分类。企业会计要素分为资产、负债、所有者权益、收入、费用和利润。资产、负债和所有者权益是组成资产负债表的会计要素，侧重于反映企业的财务状况；收入、费用和利润是组成利润表的会计要素，侧重于反映企业的经营成果。

（一）资产的确认

1. 资产的定义

资产是指企业过去的交易或者事项形成的，由企业拥有或者控制的，预期会给企业带来经济利益的资源。根据定义，资产具有以下特征。

（1）资产预期会给企业带来经济利益。这是指资产直接或者间接导致现金和现金等价物流入企业的潜力。这种潜力可以来自企业日常的生产经营活动，也可以来自非日常活动；带来的经济利益可以是现金或现金等价物，或者是可以转化为现金或现金等价物的形式，或者是可以减少现金或现金等价物流出的形式。

预期能为企业带来经济利益是资产的重要特征。如果某一项目预期不能给企业带来经济利益，就不能将其确认为企业的资产。前期已经确认为资产的项目，如果不能再为企业带来经济利益，也不能再确认为企业的资产。

（2）资产应为企业拥有或者控制的资源。这是指企业享有某项资源的所有权，或者虽然不享有某项资源的所有权，但该资源能被企业控制。

企业享有资产的所有权，通常表明企业能够排他性地从资产中获取经济利益。在判断资产是否存在时，所有权通常是考虑的首要因素。在有些情况下，资产虽然不为企业所拥有，即企业并不享有其所有权，但企业控制了这些资产，同样表明企业能够从资产中获取经济利益，符合会计上对资产的定义。如果企业既不拥有也不控制资产所能带来的经济利益，就不能将其作为企业的资产予以确认。

（3）资产是由企业过去的交易或者事项形成的。资产应当由企业过去的交易或者事项所形成。过去的交易或者事项包括购买、生产、建造行为或者其他交易或者事项，只有过去的交易或者事项才能产生资产，企业预期在未来发生的交易或者事项不形成资产。

2. 资产的确认条件

将一项资源确认为资产，需要符合资产的定义，还应同时满足以下两个条件。

（1）与该资源有关的经济利益很可能流入企业。从资产的定义可以看到，能带来经济利益是资产的一个本质特征。但在现实生活中，由于经济环境瞬息万变，与资源有关的经济利益能否流入企业或者能够流入多少实际上带有不确定性。因此，资产的确认还应与对经济利益流入的不确定性程度的判断结合起来。如果根据编制财务报表时所取得的证据，判断与资源有关的经济利益很可能流入企业，那么就应当将其作为资产予以确认；反之，不能确认为资产。

（2）该资源的成本或者价值能够可靠地计量。可计量性是所有会计要素确认的重要前提，只有当有关资源的成本或者价值能够可靠地计量时，资产才能予以确认。在实务中，企业取得的资产只有当实际发生的成本或者生产成本能够可靠计量时，才能视为符合了资产确认的可计量条件。在某些情况下，企业取得的资产没有发生实际成本或者发生的实际成本很小，但是如果其公允价值能够可靠计量，也被认为符合资产可计量性的确认条件。

【检测1－1】多项选择题

能够确认为资产的有(　　　　)。

A. 经营租出的设备　　　　B. 经营租入的设备

C. 融资租入的设备　　　　D. 近期将要购入的设备

（二）负债的确认

1. 负债的定义

负债是指企业过去的交易或者事项形成的,预期会导致经济利益流出企业的现时义务。根据定义,负债具有以下特征。

【链接1－2】

(1) 负债是企业承担的现时义务。负债必须是企业承担的现时义务。这里的现时义务是指企业在现行条件下已承担的义务。未来发生的交易或者事项形成的义务不属于现时义务,不应当确认为负债。

(2) 负债预期会导致经济利益流出企业。预期会导致经济利益流出企业也是负债的一个本质特征,只有在履行义务时会导致经济利益流出企业的,才符合负债的定义。在履行现时义务清偿负债时,导致经济利益流出企业的形式多种多样,可以用现金偿还或以实物资产形式偿还,可以提供劳务形式偿还或部分转移资产、部分提供劳务形式偿还等。

(3) 负债是由企业过去的交易或者事项形成的。负债应当由企业过去的交易或者事项所形成。也就是说,只有过去的交易或者事项才形成负债,企业将在未来发生的承诺、签订的合同等交易或者事项不形成负债。

2. 负债的确认条件

将一项现时义务确认为负债,需要符合负债的定义,还需要同时满足以下两个条件。

(1) 与该义务有关的经济利益很可能流出企业。从负债的定义可以看到,预期会导致经济利益流出企业是负债的一个本质特征。在实务中,履行义务所需流出的经济利益带有不确定性,尤其是与推定义务相关的经济利益通常需要依赖大量的估计。因此,负债的确认应当与对经济利益流出的不确定性程度的判断结合起来。如果有确凿证据表明,与现时义务有关的经济利益很可能流出企业,就应当将其作为负债予以确认;反之,如果企业承担了现时义务,但是导致企业经济利益流出的可能性很小,就不符合负债的确认条件,不应将其作为负债予以确认。

(2) 未来流出的经济利益的金额能够可靠地计量。负债的确认在考虑经济利益流出企业的同时,对于未来流出的经济利益的金额应当能够可靠计量。对于与法定义务有关的经济利益流出金额,通常可以根据合同或者法律规定的金额予以确定。考虑到经济利益流出的金额通常在未来期间,有时未来期间较长,有关金额的计量需要考虑货币时间价值等因素的影响。对于与推定义务有关的经济利益流出金额,企业应当根据履行相关义务所需支出的最佳估计数进行估计,并综合考虑有关货币时间价值、风险等因素的影响。

【思考1－1】在实务中,企业发生的某些交易或事项,符合负债定义但不符合负债确认条件,能否将其确认为企业的负债?为什么?

（三）所有者权益的确认

1. 所有者权益的定义

所有者权益是指企业资产扣除负债后，由所有者享有的剩余权益。公司的所有者权益又称为股东权益。所有者权益包括所有者投入的资本、直接计入所有者权益的利得和损失、留存收益等。

2. 所有者权益的确认条件

所有者权益体现的是所有者在企业中的剩余权益，是企业的资产减去负债后的净资产。因此，所有者权益的确认主要依赖于其他会计要素，尤其是资产和负债的确认；所有者权益金额的确定也主要取决于资产和负债的计量。

【提示1－1】利得是指由企业非日常活动所形成的、会导致所有者权益增加的、与所有者投入资本无关的经济利益的流入。损失是指由企业非日常活动所发生的、会导致所有者权益减少的、与向所有者分配利润无关的经济利益的流出。

（四）收入的确认

1. 收入的定义

收入是指企业在日常活动中形成的、会导致所有者权益增加的、与所有者投入资本无关的经济利益的总流入。根据定义，收入具有以下特征。

（1）收入是企业在日常活动中形成的。日常活动是指企业为完成其经营目标所从事的经常性活动及与之相关的活动。明确界定日常活动是为了将收入与利得相区分，因为企业非日常活动所形成的经济利益的流入不能确认为收入，而应当计入利得。

（2）收入是与所有者投入资本无关的经济利益的总流入。收入会导致经济利益的流入，从而导致资产的增加。但是在实务中，经济利益的流入有时是所有者投入资本的增加所导致的，所有者投入资本的增加不应当确认为收入，应当将其直接确认为所有者权益。

（3）收入会导致所有者权益的增加。与收入相关的经济利益的流入会导致所有者权益的增加。不会导致所有者权益增加的经济利益的流入不符合收入的定义，不应确认为收入。企业对于因借入款项导致经济利益的流入，不应将其确认为收入，应当确认为一项负债。

2. 收入的确认条件

企业收入的来源渠道多种多样，不同收入来源的特征有所不同，其收入确认条件也往往存在差别，如销售商品、提供劳务、让渡资产使用权等。收入的确认除了应当符合定义外，至少应当符合以下条件：①与收入相关的经济利益很可能流入企业；②经济利益流入企业的结果会导致资产的增加或负债的减少；③经济利益的流入金额能够可靠地计量。

【检测1－2】单项选择题

下列项目中，应确认为收入的是（　　）。

A. 出售固定资产收取的价款　　B. 出租无形资产收取的租金

C. 发行公司债券收取的发行款　　D. 发行股票收取的发行款

（五）费用的确认

1. 费用的定义

费用是指企业在日常活动中发生的、会导致所有者权益减少的、与向所有者分配利润无关的经济利益的总流出。根据定义,费用具有以下特征。

（1）费用是企业在日常活动中形成的。费用必须是企业在日常活动中所形成的,这里日常活动的界定与收入定义中涉及的日常活动的界定相一致。日常活动所产生的费用通常包括营业成本、营业税金及附加、期间费用等。将费用界定为日常活动所形成的,目的是将其与损失相区分。企业非日常活动所形成的经济利益的流出不能确认为费用,而应当计入损失。

（2）费用是与向所有者分配利润无关的经济利益的总流出。费用的发生会导致经济利益的流出,从而导致资产的减少或者负债的增加,其表现形式包括现金或者现金等价物的流出、存货的流出或者固定资产和无形资产的消耗等。企业向所有者分配利润也会导致经济利益的流出,而该经济利益的流出属于所有者权益的抵减项目,不应确认为费用,应当将其排除在费用的定义之外。

（3）费用会导致所有者权益的减少。与费用相关的经济利益的流出会导致所有者权益的减少。不会导致所有者权益减少的经济利益的流出不符合费用的定义,不应确认为费用。

2. 费用的确认条件

费用的确认除了应当符合定义外,还应当严格符合以下条件:①与费用相关的经济利益很可能流出企业;②经济利益流出企业的结果会导致资产的减少或负债的增加;③经济利益的流出金额能够可靠地计量。

【提示1-2】利得和损失按会计要素归属不同分为两类:一类直接计入所有者权益;另一类直接计入当期利润。会计上不仅应严格区分收入与利得、费用与损失的界限,而且应严格划分直接计入所有者权益的利得或损失与直接计入当期利润的利得或损失的界限。

（六）利润的确认

1. 利润的定义

利润是指企业在一定会计期间的经营成果,包括收入减去费用后的净额、直接计入当期利润的利得和损失等。通常情况下,如果企业实现了利润,表明企业的所有者权益将增加;反之,如果企业发生亏损(即利润为负数),表明企业的所有者权益将减少。

2. 利润的确认条件

利润反映的是收入减去费用、利得减去损失后净额的概念。因此,利润的确认主要依赖于收入和费用及利得和损失的确认,其金额的确定也主要取决于收入、费用、利得和损失金额的计量。

【思考1-2】从会计要素的定义角度分析,收入减去费用一定等于利润吗?应当如何理解"收入-费用=利润"这一会计平衡公式?

第二节　会计要素的计量

一、会计计量的含义

会计计量是选择运用一定的计量属性和计量单位,将符合确认条件的会计要素登记入账并列报于财务报表而确定其金额的过程。会计信息主要是一种定量化的信息。会计计量是将会计信息量化的过程，贯穿于会计确认、记录和报告各环节。如果发生的交易或者事项不能可靠地计量，就不能予以确认、记录和报告，就不能实现会计目标。因此，会计计量是会计核算系统的核心。

会计计量主要包括计量单位（计量尺度）和计量属性（计量基础）两部分内容。会计以货币为主要计量单位（不排除以实物量度、劳动量度作为辅助计量单位）。一般情况下，会计计量以法定的名义货币作为计量单位。会计计量属性是指所用量度的经济基础，如历史成本、重置成本、公允价值等，计量属性的选择取决于不同使用者的信息需要。计量单位和计量属性的组合形成计量模式，不同计量单位和不同计量属性的组合形成不同计量模式。

会计计量可分为初始计量与后续计量。初始计量是指对发生的交易或者事项进行初始确认时的计量，即确定会计要素的入账价值。后续计量是指对已计量并登记入账的会计要素在日后由于变动影响的再次计量或期末计量，以及对财务报表列报的会计信息进行的计量。

会计确认与会计计量是密不可分的。会计确认离不开会计计量，“能够可靠地计量”是所有会计要素的确认条件之一；会计确认是会计计量的前提，未经确认，就不能进行计量。

二、会计要素计量属性

企业应当按照规定的会计计量属性进行计量，确定相关金额。会计的计量反映的是会计要素金额的确定基础，主要包括历史成本、重置成本、可变现净值、现值和公允价值等。

1. 历史成本

历史成本又称实际成本，是指取得或制造某项财产物资时所实际支付的现金或者其他现金等价物。在历史成本计量下，资产按照其购置时支付的现金或现金等价物的金额，或者按照购置资产时所付出的对价的公允价值计量；负债按照其因承担现时义务而实际收到的款项或者资产的金额，或者承担现时义务的合同金额，或者按照日常活动中为偿还负债预期需要支付的现金或者现金等价物的金额计量。

2. 重置成本

重置成本又称现行成本，是指按照当前市场条件，重新取得同样一项资产所需支付的现金或现金等价物。在重置成本计量下，资产按照现在购买相同或者相似资产所需支付的现金或者现金等价物的金额计量，负债按照现在偿付该项债务所需支付的现金或者现金等价物的金额计量。

3. 可变现净值

可变现净值是指在生产经营过程中，以预计售价减去进一步加工成本和销售所必需的预计税金、费用后的净值。在可变现净值计量下，资产按照其正常对外销售所能收到的现金或者现金等价物的金额扣减该资产至完工时估计将要发生的成本、估计的销售费用及相关税金后的金额计量。

4. 现值

现值是指对未来现金流量以恰当的折现率进行折现后的价值，是考虑货币时间价值因素等的一种计量属性。在现值计量下，资产按照预计从其持续使用和最终处置中所产生的未来现金流入量的折现金额计量，负债按照预计期限内需要偿还的未来现金流出量的折现金额计量。

5. 公允价值

公允价值是指市场参与者在计量日发生的有序交易中，出售一项资产所能收到或者转移一项负债所需支付的价格。在公允价值计量下，资产和负债按照市场参与者在当前主要市场或最有利市场进行的有序交易中，出售一项资产所能收到或者转移一项负债所需支付的金额计量。

【链接 1－3】

【提示1－3】企业在对会计要素进行计量时，一般应当采用历史成本。采用重置成本、可变现净值、现值、公允价值计量的，应当保证所确定的会计要素金额能够取得并可靠计量。

【检测1－3】判断题

可变现净值只适用于资产要素的计量。（　）

考情分析

本章内容不列入全国初级会计资格考试，本教材第二章至第十章内容列入全国初级会计资格《初级会计实务》考试。近几年考试中的题型、题量及试题分数如下表所示。2014年实行无纸化考试，总的题型、题量及分数与2013年相同，但各章中的题型、题量及分数有所不同（注：以后各章的考情分析不再做此说明）。

题　型	2011年	2012年	2013年/2014年
单项选择题	25题25分	24题24分	24题36分
多项选择题	20题40分	15题30分	12题24分
判断题	10题10分	10题10分	10题10分
不定项选择题		3题36分	3题30分
计算分析题	2题10分		
综合题	1题15分		
分数合计	100分	100分	100分

同步训练

一、单项选择题

1. 资产按照现在购买相同或者相似资产所需支付的现金或者现金等价物的金额计量的会计计量属性是（　　）。

A. 历史成本　B. 重置成本　C. 公允价值　D. 现值

2. 负债是指企业过去的交易或者事项形成的，预期会导致经济利益流出企业的（　　）。

A. 现时义务　B. 潜在义务　C. 过去义务　D. 未来义务

3. 下列交易或事项，应确认为企业负债的是（　　）。

A. 与供应商签订购货合同

B. 预计未来很可能发生的经营亏损

C. 预付给供应商的购货款

D. 预期将为出售商品提供的保修服务

4. 下列各项中，应确认为收入的是（　　）。

A. 出售房屋建筑物收取的价款

B. 出租房屋建筑物收取的租金

C. 收到购货单位预付的货款

D. 接受投资者投入的资本

5. 下列计量属性，不适用于负债计量要素的是（　　）。

A. 历史成本　B. 重置成本　C. 可变现净值　D. 现值

二、多项选择题

1. 下列各项中,属于反映企业财务状况的会计要素有(　　)。
   A. 资产　B. 负债　C. 收入　D. 费用
2. 下列交易或者事项,应确认为企业资产的有(　　)。
   A. 购入的无形资产
   B. 已霉烂变质无使用价值的存货
   C. 融资租入的固定资产
   D. 计划确定为下月购入的原材料
3. 下列各项中,应确认为费用的有(　　)。
   A. 因违约支付的赔偿款
   B. 支付短期借款的利息
   C. 提供劳务交纳的营业税
   D. 销售商品结转的商品成本
4. 下列各项中,属于企业所有者权益组成部分的有(　　)。
   A. 股本　B. 资本公积　C. 盈余公积　D. 未分配利润
5. 下列各项中,属于会计计量的后续计量的是(　　)。
   A. 存货发出的计价
   B. 应收账款入账价值的确定
   C. 固定资产计提折旧
   D. 无形资产进行摊销

三、判断题

1. 所有符合资产、负债定义的项目,均应进行会计确认并列入财务报表。(　)
2. 企业编制的以财务报表为核心的财务报告,是会计确认和计量的最终结果。(　)
3. 企业非日常活动形成的利得和损失均应确认为当期损益。(　)
4. 按历史成本计量意味着资产和负债的账面价值不能变动。(　)
5. “能够可靠地计量”是所有会计要素的确认条件之一。(　)

第二章

流动资产的确认和计量

学习目标

知识目标

掌握现金和银行存款管理的主要内容、其他货币资金的内容、现金和银行存款的清查；掌握应收及预付款项、交易性金融资产的内容和核算方法；掌握存货成本的确定、存货的内容和计价方法、存货的核算和清查；熟悉各种支付结算方式的基本规定；了解应收款项、存货减值的确认和计量。

技能目标

能按照有关管理制度进行现金和银行存款的管理并正确使用各种支付结算方式，会编制银行存款余额调节表；能对应收及预付款项、交易性金融资产、存货的确认和计量进行职业判断，并正确运用计量模式和核算方法，对其初始计量和后续计量进行会计处理。

资产按其流动性可分为流动资产和非流动资产。流动资产是指预计能够在一个正常营业周期中变现、出售或耗用，或者主要为交易目的而持有，或者预计在资产负债表日起一年内（含一年）变现的资产，或者自资产负债表日起一年内交换其他资产或清偿负债的能力不受限制的现金或现金等价物。资产负债表中列示的流动资产项目通常包括货币资金、交易性金融资产、应收票据、应收账款、预付款项、其他应收款、存货等。

【提示2－1】一个正常营业周期通常是指企业自购买用于加工或出售的资产起至实现现金或现金等价物的期间。正常营业周期通常短于一年，在一年内有几个营业周期。但也存在正常营业周期长于一年的情况，如房地产企业开发用于出售的房地产开发产品，造船企业制造用于出售的大型船只等，往往超过一年才变现、出售或耗用，仍应划分为流动资产。正常营业周期不能确定的，应当以一年（12个月）作为正常营业周期。

第一节　货币资金

货币资金是指企业生产经营过程中处于货币形态的资产，包括库存现金、银行存款和其他货币资金。

一、库存现金

库存现金是指通常存放于企业财会部门、由出纳人员经管的货币。库存现金是企业流动性最强的资产，企业应当严格遵守国家有关现金管理制度，正确进行现金收支的核算，监督现金使用的合法性与合理性。

（一）现金管理制度

根据国务院发布的《现金管理暂行条例》的规定，现金管理制度主要包括以下内容。

1. 现金的使用范围

企业可用现金支付的款项有：①职工工资、津贴；②个人劳务报酬；③根据国家规定颁发给个人的科学技术、文化艺术、体育等各种奖金；④各种劳保、福利费用及国家规定的对个人的其他支出；⑤向个人收购农副产品和其他物资的价款；⑥出差人员必须随身携带的差旅费；⑦结算起点以下的零星支出；⑧中国人民银行确定需要支付现金的其他支出。

除上述情况可以用现金支付外，其他款项的支付应通过银行转账结算。

【提示2-2】结算起点为1 000元，现金使用范围的①至⑥项不受结算起点的限制。

2. 现金的库存限额

现金的库存限额是指为了保证企业日常零星开支的需要，允许单位留存现金的最高数额。这一限额由开户银行根据单位的实际需要核定，一般按照单位3~5天日常零星开支所需确定。边远地区和交通不便地区的开户单位的库存现金限额，可按多于5天但不得超过15天的日常零星开支的需要确定。经核定的库存现金限额，开户单位必须严格遵守，超过限额的部分，应于当日营业终了前存入银行；低于限额的部分，可签发现金支票从银行提取现金补足。需要增加或者减少库存现金限额的，应当向开户银行提出申请，由开户银行核定。

3. 现金收支的规定

开户单位现金收支应当依照下列规定办理。

（1）开户单位现金收入应当于当日送存开户银行，当日送存确有困难的，由开户银行确定送存时间。

（2）开户单位支付现金，可以从本单位库存现金限额中支付或从开户银行提取，不得从本单位的现金收入中直接支付，即不得“坐支”现金。因特殊情况需要坐支现金的，应当事先报经有关部门审查批准，并在核定的坐支范围和限额内进行，坐支单位应当定期向开户银行报送坐支金额和使用情况。

（3）开户单位从开户银行提取现金时，应如实写明提取现金的用途，由本单位财会部门负责人签字盖章，并经开户银行审查批准后予以支付。

（4）因采购地点不确定、交通不便、抢险救灾以及其他特殊情况必须使用现金的单位，应向开户银行提出书面申请，由本单位财会部门负责人签字盖章，并经开户银行审查批准后予以支付。

（二）现金的账务处理

为了全面、连续地反映和监督库存现金的收支和结存情况，企业应当设置现金总账和现金日记账，分别进行企业库存现金的总分类核算和明细分类核算。

企业应当设置“库存现金”科目，总括地反映企业库存现金的收入、支出和结存情况。借方登记企业库存现金的增加，贷方登记企业库存现金的减少，期末借方余额反映期末企业实际持有的库存现金的金额。企业内部各部门周转使用的备用金，可以单独设置“备用金”科目进行核算。

【链接2-1】

为了加强对现金的管理，随时掌握现金收支动态和库存余额，企业应当设置现金日记账，由出纳人员根据收付款凭证，按照业务发生顺序逐笔登记。每日终了，应当在现金日记账上计算出当日的现金收入合计额、现金支出合计额和结余额，并将现金日记账的余额与实际库存现金额相核对,保证账款相符。月度终了,现金日记账的余额应当与现金总账的余额核对,做到账账相符。

(三) 现金的清查

为了保证现金的安全完整,企业应当按规定对库存现金进行定期和不定期的清查,一般采用实地盘点法,对于清查的结果应当编制现金盘点报告单。如果有挪用现金、白条顶库的情况,应及时予以纠正;对于超限额留存的现金应及时送存银行。如果账款不符,发现有待查明原因的现金短缺或溢余,应先通过"待处理财产损溢"科目核算。按管理权限经批准后,分别按以下情况处理。

(1) 如果为现金短缺,属于应由责任人赔偿或保险公司赔偿的,计入其他应收款;属于无法查明原因的,计入管理费用。

(2) 如果为现金溢余,属于应支付给有关人员或单位的,计入其他应付款;属于无法查明原因的,计入营业外收入。

【提示2-3】"待处理财产损溢"属于资产类科目,期末结账前必须按照批准结果处理完毕,不能留有余额;若期末结账前尚未经批准的,应先根据查明原因情况做出处理,并在报表附注中披露。

二、银行存款

银行存款是指企业存放在银行或其他金融机构的货币资金。企业生产经营过程中需要在银行开设存款户,通过转账办理结算起点以上的款项收付。我国目前主要采用的支付结算方式有支票、银行本票、银行汇票、商业汇票、汇兑、委托收款、托收承付、银行卡、信用证等。

(一) 银行存款的管理

1. 银行存款开户

企业依据中国人民银行《支付结算办法》在银行开立账户,一般要提供企业法人执照或营业执照正本、组织机构代码证正本、法人代表身份证及国、地税税务登记证正本等原件和复印件,盖有公司公章、法人代表章、财务专用章的印鉴卡片,与银行签订的银行结算账户管理协议。开立的账户分为基本存款账户、一般存款账户、专用存款账户和临时存款账户4种。

(1) 基本存款账户。基本存款账户是存款人办理日常转账结算和现金收付需要开立的银行结算账户。该账户是存款人的主办账户。存款人日常经营活动的资金收付及其工资、奖金和现金的支取,应通过该账户办理。存款人只能在银行开立一个基本存款账户。

(2) 一般存款账户。一般存款账户是存款人因借款或其他结算需要,在基本存款账户开户银行以外的银行营业机构开立的银行结算账户。该账户用于办理存款人借款转存、借款归还和其他结算的资金收付;可以办理现金缴存,但不得办理现金支取。

(3) 专用存款账户。专用存款账户是存款人按照法律、行政法规和规章,对其特定用途资金进行专项管理和使用而开立的银行结算账户。该账户用于办理各项专用资金的收付。存款人拥有的基本建设资金、更新改造资金、特定用途需要专户管理的资金等均可在银行开立专用存款账户。

(4) 临时存款账户。临时存款账户是存款人因临时需要并在规定期限内使用而开立的银行结算账户。存款人设立临时机构、异地临时经营活动或注册验资可以申请开立临时存款账户。该账户用于办理临时机构以及存款人临时经营活动发生的资金收付,有效期最长不得超过2年。存款人在临时存款账户的使用中需要延长期限的,应在有效期限内向开户银行提出申请,并由开户银行报中国人民银行当地分支行核准后办理延期。临时存款账户支取现金,应按照国家现金管理的规定办理。

2. 银行结算原则

单位、个人和银行办理支付结算必须遵循如下结算原则:① 恪守信用,履约付款;② 谁的钱进谁的账,由谁支配;③ 银行不垫款。

单位、个人办理支付结算,不准签发没有资金保证的票据或远期支票,套取银行信用;不准签发、取得和转让没有真实交易和债权债务的票据,套取银行和他人的资金;不准无理由拒绝付款,任意占用他人资金;不准违反规定开立和使用账户。

(二) 银行支付结算方式

我国现行支付结算体系包括票据、信用证和结算方式(三票、一卡、三方式)。“三票一卡”是指3种票据(汇票、本票和支票)和银行卡,“三方式”是指汇兑、托收承付和委托收款。

1. 支票

支票是指由出票人签发的、委托办理支票存款业务的银行在见票时无条件支付确定的金额给收款人或持票人的票据。

(1) 支票必须记载的事项:表明“支票”的字样、无条件支付的委托、确定的金额、付款人名称、出票日期和出票人签章。缺少以上记载事项之一的,支票无效。

(2) 支票的办理:出票人签章必须使用与在银行预留签章一致的签名和盖章。严禁签发空头支票,必须在银行存款余额内签发支票。

(3) 支票的使用:支票可分为转账支票、现金支票和普通支票3种。转账支票只能用于转账,不得支取现金;现金支票只能用于支取现金,不得背书转让;普通支票既可用于支取现金,也可用于转账。在普通支票左上角画两条平行线的为划线支票,只能转账不能提现。

现金支票丢失可以挂失止付,转账支票丢失不得挂失止付。支票的提示付款期为自出票日起10日,超过期限的,银行不予受理。企业和个人在同一票据交换区域的各种款项结算,都可使用支票,而且可以背书转让。

支票结算流程如图2-1所示。

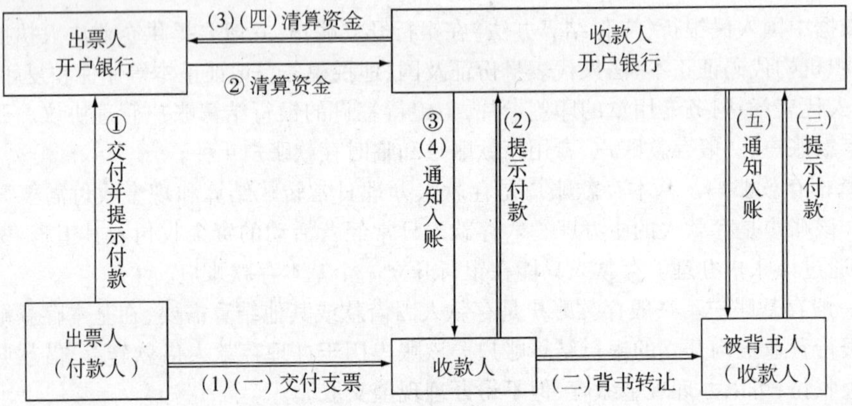

图2-1 支票结算流程

2. 银行本票

银行本票是由银行签发的,承诺自己在见票时无条件支付确定金额给收款人或者持票人的票据。银行本票分为不定额本票和定额本票(1千元、5千元、1万元、5万元)两种。

(1) 银行本票必须记载的事项:表明“银行本票”的字样、无条件支付承诺、确定的金额、收款人名称、出票日期、出票人签章。缺少以上记载事项之一的,银行本票无效。

(2) 银行本票的办理:申请使用银行本票,应填写申请书并提交全额款项给出票银行。填写

"现金"字样的本票可兑付现金,收款人为单位的,不得签发现金银行本票。

(3) 银行本票的使用:在同一票据交换区域的企业和个人需要支付的各种款项,均可使用银行本票。银行本票的提示付款期最长不得超过2个月,可背书转让。

银行本票结算流程如图2-2所示。

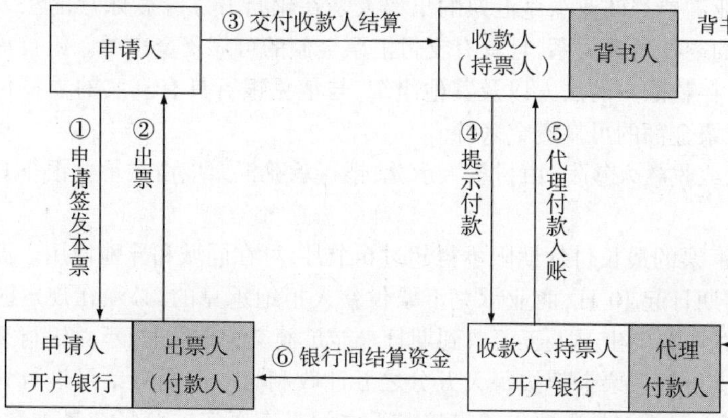

图2-2 银行本票结算流程

3. 银行汇票

银行汇票是由出票银行签发的,由其在见票时按照实际结算金额无条件支付给收款人或者持票人的票据。

(1) 银行汇票必须记载的事项:表明"银行汇票"的字样、无条件支付的承诺、出票金额、付款人名称、收款人名称、出票日期、出票人签章。

(2) 银行汇票的办理:申请签发银行汇票,申请人必须先交付全额保证金,出票银行方予出票,具有百分之百的付款保证性。

(3) 银行汇票的使用:银行汇票具有信用度高、安全可靠、使用灵活、适用范围广的特点。单位和个人各种款项结算,均可使用银行汇票。银行汇票可用于转账,填明"现金"字样的也可以用于支取现金。银行汇票的提示付款期限为一个月,见票即付,无须提示承兑,允许背书转让,尤其是异地采购,能够票随人走,钱货两清,准确结算,余款自动退回。

银行汇票结算流程如图2-3所示。

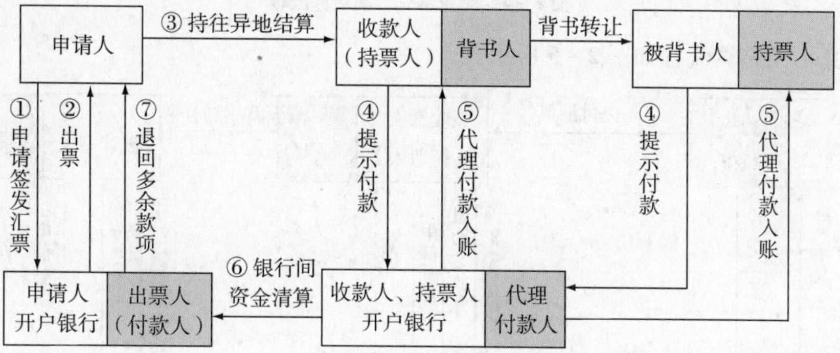

图2-3 银行汇票结算流程

4. 商业汇票

商业汇票是由出票人签发的,由委托付款人在指定日期无条件支付确定的金额给收款人或者持票人的票据。商业汇票按承兑人的不同分为商业承兑汇票和银行承兑汇票。商业承兑汇票由银行以外的付款人承兑，银行承兑汇票由银行承兑。商业汇票的付款人为承兑人。

（1）商业汇票必须记载的事项：表明“商业承兑汇票”或“银行承兑汇票”的字样、无条件支付委托、确定的金额、付款人名称、收款人名称、出票日期、出票人签章。缺少以上任何一项，商业汇票无效。

（2）商业汇票的办理：在银行开立存款账户的法人及其他组织之间，必须具有真实的交易关系或债权债务关系，才能使用商业汇票。商业承兑汇票的出票人是在银行开立存款账户的法人以及其他组织，与付款人具有真实的委托付款关系，且具有支付汇票金额的可靠资金来源。银行承兑汇票的出票人是在承兑银行开立存款账户的法人以及其他组织，与承兑银行具有真实的委托付款关系，资信状况良好，具有支付汇票金额的可靠资金来源。

商业承兑汇票可以由付款人或收款人签发，由付款人承兑；银行承兑汇票应由在承兑银行开立存款账户的存款人签发。

（3）商业汇票的使用：商业汇票的最长付款期限不得超过6个月，可在同城和异地使用。商业汇票的提示付款期限为自汇票到期日起10日，商业承兑汇票付款人拒绝承兑的，必须在规定时间内出具拒绝承兑的证明，银行承兑汇票的出票人于汇票到期日未能足额交存票款时，承兑银行无条件向持票人付款，对出票人尚未支付的汇票金额按每天万分之五计收利息。商业汇票可进行背书转让，持票人也可向银行办理贴现，但要求与出票人或直接前手之间具有真实的商品交易关系，并提供与其前手之间进行商品交易的增值税发票和商品发运单据复印件。

商业承兑汇票结算流程如图2－4所示。

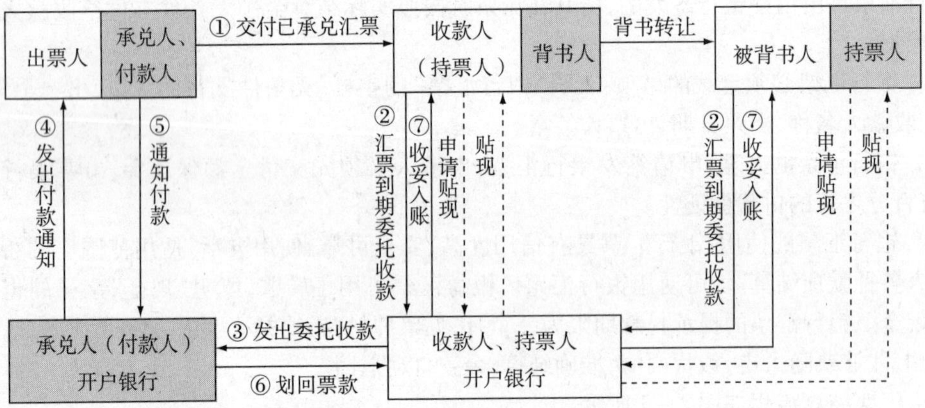

图2－4　商业承兑汇票结算流程

银行承兑汇票结算流程如图2－5所示。

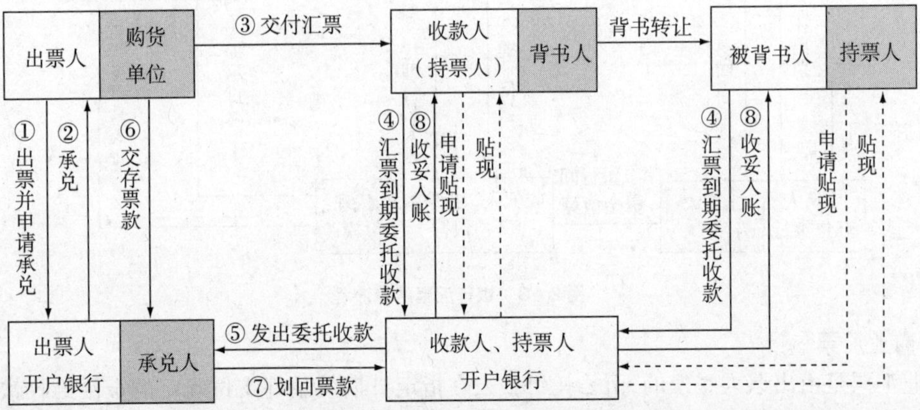

图2－5　银行承兑汇票结算流程

5. 汇兑

汇兑是汇款人委托银行将款项支付给收款人的结算方式。汇兑是异地结算的一种,分为信汇和电汇两种方式,由汇款人选择使用。

办理汇兑的基本规定如下。

(1) 单位和个人的各种款项结算,均可使用汇兑结算方式。

(2) 签发汇兑凭证必须记载的事项:表明“信汇”或“电汇”的字样、无条件支付的委托、确定的金额、收款人名称、汇款人名称、汇入地点、汇入行名称、汇出地点、汇出行名称、委托日期、汇款人签章等。

(3) 汇兑凭证上记载收款人为个人的,收款人需要到汇入银行领取汇款,汇款人应在汇兑凭证上注明“留行待取”字样;留行待取的汇款,需要指定单位的收款人领取汇款的,应注明收款人的单位名称。

(4) 汇款人和收款人均为个人,需要在汇入银行支取现金的,应在信汇、电汇凭证的“汇款金额”大写栏,先填写“现金”字样,后填写汇款金额。

(5) 汇入银行对开立存款账户的收款人,应将汇给其的款项直接转入收款人账户,并向其发出收账通知。收账通知是银行将款项确已收入收款人账户的凭据。

(6) 支取现金的,信汇、电汇凭证上必须有按规定填明的“现金”字样才能办理。未填明“现金”字样需要支取现金的,由汇入银行按照国家现金管理规定审查支付。转账支付的,应由原收款人填制支款凭证,并由本人向银行交验其身份证件办理支付款项。

汇兑结算程序如图 2-6 所示。

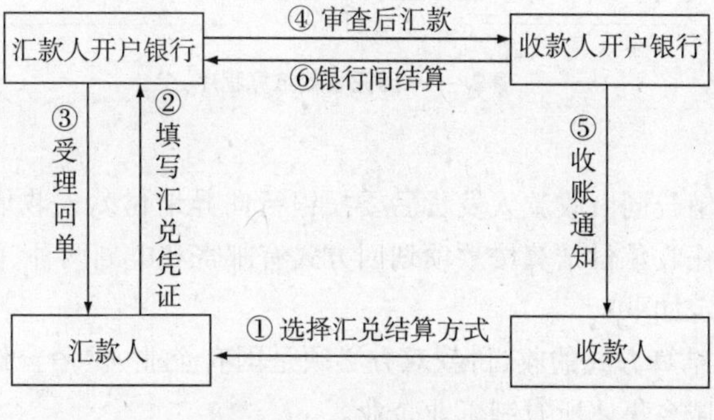

图 2-6　汇兑结算程序

6. 委托收款

委托收款是收款人委托银行向付款人收取款项的结算方式。按款项划回方式,分邮划和电划两种,由收款人选用。单位和个人凭已承兑的商业汇票、债券、存单、国内信用证等付款人债务证明办理款项的结算,均可使用委托收款结算方式。委托收款结算方式在同城和异地均可使用。

办理委托收款的程序如下。

1) 签发委托收款凭证。签发委托收款凭证必须记载的事项:表明“委托收款”的字样、确定的金额、付款人名称、收款人名称、委托收款凭据名称及附寄单证张数、委托日期和收款人签章。委托收款以银行以外的单位为付款人的,还必须记载付款人开户行名称;以银行以外的单位或在银行开立存款账户的个人为收款人的,还必须记载收款人开户行名称。欠缺事项的,银行不予受理。

2) 委托。收款人办理委托收款应向银行提交委托收款凭证和有关的债务证明。

3) 付款。付款银行接到寄来的委托收款凭证及债务证明,审查无误后办理付款。

① 以付款银行为付款人的,银行应当在当日将款项主动支付给收款人。

② 以单位为付款人的，付款银行应及时通知付款人，需要将有关债务证明交给付款人的，应交给付款人。付款人应于接到通知的当日书面通知银行付款。付款人未在接到通知日的次日起 3 日内通知银行付款的，视同付款人同意付款，银行应于付款人接到通知的次日起第 4 日上午开始营业时将款项划给收款人。银行在办理划款时，付款人存款账户余额不足支付的，应通过被委托银行向收款人发出未付款项通知书。

③ 拒绝付款。付款人审查有关债务证明后，对收款人委托收取的款项需要拒绝付款的，可以办理拒绝付款。以银行为付款人的，应自收到委托收款及债务证明的次日起 3 日内出具拒绝证明，连同有关债务证明、凭证寄给被委托银行，转交收款人；以单位为付款人的，应在付款人接到通知的次日起 3 日内出具拒绝证明，持有债务证明的，应将其送交开户银行。银行将拒绝证明、债务证明和有关凭证一并寄给被委托银行，转交收款人。

委托收款结算程序如图 2－7 所示。

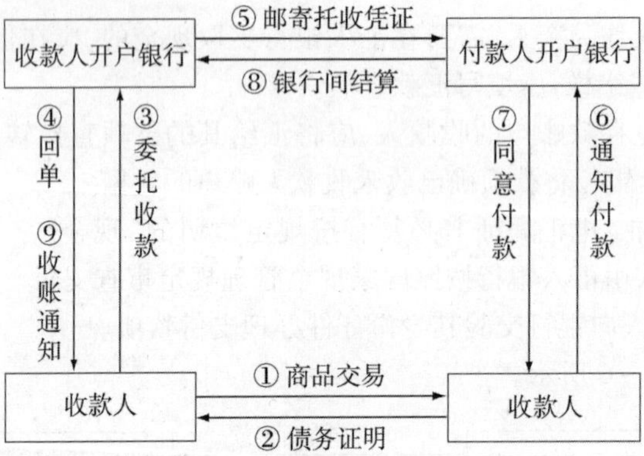

图 2－7　委托收款结算程序

7. 托收承付

托收承付是根据购销合同由收款人发货后委托银行向异地付款人收取款项，由付款人向银行承认付款的结算方式。托收承付结算按款项划回方式有邮寄和电划两种，由收款人选择使用。

托收承付的基本规定如下。

（1）使用托收承付结算方式的收、付款双方必须是国有企业、供销合作社及经营管理较好、并经开户银行审查同意的城乡集体所有制工业企业。

（2）办理托收承付结算的款项必须是商品交易，以及因商品交易而产生的劳务供应的款项。代销、寄销、赊销商品的款项，不得办理托收承付结算。收、付双方使用托收承付结算必须签有符合《中华人民共和国合同法》规定的购销合同，并在合同上写明使用托收承付结算方式。收款人办理托收，必须有商品确已发运的证件。

（3）托收承付结算每笔的金额起点为 1 万元，新华书店系统每笔的金额起点为 1 千元。

（4）办理托收承付的程序如下。

1）签发托收凭证。签发托收凭证必须记载的事项：表明“托收承付”的字样，确定的金额，付款人名称及账号，收款人名称及账号，付款人开户银行名称，收款人开户银行名称，托收附寄单证张数或册数，合同名称、号码，委托日期，收款人签章。

2）托收。收款人按照签订的购销合同发货后，委托银行办理托收。收款人应将托收凭证并附发运证件或其他符合托收承付结算要求的有关证明和交易单证送交银行。收款人开户银行接到托收凭证及其附件后，应当按照托收的范围、条件和托收凭证记载的要求认真进行审查，必要时，还应查验收付款人签订的购销合同。

3）承付。付款人开户银行收到托收凭证及其附件后，应当及时通知付款。付款人应在承付期内审查核实，安排资金。承付货款分为验单付款和验货付款两种，由收、付双方商量选用，并在合同中明确规定。验单付款的承付期为3天，从付款人开户银行发出承付通知的次日算起（承付期内遇法定休假日顺延）；验货付款的承付期为10天，从运输部门向付款人发出提货通知的次日算起。付款人在承付期内，未向银行表示拒绝付款，银行即视作承付，并在承付期满的次日（遇法定休假日顺延）上午银行开始营业时，将款项划给收款人。不论验单付款还是验货付款，付款人都可以在承付期内提前向银行表示承付，并通知银行提前付款，银行应立即办理划款。

4）逾期付款。付款人在承付期满日银行营业终了时，如无足够资金支付，其不足部分即为逾期未付款项，按逾期付款处理。

5）拒绝付款。对下列情况，付款人在承付期内，可向银行提出全部或部分拒绝付款：①没有签订购销合同或购销合同未订明托收承付结算方式的款项；②未经双方事先达成协议，收款人提前交货或因逾期交货，付款人不再需要该项货物的款项；③未按合同规定的到货地址发货的款项；④代销、寄销、赊销商品的款项；⑤验单付款，发现所列货物的品种、规格、数量、价格与合同规定不符，或货物已到，经查验货物与合同规定或发货清单不符的款项；⑥验货付款，经查验货物与合同规定或与发货清单不符的款项；⑦货款已经支付或计算有错误的款项。

6）重办托收。收款人对被无理拒绝付款的托收款项，在收到退回的结算凭证及其所附单证后，需要委托银行重办托收。经开户银行审查，确属无理由拒绝付款，可以重办托收。

托收承付结算程序如图2－8所示。

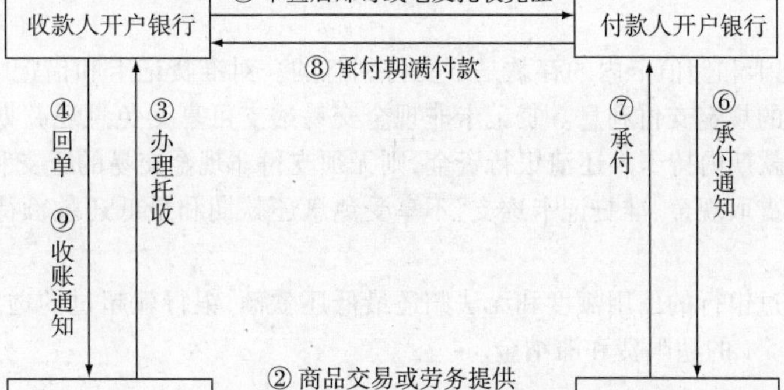

图2－8 托收承付结算程序

8. 银行卡

银行卡是经批准由商业银行（含邮政金融机构）向社会发行的具有消费信用、转账结算、存取现金等全部或部分功能的信用支付工具。

（1）银行卡的分类。

① 银行卡按是否具有透支功能分为信用卡和借记卡。信用卡可以透支，借记卡不具备透支功能。

信用卡按是否向发卡银行交存备用金分为贷记卡、准贷记卡两类。贷记卡是指发卡银行给予持卡人一定的信用额度，持卡人可在信用额度内先消费、后还款的信用卡。准贷记卡是指持卡人须先按发卡银行要求交存一定金额的备用金，当备用金账户余额不足支付时可在发卡银行规定的信用额度内透支的信用卡。

借记卡按功能不同分为转账卡（含储蓄卡）、专用卡、储值卡。转账卡是实时扣账的借记卡，具有转账结算、存取现金和消费功能。专用卡是具有专门用途、在特定区域使用的借记卡,具有转账结算、存取现金功能。"专门用途"是指在百货、餐饮、饭店、娱乐行业以外的用途。储值卡是发卡银行根据持卡人的要求将其资金转至卡内储存,交易时直接从卡内扣款的预付钱包式借记卡。

② 银行卡按照币种不同分为人民币卡和外币卡。

③ 银行卡按发行对象不同分为单位卡(商务卡)和个人卡。

④ 银行卡按信息载体不同分为磁条卡和芯片(IC)卡。芯片(1C)卡既可应用于单一的银行卡品种,又可应用于组合的银行卡品种。

(2) 银行卡交易的基本规定。

① 凡在中国境内金融机构开立基本存款账户的单位,应当凭中国人民银行核发的开户许可证申领单位卡;个人申领银行卡(储值卡除外),应当向发卡银行提供本人有效身份证件,经发卡银行审查合格后,为其开立记名账户。银行卡及其账户只限经发卡银行批准的持卡人本人使用,不得出租和转借。

② 单位人民币卡账户的资金一律从其基本存款账户转账存入,不得存取现金,不得将销货收入存入单位卡账户。单位外币卡账户的资金应从其单位的外汇账户转账存入,不得在境内存取外币现钞。严禁将单位的款项转入个人卡账户存储。

③ 单位人民币卡可办理商品交易和劳务供应款项的结算,但不得透支。单位卡不得支取现金。

④ 持卡人在还清全部交易款项、透支本息和有关费用后,可申请办理销户。销户时,单位人民币卡账户的资金应当转入其基本存款账户,单位外币卡账户的资金应当转回其相应的外汇账户,不得提取现金。

⑤ 银行对贷记卡和储值卡内的存款是不支付利息的。对准贷记卡和借记卡(不含储值卡)内的存款按人民银行的规定支付利息。贷记卡非现金交易透支可享受免息还款期,免息还款期最长为 60 日,在免息还款期内持卡人还清银行资金,则无须支付非现金交易的透支利息。

贷记卡持卡人支取现金、准贷记卡透支,不享受免息还款期和最低还款额待遇,按日利息万分之五支付透支利息。

贷记卡透支超过银行的信用额度和无法归还最低还款额,银行就超过的透支额度和最低还款额未归还部分收取 5% 的超限费和滞纳金。

9. 信用证

国内信用证(简称信用证),是指开证银行依照申请人(购货方)的申请向受益人(销货方)开出的有一定金额、在一定期限内凭信用证规定的单据支付款项的书面承诺。我国信用证为不可撤销、不可转让的跟单信用证。不可撤销信用证是指信用证开具后,在有效期内,非经信用证各有关当事人(即开证银行、开证申请人和受益人)的同意,开证银行不得修改或者撤销的信用证;不可转让信用证是指受益人不能将信用证的权利转让给他人的信用证。

信用证结算方式只适用于国内企业之间商品交易产生的货款结算,并且只能用于转账结算,不得支取现金。办理信用证的基本程序如下。

1) 开证。开证申请人使用信用证时,应委托其开户银行办理开证业务。开证申请人申请办理开证业务时,应当填具开证申请书、信用证申请人承诺书并提交有关购销合同。开证行在决定受理该项业务时,应向申请人收取不低于开证金额 20% 的保证金,并可根据申请人资信情况要求其提供抵押、质押或由其他金融机构出具保函。

信用证的基本条款包括:开证行名称及地址,开证日期,信用证编号,不可撤销、不可转让信用证,开证申请人名称及地址,受益人名称及地址(受益人为有权收取信用证款项的人,一般为购销合同的供方),通知行名称(通知行为受开证行委托向受益人通知信用证的银行),信用证有效期及有效地点(信用证有效期为受益人向银行提交单据的最迟期限,最长不得超过6个月,信用证的有效地点为信用证指定的单据提交地点,即议付行或开证行所在地),交单期(交单期为提交运输单据的信用证所注明的货物装运后必须交单的特定日期),信用证金额,付款方式(即期付款、延期付款或议付),运输条款,货物描述(包括货物名称、数量、价格等),单据条款(必须注明据以付款或议付的单据,至少包括发票、运输单据或货物收据),其他条款等。

2）通知。通知行收到信用证,应认真审核。审核无误的,应填制信用证通知书,连同信用证交付受益人。

3）议付。议付是指信用证指定的议付行在单证相符的条件下,扣除议付利息后向受益人给付对价的行为。议付仅限于延期付款信用证。受益人可以在交单期或信用证有效期内向议付行提供单据、信用证正本及信用证通知书,并填制信用证议付/委托收款申请书和议付凭证,请求议付。

4）付款。受益人在交单期或信用证有效期内向开证行交单收款,应向开户银行填制委托收款凭证和信用证议付/委托收款申请书,并出具单据和信用证正本。

开户银行收到凭证和单证审查齐全后,应及时为其向开证行办理交单和收款。

申请人交存的保证金和其存款账户余额不足支付的,开证行仍应在规定的付款时间内付款。对不足支付的部分作逾期贷款处理。对申请人提供抵押、质押、保函等担保的,按《中华人民共和国担保法》的有关规定索偿。

【链接2－2】

(三) 银行存款的账务处理

企业应当根据业务需要,按照规定在其所在地银行开设账户,运用所开设的账户,进行存款、取款以及各种收支转账业务的结算。银行存款的收、付应严格执行银行结算制度的规定。

为了反映和监督企业银行存款的收入、支出和结存情况,企业应当设置“银行存款”科目,借方登记企业银行存款的增加,贷方登记银行存款的减少,期末借方余额反映期末企业实际持有的银行存款的金额。

企业应当设置银行存款总账和银行存款日记账,分别进行银行存款的总分类核算和明细分类核算。企业可按开户银行和其他金融机构、存款种类等设置银行存款日记账,根据收、付款凭证,按照业务的发生顺序逐笔登记。每日营业终了,应结出余额。

银行支付结算方式不同,存款的账务处理也有所区别。其具体账务处理见本章的其他货币资金、应收票据、应收账款等相关内容。

(四) 银行存款的核对

1. 未达账项

银行存款的清查是采用与开户银行定期核对账目的方法进行的。在同银行核对账目之前,企业应检查银行存款日记账的正确性和完整性,然后与银行对账单逐笔核对,每月至少核对一次。通过核对,往往会发现银行对账单上的收付记录、存款余额与企业银行存款日记账上的收付记录、存款余额不一致,其主要原因,一是企业与银行之间的一方或双方记账有错误;二是存在未达账项。

所谓未达账项,是指在开户银行与存款单位之间,对于同一项业务,由于凭证传递时间和记账时间的不同,发生一方已经入账而另一方尚未入账的事项。未达账项有以下4种情况。

(1) 企业已收、银行未收的款项。例如,企业销货收到转账支票,开具送款单送存银行,根据银行盖章退回的“进账单”回单联直接登记银行存款的增加,而银行要在收妥了购货单位的款项时才能记账。在银行收妥款项前对账,便形成了企业已收、银行未收的未达账项。

(2) 企业已付、银行未付的款项。例如,企业采购物资,开出一张转账支票,企业直接根据支票存根等凭证登记银行存款的减少,而银行由于尚未接到凭证或尚未办妥支付转账手续,未记减少,此时便形成企业已付、银行未付的未达账项。

(3) 银行已收、企业未收的款项。例如,银行计算企业存款利息,已记入企业存款账户,而企业尚未接到收账通知,未记增加,此时便形成银行已收、企业未收的未达账项。

(4) 银行已付、企业未付的款项。例如,银行代企业支付水电费,已取得支付款项的凭证,记企业存款的减少,而企业尚未接到付款通知未入账,此时便形成银行已付、企业未付的未达账项。

银行存款日记账与银行对账单核对时,对于发现的记账错误,应及时查清并予以更正;对于未达账项,则应查明后编制银行存款余额调节表,如没有记账错误,调节后的双方余额应当相等。

2. 银行存款余额调节表的编制

银行存款余额调节表是在企业和开户银行双方现有银行存款余额基础上,各自加减未达账项进行调节的方法。其计算公式为:

企业银行存款日记账余额 + 银行已收企业未收款项 - 银行已付企业未付款项 = 银行对账单余额 + 企业已收银行未收款项 - 企业已付银行未付款项

【思考2-1】银行存款余额调节表能否作为调整银行存款账面余额的记账依据?为什么?

例2-1 甲企业2014年3月31日银行存款日记账的余额为275 000元,开户银行送来的对账单的余额为279 000元。经逐笔核对,发现以下未达账项。

① 月末,企业开出现金支票一张,用于支付职工借支的差旅费,计2 800元,持票人尚未到银行取款。

② 企业收到购货单位交来的转账支票一张,计5 000元,已开具进账单送存银行,但银行尚未入账。

③ 银行接受企业委托代收销货款,计11 100元,已收到并记入企业存款账户中,企业尚未接到收账通知而未入账。

④ 银行代企业支付水电费4 900元,企业尚未接到通知而未入账。

根据以上未达账项,编制银行存款余额调节表,如表2-1所示。

表2-1 银行存款余额调节表

2014年3月31日

单位:元

项 目	金 额	项 目	金 额
企业银行存款日记账余额	275 000	银行对账单余额	279 000
加:银行已收企业未收款项	11 100	加:企业已收银行未收款项	5 000
减:银行已付企业未付款项	4 900	减:企业已付银行未付款项	2 800
调节后的存款余额	281 200	调节后的存款余额	281 200

经过调整未达账项后,双方存款余额相符,则表明双方账目基本正确,调节后余额即为企业可以动用的银行存款实有数额。如果调节后余额不符,则表明双方记账存在错误,应及时查明,并进行更正。值得注意的是,银行存款余额调节表本身并非原始凭证,不能据以调整账簿记录,必须在接到银行转来的有关收付凭证后才能依照记账程序予以入账。

三、其他货币资金

（一）其他货币资金的内容

其他货币资金是指企业除现金、银行存款以外的其他各种货币资金，主要包括银行汇票存款、银行本票存款、信用卡存款、信用证保证金存款、外埠存款和存出投资款等。

（1）银行汇票存款是指企业为取得银行汇票按照规定存入银行的款项。

（2）银行本票存款是指企业为取得银行本票按照规定存入银行的款项。

（3）信用卡存款是指企业为取得信用卡按规定存入银行的款项。

（4）信用证保证金存款，是指企业为取得信用证按规定存入银行的款项。

（5）外埠存款是指企业为了到外地进行临时或零星采购，而汇往采购地银行开立采购专户的款项。

（6）存出投资款是指企业已存入证券公司但尚未购买股票、基金等投资对象的款项。

（二）其他货币资金的账务处理

为了反映和监督其他货币资金的收支结存情况，企业应当设置“其他货币资金”科目，借方登记其他货币资金的增加数，贷方登记其他货币资金的减少数，期末余额在借方，反映企业实际持有的其他货币资金。本科目可按其他货币资金的种类进行明细核算。

1. 银行汇票存款

企业使用银行汇票办理结算时，应填写银行汇票委托书，并将相应金额的款项交存银行，取得银行汇票后，根据银行盖章退回的委托书存根联，借记“其他货币资金——银行汇票”科目，贷记“银行存款”科目；企业使用银行汇票后，应根据发票账单及开户银行转来的银行汇票第四联等有关凭证，借记“材料采购”或“原材料”、“库存商品”、“应交税费——应交增值税（进项税额）”等科目，贷记“其他货币资金——银行汇票”科目；采购完毕收回剩余款项时，借记“银行存款”科目，贷记“其他货币资金——银行汇票”科目。

销货企业收到银行汇票、填制进账单到开户银行办理款项入账手续时，根据进账单及销货发票等，借记“银行存款”科目，贷记“主营业务收入”、“应交税费——应交增值税（销项税额）”等科目。

例 2-2 甲公司为增值税一般纳税人，向银行提交银行汇票委托书，并交存款项260 000元，银行受理后签发银行汇票和解讫通知。根据银行汇票委托书存根联，甲公司应编制如下会计分录。

借：其他货币资金——银行汇票	260 000	
贷：银行存款		260 000

例 2-3 承例2-2，甲公司用银行汇票购入一批原材料，取得的增值税专用发票上注明的原材料价款为200 000元，增值税税额为34 000元，多余款项26 000元退回开户银行，企业已收到开户银行转来的银行汇票第四联（多余款收账通知）。甲公司应编制如下会计分录。

借：原材料	200 000	
应交税费——应交增值税（进项税额）	34 000	
贷：其他货币资金——银行汇票		234 000
借：银行存款	26 000	
贷：其他货币资金——银行汇票		26 000

2. 银行本票存款

企业使用银行本票办理结算时，应填写银行本票申请书，并将相应金额的款项交存银行，取得银行本票后，根据银行盖章退回的申请书存根联，借记“其他货币资金——银行本票”科目，贷记“银行存款”科目；企业持银行本票购货、收到有关发票账单时，借记“材料采购”或“原材料”、“库存商品”、“应交税费——应交增值税（进项税额）”等科目，贷记“其他货币资金——银行本票”科目。企业因本票超过付款期等原因而要求退款时，应填制进账单一式两联，连同本票一并交存银行，根据银行盖章退回的进账单第一联，借记“银行存款”科目，贷记“其他货币资金——银行本票”科目。

销货企业收到银行本票、填制进账单到开户银行办理款项入账手续时，根据进账单及销货发票等，借记“银行存款”科目，贷记“主营业务收入”、“应交税费——应交增值税（销项税额）”等科目。

例 2-4　甲公司为取得银行本票，向银行填交银行本票申请书，并将15 000元银行存款转作银行本票存款。企业取得银行本票后，根据银行盖章退回的银行本票申请书存根联填制银行付款凭证。甲公司应编制如下会计分录。

借：其他货币资金——银行本票　　15 000

　　贷：银行存款　　15 000

例 2-5　承例2-4，甲公司用银行本票购买办公用品15 000元。根据发票账单等有关凭证，甲公司应编制如下会计分录。

借：管理费用　　15 000

　　贷：其他货币资金——银行本票　　15 000

3. 信用卡存款

企业申请使用信用卡时，应填制信用卡申请表，连同支票和有关资料一并送存发卡银行，根据银行盖章退回的进账单第一联，借记“其他货币资金——信用卡”科目，贷记“银行存款”科目；企业用信用卡购物或支付有关费用，收到开户银行转来的信用卡存款的付款凭证及所附发票账单，借记“管理费用”等科目，贷记“其他货币资金——信用卡”科目；企业信用卡在使用过程中，需要向其账户续存资金的，应借记“其他货币资金——信用卡”科目，贷记“银行存款”科目；企业的持卡人不需要继续使用信用卡时，应持信用卡主动到发卡银行办理销户；销卡时，信用卡余额转入企业基本存款户，不得提取现金，借记“银行存款”科目，贷记“其他货币资金——信用卡”科目。

例 2-6　甲公司于5月5日向银行申领信用卡，向银行交存50 000元。6月10日，该企业用信用卡向某饭店支付招待费5 000元。甲公司应编制如下会计分录。

借：其他货币资金——信用卡　　50 000

　　贷：银行存款　　50 000

借：管理费用　　5 000

　　贷：其他货币资金——信用卡　　5 000

4. 信用证保证金存款

企业申请使用信用证进行结算时，应填写信用证申请书，将信用证保证金交存银行时，应根据银行盖章退回的信用证申请书回单，借记“其他货币资金——信用证保证金”科目，贷记“银行存款”科目；企业接到开证行通知，根据供货单位信用证结算凭证及所附发票账单，借记“材料采购”或“原材料”、“库存商品”、“应交税费——应交增值税（进项税额）”等科目，贷记“其他货币资金——信用证保证金”科目；将未用完的信用证保证金存款余额转回开户银行时，借记“银行存款”科目，贷记“其他货币资金——信用证保证金”科目。

例 2-7　甲公司向银行申请开具信用证1 000 000元，用于支付境外采购材料价款。该企业已向银行缴纳保证金，并收到银行盖章退回的进账单第一联。甲公司应编制如下会计分录。

借:其他货币资金——信用证保证金　　1 000 000
　贷:银行存款　　1 000 000

例2-8　承例2-7,甲公司收到银行转来的境外销货单位信用证结算凭证及所附发票账单、海关进口增值税专用缴款书等有关凭证,材料价款为800 000元,增值税税额为136 000元。甲公司应编制如下会计分录。

借:原材料　　800 000
　应交税费——应交增值税(进项税额)　　136 000
　贷:其他货币资金——信用证保证金　　936 000

例2-9　承例2-7、例2-8,甲公司收到银行收款通知,已经将该境外销货单位开出的信用证余款64 000元转回银行账户。甲公司应编制如下会计分录。

借:银行存款　　64 000
　贷:其他货币资金——信用证保证金　　64 000

5. 外埠存款

为满足企业临时或零星采购的需要,企业将款项汇往采购地银行开立采购专户时,应填写汇款委托书,委托开户银行办理汇款。企业将款项汇往外地采购专用账户时,根据汇出款项凭证,编制付款凭证,进行账务处理,借记"其他货币资金——外埠存款"科目,贷记"银行存款"科目;收到采购人员转来供应单位发票账单等报销凭证时,借记"材料采购"或"原材料"、"库存商品"、"应交税费——应交增值税(进项税额)"等科目,贷记"其他货币资金——外埠存款"科目;采购完毕收回剩余款项时,根据银行的收账通知,借记"银行存款"科目,贷记"其他货币资金——外埠存款"科目。

例2-10　甲公司派采购员到异地采购原材料,8月10日企业委托开户银行汇款200 000元到采购地设立采购专户。根据收到的银行汇款凭证回单联,甲公司应编制如下会计分录。

借:其他货币资金——外埠存款　　200 000
　贷:银行存款　　200 000

例2-11　承例2-10,8月20日,采购员交来从采购专户付款购入材料的有关凭证,增值税专用发票上的原材料价款为160 000元,增值税税额为27 200元。甲公司应编制如下会计分录。

借:原材料　　160 000
　应交税费——应交增值税(进项税额)　　27 200
　贷:其他货币资金——外埠存款　　187 200

例2-12　承例2-11、例2-10,8月30日,收到开户银行的收款通知,该采购专户中的结余款项已经转回。根据收账通知,甲公司应编制如下会计分录。

借:银行存款　　12 800
　贷:其他货币资金——外埠存款　　12 800

6. 存出投资款

企业在向证券市场进行股票、债券等投资时,应向证券公司申请资金账号并划出资金。按实际划出的金额,借记"其他货币资金——存出投资款"科目,贷记"银行存款"科目;购买股票、债券等时,按实际支付的金额,借记"交易性金融资产"、"长期股权投资"等科目,贷记"其他货币资金——存出投资款"科目。

【检测 2 - 1】多项选择题

下列各项中，不属于其他货币资金的有(　　　　)。

A. 企业各部门周转使用的备用金　　B. 银行本票存款

C. 银行承兑汇票　　D. 银行汇票存款

第二节　应收及预付款项

应收及预付款项是指企业在日常生产经营过程中发生的各项债权，包括应收款项和预付款项。应收款项包括应收票据、应收账款、应收股利、应收利息和其他应收款等；预付款项是指企业按照合同规定预付的款项，如预付账款等。

一、应收票据

(一) 应收票据的确认

应收票据是指企业因销售商品、提供劳务等而收到的商业汇票。商业汇票是一种由出票人签发，委托付款人在指定日期无条件支付确定金额给收款人或者持票人的票据。

商业汇票的付款期限最长不得超过 6 个月。商业汇票的提示付款期限为自汇票到期日起 10 日。符合条件的商业汇票的持票人，可以持未到期的商业汇票连同贴现凭证向银行申请贴现。

根据承兑人不同，商业汇票分为商业承兑汇票和银行承兑汇票。商业承兑汇票是指由付款人签发并承兑，或者由收款人签发交由付款人承兑的汇票。银行承兑汇票是指由在承兑银行开立存款账户的存款人(这里也是出票人)签发，由承兑银行承兑的票据。企业申请使用银行承兑汇票时，应向其承兑银行按票面金额的万分之五交纳手续费。银行承兑汇票的出票人于汇票到期前未能足额交存票款时，承兑银行除凭票向持票人无条件付款外，对出票人尚未支付的汇票金额按照每天万分之五计收利息。

商业汇票按是否计息分为带息票据和不带息票据。带息票据是指票据上载明利率的票据，带息票据的到期值等于面值加上利息。不带息票据是指票据上未载明利率的票据，不带息票据的到期值等于面值。

(二) 应收票据的计量

无论是带息票据还是不带息票据，取得时都按面值计量。为了反映和监督应收票据取得、票款收回等经济业务，企业应当设置“应收票据” 科目，借方登记取得的应收票据的面值，贷方登记到期收回票款或到期前向银行贴现的应收票据的票面余额，期末余额在借方，反映企业持有的商业汇票的票面金额。本科目可按照开出、承兑商业汇票的单位进行明细核算，并设置应收票据备查簿，逐笔登记商业汇票的种类、号数和出票日、票面金额、交易合同号和付款人、承兑人、背书人的姓名或单位名称、到期日、背书转让日、贴现日、贴现率和贴现净额及收款日和收回金额、退票情况等资料。商业汇票到期结清票款或退票后，在应收票据备查簿内逐笔注销。

1. 应收票据的取得和收回

应收票据取得的原因不同，其会计处理亦有所区别。因债务人抵偿前欠货款而取得的应收票据，借记“应收票据”科目，贷记“应收账款”科目；因企业销售商品、提供劳务等而收到开出、承兑的商业汇票,借记"应收票据"科目,贷记"主营业务收入"、"应交税费——应交增值税(销项税额)"等科目。商业汇票到期收回款项时,应按实际收到的金额,借记"银行存款"科目,贷记"应收票据"科目。

例2-13 甲公司3月1日向乙公司销售一批产品,货款为100 000元,尚未收到,已办妥托收手续,适用的增值税税率为17%。甲公司应编制如下会计分录。

借:应收账款	117 000	
贷:主营业务收入		100 000
应交税费——应交增值税(销项税额)		17 000

例2-14 承例2-13,3月15日,甲公司收到乙公司寄来的一张3个月期的银行承兑汇票,面值为117 000元,用来抵付货款。甲公司应编制如下会计分录。

借:应收票据	117 000	
贷:应收账款		117 000

例2-15 承例2-14,6月15日,甲公司上述应收票据到期,收回票面金额117 000元并存入银行。甲公司应编制如下会计分录。

借:银行存款	117 000	
贷:应收票据		117 000

企业持有的应收票据,如商业承兑汇票,因债务人无力支付而到期无法收回时,应将应收票据的账面余额转入应收账款,借记"应收账款"科目,贷记"应收票据"科目。

【思考2-2】企业支付银行承兑汇票手续费应如何进行会计处理?带息应收票据期末计提应收利息应如何进行会计处理?

2. 应收票据的转让

企业可以将持有的商业汇票背书转让。背书是指在票据背面或者粘单上记载有关事项并签章的票据行为。票据被拒绝承兑、拒绝付款或者超过付款提示期限的,不得背书转让。背书转让的,背书人应当承担票据责任。

通常情况下,企业将持有的商业汇票背书转让以取得所需物资时,按应计入取得物资成本的金额,借记"材料采购"或"原材料"、"库存商品"等科目,按专用发票上注明的可抵扣的增值税税额,借记"应交税费——应交增值税(进项税额)"科目,按商业汇票的票面金额,贷记"应收票据"科目,如有差额,借记或贷记"银行存款"等科目。

例2-16 承例2-14,假定甲公司于4月15日将上述应收票据背书转让,以取得生产经营所需的A材料,该材料价款为100 000元,适用的增值税税率为17%。甲公司应编制如下会计分录。

借:原材料	100 000	
应交税费——应交增值税(进项税额)	17 000	
贷:应收票据		117 000

3. 应收票据的贴现

应收票据贴现是指持票人因急需资金,将未到期的商业汇票背书后转让给银行,银行受理后,扣除按银行的贴现率确定的贴现息后，将余额付给贴现企业的业务活动。

企业持未到期的应收票据向银行贴现，应按实际收到的金额（即减去贴现息后的净额），借记“银行存款”科目；按贴现息部分，借记“财务费用”科目；按应收票据的票面价值，贷记“应收票据”科目。

【检测 2－2】多项选择题

应收票据终止确认时，对应的会计科目可能有（　　　）。

A. 资本公积　　B. 原材料　　C. 应交税费　　D. 材料采购

二、应收账款

（一）应收账款的确认

应收账款是指企业因销售商品、提供劳务等经营活动，应向购货单位或接受劳务单位收取的款项，主要包括企业销售商品或提供劳务等应向有关债务人收取的价款及代购货单位垫付的包装费、运杂费等。企业使用委托收款、托收承付方式结算时，其应收款项应确认为应收账款。

【链接 2－3】

（二）应收账款的计量

企业发生应收账款时，按应收金额计量。为了反映和监督应收账款的增减变动及其结存情况，企业应当设置“应收账款”科目。不单独设置“预收账款”科目的企业，预收的账款也在“应收账款”科目核算，但在编制资产负债表时，应当将“应收账款”科目明细账的贷方余额填入“预收款项”项目。“应收账款”科目的借方登记应收账款的增加，贷方登记应收账款的收回及确认的坏账损失。期末余额一般在借方，反映企业尚未收回的应收账款；如果期末余额在贷方，则反映企业预收的账款。本科目可按债务人进行明细核算。

【链接 2－4】

例 2－17　甲公司采用委托收款结算方式向乙公司销售一批商品，货款为 50 000 元，增值税税额为 8 500 元，以银行存款代垫运杂费 1 000 元，已办理托收手续。甲公司应编制如下会计分录。

借：应收账款	59 500	
贷：主营业务收入		50 000
应交税费——应交增值税（销项税额）		8 500
银行存款		1 000

例 2－18　承例 2－17，甲公司实际收到款项时，应编制如下会计分录。

借：银行存款	59 500	
贷：应收账款		59 500

企业应收账款改用应收票据结算，在收到承兑的商业汇票时，借记“应收票据”科目，贷记“应收账款”科目。

例 2－19　甲公司收到丙公司交来商业承兑汇票一张，面值 10 000 元，用以偿还其前欠货款。甲公司应编制如下会计分录。

借：应收票据	10 000	
贷：应收账款		10 000

【检测2－3】多项选择题

下列各项中，构成应收账款入账价值的有(　　　　)。

A. 增值税销项税额　　　　B. 代购货方垫付的包装费

C. 代购货方垫付的运杂费　　　　D. 销售货物发生的商业折扣

三、预付账款

预付账款是指企业按照合同规定预付的款项。预付账款是企业暂时被供货单位占用的资金。企业预付货款后，有权要求对方按照购货合同规定发货。预付账款必须以购销双方签订的购货合同为条件，按照规定的程序和方法进行核算。

企业应当设置“预付账款”科目，核算预付账款的增减变动及其结存情况。“预付账款”科目的借方登记预付的款项及补付的款项，贷方登记收到所购物资时根据有关发票账单记入“原材料”等科目的金额及收回多付款项的金额。期末余额在借方，反映企业实际预付的款项；期末余额在贷方，则反映企业应付或应补付的款项。预付款项情况不多的企业，可以不设置“预付账款”科目，而将预付的款项通过“应付账款”科目核算。“预付账款”科目可按供货单位进行明细核算。

企业根据购货合同的规定向供应单位预付款项时，借记“预付账款”科目，贷记“银行存款”科目；企业收到所购物资，按应计入购入物资成本的金额，借记“材料采购”或“原材料”、“库存商品”科目，按相应的增值税进项税额，借记“应交税费——应交增值税(进项税额)”科目，贷记“预付账款”科目。当预付货款小于采购货物所须支付的款项时，应将不足部分补付，借记“预付账款”科目，贷记“银行存款”科目；当预付货款大于采购货物所须支付的款项时，对收回的多余款项，借记“银行存款”科目，贷记“预付账款”科目。

例2－20　甲公司向乙公司采购材料2 000千克，每千克单价为50元，所需支付的款项总额为100 000元。按照合同规定甲公司向乙公司预付货款的40%，验收货物后补付其余款项。

① 预付40%的货款时，甲公司应编制如下会计分录。

借：预付账款——乙公司	40 000	
贷：银行存款		40 000

② 收到乙公司发来的2 000千克材料，验收无误，增值税专用发票记载的货款为100 000元，增值税税额为17 000元，以银行存款补付所欠款项77 000元。甲公司应编制如下会计分录。

借：原材料	100 000	
应交税费——应交增值税(进项税额)	17 000	
贷：预付账款——乙公司		117 000
借：预付账款——乙公司	77 000	
贷：银行存款		77 000

【提示2－4】企业的预付账款，如有确凿证据表明其不符合预付账款性质，或者因供货单位破产、撤销等原因已无望再收到所购货物时，应将原计入预付账款的金额转入其他应收款。

四、其他应收款

（一）其他应收款的确认

其他应收款是指企业除应收票据、应收账款、预付账款等以外的其他各种应收及暂付款项。其主要包括如下内容。

（1）应收的各种赔款、罚款，如因企业财产等遭受意外损失而应向有关保险公司收取的赔付款等。

（2）应收的出租包装物租金。

（3）应向职工收取的各种垫付款项，如为职工垫付的水电费、应由职工负担的医药费及房租费等。

（4）存出保证金，如租入包装物支付的押金。

（5）其他各种应收、暂付款项。

【检测2-4】多项选择题

下列事项中，应确认为其他应收款的是（　　）。

A. 应收的各种赔款　　B. 应收的出租包装物租金

C. 存出保证金　　D. 收取的各种押金

（二）其他应收款的计量

为了反映和监督其他应收账款的增减变动及其结存情况，企业应当设置“其他应收款”科目进行核算。“其他应收款”科目的借方登记其他应收款的增加，贷方登记其他应收款的收回，期末余额一般在借方，反映企业尚未收回的其他应收款项。本科目可按债务人进行明细核算。

例2-21 甲公司以银行存款替职工张明垫付应由其个人负担的医疗费3 000元，拟从其工资中扣回，应编制如下会计分录。

① 垫付时：

借：其他应收款——张明　　3 000

　贷：银行存款　　3 000

② 扣款时：

借：应付职工薪酬　　3 000

　贷：其他应收款——张明　　3 000

例2-22 甲公司在采购过程中发生材料毁损，按保险合同规定，应由保险公司赔偿损失20 000元，赔款尚未收到，应编制如下会计分录。

借：其他应收款——保险公司　　20 000

　贷：材料采购　　20 000

例2-23 承例2-22，上述保险公司赔款如数收到，应编制如下会计分录。

借：银行存款　　20 000

　贷：其他应收款——保险公司　　20 000

例2-24 甲公司租入包装物一批，以银行存款向出租方支付押金12 000元，应编制如

下会计分录。

借:其他应收款——存出保证金 12 000

贷:银行存款 12 000

例 2 -25 承例 2 - 24,租入包装物按期如数退回,甲公司收到出租方退还的押金12 000元,已存入银行,应编制如下会计分录。

借:银行存款 12 000

贷:其他应收款——存出保证金 12 000

例 2 -26 甲公司职工李红出差借支差旅费 3 000 元,以现金支付,应编制如下会计分录。

借:其他应收款——李红 3 000

贷:库存现金 3 000

例 2 -27 承例 2 - 26,李红出差归来报销差旅费 2 800 元,余款交回,应编制如下会计分录。

借:管理费用 2 800

库存现金 200

贷:其他应收款——李红 3 000

五、应收款项减值

(一) 应收款项减值的确认

企业的各项应收款项可能会因购货人拒付、破产、死亡等原因而无法收回。企业无法收回的应收款项就是坏账。因坏账而遭受的损失为坏账损失。

企业应当在资产负债表日对应收款项的账面价值进行检查,有客观证据表明该应收款项发生减值的,应当将该应收款项的账面价值减记至预计未来现金流量现值,减记的金额确认减值损失,计提坏账准备。确定应收款项减值有两种方法,即直接转销法和备抵法,我国企业会计准则规定采用备抵法确定应收款项的减值。

【链接 2 -5】

1. 直接转销法

采用直接转销法时,日常核算中应收款项可能发生的坏账损失不予考虑,不计提坏账准备,只有在实际发生坏账时,才作为损失计入当期损益,同时冲销应收款项,即借记“资产减值损失”科目,贷记“应收账款”等科目。

例 2 -28 某企业 2010 年发生的一笔 80 000 元的应收账款,屡催无效,收回的可能性极小,于 2013 年末确认为坏账。2013 年末该企业应编制如下会计分录。

借:资产减值损失——坏账损失 80 000

贷:应收账款 80 000

如果已冲销的应收账款以后又收回,应编制如下会计分录。

借:应收账款 80 000

贷:资产减值损失——坏账损失 80 000

同时:

借:银行存款 80 000

贷：应收账款　　　　80 000

直接转销法的优点是账务处理简单、实用，其缺点是不符合权责发生制和收入与费用相互配比的会计原则。在这种方法下，只有坏账已经发生时，才能将其确认为当期费用，导致各期收益不实；在资产负债表上，应收款项是按其账面余额而不是按净额反映的，这在一定程度上歪曲了期末的财务状况，因此企业一般不采用直接转销法。

2. 备抵法

备抵法是采用一定的方法按期估计坏账损失，计入当期费用并建立坏账准备，待坏账实际发生时，冲销已提的坏账准备和相应的应收款项。采用这种方法，坏账损失计入同一期间的损益，体现了配比原则的要求，避免了企业明盈实亏；在资产负债表上列示应收款项净额，使报表使用者能了解企业应收款项的可变现金额。

在备抵法下，企业应当根据实际情况合理估计当期坏账损失金额。由于企业发生坏账损失带有很大的不确定性，所以只能以过去的经验为基础，参照当前的信用政策、市场环境和行业惯例，准确地估计每期应收款项未来现金流量现值，从而确定当期减值损失金额，计入当期损益。企业在预计未来现金流量现值时，应当在合理预计未来现金流量的同时，合理选用折现利率。短期应收款项的预计未来现金流量与其现值相差很小的，在确认相关减值损失时，可不对其预计未来现金流量进行折现。

【链接 2-6】

（二）应收款项减值的计量

企业应当设置"坏账准备"科目，以核算应收款项的坏账准备计提、转销等情况。企业当期计提的坏账准备应当计入资产减值损失。"坏账准备"科目的贷方登记当期计提的坏账准备金额，借方登记实际发生的坏账损失金额和冲减的坏账准备金额，期末余额一般在贷方，反映企业已计提但尚未转销的坏账准备。

坏账准备可按以下公式计算。

当期应计提的坏账准备＝当期按应收款项计算应提坏账准备金额－（或＋）"坏账准备"科目的贷方（或借方）余额

企业计提坏账准备时，按应减记的金额，借记"资产减值损失——计提的坏账准备"科目，贷记"坏账准备"科目。冲减多计提的坏准备时，借记"坏账准备"科目，贷记"资产减值损失——计提的坏账准备"科目。

例 2-29　甲公司采用按应收账款余额的10%计提坏账准备。2011年12月31日，应收账款余额合计为2 400 000元，应计提240 000元坏账准备。2011年末计提坏账准备时，应编制如下会计分录。

借：资产减值损失——计提的坏账准备　　　　240 000

　　贷：坏账准备　　　　240 000

企业确实无法收回的应收款项按管理权限报经批准后作为坏账转销时，应当冲减已计提的坏账准备。企业发生坏账损失时，借记"坏账准备"科目，贷记"应收账款"、"其他应收款"等科目。

例 2-30　承例2-29，甲公司2012年对丙公司的应收账款实际发生坏账损失60 000元。2012年12月31日甲公司应收账款余额合计为2 500 000元，应计提250 000元坏账准备。2012年甲公司应编制如下会计分录。

① 实际发生坏账损失时：

借：坏账准备　　　　60 000

　　贷：应收账款　　　　60 000

② 年末计提坏账准备时：

根据甲公司坏账核算方法，其“坏账准备”科目应保持的贷方余额为250 000元。计提坏账准备前，“坏账准备”科目的实际余额为贷方180 000(240 000－60 000)元，因此2012年末应计提的坏账准备金额为70 000(250 000－180 000)元。

借：资产减值损失——计提的坏账准备	70 000	
贷：坏账准备		70 000

企业已确认并转销的应收款项以后又收回的，应当按照实际收到的金额增加坏账准备的账面余额。已确认并转销的应收款项以后又收回时，借记“应收账款”、“其他应收款”等科目，贷记“坏账准备”科目；同时，借记“银行存款”科目，贷记“应收账款”、“其他应收款”等科目。

例2－31　承例2－30，甲公司2013年7月1日，收到2012年已转销的丙公司的坏账10 000元，已存入银行。甲公司应编制如下会计分录。

借：应收账款	10 000	
贷：坏账准备		10 000
借：银行存款	10 000	
贷：应收账款		10 000

例2－32　承例2－30、例2－31，甲公司2013年12月31日，应收账款余额合计为2 000 000元，应计提200 000元的坏账准备。

甲公司计提坏账准备前，“坏账准备”科目的实际余额为贷方260 000(250 000＋10 000)元，因此，2013年末应冲减多计提的坏账准备60 000(260 000－200 000)元。甲公司应编制如下会计分录。

借：坏账准备	60 000	
贷：资产减值损失——计提的坏账准备		60 000

【提示2－5】对已确认为坏账的应收款项，并不意味着企业放弃了其追索权，一旦重新收回，应及时入账。

【检测2－5】单项选择题

长江公司2013年2月10日因销售商品应收大明公司的一笔应收账款1 200万元，2013年6月30日计提坏账准备150万元，2013年12月31日，该应收账款的未来现金流量现值为850万元。2013年12月31日，该应收账款应计提的坏账准备为(　　)万元。

A. 300　　B. 200　　C. 350　　D. 250

第三节　交易性金融资产

金融资产主要包括库存现金、应收账款、应收票据、贷款、垫款、其他应收款、应收利息、债权投资、股权投资、基金投资及衍生金融资产等。企业应当结合自身业务特点和风险管理要求，将取得的金融资产分类核算。本节主要涉及流动性较强的交易性金融资产的会计核算。

【链接2－7】

一、交易性金融资产的确认

交易性金融资产主要是指企业为了近期内出售而持有的金融资产，如企业以赚取差价为目的从二级市场购入的股票、债券、基金等。

为了核算交易性金融资产的取得、收取现金股利或利息、处置等业务，企业应当设置“交易性金融资产”、“公允价值变动损益”、“投资收益”等科目。

“交易性金融资产”科目核算企业为交易目的所持有的债券投资、股票投资、基金投资等交易性金融资产的公允价值。企业持有的直接指定为以公允价值计量且其变动计入当期损益的金融资产也在“交易性金融资产”科目核算。“交易性金融资产”科目的借方登记交易性金融资产的取得成本、资产负债表日其公允价值高于账面余额的差额等；贷方登记资产负债表日其公允价值低于账面余额的差额，以及企业出售交易性金融资产时结转的成本和公允价值变动损益；期末借方余额反映企业持有的交易性金融资产的公允价值。本科目可按交易性金融资产的类别和品种，分别设置“成本”、“公允价值变动”等明细科目进行核算。

“公允价值变动损益”科目核算企业交易性金融资产等公允价值变动形成的应计入当期损益的利得或损失，借方登记资产负债表日企业持有的交易性金融资产等的公允价值低于账面余额的差额；贷方登记资产负债表日企业持有的交易性金融资产等的公允价值高于账面余额的差额。期末，应将本科目的余额转入“本年利润”科目，结转后本科目无余额。本科目可按交易性金融资产、交易性金融负债、投资性房地产等进行明细核算。

“投资收益”科目核算企业交易性金融资产等持有期间取得的投资收益以及处置交易性金融资产等实现的投资收益或投资损失，借方登记企业出售交易性金融资产等发生的投资损失；贷方登记企业持有期间取得的投资收益以及出售交易性金融资产等实现的投资收益；期末，应将本科目的余额转入“本年利润”科目，结转后本科目无余额。本科目可按投资项目进行明细核算。

【提示2－6】一项金融资产被划分为交易性金融资产应具有两个特点：一是企业持有该项金融资产是为了交易，是以赚取差价为目的的投资；二是该项金融资产具有活跃的金融市场、在市场上有报价、其公允价值能够从活跃的市场上取得等特点。

二、交易性金融资产的初始计量

企业初始确认交易性金融资产时，应当按照该金融资产取得时的公允价值计量，记入“交易性金融资产——成本”科目。取得交易性金融资产所发生的相关交易费用应当在发生时计入投资损益。交易费用是指可直接归属于购买、发行或处置金融工具新增的外部费用，包括支付给代理机构、咨询公司、券商等的手续费和佣金及其他必要支出。取得交易性金融资产所支付的价款中，如包含已宣告但尚未发放的现金股利或已到付息期但尚未领取的债券利息，应当单独确认为应收项目，记入“应收股利”或“应收利息”科目。

例2－33　2014年1月20日，甲公司委托某证券公司从上海证券交易所购入A上市公司股票1 000 000股，并将其划分为交易性金融资产。该笔股票投资在购买日的公允价值为10 000 000元，另支付相关交易费用金额为25 000元。甲公司应编制如下会计分录。

借：交易性金融资产——成本	10 000 000
投资收益	25 000

贷:其他货币资金——存出投资款　　10 025 000

【检测 2 -6】单项选择题

A 公司 2014 年 4 月 10 日从证券市场上购入 B 公司发行在外的股票 100 万股作为交易性金融资产,每股支付价款 4 元(含已宣告但尚未发放的现金股利 0.5 元),另支付相关费用2 万元。A 公司交易性金融资产取得时的入账价值为(　　)万元。

A. 400　　B. 350　　C. 402　　D. 352

三、交易性金融资产的后续计量

(一) 交易性金融资产的股利和利息

企业持有交易性金融资产期间对于被投资单位宣告发放的现金股利或企业在资产负债表日按分期付息、一次还本债券投资的票面利率计算的利息收入,应当确认为应收项目,记入“应收股利”或“应收利息”科目,并计入投资收益。

例 2 -34　甲公司 2012 年 7 月 10 日,购入丙公司发行的期限为 3 年的公司债券,该笔债券于 2012 年 1 月 1 日发行,面值为 200 000 元,票面利率为 4%。该债券每半年付息一次,分别于当年 7 月和次年 1 月付息。甲公司将其划分为交易性金融资产,支付价款为 205 000 元(其中包含已到付息期但尚未领取的债券利息 4 000 元),另支付交易费用 3 500 元。2012 年 7 月 30 日,甲公司收到该笔债券 2012 年上半年的利息 4 000 元。2013 年 1 月 30 日,甲公司收到 2012 年下半年的债券利息 4 000 元。甲公司应编制如下会计分录。

① 2012 年 7 月 10 日,购入丙公司的公司债券时:

借:交易性金融资产——成本　　201 000
　应收利息　　4 000
　投资收益　　3 500
　贷:其他货币资金——存出投资款　　208 500

② 2012 年 7 月 30 日,收到 2012 年上半年的债券利息时:

借:其他货币资金——存出投资款　　4 000
　贷:应收利息　　4 000

③ 2012 年 12 月 31 日,确认持有丙公司的公司债券利息收入时:

借:应收利息　　4 000
　贷:投资收益　　4 000

④ 2013 年 1 月 30 日,收到持有丙公司的公司债券利息时:

借:其他货币资金——存出投资款　　4 000
　贷:应收利息　　4 000

(二) 交易性金融资产的期末计量

资产负债表日,交易性金融资产应当按照公允价值计量,公允价值与账面余额之间的差额计入当期损益。企业应当在资产负债表日按照交易性金融资产公允价值与其账面余额的差额,借记或贷记“交易性金融资产——公允价值变动”科目,贷记或借记“公允价值变动损益”科目。

例 2 -35　承例 2 -34,假定 2012 年 12 月 31 日,甲公司购买的该笔债券的市价为

204 000 元;2013 年 6 月 30 日,甲公司购买的该笔债券的市价为 202 000 元。甲公司应编制如下会计分录。

① 2012 年 12 月 31 日,确认该笔债券的公允价值变动损益时:

借:交易性金融资产——公允价值变动　　3 000

　　贷:公允价值变动损益　　3 000

② 2013 年 6 月 30 日,确认该笔债券的公允价值变动损益时:

借:公允价值变动损益　　2 000

　　贷:交易性金融资产——公允价值变动　　2 000

在本例中,2012 年 12 月 31 日,该笔债券的公允价值为 204 000 元,账面余额为 201 000 元。公允价值大于账面余额 3 000 元,应记入“公允价值变动损益”科目的贷方;2013 年 6 月 30 日,该笔债券的公允价值为 202 000 元,账面余额为 204 000 万元,公允价值小于账面余额 2 000 元,应记入“公允价值变动损益”科目的借方。

2013 年上半年债券利息收入确认及收到债券利息的会计分录与前述相同,此略。

【检测 2－7】单项选择题

A 公司于 2013 年 11 月 10 日从证券市场上购入 B 公司发行在外的股票 400 万股作为交易性金融资产,每股支付价款 5 元,另支付相关费用 10 万元。2013 年 12 月 31 日,这部分股票的公允价值为 2 050 万元,A 公司 2013 年 12 月 31 日应确认的公允价值变动损益为(　　)万元。

A. 收益 50　　B. 损失 50　　C. 收益 40　　D. 损失 40

四、交易性金融资产的处置

企业出售交易性金融资产时,应当将该金融资产出售时的公允价值与其账面余额之间的差额确认为投资收益,同时调整公允价值变动损益。

企业应按实际收到的金额,借记“银行存款”等科目;按该金融资产的账面余额,贷记“交易性金融资产”科目;按其差额,贷记或借记“投资收益”科目。同时,将原计入该金融资产的公允价值变动转出,借记或贷记“公允价值变动损益”科目,贷记或借记“投资收益”科目。

例 2－36　承例 2－35,假定 2013 年 8 月 5 日,甲公司出售了所持有的丙公司债券,售价为 203 500 元,存入银行。甲公司应编制如下会计分录。

借:其他货币资金——存出投资款　　203 500

　　贷:交易性金融资产——成本　　201 000

　　　　　　　　　　——公允价值变动　　1 000

　　　　投资收益　　1 500

同时:

借:公允价值变动损益　　1 000

　　贷:投资收益　　1 000

在本例中,企业出售交易性金融资产时,还应将原计入该金融资产的公允价值变动转出,即出售交易性金融资产时,应按“交易性金融资产——公允价值变动”明细科目的借方余额 1 000 元,借记“公允价值变动损益”科目,贷记“投资收益”科目。

【思考2-3】企业出售交易性金融资产时，应将原计入该金融资产的公允价值变动转出，该会计处理对当期的净损益有影响吗？为什么？

【检测2-8】单项选择题

A公司于2013年1月1日购入面值为200万元，年利率为4%的债券，取得时支付价款208万元（含已到付息期但尚未发放的利息8万元），另支付交易费用1万元。A公司将该项金融资产划分为交易性金融资产。2013年1月10日，收到购买时价款中所含的利息8万元；2013年12月31日，债券的公允价值为212万元；2014年1月10日，收到债券2013年度的利息8万元；2014年4月20日，A公司出售债券售价为215万元。A公司出售债券时应确认投资收益的金额为（　　）万元。

A. 3　　B. 11　　C. 15　　D. 16

第四节 存 货

一、存货的确认和初始计量

（一）存货的定义和内容

存货是指企业在日常活动中持有以备出售的产品或商品、处在生产过程中的在产品、在生产过程或提供劳务过程中耗用的材料或物料等，包括各类材料、在产品、自制半成品、库存商品、周转材料、委托代销商品等。

（1）在途物资是指企业购入但尚未到达或尚未验收入库的各种材料物资。

（2）原材料是指企业在生产过程中经加工改变其形态或性质并构成产品主要实体的各种原料及主要材料、辅助材料、燃料、修理用备件（备品备件）、包装材料、外购半成品（外购件）等。

（3）周转材料是指企业能够多次使用，不符合固定资产定义，逐渐转移其价值但仍保持原有形态，不确认为固定资产的材料，包括包装物和低值易耗品。其中，包装物是指为了包装本企业的商品而储备的各种包装容器，如桶、箱、瓶、坛、袋等，其主要作用是盛装、装潢产品或商品。低值易耗品是指不能作为固定资产核算的各种用具物品，如工具、管理用具、玻璃器皿、劳动保护用品及在经营过程中周转使用的容器等。其特点是单位价值较低，或者使用期限相对于固定资产较短，在使用过程中保持其原有实物形态基本不变。

（4）在产品是指企业正在制造尚未完工的生产物，包括正在各个生产工序加工的产品和已加工完毕但尚未检验或已检验但尚未办理入库手续的产品。

（5）自制半成品是指经过一定生产过程并已检验合格交付半成品仓库保管，但尚未制造完工成为产成品，仍需进一步加工的中间产品。

（6）委托加工物资是指企业委托外单位加工的各种材料、商品等物资。

（7）库存商品是指企业外购或委托加工完成验收入库用于销售的各种商品，企业已经完成全部生产过程并已验收入库，可以按照合同规定的条件送交订货单位，或者可以作为商品对外销售的产品。

（8）发出商品或委托代销商品。其中，发出商品是指企业商品销售不满足收入确认条件但已发给购买方的商品物资；委托代销商品是指企业存放在受托单位并委托其代为销售的商品。

（二）存货的确认条件

存货只有在符合定义，并同时满足下列条件时，才能予以确认。

1. 与该存货有关经济利益很可能流入企业

资产最重要的特征是预期会给企业带来经济利益。如果某一项目预期不能给企业带来经济利益，就不能确认为企业的资产。存货是企业的一项重要的流动资产，因此，对存货的确认，关键是判断其是否很可能给企业带来经济利益或其所包含的经济利益是否很可能流入企业。通常情况下，拥有存货的所有权是与该存货有关的经济利益很可能流入本企业的一个重要标志。例如，根据销售合同已经售出（取得现金或收取现金的权利）、所有权已经转移的存货，因其所含经济利益已不能再流入本企业，即使该存货尚未运离企业，也不能再确认为本企业的存货。企业在判断与该存货有关的经济利益能否流入企业时，通常应结合考虑该存货所有权的归属，而不应当仅看其存放的地点等。

2. 该存货的成本能够可靠地计量

成本或者价值能够可靠地计量是资产确认的一项基本条件。存货作为企业资产的组成部分，要予以确认也必须能够对其成本进行可靠地计量。存货的成本能够可靠地计量必须以取得的确凿证据为依据，并且具有可验证性。如果存货成本不能可靠地计量，则不能确认为一项存货。例如，企业承诺的订货合同，由于并未实际发生，不能可靠确定其成本，因此就不能确认为购买企业的存货。

【检测2－9】多项选择题

下列各项中，应当作为企业存货的有（　　　）。

A. 包装物　　B. 发出商品　　C. 低值易耗品　　D. 工程物资

【思考2－4】在会计实务中，以下情况应如何分别确认企业的存货？

（1）在途存货分为目的地交货和起运地交货。

（2）分期收款销售商品。

（三）存货的初始计量

存货应当按照成本进行初始计量。存货成本包括采购成本、加工成本和其他成本。

存货的来源不同，其成本的构成内容也不同。原材料、商品、低值易耗品等通过购买而取得的存货的初始成本由采购成本构成；产成品、在产品、半成品、委托加工物资等通过进一步加工而取得的存货的初始成本由采购成本、加工成本以及使存货达到目前场所和状态所发生的其他成本构成。

1. 外购的存货

外购存货的成本即存货的采购成本，指企业物资从采购到入库前所发生的全部支出，包括购买价款、相关税费、运输费、装卸费、保险费以及其他可归属于存货采购成本的费用。

（1）存货的购买价款是指企业购入的材料或商品的发票账单上列明的价款，但不包括按照规定可以抵扣的增值税税额。

（2）存货的相关税费是指企业购买存货发生的进口关税、消费税、资源税和不能抵扣的增值税进项税额以及相应的教育费附加等应计入存货采购成本的税金。

（3）其他可归属于存货采购成本的费用是指采购成本中除上述各项以外可归属于存货采购的费用，如在存货采购过程中发生的仓储费、包装费，运输途中的合理损耗，入库前的挑选整理费用等。这些费用能分清负担对象的，应直接计入存货的采购成本；不能分清负担对象的，应选择合理的分配方法，分配计入有关存货的采购成本。分配方法通常包括按所购存货的重量或采购价格的比例进行分配。

但是,对于采购过程中发生的物资毁损、短缺等,除合理的损耗应作为“其他可归属于存货采购成本的费用”计入采购成本外,应区别不同情况进行会计处理:①应以从供货单位、外部运输机构等收回的物资短缺或其他赔款,冲减物资的采购成本;②因遭受意外灾害发生的损失和尚待查明原因的途中损耗,不得增加物资的采购成本,应暂作为待处理财产损溢进行核算,在查明原因后再作处理。

【链接2-8】

【提示2-7】商品流通企业在采购商品过程中发生的运输费、装卸费、保险费以及其他可归属于存货采购成本的费用等进货费用,应当计入存货采购成本,也可以先进行归集,期末根据所购商品的存销情况进行分摊。对于已售商品的进货费用,应计入当期损益;对于未售商品的进货费用,应计入期末存货成本。企业采购商品的进货费用金额较小的,可以在发生时直接计入当期损益。

【检测2-10】单项选择题

某企业为增值税小规模纳税企业。该企业购入甲材料600千克,每千克含税单价为50元,发生运杂费2 000元,运输途中合理损耗10千克,入库前发生挑选整理费用450元。该批甲材料每千克成本为(　　)元。

A. 54.24　　B. 54.08　　C. 55　　D. 50.85

2. 自制的存货

自制存货是指由企业内部加工制造的各种存货,如自制材料、自制半成品和产成品等,其成本由采购成本、加工成本以及使存货达到目前场所和状态所发生的其他成本构成。其中,采购成本是由所使用或消耗的原材料采购成本转移而来的;加工成本由直接人工和制造费用构成,其实质是企业在加工存货的过程中追加发生的生产成本,不包括直接由材料存货转移来的价值。

【提示2-8】自制存货,如生产大型机器设备、船舶、飞机等生产周期较长(通常为1年以上)并且用于出售的资产,借入款项发生的利息等可以资本化,计入存货成本中。

3. 委托外单位加工的存货

委托外单位加工完成的存货,包括加工后的原材料、包装物、低值易耗品、半成品、产成品等,其成本包括实际耗用的原材料或者半成品、加工费、装卸费、保险费、委托加工的往返运输费等费用以及按规定应计入成本的税费。但是,下列费用不应计入存货成本,而应在其发生时计入当期损益。

(1) 非正常消耗的直接材料、直接人工和制造费用,应在发生时计入当期损益,不应计入存货成本。例如,由于自然灾害而发生的直接材料、直接人工和制造费用,由于这些费用的发生无助于使该存货达到目前场所和状态,不应计入存货成本,而应确认为当期损益。

(2) 仓储费用即企业在存货采购入库后发生的储存费用,应在发生时计入当期损益。但是,在生产过程中为达到下一个生产阶段所必需的仓储费用应计入存货成本。例如,某种酒类产品生产企业为使生产的酒达到规定的产品质量标准而必须发生的仓储费用,应计入酒的成本,而不应计入当期损益。

(3) 不能归属于使存货达到目前场所和状态的其他支出,应在发生时计入当期损益,不得计入存货成本。

二、存货发出的计量

日常工作中,企业发出的存货可以按实际成本核算,也可以按计划成本核算。例如,采用计划成本核算,会计期末应调整为实际成本。

企业应当根据各类存货的实物流转方式、企业管理的要求、存货的性质等实际情况,合理地确定发出存货成本的计算方法,以及当期发出存货的实际成本。对于性质和用途相同的存货,应当采用相同的成本计算方法确定发出存货的成本。在实际成本核算方式下,企业可以选用的发出存货成本的计价方法包括个别计价法、先进先出法、月末一次加权平均法和移动加权平均法等。

(一) 个别计价法

个别计价法也称个别认定法、具体辨认法、分批实际法。采用这一方法是假设存货具体项目的实物流转与成本流转相一致,按照各种存货逐一辨认各批发出存货和期末存货所属的购进批别或生产批别,分别按其购入或生产时所确定的单位成本计算各批发出存货和期末存货成本的方法。在这种方法下,把每一种存货的实际成本作为计算发出存货成本和期末存货成本的基础。由于采用该方法要求各批发出存货必须可以逐一辨认所属的购进批次或生产批次,因此需要对每一存货的品种规格、入账时间、单位成本、存放地点等做详细记录。

例 2-37 甲公司2014年6月A商品的收入、发出及结存情况如表2-2所示。

表2-2 A商品购销明细账

金额单位:元

日期		摘要	收入			发出			结存		
月	日		数量	单价	金额	数量	单价	金额	数量	单价	金额
6	1	期初余额							200	10	2 000
	5	购入	500	12	6 000				700		
	10	销售				400			300		
	15	购入	600	14	8 400				900		
	20	销售				800			100		
	25	购入	500	15	7 500				600		
	28	销售				300			300		
	30	本期合计	1 600		21 900	1 500			300		

假设经过具体辨认,本期发出存货所属的购入批别如下:10日发出的400件存货中,100件系期初结存,300件为5日购入;20日发出的800件存货中,有100件系期初结存,有100件系5日购入,其余600件系15日购入;28日发出的300件存货中均属25日购进的商品。该公司采用个别计价法计算的A商品本月发出和期末结存成本如下。

6月10日发出A商品的成本 $=100\times10+300\times12=4\ 600$(元)

6月20日发出A商品的成本 $=100\times10+100\times12+600\times14=10\ 600$(元)

6月28日发出A商品的成本 $=300\times15=4\ 500$(元)

期末结存A商品成本 $=100\times12+200\times15=4\ 200$(元)

根据上述计算,本月A商品的收入、发出和结存情况如表2-3所示。

表 2-3 A 商品购销明细账（个别计价法） 金额单位：元

日期		摘要	收入			发出			结存		
月	日		数量	单价	金额	数量	单价	金额	数量	单价	金额
6	1	期初余额							200	10	2 000
	5	购入	500	12	6 000				200 500	10 12	8 000
	10	销售				100 300	10 12	1 000 3 600	100 200	10 12	3 400
	15	购入	600	14	8 400				100 200 600	10 12 14	11 800
	20	销售				100 100 600	10 12 14	1 000 1 200 8 400	100	12	1 200
	25	购入	500	15	7 500				100 500	12 15	8 700
	28	销售				300	15	4 500	100 200	12 15	4 200
	30	本期合计	1 600		21 900	1 500		19 700	100 200	12 15	4 200

从表 2-3 可知，采用个别计价法得出的本期发出存货的成本及期末结存存货的成本分别为 19 700 和 4 200 元。

个别计价法的成本计算准确，符合实际情况，但在存货收发频繁的情况下，其发出成本分辨的工作量较大。因此，这种方法适用于一般不能替代使用的存货、为特定项目专门购入或制造的存货以及提供的劳务，如重型设备、飞机、船舶以及珠宝、名画等贵重物品。在实际工作中，越来越多的企业采用计算机信息系统进行会计处理，个别计价法可以广泛应用于发出存货的计价，并且该方法确定的存货成本最为准确。

（二）先进先出法

先进先出法是指以先购入的存货应先发出（销售或耗用）这一存货实物流动假设为前提，对发出存货进行计价的一种方法。采用这种方法，先购入的存货成本在后购入成本之前转出，据此确定发出存货和期末存货的成本。具体方法是：收入存货时，逐笔登记收入存货的数量、单价和金额；发出存货时，按照先进先出的原则逐笔登记存货的发出成本和结存金额。

例 2-38 沿用例 2-37，甲公司采用先进先出法计算 A 商品本月发出和期末结存成本如下。

6 月 10 日发出 A 商品的成本 $=200\times10+200\times12=4\ 400$（元）

6 月 20 日发出 A 商品的成本 $=300\times12+500\times14=10\ 600$（元）

6 月 28 日发出 A 商品的成本 $=100\times14+200\times15=4\ 400$（元）

期末结存 A 商品成本 $=300\times15=4\ 500$（元）

根据上述计算，本月 A 商品的收入、发出和结存情况如表 2-4 所示。

表 2-4 A 商品购销明细账(先进先出法)　　金额单位:元

日期		摘要	收入			发出			结存		
月	日		数量	单价	金额	数量	单价	金额	数量	单价	金额
6	1	期初余额							200	10	2 000
	5	购入	500	12	6 000				200 500	10 12	8 000
	10	销售				200 200	10 12	2 000 2 400	300	12	3 600
	15	购入	600	14	8 400				300 600	12 14	3 600 8 400
	20	销售				300 500	12 14	3 600 7 000	100	14	1 400
	25	购入	500	15	7 500				100 500	14 15	1 400 7 500
	28	销售				100 200	14 15	1 400 3 000	300	15	4 500
	30	本期合计	1 600		21 900	1 500		19 400	300	15	4 500

从表 2-4 可知,采用先进先出法得出的本期发出存货的成本和期末存货的成本分别为 19 400元和4 500 元。

先进先出法可以随时结转存货发出成本,从而保证了产品成本和销售成本计算的及时性,并且期末存货成本是最近购货成本确定的,比较接近现行的市场价值,但方法较繁琐。如果存货收发业务较多、且存货单价不稳定时,其工作量较大。在物价持续上升时,期末存货成本接近于市价,而发出成本偏低,会高估企业当期利润和库存存货价值;反之,会低估企业存货价值和当期利润。

【检测 2-11】判断题

在物价持续下跌时,发出存货采用先进先出法更能体现谨慎性要求。(　)

3. 月末一次加权平均法

月末一次加权平均法是指以本月全部进货数量加上月初存货数量作为权数,除去本月全部进货成本加上月初存货成本,计算出存货的加权平均单位成本,以此为基础计算本月发出存货的成本和期末存货的成本的一种方法。其计算公式为:

存货的加权平均单位成本=[月初结存存货成本+∑(本月各批进货的实际单位成本×本月各批进货的数量)]÷(月初结存存货的数量+本月各批进货数量之和)

本月发出存货成本=本月发出存货的数量×存货的平均单位成本

月末结存存货成本=月末结存存货的数量×存货的平均单位成本

或:

月末结存存货成本=月初结存存货的实际成本+本月收入存货的实际成本-本月发出存货的实际成本

在加权平均单位成本不能除尽的情况下,为了保证期末结存商品的数量、单位成本与总成本的一致性，应先按加权平均单位成本计算期末结存商品成本，然后倒减出本月发出商品成本，将计算尾差挤入发出商品成本。

例2-39　沿用例2-37，甲公司采用月末一次加权平均法计算的A商品本月加权平均单位成本及本月发出和期末结存成本如下。

6月份A商品的平均单位成本＝(2 000＋21 900)÷(200＋1 600)≈13.28(元)

6月份A商品的结存存货成本＝300×13.28＝3 984(元)

6月份A商品的发出存货成本＝2 000＋21 900－3 984＝19 916(元)

根据上述计算，本月A商品的收入、发出和结存情况如表2-5所示。

表2-5　A商品购销明细账(月末一次加权平均法)

金额单位：元

日期		摘要	收入			发出			结存		
月	日		数量	单价	金额	数量	单价	金额	数量	单价	金额
6	1	期初余额							200	10	2 000
	5	购入	500	12	6 000				700		
	10	销售				400			300		
	15	购入	600	14	8 400				900		
	20	销售				800			100		
	25	购入	500	15	7 500				600		
	28	销售				300			300		
	30	本期合计	1 600		21 900	1 500	13.28	19 916	300	13.28	3 948

从表2-5中可知，采用月末一次加权平均法得出的本期发出存货的成本和期末结存存货的成本分别为19 916元和3 948元。

采用加权平均法只在月末一次计算加权平均单价，平时不对发出存货计价，因而日常核算工作量较小，简便易行，适用于存货收发比较频繁的企业。但由于平时无法从账上提供发出和结存存货的单价及金额，因此不利于存货成本的日常管理与控制。

4. 移动加权平均法

移动加权平均法是指以每次进货的成本加上原有库存存货的成本，除以每次进货数量加上原有库存存货的数量，据以计算加权平均单位成本，作为在下次进货前计算各次发出存货成本依据的一种方法。其计算公式为：

存货单位成本＝(原有结存存货的实际成本＋本次收入存货的实际成本)÷(原有结存存货的数量＋本次收入存货的数量)

本次发出存货成本＝本次发出存货数量×本次发货前存货的单位成本

本月月末结存存货成本＝月末结存存货数量×本月月末存货单位成本

例2-40　沿用例2-37，甲公司采用移动加权平均法核算企业存货，则A商品每次进货后本期收入、发出和结存情况如表2-6所示。从表中看出，存货的平均成本从期初的10元变为期中的11.43元、13.14元，再变成期末的14.69元。各平均成本计算如下。

6月5日购入存货后的平均单位成本＝(2 000＋6 000)÷(200＋500)≈11.43(元)

6月15日购入存货后的平均单位成本＝(3 428＋8 400)÷(300＋600)≈13.14(元)

6月25日购入存货后的平均单位成本＝(1 316＋7 500)÷(100＋500)≈14.69(元)

表 2-6 A 商品购销明细账(移动加权平均法)　　金额单位:元

日期		摘 要	收 入			发 出			结 存		
月	日		数量	单价	金额	数量	单价	金额	数量	单价	金额
6	1	期初余额							200	10	2 000
	5	购入	500	12	6 000				700	11.43	8 000
	10	销售				400	11.43	4 572	300	11.43	3 428
	15	购入	600	14	8 400				900	13.14	11 828
	20	销售				800	13.14	10 512	100	13.14	1 316
	25	购入	500	15	7 500				600	14.69	8 816
	28	销售				300	14.69	4 407	300	14.69	4 409
	30	本期合计	1 600		21 900	1 500		19 491	300	14.69	4 409

从表 2-6 中可知,采用移动加权平均法得出本期发出存货的成本和期末结存存货成本分别为19 491 元和4 409 元。

采用移动加权平均法能够使企业管理当局及时了解存货的结存情况,计算的平均单位成本以及发出和结存的存货成本比较客观。但由于每次收货都要计算一次平均单价,计算工作量较大,对收发货较频繁的企业不适用。

三、存货收入和发出的账务处理

(一) 原材料

原材料是指企业在生产过程中经过加工改变其形态或性质并构成产品主要实体的各种原料、主要材料和外购半成品,以及不构成产品实体但有助于产品形成的辅助材料。原材料按经济内容分为原料及主要材料、辅助材料、外购半成品(外购件)、修理用备件(备品备件)、包装材料、燃料等。

原材料的日常收发及结存,可以采用实际成本计价,也可以采用计划成本计价。

1. 按实际成本计价

(1) 科目设置。材料按实际成本计价核算的主要特点是:材料的收发及结存,无论是总分类核算还是明细分类核算,均按照实际成本计价。企业需要设置"原材料"、"在途物资"等科目。

"原材料"科目核算库存各种材料的收发与结存情况。在原材料按实际成本核算时,本科目的借方登记入库材料的实际成本,贷方登记发出材料的实际成本,期末余额在借方,反映企业库存材料的实际成本。本科目可按材料的保管地点(仓库)、材料的类别、品种和规格等进行明细核算。

"在途物资"科目核算企业采用实际成本(进价)进行材料、商品等物资的日常核算、货款已付尚未验收入库的各种物资(即在途物资)的采购成本。本科目的借方登记企业购入的在途物资的实际成本,贷方登记验收入库的在途物资的实际成本,期末余额在借方,反映企业在途物资的采购成本。本科目可按供应单位和物资品种进行明细核算。

"应付账款"科目核算企业因购买材料、商品和接受劳务等经营活动应支付的款项。本科目的贷方登记企业因购入材料、商品和接受劳务等尚未支付的款项,借方登记偿还的应付账款,期末余额一般在贷方,反映企业尚未支付的应付账款。本科目可按债权人进行明细核算。

(2) 账务处理。原材料核算的主要内容包括购入材料和发出材料两部分。具体账务处理方法如下。

① 购入材料。由于材料采购地点和支付方式不同,原材料入库与付款的时间可能一致,也可

能不一致,其账务处理也有所不同。

1）货款已经支付或开出、承兑商业汇票,同时材料已验收入库。

例 2-41　甲公司为增值税一般纳税企业。购入C材料一批,增值税专用发票上注明的货款为40 000元,增值税税额为6 800元,对方代垫包装费1 500元,全部款项已用转账支票付讫,材料已验收入库。甲公司应编制如下会计分录。

借:原材料——C材料　　41 500
　应交税费——应交增值税(进项税额)　　6 800
　贷:银行存款　　48 300

本例属于发票账单与材料同时到达的采购业务,企业材料已验收入库,因此应通过“原材料”科目核算,对于增值税专用发票上注明的可抵扣的进项税额,应借记“应交税费——应交增值税(进项税额)”科目。

例 2-42　甲公司持银行汇票71 200元购入D材料一批,增值税专用发票上注明货款为60 000元,增值税税额为10 200元,对方代垫包装费1 000元,材料已验收入库。甲公司应编制如下会计分录。

借:原材料——D材料　　61 000
　应交税费——应交增值税(进项税额)　　10 200
　贷:其他货币资金——银行汇票　　71 200

例 2-43　甲公司采用托收承付结算方式购入E材料一批,货款为70 000元,增值税税额为11 900元,对方代垫包装费2 000元,款项在承付期内以银行存款支付,材料已验收入库。甲公司应编制如下会计分录。

借:原材料——E材料　　72 000
　应交税费——应交增值税(进项税额)　　11 900
　贷:银行存款　　83 900

2）货款已经支付或已开出、承兑商业汇票,材料尚未验收入库。

例 2-44　甲公司采用汇兑结算方式从乙单位购入F材料一批,发票及账单已收到,增值税专用发票上注明的货款为30 000元,增值税税额为5 100元。支付保险费1 000元,材料尚未到达。甲公司应编制如下会计分录。

借:在途物资——乙单位　　31 000
　应交税费——应交增值税(进项税额)　　5 100
　贷:银行存款　　36 100

本例属于已经付款,但材料尚未到达的采购业务,应通过“在途物资”科目核算;待材料到达、入库后,再根据收料单,由“在途物资”科目转入“原材料”科目核算。

例 2-45　承例2-44,上述购入的F材料已收到,并验收入库。甲公司应编制如下会计分录。

借:原材料——F材料　　31 000
　贷:在途物资——乙单位　　31 000

3）货款尚未支付,材料已经验收入库。

例 2-46　甲公司采用托收承付结算方式从丙单位购入G材料一批,增值税专用发票上注明的货款为40 000元,增值税税额为6 800元,对方代垫包装费1 000元。银行转来的结算凭证已到，款项尚未支付，材料已验收入库。甲公司应编制如下会计分录。

借：原材料——G 材料　41 000
　应交税费——应交增值税（进项税额）　6 800
　贷：应付账款——丙单位　47 800

例 2-47　甲公司采用委托收款结算方式购入 H 材料一批，材料已验收入库，月末发票账单尚未收到也无法确定其实际成本，暂估价值为 30 000 元。甲公司应编制如下会计分录。

借：原材料——H 材料　30 000
　贷：应付账款——暂估应付账款　30 000

下月初作红字会计分录予以冲回。

借：原材料——H 材料　30 000
　贷：应付账款——暂估应付账款　30 000

在这种情况下，发票账单未到也无法确定实际成本，由于一般在较短时间内发票账单就可以收到，因此，为了简化核算手续，在材料验收入库时，可暂不进行账务处理，只将收到的材料登记明细账，待收到发票账单时，再进行账务处理。但如果等到月末尚未收到发票账单，在期末则应按照合同价格暂估价值入账，借记“原材料”科目，贷记“应付账款——暂估应付账款”科目；下月初作红字会计分录予以冲回，以便下月付款或开出、承兑商业汇票后，按正常程序，借记“原材料”、“应交税费——应交增值税（进项税额）”科目，贷记“银行存款”或“应付票据”等科目。

例 2-48　承例 2-47，上述购入的 H 材料于次月收到发票账单，增值税专用发票上记载的货款为 31 000 元，增值税税额为 5 270 元，对方代垫保险费 2 000 元，已用银行存款付讫。甲公司应编制如下会计分录。

借：原材料——H 材料　33 000
　应交税费——应交增值税（进项税额）　5 270
　贷：银行存款　38 270

4）货款已经预付，材料尚未验收入库。

例 2-49　根据与某钢厂的购销合同，甲公司为购买 J 材料向该钢厂预付 100 000 元货款的 80%，计 80 000 元，已通过汇兑方式汇出。甲公司应编制如下会计分录。

借：预付账款——某钢厂　80 000
　贷：银行存款　80 000

例 2-50　承例 2-49，甲公司收到该钢厂发运来的 J 材料，已验收入库。有关发票账单记载，该批货物的货款为 100 000 元，增值税税额为 17 000 元，对方代垫包装费 3 000 元，所欠款项以银行存款付讫。甲公司应编制如下会计分录。

① 材料入库时：

借：原材料——J 材料　103 000
　应交税费——应交增值税（进项税额）　17 000
　贷：预付账款——某钢厂　120 000

② 补付货款时：

借：预付账款——某钢厂　40 000
　贷：银行存款　40 000

② 发出材料。在实际成本计价核算下，企业可以采用个别计价法、先进先出法、月末一次加权平均法和移动加权平均法等确定发出材料的实际成本，详见例2－37、例2－38、例2－39、例2－40。

企业发出材料具有种类多、业务频繁等特点。为了简化日常核算，平时一般只登记材料明细分类账，反映各种材料的收发和结存金额，月末根据领料单或限额领料单中有关领料的单位、部门等加以归类，编制发料凭证汇总表，据以编制记账凭证、登记入账。发出材料实际成本的确定，可以由企业从上述个别计价法、先进先出法、月末一次加权平均法、移动加权平均法等方法中选择。计价方法一经确定，不得随意变更。如需变更，应在附注中予以说明。

例2－51 甲公司根据发料凭证汇总表的记录，6月份基本生产车间领用K材料450 000元，辅助生产车间领用K材料25 000元，车间管理部门领用K材料4 000元，企业行政管理部门领用K材料3 000元，共计482 000元。甲公司应编制如下会计分录。

借：生产成本——基本生产成本	450 000	
——辅助生产成本	25 000	
制造费用	4 000	
管理费用	3 000	
贷：原材料——K材料		482 000

在实际成本计价核算下，"原材料"科目的借方、贷方及余额均以实际成本计价，不存在成本差异的计算与结转问题。但采用实际成本核算，日常反映不出材料成本是节约还是超支，从而不能反映和考核物资采购业务的经营成果。因此这种方法通常适用于材料收发业务较少的企业。在实务工作中，对于材料收发业务较多并且计划成本资料较为健全、准确的企业，一般可以按照计划成本进行材料收发的核算。

2. 按计划成本计价

(1) 科目设置。材料采用计划成本核算时材料的收发及结存均按照计划成本计价。企业需要设置"原材料"、"材料采购"、"材料成本差异"等会计科目。其主要特点是：材料收发凭证都按计划成本计价，材料总分类账和明细分类账均按计划成本登记；通过"材料采购"科目核算各种材料的采购成本，材料实际成本与计划成本的差异通过"材料成本差异"科目核算；月末，计算本月发出材料应负担的成本差异并进行分摊，根据领用材料的用途计入相关资产的成本或者当期损益，从而将发出材料的计划成本调整为实际成本。

"原材料"科目核算库存各种材料的收发与结存情况。在材料按计划成本核算时，本科目的借方登记入库材料的计划成本，贷方登记发出材料的计划成本，期末余额在借方，反映企业库存材料的计划成本。

"材料采购"科目核算购入各种材料的采购成本，借方登记采购材料的实际成本，贷方登记入库材料的计划成本。借方大于贷方表示超支，从本科目贷方转入"材料成本差异"科目的借方；贷方大于借方表示节约，从本科目借方转入"材料成本差异"科目的贷方；期末为借方余额，反映企业在途材料的采购成本。本科目可按供应单位和材料品种进行明细核算。

"材料成本差异"科目核算已入库各种材料的实际成本与计划成本的差异，借方登记超支差异及发出材料应负担的节约差异，贷方登记节约差异及发出材料应负担的超支差异。期末如为借方余额，反映企业库存材料的实际成本大于计划成本的差异（即超支差异）；如为贷方余额，反映企业库存材料实际成本小于计划成本的差异（即节约差异）。本科目可以分别"原材料"、"周转材料"等，按照类别和品种进行明细核算。

(2) 账务处理。

① 购入材料。

1）货款已经支付，同时材料验收入库。

例 2－52 甲公司购入 L 材料一批，专用发票上记载的货款为 30 000 元，增值税税额为 5 100元，发票账单已收到，计划成本为 32 000 元，材料已验收入库，全部款项以银行存款支付。甲公司应编制如下会计分录。

借：材料采购　　30 000

　　应交税费——应交增值税（进项税额）　　5 100

　　贷：银行存款　　35 100

在计划成本法下，取得的材料先要通过“材料采购”科目进行核算，企业支付材料价款和运杂费等构成存货实际成本的，记入“材料采购”科目。

2）货款已经支付，材料尚未验收入库。

例 2－53 甲公司采用汇兑结算方式购入 M 材料一批，专用发票上记载的货款为40 000元，增值税税额为 6 800 元，发票账单已收到，计划成本为 38 000 元，材料尚未入库，款项已用银行存款支付。甲公司应编制如下会计分录。

借：材料采购　　40 000

　　应交税费——应交增值税（进项税额）　　6 800

　　贷：银行存款　　46 800

3）货款尚未支付，材料已经验收入库。

例 2－54 甲公司采用商业承兑汇票支付方式购入 N 材料一批，专用发票上记载的货款为 50 000 元，增值税税额为 8 500 元，发票账单已收到，计划成本为 52 000 元，材料已验收入库。甲公司应编制如下会计分录。

借：材料采购　　50 000

　　应交税费——应交增值税（进项税额）　　8 500

　　贷：应付票据　　58 500

例 2－55 甲公司购入 Q 材料一批，材料已验收入库，发票账单未到，月末按照计划成本 50 000 元估价入账。甲公司应编制如下会计分录。

借：原材料——Q 材料　　50 000

　　贷：应付账款——暂估应付账款　　50 000

下月初作红字会计分录予以冲回。

借：原材料——Q 材料　　[50 000]

　　贷：应付账款——暂估应付账款　　[50 000]

在这种情况下，对于尚未收到发票账单的收料凭证，月末应按计划成本暂估入账，借记“原材料”等科目，贷记“应付账款——暂估应付账款”科目，下期初作红字分录予以冲回。

企业购入验收入库的材料，按计划成本，借记“原材料”科目，贷记“材料采购”科目。按实际成本大于计划成本的差异，借记“材料成本差异”科目，贷记“材料采购”科目；按实际成本小于计划成本的差异，借记“材料采购”科目，贷记“材料成本差异”科目。

例 2－56 承例 2－52 和例 2－54，月末，甲公司汇总本月已付款或已开出并承兑商业汇票的入库材料的计划成本为 84 000（32 000＋52 000）元。甲公司应编制如下会计分录。

借：原材料——L 材料　　32 000

——N 材料　　52 000

贷：材料采购　　84 000

上述入库材料的实际成本为 80 000（30 000 + 50 000）元，入库材料的成本差异为节约 4 000（84 000 − 80 000）元。

借：材料采购　　4 000

贷：材料成本差异——L 材料　　2 000

——N 材料　　2 000

② 发出材料。月末，企业根据领料单等编制发料凭证汇总表结转发出材料的计划成本，应当根据所发出材料的用途，按计划成本分别记入“生产成本”、“制造费用”、“销售费用”、“管理费用”等科目，同时结转材料成本差异。

例 2－57　甲公司根据发料凭证汇总表的记录，某月 L 材料的消耗（计划成本）为：基本生产车间领用 200 000 元，辅助生产车间领用 60 000 元，车间管理部门领用 10 000 元，行政管理部门领用 5 000 元。甲公司应编制如下会计分录。

借：生产成本——基本生产成本　　200 000

——辅助生产成本　　60 000

制造费用　　10 000

管理费用　　5 000

贷：原材料——L 材料　　275 000

根据《企业会计准则第 1 号——存货》的规定，企业日常采用计划成本核算的，发出的材料成本应由计划成本调整为实际成本，通过“材料成本差异”科目进行结转，发出材料应负担的成本差异应当按期（月）分摊，不得在季末或年末一次计算。其计算公式为：

本期材料成本差异率 =（期初结存材料的成本差异 + 本期验收入库材料的成本差异）÷（期初结存材料的计划成本 + 本期验收入库材料的计划成本）×100%

期初材料成本差异率 = 期初结存材料的成本差异 ÷ 期初结存材料的计划成本 ×100%

发出材料应负担的成本差异 = 发出材料的计划成本 × 本期（或期初）材料成本差异率

如果企业的材料成本差异率各期之间是比较均衡的，也可以用期初材料成本差异率分摊本期的材料成本差异。年度终了，应对材料成本差异率进行核实调整。

【检测 2－12】单项选择题

某企业对材料采用计划成本核算。月初结存材料计划成本为 400 万元，材料成本差异为贷方余额 6 万元；本月入库材料计划成本为 2 000 万元，材料成本差异借方发生额为 12 万元；本月发出材料的计划成本为 1 600 万元。该企业月末结存材料的实际成本为（　　）万元。

A. 798　　B. 800　　C. 802　　D. 1 604

例 2－58　承例 2－52 和例 2－57，甲公司某月月初结存 L 材料的计划成本为 100 000 元，成本差异为超支 4 800 元；当月入库 L 材料的计划成本为 32 000 元，成本差异为节约 2 000 元，则：材料成本差异率 =（4 800 − 2 000）÷（100 000 + 32 000）×100% ≈ 2.12%。

结转发出材料的成本差异，甲公司应编制如下会计分录。

借：生产成本——基本生产成本　　4 240

——辅助生产成本 1 272

制造费用 212

管理费用 106

贷:材料成本差异——L 材料 5 830

企业在分摊发出材料应负担的成本差异时,按照所发出材料的用途计算出各成本费用项目应负担的差异金额,借记"生产成本"、"制造费用"、"销售费用"、"管理费用"等科目,贷记"材料成本差异"科目。实际成本大于计划成本的超支差异,用蓝字登记;实际成本小于计划成本的节约差异,用红字登记。

本月发出存货应负担的成本差异从"材料成本差异"科目转出后,该科目的余额为月末结存存货应负担的成本差异。在编制资产负债表时,月末结存存货应负担的成本差异应作为存货的调整项目,将结存存货的计划成本调整为实际成本列示。

(二) 包装物

1. 包装物核算的内容

包装物是指为了包装本企业商品而储备的各种包装容器,如桶、箱、瓶、坛、袋等。其核算内容包括:①生产过程中用于包装产品作为产品组成部分的包装物;②随同商品出售而不单独计价的包装物;③随同商品出售单独计价的包装物;④出租或出借给购买单位使用的包装物。

2. 包装物的账务处理

为了反映和监督包装物的增减变动及其价值损耗、结存情况,企业应当设置"周转材料——包装物"科目,借方登记包装物的增加,贷方登记包装物的减少,期末余额在借方,通常反映企业期末结存包装物的金额。

(1) 生产过程中领用的包装物。此类包装物应按照领用包装物的实际成本,借记"生产成本"科目;按照领用包装物的计划成本,贷记"周转材料——包装物"科目;按照其差额,借记或贷记"材料成本差异"科目。

例 2-59 甲公司对包装物采用计划成本计价核算,某月生产产品领用包装物一批,计划成本为 6 000 元,材料成本差异率为 2%。甲公司应编制如下会计分录。

借:生产成本——基本生产成本 6 120

贷:周转材料——包装物 6 000

材料成本差异 120

(2) 随同商品出售不单独计价的包装物。此类包装物应按其实际成本,借记"销售费用"科目;按其计划成本,贷记"周转材料——包装物"科目;按其差额,借记或贷记"材料成本差异"科目。

例 2-60 甲公司某月销售商品领用不单独计价包装物一批,其计划成本为 4 000 元,材料成本差异率为 2%。甲公司应编制如下会计分录。

借:销售费用 4 080

贷:周转材料——包装物 4 000

材料成本差异 80

(3) 随同商品出售单独计价的包装物。此类包装物一方面应反映其销售收入,计入其他业务收入;另一方面应反映其实际销售成本,计入其他业务成本。

例 2-61 甲公司某月销售商品领用单独计价包装物一批,其计划成本为 7 000 元,销售收入为 9 000 元,增值税税额为 1 530 元,款项已存入银行,该包装物的材料成本差异率为 3%。甲

公司应编制如下会计分录。

① 出售单独计价包装物时：

借：银行存款　　10 530
　贷：其他业务收入　　9 000
　　应交税费——应交增值税（销项税额）　　1 530

② 结转所售单独计价包装物的成本时：

借：其他业务成本　　7 210
　贷：周转材料——包装物　　7 000
　　材料成本差异　　210

【思考2－5】例2－61中若该包装物的材料成本差异率为－3%，则结转所售单独计价包装物的成本的会计分录应当如何编制？

（4）出租或出借给购买单位使用的包装物。用于出租的包装物，收到的租金应作为其他业务收入并计算应交的增值税，分次摊销包装物的成本应计入其他业务成本；用于出借的包装物，其摊销的成本应计入销售费用。有关分次摊销法的举例参见例2－62。

（三）低值易耗品

1. 低值易耗品核算的内容

作为存货核算和管理的低值易耗品，一般划分为一般工具、专用工具、替换设备、管理用具、劳动保护用品和其他用具等。

2. 低值易耗品的账务处理

为了反映和监督低值易耗品的增减变动及其结存情况，企业应当设置"周转材料——低值易耗品"科目，借方登记低值易耗品的增加，贷方登记低值易耗品的减少，期末余额在借方，通常反映企业期末结存低值易耗品的金额。

企业的低值易耗品等周转材料符合存货定义和条件的，按照分次摊销法计入成本费用。金额较小的，可在领用时一次计入成本费用，以简化核算，但为加强实物管理，应当在备查簿上登记。

分次摊销法是指根据周转材料可供使用的估计次数，将其成本分期计入有关成本费用的一种摊销方法。分次摊销法适用于可供多次反复使用的低值易耗品。在采用分次摊销法的情况下，需要单独设置"周转材料——低值易耗品——在用"、"周转材料——低值易耗品——在库"和"周转材料——低值易耗品——摊销"明细科目。

例2－62　甲公司的基本生产车间领用专用工具一批，实际成本为120 000元，不符合固定资产定义，采用分次摊销法进行摊销。该专用工具的估计使用次数为2次。甲公司应编制如下会计分录。

① 领用专用工具时：

借：周转材料——低值易耗品——在用　　120 000
　贷：周转材料——低值易耗品——在库　　120 000

② 第一次领用时摊销其价值的一半：

借：制造费用　　60 000
　贷：周转材料——低值易耗品——摊销　　60 000

③ 第二次领用时摊销其价值的一半：

借:制造费用　　60 000

　贷:周转材料——低值易耗品——摊销　　60 000

同时:

借:周转材料——低值易耗品——摊销　　120 000

　贷:周转材料——低值易耗品——在用　　120 000

(四) 委托加工物资

1. 委托加工物资核算的内容

委托加工物资是指企业委托外单位加工的各种材料、商品等物资。企业委托外单位加工物资的成本包括加工中实际耗用物资的成本、支付的加工费用及应负担的运杂费等,支付的税金包括委托加工物资所应负担的消费税(指属于消费税应税范围的加工物资)等。

2. 委托加工物资的账务处理

为了反映和监督委托加工物资增减变动及其结存情况,企业应当设置"委托加工物资"科目,借方登记委托加工物资的实际成本,贷方登记加工完成验收入库的物资的实际成本和剩余物资的实际成本,期末余额在借方,反映企业尚未完工的委托加工物资的实际成本。

(1) 发出物资。

例 2-63 甲公司委托某量具厂加工一批量具,发出材料一批,计划成本为50 000元,材料成本差异率为2%,以银行存款支付运杂费2 000元。假定不考虑相关税费,甲公司应编制如下会计分录。

① 发出材料时:

借:委托加工物资　　51 000

　贷:原材料　　50 000

　　材料成本差异　　1 000

② 支付运杂费时:

借:委托加工物资　　2 000

　贷:银行存款　　2 000

(2) 支付加工费。

例 2-64 承例2-63,甲公司以银行存款支付上述量具的加工费用9 000元。假定不考虑相关税费,甲公司应编制如下会计分录。

借:委托加工物资　　9 000

　贷:银行存款　　9 000

(3) 加工完成验收入库。

例 2-65 承例2-63和例2-64,甲公司收回由某量具厂代加工的量具,以银行存款支付运杂费3 000元。该量具已验收入库,其计划成本为70 000元。甲公司应编制如下会计分录。

① 支付运杂费时:

借:委托加工物资　　3 000

　贷:银行存款　　3 000

② 量具入库时:

借:周转材料——低值易耗品　　70 000

　贷:委托加工物资　　65 000

　　材料成本差异　　　　　　　　　　　　　　　　　　5 000

需要交纳消费税的委托加工物资，由受托方代收代缴的消费税，应分别按以下情况处理：委托加工物资收回后用于直接销售的，记入“委托加工物资”科目；收回后用于继续加工应税消费品的，先记入“应交税费——应交消费税”科目的借方，待消费品连续生产完工销售后，按规定用以抵扣消费品销售后所负担的消费税。

例2-66　甲公司委托丁公司加工商品（属于应税消费品）10 000件，有关经济业务如下。

① 1月20日，发出材料一批，计划成本为600 000元，材料成本差异率为-3%。甲公司应编制如下会计分录。

- 发出委托加工材料时：

借：委托加工物资　　　　　　　　　　　　　　600 000
　贷：原材料　　　　　　　　　　　　　　　　　　600 000

- 结转发出材料应分摊的材料成本差异时：

借：委托加工物资　　　　　　　　　　　　　　18 000
　贷：材料成本差异　　　　　　　　　　　　　　　18 000

② 2月20日，支付商品加工费12 000元，支付应当交纳的消费税66 000元，该商品收回后用于连续生产，消费税可抵扣。甲公司和丁公司均为一般纳税人，适用增值税税率为17%。甲公司应编制如下会计分录。

借：委托加工物资　　　　　　　　　　　　　　12 000
　应交税费——应交消费税　　　　　　　　　　66 000
　　　　——应交增值税（进项税额）　　　　　　2 040
　贷：银行存款　　　　　　　　　　　　　　　　　80 040

③ 3月4日，用银行存款支付往返运杂费1 000元。

借：委托加工物资　　　　　　　　　　　　　　1 000
　贷：银行存款　　　　　　　　　　　　　　　　　1 000

④ 3月5日，上述商品10 000件（每件计划成本为65元）加工完毕，甲公司已办理验收入库手续。

借：原材料或库存商品　　　　　　　　　　　　650 000
　贷：委托加工物资　　　　　　　　　　　　　　　595 000
　　材料成本差异　　　　　　　　　　　　　　　　55 000

【检测2-13】判断题

委托加工物资收回后，直接用于对外销售的，委托方应将交纳的增值税和消费税计入委托加工物资的成本。（　）

（五）库存商品

1. 库存商品核算的内容

库存商品是指企业已完成全部生产过程并已验收入库、合乎标准规格和技术条件，可以按照合同规定的条件送交订货单位，或者可以作为商品对外销售的产品以及外购或委托加工完成验收入库用于销售的各种商品。库存商品具体包括库存产成品、外购商品、存放在门市部准备出售的商品、发出展览的商品、寄存在外的商品、接受来料加工制造的代制品和为外单位加工修理的代修品等。已完成销售手续但购买单位在月末未提取的产品，不应作为企业的库存商品，而应作为代管商品处理，单独设置代管商品备查簿进行登记。

库存商品可以采用实际成本核算，也可以采用计划成本核算。采用计划成本核算时，库存商品实际成本与计划成本的差异，可单独设置“产品成本差异”科目，比照“材料成本差异”科目核算。

为了反映和监督库存商品的增减变动及其结存情况，企业应当设置“库存商品”科目。借方登记验收入库的库存商品成本，贷方登记发出的库存商品成本，期末余额在借方，反映各种库存商品的实际成本或计划成本。本科目可按库存商品的种类、品种和规格等进行明细核算。

2. 库存商品的账务处理

（1）验收入库商品。对于库存商品采用实际成本核算的企业，当库存商品生产完成并验收入库时，应按实际成本，借记“库存商品”科目，贷记“生产成本——基本生产成本”科目。

例 2-67 甲公司商品入库汇总表记载，某月已验收入库的 S 产品 1 000 台，实际单位成本为 2 000 元，计 2 000 000 元；T 产品 500 台，实际单位成本为 1 000 元，计 500 000 元。甲公司应编制如下会计分录。

借：库存商品——S 产品	2 000 000	
——T 产品	500 000	
贷：生产成本——基本生产成本（S 产品）		2 000 000
——基本生产成本（T 产品）		500 000

（2）结转销售商品。

① 实际成本法。企业销售商品确认收入时，应结转其销售成本。实际成本法是指按存货发出计价方法所确定的实际成本，借记“主营业务成本”等科目，贷记“库存商品”科目。

例 2-68 甲公司月末汇总的发出商品中，当月已实现销售的 S 产品有 500 台，T 产品有 300 台。该月 S 产品实际单位成本为 2 000 元，T 产品实际单位成本为 1 000 元。在结转其销售成本时，甲公司应编制如下会计分录。

借：主营业务成本	1 300 000	
贷：库存商品——S 产品		1 000 000
——T 产品		300 000

② 毛利率法。毛利率法是商品流通企业，尤其是商业批发企业计算本期商品销售成本和期末库存商品成本的常用方法。商品流通企业由于经营商品的品种繁多，如果分品种计算商品成本，工作量将大大增加。而且一般来讲，商品流通企业同类商品的毛利率大致相同，采用这种存货计价方法既能减轻工作量，也能满足对存货管理的需要。

毛利率法是指根据本期销售净额乘以上期实际（或本期计划）毛利率匡算本期销售毛利，并据以计算发出存货和期末存货成本的一种方法。其计算公式为：

$$\text{毛利率}=(\text{销售毛利}\div\text{销售净额})\times 100\%$$

$$\text{销售净额}=\text{商品销售收入}-\text{销售退回与折让}$$

$$\text{销售毛利}=\text{销售净额}\times\text{毛利率}$$

$$\text{销售成本}=\text{销售净额}-\text{销售毛利}$$

$$\text{期末存货成本}=\text{期初存货成本}+\text{本期购货成本}-\text{本期销售成本}$$

例 2-69 某商场采用毛利率法进行核算，2014 年 5 月 1 日针织品类商品库存 300 万元，本月购进 160 万元，本月销售收入 260 万元，上月该类商品毛利率为 20%。本月已销商品和月末库存商品的成本计算如下。

本月销售收入 =260(万元)

销售毛利 =260 ×20% =52(万元)

本月销售成本 =260 -52 =208(万元)

月末库存商品成本 =300 +160 -208 =252(万元)

【检测2 -14】单项选择题

某企业采用毛利率法计算发出存货成本。该企业上月实际毛利率30%,本月月初存货成本为1 200万元,购入存货成本为2 800万元,销售收入为3 000万元,销售退回300万元。该企业本月月末存货成本为(　　)万元。

A. 1 300　　B. 1 900　　C. 2 110　　D. 2 200

③ 售价金额核算法。商品流通企业购入的商品可以采用进价金额核算,也可以采用售价金额核算。对于从事商业零售业务的企业(如百货公司、超市等),由于经营的商品种类、品种、规格等繁多,而且要求按商品零售价格标价,采用其他成本计算结转方法均较困难,因此广泛采用售价金额核算法。

售价金额核算法是指平时商品的购入、加工收回、销售均按售价记账,售价与进价的差额通过"商品进销差价"科目核算,期末计算进销差价率和本期已销售商品应分摊的进销差价,并据以调整本期销售成本的一种方法。本期计算出已售商品应分摊的进销差价,借记"商品进销差价"科目,贷记"主营业务成本"科目。其计算公式为:

商品进销差价率 =(期初库存商品进销差价 + 本期购入商品进销差价)÷(期初库存商品售价 + 本期购入商品售价)×100%

本期销售商品应分摊的商品进销差价 = 本期商品销售收入 × 商品进销差价率

本期销售商品的成本 = 本期商品销售收入 - 本期销售商品应分摊的商品进销差价

期末结存商品的成本 = 期初库存商品的进价成本 + 本期购进商品的进价成本 - 本期销售商品的成本

企业的商品进销差价率各期之间是比较均衡的,也可以采用上期商品进销差价率分摊本期的商品进销差价。年度终了,应对商品进销差价进行核实调整。

例2 -70　某商场采用售价金额核算法进行核算,2014年3月1日,"库存商品"账户以售价计算的余额为100 000元,"商品进销差价"账户的贷方余额为25 000元。本月购进该商品的进价成本为500 000元,售价总额为625 000元,本月销售收入为600 000元。有关计算如下。

商品进销差价率 =(25 000 +125 000)÷(100 000 +625 000)×100%≈20.7%

已销商品应分摊的商品进销差价 =600 000 ×20.7% =124 200(元)

本期销售商品的实际成本 =600 000 -124 200 =475 800(元)

期末结存商品的实际成本 =75 000 +500 000 -475 800 =99 200(元)

【检测2 -15】单项选择题

某商场采用售价金额核算法对库存商品进行核算。月初库存商品进价成本为30万元,售价总额为46万元;本月购进商品进价成本为40万元,售价总额为54万元;本月销售收入为80万元。本月销售商品的成本为(　　)万元。

A. 46　　B. 56　　C. 70　　D. 80

四、存货的期末计量

（一）存货期末计量原则

资产负债表日，存货应当按照成本与可变现净值孰低计量。其中，成本是指期末存货的实际成本，如果企业存货成本的日常核算采用计划成本法、售价金额核算法，则成本应为经调整后的实际成本。可变现净值是指在日常活动中，存货的估计售价减去至完工时估计将要发生的成本、估计的销售费用以及相关税费后的金额。可变现净值的特征表现为存货的预计未来净现金流量，而不是存货的售价或合同价。

当存货成本低于可变现净值时，存货按成本计价；当存货成本高于可变现净值时，存货按可变现净值计价。当存货成本高于其可变现净值时，表明存货可能发生损失，应在存货销售之前提前确认这一损失，计入当期损益，并计提存货跌价准备，相应减少存货的账面价值。以前减记存货价值的影响因素已经消失的，减记的金额应当予以恢复，并在原已计提的存货跌价准备金额内转回，转回的金额计入当期损益。

【链接 2 - 9】

（二）存货跌价准备的账务处理

企业应当设置“存货跌价准备”科目，核算计提的存货跌价准备，贷方登记计提的存货跌价准备金额，借方登记实际发生的存货跌价损失金额和冲减的存货跌价准备金额，期末余额在贷方，反映企业已计提但尚未转销的存货跌价准备。本科目可按存货项目或类别进行明细核算。

1. 存货跌价准备的计提

企业通常应当按照单个存货项目计提存货跌价准备，即应当将每一存货项目的成本与可变现净值分别进行比较，按每一存货项目可变现净值低于成本的差额作为计提各该存货项目跌价准备的依据。但在某些特殊情况下，也可以合并计提存货跌价准备。例如，与在同一地区生产和销售的产品系列相关、具有相同或类似最终用途或目的，且难以与其他项目分开来计量的存货，可以按产品系列合并计提存货跌价准备。此外，对于数量繁多、单价较低的存货，可以按照存货类别计提存货跌价准备。

当存货成本高于其可变现净值时，企业应当按照存货可变现净值低于成本的差额，借记“资产减值损失——计提的存货跌价准备”科目，贷记“存货跌价准备”科目。

例 2 - 71 甲公司 2012 年末，A 存货的账面成本为 120 000 元，由于本年以来 A 存货的市场价格持续下跌，根据资产负债表日状况 A 存货的预计可变现净值为 100 000 元，“存货跌价准备”期初余额为 0，甲公司应计提存货跌价准备为 20 000（120 000 - 100 000）元。甲公司应编制如下会计分录。

借：资产减值损失——计提的存货跌价准备　　20 000

　贷：存货跌价准备——A 存货　　20 000

2. 存货跌价准备的转回

当以前减记存货价值的影响因素已经消失，减记的金额应当予以恢复，并在原已计提的存货跌价准备金额内转回，转回的金额计入当期损益。转回已计提的存货跌价准备金额时，按恢复增加的金额，借记“存货跌价准备”科目，贷记“资产减值损失——计提的存货跌价准备”科目。

例 2 - 72 承例 2 - 71，假设 2013 年以来 A 存货市场价格有所上升，至 2013 年末，A 存货的预计可变现净值为 110 000 元，可以判断以前造成存货价值下跌的影响因素已经消失，应转回的存货跌价准备为 10 000 元。甲公司应编制如下会计分录。

借:存货跌价准备——A 存货　　10 000

　贷:资产减值损失——计提的存货跌价准备　　10 000

【提示2-9】在核算存货跌价准备的转回时,转回的存货跌价准备与计提该准备的存货项目或类别应当存在直接对应关系。在原已计提的存货跌价准备金额内转回,意味着转回的金额以将存货跌价准备的余额冲减至0为限。

3. 存货跌价准备的结转

对于已经计提了存货跌价准备的存货,企业发生存货销售时,应在结转存货销售成本的同时,结转相应的存货跌价准备,借记"存货跌价准备"科目,贷记"主营业务成本"、"其他业务成本"等科目。

例2-73　2013年12月31日,甲公司将B商品按70 000元的价格售出,增值税销项税额为11 900元,B商品账面余额为75 000元,已计提存货跌价准备18 000元。甲公司应编制如下会计分录。

① 确认收入时:

借:银行存款　　81 900

　贷:主营业务收入——B 商品　　70 000

　　应交税费——应交增值税(销项税额)　　11 900

② 结转成本时:

借:主营业务成本——B 商品　　75 000

　贷:库存商品——B 商品　　75 000

③ 结转已提的存货跌价准备时:

借:存货跌价准备——B 商品　　18 000

　贷:主营业务成本——B 商品　　18 000

五、存货的清查

为了加强对存货的控制、维护存货的安全完整,企业应当定期或不定期对存货的实物进行盘点和抽查,以确定存货的实有数量,并与账面记录相核对,确保账实相符。企业至少应当在编制年度财务报告前,对存货进行一次全面的清查盘点。

存货清查是指通过对存货的实地盘点,确定存货的实有数量,并与账面结存数核对,从而确定存货实存数与账面结存数是否相符的一种专门方法。在每次进行清查盘点前,应将已经收发的存货数量全部登记入账,并准备盘点清册,抄列各种存货的编号、名称、规格和存放地点。盘点时,应在盘点清册上逐一登记各种存货的账面结存数量和实存数量,并进行核对。对于存货的盘盈、盘亏,应填写存货盘点报告(如实存账存对比表),作为存货清查的原始凭证,并及时查明原因,按照规定程序报批处理。

为了反映企业在财产清查中查明的各种存货的盘盈、盘亏和毁损情况,企业应当设置"待处理财产损溢"科目,借方登记存货的盘亏、毁损金额及盘盈的转销金额,贷方登记存货的盘盈金额及盘亏的转销金额。企业清查的各种存货损益,应在期末结账前处理完毕,处理后本科目应无余额。本科目可按盘盈、盘亏的资产种类和项目进行明细核算。

（一）存货盘盈的账务处理

企业发生存货盘盈时，应按照同类或类似存货的市场价格作为实际成本及时登记入账，借记“原材料”、“周转材料”、“库存商品”等科目，贷记“待处理财产损溢——待处理流动资产损溢”科目；在按管理权限报经批准后，借记“待处理财产损溢”科目，贷记“管理费用”科目。

例 2－74 甲公司在财产清查中盘盈 M 材料 1 000 千克，实际单位成本为 50 元，经查属于材料收发计量方面的错误。甲公司应编制如下会计分录。

① 发生盘盈时：

借：原材料——M 材料	50 000	
贷：待处理财产损溢——待处理流动资产损溢		50 000

② 批准处理时：

借：待处理财产损溢——待处理流动资产损溢	50 000	
贷：管理费用		50 000

（二）存货盘亏及毁损的账务处理

企业发生存货盘亏及毁损时，应将其账面成本及时转销，借记“待处理财产损溢——待处理流动资产损溢”科目，贷记“原材料”、“周转材料”、“库存商品”等科目。在按管理权限报经批准后：对于入库的残料价值，借记“原材料”等科目，对于应由保险公司和过失人赔偿的款，借记“其他应收款”科目，扣除残料价值和保险公司、过失人赔款后的净损失，属于一般经营损失的部分借记“管理费用”科目，属于非常损失的部分借记“营业外支出”科目，贷记“待处理财产损溢——待处理流动资产损溢”科目。

【链接 2－10】

例 2－75 甲公司在财产清查中发现盘亏 N 材料 100 千克，实际单位成本为 200 元，经查属于一般经营损失。假定不考虑相关税费。甲公司应编制如下会计分录。

① 发生盘亏时：

借：待处理财产损溢——待处理流动资产损溢	20 000	
贷：原材料——N 材料		20 000

② 批准处理时：

借：管理费用	20 000	
贷：待处理财产损溢——待处理流动资产损溢		20 000

例 2－76 甲公司因台风造成一批库存材料毁损，实际成本为 50 000 元，根据保险责任范围及保险合同规定，应由保险公司赔偿 30 000 元，残料变价收入 5 000 元已存入银行。假定不考虑相关税费，甲公司应编制如下会计分录。

① 批准处理前：

借：待处理财产损溢——待处理流动资产损溢	50 000	
贷：原材料		50 000

② 批准处理后：

借：其他应收款——保险公司	30 000	
银行存款	5 000	
营业外支出——非常损失	15 000	
贷：待处理财产损溢——待处理流动资产损溢		50 000

考情分析

本章内容在近几年全国初级会计资格考试《初级会计实务》中的题型、题量及试题分数如下表所示。从近几年试题分数看，本章内容非常重要。

题　型	2011 年	2012 年	2013 年/2014 年
单项选择题	5 题 5 分	5 题 5 分	5 题 7.5 分
多项选择题	1 题 2 分	3 题 6 分	
判断题	2 题 2 分		1 题 1 分
不定项选择题			1 题 10 分
分数合计	9 分	11 分	18.5 分

同步训练

一、单项选择题

1. 甲公司 2013 年 2 月 5 日销售商品应收乙公司账款 1 000 万元，2013 年 12 月 31 日，该笔应收账款的未来现金流量现值为 900 万元。在此前，已计提坏账准备 60 万元，2013 年 12 月 31 日，该笔应收账款应计提的坏账准备为(　　)万元。

A. 100　　B. 40　　C. 900　　D. 0

2. 甲公司于 2014 年 4 月 5 日从证券市场上购入乙公司发行在外的股票 200 万股作为交易性金融资产，每股支付价款 5 元(含已宣告尚未发放的现金股利 1 元)，另支付相关费用 8 万元，甲公司交易性金融资产取得时的入账价值为(　　)万元。

A. 808　　B. 800　　C. 1 000　　D. 1 008

3. 下列各项中，一般纳税企业不计入存货成本的是(　　)。

A. 购入存货时发生的增值税进项税额　　B. 入库前的挑选整理费

C. 购入存货发生的保险费用　　D. 购入存货而支付的进口关税

4. 某企业月初结存材料的计划成本为 250 万元，材料成本差异为超支 45 万元；当月入库材料的计划成本为 550 万元，材料成本差异为节约 85 万元；当月生产车间领用材料的计划成本为 600 万元。本月的材料成本差异率为(　　)。

A. 5%　　B. －5%　　C. 18%　　D. －15.45%

5. 某商品流通企业(一般纳税人)采购甲商品 100 件，每件售价 6 万元，取得的增值税专用发票上注明增值税税额为 102 万元，另支付采购费用 10 万元。该企业甲商品的采购成本为(　　)万元。

A. 610　　B. 600　　C. 712　　D. 702

6. 某企业采用先进先出法计算发出材料的成本。2014 年 3 月 1 日结存 A 材料 200 吨，每吨实际成本为 200 元；3 月 4 日和 3 月 17 日分别购进 A 材料 300 吨和 400 吨，每吨实际成本分别为 180 元和 220 元；3 月 10 日和 3 月 27 日分别发出 A 材料 400 吨和 350 吨。A 材料本月发出材料的成本为(　　)元。

A. 76 000　　B. 73 000　　C. 149 000　　D. 33 000

7. 某企业为增值税一般纳税企业，适用的增值税率为 17%。该企业委托其他单位(增值税一般纳税企业)加工一批属于应税消费品的原材料(非金银首饰)，该批委托加工原材料收回后用于继续生产应税消费品。发出材料的成本为 300 万元，支付的不含增值税的加工费为 100 万元，支付的增值税税额为 17 万元，受托方代收代缴的消费税税额为 30 万元。该批原材料已加工完成并验收入库的成本为( )万元。

A. 400 B. 430 C. 417 D. 317

8. 企业销售产品领用不单独计价包装物一批,其计划成本为 8 000 元,材料成本差异率为 1%,此项业务企业应计入销售费用的金额为( )元。

A. 8 000 B. 7 920 C. 8 080 D. 0

9. 某企业存货的日常核算采用毛利率法计算发出存货成本。该企业 2014 年 1 月份实际毛利率为 30%,本年度 2 月 1 日的存货成本为 2 200 万元,2 月份购入存货成本为 5 600 万元,销售收入为 5 400 万元。该企业 2014 年 2 月末存货成本为( )万元。

A. 4 020 B. 3 600 C. 4 000 D. 4 200

10. 某企业因自然灾害原因毁损一批材料,该批材料成本为 20 000 元,增值税税额为 3 400 元。收到各种赔款 2 500 元,残料入库 500 元。报经批准后,应记入"营业外支出"科目的金额为( )元。

A. 17 500 B. 20 400 C. 23 400 D. 17 000

11. 企业将款项汇往异地银行开立采购专户,编制该业务的会计分录时应当( )。

A. 借记"应收账款"科目,贷记"银行存款"科目

B. 借记"其他货币资金"科目,贷记"银行存款"科目

C. 借记"其他应收款"科目,贷记"银行存款"科目

D. 借记"材料采购"科目,贷记"其他货币资金"科目

12. 下列税金中,不应计入存货成本的是( )。

A. 一般纳税企业进口原材料支付的关税

B. 小规模纳税企业购进原材料支付的增值税

C. 一般纳税企业购进原材料支付的增值税

D. 一般纳税企业进口应税消费品支付的消费税

13. 某企业采用月末一次加权平均法计算发出材料成本。2014 年 3 月 1 日结存甲材料 200 件,单位成本为 40 元;3 月 15 日购入甲材料 400 件,单位成本为 35 元;3 月 20 日购入甲材料 400 件,单位成本为 38 元;当月共发出甲材料 500 件。3 月份发出甲材料的成本为( )元。

A. 18 500 B. 18 600 C. 19 000 D. 20 000

二、多项选择题

1. 通过"其他货币资金"科目核算的项有( )。

A. 银行存款 B. 银行汇票存款 C. 备用金 D. 银行本票存款

2. 在购入公司债券作为交易性金融资产时,可能用到的借方科目有( )。

A. 交易性金融资产 B. 应收利息 C. 财务费用 D. 投资收益

3. 应计入材料采购成本的项有( )。

A. 一般纳税人购入材料支付的增值税 B. 进口关税

C. 运输途中的合理损耗 D. 入库前挑选整理费

4. 存货的计价方法有实际成本法和计划成本法,在实际成本法下,发出存货的计价方法包括( )。

A. 个别计价法 B. 先进先出法

C. 后进先出法 D. 全月一次加权平均法

5. 编制银行存款余额调节表时,下列未达账项中,会导致企业银行存款日记账的账面余额小于银行对账单余额的有( )。

A. 企业开出支票,银行尚未支付　　B. 外来送存支票,银行尚未入账

C. 银行代收款项,企业尚未接到收款通知　　D. 银行代付款项,企业尚未接到付款通知

6. 一般纳税企业委托其他单位加工材料收回后直接对外销售的,其发生的下列支出中,应计入委托加工物资成本的有(　　)。

A. 加工费　　B. 支付的增值税税额

C. 发出材料的实际成本　　D. 受托方代收代缴的消费税

7. 应记入“其他业务成本”科目的项有(　　)。

A. 出借包装物成本的摊销　　B. 出租包装物成本的摊销

C. 随同产品出售单独计价的包装物成本　　D. 随同产品出售不单独计价的包装物成本

8. 下列各项中,应计提坏账准备的有(　　)。

A. 应收账款　　B. 应收票据　　C. 预付账款　　D. 其他应收款

9. 会引起应收账款账面价值发生变化的有(　　)。

A. 计提坏账准备　　B. 收回应收账款

C. 转销坏账准备　　D. 收回已转销的坏账

10. 企业进行材料清查时,对于盘亏的材料,应先记入“待处理财产损溢”科目,待期末或报经批准后,根据不同的原因可分别转入(　　)科目。

A. 其他应付款　　B. 管理费用　　C. 营业外支出　　D. 其他应收款

11. 与存货相关的会计处理表述正确的有(　　)。

A. 应收保险公司存货损失赔偿款计入其他应收款

B. 资产负债表日存货应按成本与可变现净值孰低计量

C. 按管理权限报经批准的盘盈存货价值冲减管理费用

D. 结转商品销售成本的同时转销其已计提的存货跌价准备

三、判断题

1. 对于银行已入账而企业尚未入账的未达账项,企业必须及时在账簿上更正。(　)

2. 对预付款项不多的企业,预付款项时可直接记入“应收账款”科目的借方。(　)

3. 委托加工物资收回后,直接用于对外销售的,委托方应将交纳的消费税计入委托加工物资的成本。(　)

4. 购入材料在运输途中发生的合理损耗应计入管理费用。(　)

5. 在物价持续上升的情况下,发出存货采用先进先出法更能体现谨慎性要求。(　)

6. 企业取得交易性金融资产所支付的价款中包含的已宣告但尚未发放的现金股利,应当单独确认为应收项目,不计入交易性金融资产成本。(　)

7. 取得交易性金融资产所发生的相关交易费用应当在发生时计入交易性金融资产成本。(　)

8. 存货的盘亏,属于一般经营损失的部分,经批准后转入“管理费用”科目。(　)

9. 包装物随产品出售不单独计价时,应将该包装物的成本作为企业的销售费用处理。(　)

10. 资产负债表日,存货的成本低于可变现净值,企业应当计提存货跌价准备。(　)

11. 企业应收款项发生减值时,应将该应收款项账面价值高于预计未来现金流量现值的差额确认为减值损失,计入当期损益。(　)

四、不定项选择题

(一) 甲企业为增值税一般纳税人,适用增值税税率为17%,原材料按实际成本计价核算,2014年3月初,A材料账面余额为90 000元,该企业3月份发生的有关经济业务如下。

1）5 日，购入 A 材料 1 000 千克，增值税专用发票上注明的价款为 300 000 元，增值税税额为 51 000元，购入该种材料发生保险费 1 000 元，发生运输费 3 996 元（已取得货物运输业增值税专用发票，其中增值税税额 396 元），运输过程中发生合理损耗 10 千克，材料已验收入库，款项均已通过银行付清。

2）15 日，委托外单位加工 B 材料（属于应税消费品），发出 B 材料成本 70 000 元，支付加工费 20 000 元，取得的增值税专用发票上注明的增值税税额为 3 400 元，由受托方代收代缴的消费税为 10 000 元，材料加工完毕验收入库，款项均已支付，材料收回后用于继续生产应税消费品。

3）20 日，领用 A 材料 60 000 元，用于企业专设销售机构办公楼的日常维修，购入 A 材料支付的相关增值税税额为 10 200 元。

4）31 日，生产领用 A 材料一批，该批材料的成本为 15 000 元。

要求：根据上述资料，不考虑其他因素，分析回答下列第 1 ~ 5 小题。

1. 根据资料 1），下列各项中，应计入外购原材料实际成本的是（　　）。

A. 运输过程中的合理损耗　　B. 采购过程中发生的保险费

C. 增值税专用发票上注明的价款　　D. 增值税发票上注明的增值税税额

2. 根据资料 1），下列各项中，关于甲企业采购 A 材料的会计处理，正确的是（　　）。

A. 记入“原材料”科目的金额为 304 996 元

B. 记入“原材料”科目的金额为 304 600 元

C. 记入“应交税费——应交增值税（进项税额）”科目的金额为 51 000 元

D. 记入“应交税费——应交增值税（进项税额）”科目的金额为 51 396 元

3. 根据资料 2），关于甲企业委托加工业务的会计处理，正确的是（　　）。

A. 收回委托加工物资的成本为 90 000 元

B. 收回委托加工物资的成本为 100 000 元

C. 受托方代收代缴的消费税 10 000 元应计入委托加工物资成本

D. 受托方代收代缴的消费税 10 000 元应记入“应交税费——应交消费税”科目的借方

4. 根据资料 3），下列各项中，甲企业专设销售机构办公楼日常维修领用 A 材料的会计处理，正确的是（　　）。

A. 借：销售费用　　60 000

　　贷：原材料　　60 000

B. 借：在建工程　　70 200

　　贷：原材料　　60 000

　　　　应交税费——应交增值税（进项税额转出）　　10 200

C. 借：销售费用　　70 200

　　贷：原材料　　60 000

　　　　应交税费——应交增值税（进项税额转出）　　10 200

D. 借：在建工程　　60 000

　　贷：原材料　　60 000

5. 根据期初及 1）至 4）的资料，甲企业 3 月 31 日 A 材料结存成本为（　　）元。

A. 304 800　　B. 315 000　　C. 319 600　　D. 319 996

（二）A 公司的有关交易性金融资产资料如下。

1）2013 年 3 月 1 日，A 公司向某证券公司划拨 2 000 万元用于购买股票。3 月 20 日，A 公司委托证券公司从二级市场购入 B 公司股票的 5%，并将其划分为交易性金融资产。支付价款 1 800 万元（其中包含已宣告但尚未发放的现金股利 50 万元），支付相关交易费用 4 万元。剩余的款项，于当天划回A公司的账户。

2）2013年4月15日，A公司收到B公司发放的现金股利50万元并存入银行。

3）2013年12月31日，A公司所持B公司股票的公允价值为2 000万元。

4）B公司2013年实现净利润3 000万元，2014年3月10日，B公司宣告发放现金股利1 200万元。

5）2014年3月20日，A公司将持有的B公司股票全部出售，售价为2 040万元，款项已存入银行。

要求：根据上述资料，不考虑其他因素，分析回答下列第6～9小题。

6. 根据资料1），关于交易性金融资产取得的会计处理，正确的是（　　）。

A. 相关交易费用4万元借记“投资收益”科目

B. 已宣告但尚未发放的现金股利50万元借记“应收股利”科目

C. 记入“交易性金融资产”科目的金额是1 750万元

D. 支付的价款及相关交易费应贷记“银行存款”科目

7. 根据资料1）、2）和3），关于交易性金融资产核算的表述，正确的是（　　）。

A. 该交易性金融资产对A公司2013年损益的影响金额为246万元

B. 2013年12月31日，该交易性金融资产应确认公允价值变动损益250万元

C. 2013年12月31日，该交易性金融资产的账面价值为2 000万元

D. 交易性金融资产无须考虑减值问题

8. 根据资料1）和4），2014年3月10日A公司应确认的投资收益，结果正确的是（　　）。

A. 应确认投资收益3 000万元　　B. 应确认投资收益150万元

C. 应确认投资收益1 200万元　　D. 应确认投资收益60万元

9. 根据资料1）～5），关于交易性金融资产核算的说法，正确的是（　　）。

A. 处置该交易性金融资产时，确认投资收益为290万元

B. 处置该交易性金融资产对当期损益的影响为40万元

C. 整个持有期间对投资收益的影响为286万元

D. 整个持有期间对投资收益的影响为346万元

五、计算分析题

1. 甲公司2014年6月30日银行存款日记账的账面余额为22 000元，银行对账单同日的余额为18 000元，经逐项核对，发现存在以下未达账项。

1）28日，企业开出支付购料货款的转账支票4 000元，银行尚未入账。

2）29日，企业存入购货单位开来的转账支票8 000元，银行尚未入账。

3）29日，银行为企业代付电费4 500元，企业尚未入账。

4）30日，银行为企业代收销售产品的货款5 000元，企业尚未入账。

5）30日，企业开出预付房租的现金支票1 500元，银行尚未入账。

6）30日，银行为企业代付水费2 000元，企业尚未入账。

要求：

（1）根据以上资料编制银行存款余额调节表。

（2）计算甲公司2014年6月末可动用的银行存款数额是多少？

2. 2013年1月1日，甲企业应收账款余额为3 000万元，坏账准备余额为150万元。2013年度，甲企业发生如下相关业务。

1）销售商品一批，增值税专用发票上注明的价款为5 000万元，增值税税额为850万元，货款

尚未收到。

2）因某客户破产，该客户所欠货款 10 万元不能收回，确认为坏账损失。

3）收回上年度已转销为坏账损失的应收账款 8 万元并存入银行。

4）收到某客户以前所欠的货款 4 000 万元并存入银行。

5）2013 年 12 月 31 日，甲企业对应收账款进行减值测试，确定按 5% 计提坏账准备。

要求：

（1）编制 2013 年度确认坏账损失的会计分录。

（2）编制收回上年度已转销为坏账损失的应收账款的会计分录。

（3）计算 2013 年末"坏账准备"科目的余额。

（4）编制 2013 年末计提坏账准备的会计分录。

（答案中的金额单位用万元表示。）

3. 甲公司于 2013 年 1 月 1 日，支付价款 2 040 000 元（含已到付息期但尚未领取的利息40 000 元）购入某公司发行的债券，另发生交易费用 40 000 元。该债券面值为 2 000 000 元，剩余期限为 2 年，票面年利率为 4%，每半年付息一次，甲公司将其划分为交易性金融资产。其他资料如下。

1）2013 年 1 月 5 日，收到该债券 2012 年下半年的利息 40 000 元。

2）2013 年 6 月 30 日，该债券的公允价值为 2 300 000 元（不含利息）。

3）2013 年 7 月 5 日，收到该债券 2013 年上半年利息。

4）2013 年 12 月 31 日，该债券的公允价值为 2 200 000 元（不含利息）。

5）2014 年 1 月 5 日，收到该债券 2013 年下半年利息。

6）2014 年 3 月 10 日，将该债券全部出售，实际收到价款 2 215 000 元。

要求：编制甲公司上述经济业务有关会计分录（答案中的金额单位用万元表示）。

4. 甲公司为增值税一般纳税人，增值税税率为 17%，生产中所需 W 材料按实际成本核算，采用月末一次加权平均法计算和结转发出材料成本。2014 年 6 月 1 日，W 材料结存 1 400 千克，账面余额 385 万元，未计提存货跌价准备。甲公司 2014 年 6 月份发生的有关 W 材料的业务如下。

1）3 日，持银行汇票 300 万元购入 W 材料 800 千克，增值税专用发票上注明的货款为 216 万元，增值税税额为 36.72 万元，对方代垫包装费 1.8 万元，材料已验收入库，剩余票款退回并存入银行。

2）6 日，签发一张商业承兑汇票购入 W 材料 590 千克，增值税专用发票上注明的货款为 163 万元，增值税税额为 27.71 万元，对方代垫保险费 0.4 万元，材料已验收入库。

3）10 日，收到乙公司作为资本投入的 W 材料 5 000 千克，并验收入库。投资合同约定该批原材料价值（不含可抵扣的增值税进项税额）为 1 415 万元，增值税进项税额为 240.55 万元，乙公司开具增值税专用发票。假定合同约定的价值与公允价值相等，未发生资本溢价。

4）20 日，销售 W 材料一批，开出增值税专用发票上注明的售价为 171 万元，增值税税额为 29.07 万元，款项已由银行收妥。

5）30 日，因自然灾害毁损 W 材料 50 千克，该批材料购入时支付的增值税为 2.38 万元。经保险公司核定应赔偿 10 万元，款项尚未收到，其余损失已经有关部门批准处理。

6）6 月份发出材料情况如下。①生产车间领用 W 材料 2 000 千克，用于生产 A 产品 960 千克、B 产品 1 040 千克；车间管理部门领用 700 千克；企业行政管理部门领用 450 千克。②委托加工一批零部件，发出 W 材料 100 千克。③6 月 30 日对外销售发出 W 材料 600 千克。

7）30 日，W 材料的预计可变现净值为 1 000 万元。

假定除上述资料外，不考虑其他因素。

要求：

（1）编制甲公司第 1）至 4）项业务的会计分录。

(2) 计算甲公司6月份W材料的加权平均单位成本。

(3) ①编制甲公司第5)项业务的会计分录。②编制甲公司第6)项结转发出材料成本的会计分录。

(4) 计算甲公司6月30日W材料账面余额。

(5) 计算甲公司6月30日W材料计提的存货跌价准备并编制会计分录。

("应交税费"科目要求写明细科目及专栏名称;答案中的金额单位用万元表示。)

5. 甲公司为增值税一般纳税企业,材料按计划成本计价核算。A材料计划单位成本为10元/千克。该公司2014年4月份有关资料如下。

1)"原材料"账户月初余额40 000元,"材料成本差异"账户月初贷方余额500元,"材料采购"账户月初借方余额10 600元(上述账户核算的均为A材料)。

2)4月5日,企业上月已付款的A材料1 000千克如数收到,已验收入库。

3)4月15日,从外地乙公司购入A材料6 000千克,增值税专用发票注明的材料价款为59 000元,增值税税额为10 030元,企业已用银行存款支付上述款项,材料尚未到达。

4)4月20日,从乙公司购入的A材料到达,验收入库时发现短缺40千克,经查明为途中定额内自然损耗,按实收数量验收入库。

5)4月30日,汇总本月发料凭证,本月共发出A材料7 000千克,全部用于产品生产。

要求:

(1) 计算甲公司A材料的本月材料成本差异率、本月发出材料应负担的成本差异及月末库存材料的实际成本。

(2) 根据上述业务编制相关会计分录。

第三章

非流动资产的确认和计量

学习目标

知识目标

掌握各项非流动资产的特征和初始成本的确定,长期股权投资、持有至到期投资和可供出售金融资产、投资性房地产的后续计量,固定资产折旧方法和无形资产摊销方法,以及各项非流动资产处置或出售的核算;熟悉长期股权投资和投资性房地产的核算范围、固定资产折旧范围,持有至到期投资和可供出售金融资产、无形资产的核算内容;了解各项非流动资产减值的确认和计量。

技能目标

能对长期股权投资、持有至到期投资、可供出售金融资产、固定资产、无形资产、投资性房地产的确认和计量进行职业判断;能正确运用计量模式和核算方法,对各项非流动资产的初始计量和后续计量进行会计处理。

非流动资产是指流动资产以外的资产。资产负债表中列示的非流动资产项目通常包括长期股权投资、持有至到期投资、可供出售金融资产、固定资产、在建工程、工程物资、固定资产清理、无形资产、开发支出、投资性房地产、长期待摊费用及其他非流动资产等。

第一节　长期股权投资

一、长期股权投资的确认

长期股权投资是指投资方对被投资单位实施控制、重大影响的权益性投资,以及对其合营企业的权益性投资。

投资方能够对被投资单位实施控制的权益性投资,即对子公司投资。控制是指投资方拥有对被投资方的权力,通过参与被投资方的相关活动而享有可变回报,并且有能力运用对被投资方的权力影响其回报金额。相关活动是指对被投资方的回报产生重大影响的活动。投资方享有现时权力使其目前有能力主导被投资方的相关活动,而不论其是否实际行使该权力,视为投资方拥有对被投资方的权利,除非有确凿证据表明其不能主导被投资方相关活动。下列情况,表明投资方对被投资方拥有权力:一是投资方持有被投资方半数以上的表决权的;二是投资方持有被投资方半数或以下的表决权,但通过与其他表决权持有人之间的协议能够控制半数以上表决权的。

投资方能够对被投资单位施加重大影响的权益性投资,即对联营企业投资。重大影响是指投资方对被投资单位的财务和经营政策有参与决策的权利,但并不能够控制或与其他方一起共同控制这些政策的制定。投资方直接拥有被投资单位20% ~50% 的表决权资本,或者虽然投资方直接拥有被投资单位20% 以下的表决权资本,但实质上能够施加重大影响的,一般确认为投资方对被投资单位具有重大影响。在确定能否对被投资单位施加重大影响时,应当考虑投资方和其他方持有的被投资单位当期可转换公司债券、当期可执行认股权证等潜在表决权因素。

投资方对被投资单位实施共同控制的权益性投资，即对合营企业投资。共同控制是指按照相关约定对某项安排所共有的控制，并且该安排的相关活动必须经过分享控制权的参与方一致同意后才能决策。合营企业是指合营方仅对该安排的净资产享有权利的合营安排。合营安排是指一项由两个或两个以上的参与方共同控制的安排。合营安排具有下列特征：一是各参与方均受到该安排的约束；二是两个或两个以上的参与方对该安排实施共同控制。任何一个参与方都不能够单独控制该安排，对该安排具有共同控制权的任何一个参与方均能够阻止其他参与方或参与方组合单独控制该安排。合营安排分为共同经营和合营企业。共同经营是指合营方享有该安排相关资产且承担该安排相关负债的合营安排。

【思考3－1】企业直接拥有被投资单位50%及以下的表决权资本但具有实质控制权的，确认为控制型投资；企业直接拥有被投资单位20%以下的表决权资本但实质上能够施加重大影响的，确认为重大影响型投资。这样的确认体现了什么会计信息质量要求？

【提示3－1】企业持有的对被投资单位不具有控制、共同控制或重大影响，不论在活跃市场中有无报价、公允价值能否可靠计量的权益性投资，都应当确认为交易性金融资产或可供出售金融资产。可供出售金融资产的确认和计量将在本章第六节学习。

二、长期股权投资的初始计量

长期股权投资的初始计量即确定其初始投资成本。除企业合并形成的长期股权投资以外，以支付现金、非现金资产等非企业合并方式取得的长期股权投资，应当按照实际支付的购买价款或对价作为初始投资成本。初始投资成本包括与取得长期股权投资直接相关的费用、税金及其他必要支出。企业取得长期股权投资，实际支付的价款或对价中包含的已宣告但尚未发放的现金股利或利润，应当确认为应收项目，不构成长期股权投资的成本。

企业以支付现金、非现金资产等非企业合并方式取得长期股权投资时，按照确定的初始投资成本，借记“长期股权投资”科目，按照享有被投资单位已宣告但尚未发放的现金股利或利润，借记“应收股利”科目，按照实际支付的买价及手续费、税金等，贷记“银行存款”等科目；收到投资单位发放的现金股利或利润时，借记“银行存款”科目，贷记“应收股利”科目。

例3－1　甲公司2013年5月10日购买京华股份有限公司的股票1 000 000股准备长期持有，从而能够对被投资单位施加重大影响。每股买入价为10元，其中包含0.3元的已宣告分派的现金股利，另发生相关税费70 000元，款项已支付。甲公司的账务处理如下。

① 计算初始投资成本时：

股票成交金额(1 000 000×10)	10 000 000
加：相关税费	70 000
减：已宣告分派的现金股利(1 000 000×0.3)	(300 000)
	9 770 000

② 编制购入股票的会计分录时：

借：长期股权投资	9 770 000	
应收股利	300 000	
贷：其他货币资金——存出投资款		10 070 000

③ 假定甲公司2013年6月15日收到京华股份有限公司分来的购买该股票时已宣告分派的股利30 000元。甲公司应编制如下会计分录。

借:银行存款　　300 000

　　贷:应收股利　　300 000

例3－2　甲公司2013年5月25日购买京东股份有限公司发行的股票500 000股准备长期持有,从而能够对被投资单位施加重大影响。每股买入价为5元,购买该股票时发生相关税费50 000元,款项已支付。甲公司的账务处理如下。

【链接3－1】

① 计算初始投资成本时:

股票成交金额(500 000×5)	2 500 000
加:相关税费	50 000
	2 550 000

② 编制购入股票的会计分录时:

借:长期股权投资　　2 550 000

　　贷:其他货币资金——存出投资款　　2 550 000

三、长期股权投资的后续计量

企业取得的长期股权投资,在确定初始投资成本后,持有期间应根据企业对被投资单位的影响程度等情况的不同,分别采用成本法和权益法进行后续计量。

(一) 成本法和权益法的核算范围

成本法是指长期股权投资按成本计价的方法。企业能够对被投资单位实施控制的长期股权投资,即对子公司投资,应当采用成本法核算。

权益法是指长期股权投资以初始投资成本计量后,在投资持有期间根据企业享有被投资单位所有者权益份额的变动对投资的账面价值进行调整的方法。企业对被投资单位具有共同控制或重大影响的长期股权投资,应当采用权益法核算。

【链接3－2】

(二) 长期股权投资核算的成本法

采用成本法核算的长期股权投资,持有期间除追加投资或收回投资以外,长期股权投资的账面余额一般保持初始投资成本不变;持有期间被投资单位宣告发放现金股利或利润时,企业按应享有的部分确认为当期投资收益,借记"应收股利"科目,贷记"投资收益"科目。

例3－3　承例3－2,甲公司于2013年6月15日收到京东股份有限公司宣告发放现金股利的通知,每股可分现金股利0.2元。甲公司应编制如下会计分录。

借:应收股利(500 000×0.2)　　100 000

　　贷:投资收益　　100 000

【检测3－1】单项选择题

甲公司长期持有乙公司60%的股权,采用成本法核算。2013年1月1日,该项投资账面价值为1 300万元。2013年度乙公司实现净利润2 000万元,宣告发放现金股利1 200万元。假设不考虑其他因素,2013年12月31日该项投资账面价值为(　　)万元。

A. 1 300　　B. 1 780　　C. 2 700　　D. 3 220

（三）长期股权投资核算的权益法

长期股权投资采用权益法核算，应在“长期股权投资”科目下设置“投资成本”、“损益调整”、“其他综合收益”、“其他权益变动”4 个明细科目，以分别反映长期股权投资的初始投资成本、持有期间因被投资单位所有者权益发生增减变动而应享有或分担的份额对长期股权投资账面价值进行的调整。

1. 初始投资成本与应享有权益份额之间的差额调整

采用权益法核算的长期股权投资，对取得时的初始投资成本与应享有被投资单位可辨认净资产公允价值份额之间的差额，应区别以下情况处理。

（1）初始投资成本大于投资时应享有被投资单位可辨认净资产公允价值份额的，不调整确认的初始投资成本，借记“长期股权投资——投资成本”科目，贷记“银行存款”等科目。

（2）初始投资成本小于投资时应享有被投资单位可辨认净资产公允价值份额的，其差额应确认为当期收益，同时调整长期股权投资的成本，借记“长期股权投资——投资成本”科目，贷记“银行存款”等科目，按其差额，贷记“营业外收入”科目。

例 3－4 甲公司 2013 年 1 月 5 日购买京西股份有限公司的股票 5 000 000 股准备长期持有，占京西股份有限公司股份的 25%。每股买入价为 5 元，购买股票时发生相关税费 500 000 元，款项已支付。2012 年 12 月 31 日，京西股份有限公司的所有者权益的账面价值（与其公允价值相同）为 100 000 000 元。甲公司的账务处理如下。

① 计算初始投资成本。

股票成交金额(5 000 000×5)	25 000 000
加：相关税费	500 000
	25 500 000

② 编制购入股票的会计分录。

借：长期股权投资——投资成本　　25 500 000

　　贷：其他货币资金——存出投资款　　25 500 000

在本例中，长期股权投资的初始投资成本 25 500 000 元大于投资时应享有被投资单位可辨认净资产公允价值份额 25 000 000 (100 000 000×25%)元，其差额 500 000 元不调整确认的初始投资成本。

例 3－5 沿用例 3－4，如果甲公司投资时，京西股份有限公司的所有者权益的账面价值（与其公允价值相同）为 105 000 000 元，则长期股权投资的初始投资成本 25 500 000 元小于投资时应享有被投资单位可辨认净资产公允价值份额 26 250 000（105 000 000 × 25%）元，其差额为 750 000元。甲公司应编制如下会计分录。

借：长期股权投资——投资成本　　26 250 000

　　贷：其他货币资金——存出投资款　　25 500 000

　　　　营业外收入　　750 000

2. 持有期间被投资单位实现净利润或发生净亏损

被投资单位实现的净利润，企业按持股比例计算应享有的份额，借记“长期股权投资——损益调整”科目，贷记“投资收益”科目；被投资单位发生净亏损，企业按持股比例计算应分担的份额，借记“投资收益”科目，贷记“长期股权投资——损益调整”科目。企业确认应分担被投资单位发生的净亏损，应以长期股权投资的账面价值减记至零为限，其账面价值减记至零为限是指“长期股权投资——对××单位投资”科目下的“投资成本”、“损益调整”、“其他综合收益”、“其他权益变动”4 个明细科目合计为0。

被投资单位宣告分派现金股利或利润时，企业按持股比例计算应分得的部分，借记“应收股利”科目，贷记“长期股权投资——损益调整”科目。收到被投资单位宣告发放的股票股利，不进行账务处理，但应在备查簿中登记。

3. 持有期间被投资单位其他综合收益和所有者权益的其他变动

企业对于被投资单位除净损益、利润分配以外的其他综合收益变动和所有者权益的其他变动，按照持股比例计算应享有的份额，借记或贷记“长期股权投资——其他综合收益或其他权益变动”科目，贷记或借记“其他综合收益”或“资本公积——其他资本公积”科目。

例3-6　承例3-4，2013年京西股份有限公司实现净利润8 000 000元，因可供出售金融资产的公允价值变动增加了资本公积600 000元。2014年4月15日，京西股份有限公司宣告发放现金股利，每10股分派2元。2014年5月15日，甲公司收到京西股份有限公司分派的现金股利。甲公司应编制如下会计分录。

① 确认应享有京西股份有限公司所有者权益的变动时：

借：长期股权投资——损益调整（8 000 000×25%）	2 000 000	
——其他综合收益（600 000×25%）	150 000	
贷：投资收益		2 000 000
其他综合收益		150 000

② 京西股份有限公司宣告发放现金股利时：

借：应收股利（5 000 000÷10×2）	1 000 000	
贷：长期股权投资——损益调整		1 000 000

③ 收到京西股份有限公司发放的现金股利时：

借：其他货币资金——存出投资款	1 000 000	
贷：应收股利		1 000 000

【提示3-2】在确认应享有或应分担被投资单位的净利润或净亏损时，如果取得投资时被投资单位所有者权益的账面价值与其公允价值不同，企业在计算确认投资收益时，不能完全以被投资单位账面净利润与持股比例计算确定，而是要对被投资单位实现的净利润按公允价值调整后计算确定。其调整的原则和方法将在《财务会计实务（中级）》中学习。

【检测3-2】多项选择题

下列各项中，能引起权益法核算的长期股权投资账面价值发生变动的有（　　）。

A. 被投资单位实现净利润　　B. 被投资单位宣告发放股票股利

C. 被投资单位宣告发放现金股利　　D. 被投资单位的其他综合收益变动

（四）长期股权投资的减值

企业的长期股权投资，在资产负债表日存在可能发生减值的迹象时，其可收回金额低于账面价值的，应当将该长期股权投资的账面价值减记至可收回金额，减记的金额确认为资产减值损失，计入当期损益，同时计提相应的资产减值准备。

企业计提长期股权投资减值准备，应当设置“长期股权投资减值准备”科目核算。企业按应减记的金额，借记“资产减值损失——计提的长期股权投资减值准备”科目，贷记“长期股权投资减值准备”科目。

长期股权投资减值损失一经确认，在以后会计期间不得转回。

【检测3－3】判断题

企业持有的长期股权投资如发生减值，应将其减值损失确认为当期的投资损失。（　）

四、长期股权投资的处置

企业处置长期股权投资时，应相应结转所处置股权相对应的长期股权投资的账面价值，处置所得的价款与处置长期股权投资账面价值之间的差额，应确认为处置损益。

处置长期股权投资时，应按实际收到的金额，借记“银行存款”等科目；按原已计提的减值准备，借记“长期股权投资减值准备”科目；按长期股权投资的账面余额，贷记“长期股权投资”科目；按尚未领取的现金股利或利润，贷记“应收股利”科目；按其差额，贷记或借记“投资收益”科目。

例3－7　承例3－1，甲公司因各方面的考虑，决定将持有的京华股份有限公司股权的50%对外出售，2013年12月5日以每股11元的价格卖出，扣除支付的相关税费后，实际取得价款5 460 000元，款项已收到。该项长期股权投资没有计提减值准备。甲公司的账务处理如下。

① 计算投资收益。

股票转让取得价款	5 460 000
减：投资账面余额（9 770 000×50%）	（4 885 000）
	575 000

② 编制出售股票的会计分录。

借：其他货币资金——存出投资款　　5 460 000

　贷：长期股权投资　　4 885 000

　　投资收益　　575 000

采用权益法核算的长期股权投资，原计入其他综合收益和资本公积的金额，在处置时也应进行结转，将与所处置股权相对应的部分自其他综合收益和资本公积转入当期损益，即：借记或贷记“其他综合收益”和“资本公积——其他资本公积”科目，贷记或借记“投资收益”科目。

例3－8　承例3－4、例3－6，2014年6月20日，甲公司出售所持京西股份有限公司股票的5%，每股售价为8元（假设不考虑相关税费），款项已收到2 000 000（5 000 000×5%×8）元。出售时甲公司账面上对京西股份有限公司长期股权投资的构成为：投资成本25 500 000元，损益调整1 000 000元，其他综合收益150 000元。甲公司应编制如下会计分录。

借：其他货币资金——存出投资款　　2 000 000

　贷：长期股权投资——投资成本　　1 275 000

　　　　　　　　——损益调整　　50 000

　　　　　　　　——其他综合收益　　7 500

　　投资收益　　667 500

同时：

借：其他综合收益　　7 500

　贷：投资收益　　7 500

第二节　固定资产

一、固定资产的确认

（一）固定资产的定义和特征

固定资产是指为生产商品、提供劳务、出租或经营管理而持有的，使用寿命超过一个会计年度的有形资产。从固定资产的定义看，与其他资产相比，固定资产应具有以下特征。

（1）企业持有固定资产是为了满足生产商品、提供劳务、出租或经营管理的需要，而不是为了对外出售。这一特征是固定资产区别于存货等流动资产的重要标志。

（2）企业使用固定资产的期限较长，使用寿命一般超过一个会计年度。这一特征表明企业固定资产的收益期超过一年，能在一年以上的时间里为企业带来经济利益。

（3）固定资产必须是有形资产。这一特征将固定资产与无形资产区别开来，有些无形资产可能同时符合固定资产的其他特征，但没有实物形态。

【提示3－3】固定资产定义中的"出租"，是指以经营租赁方式出租的机器设备等，以经营租赁方式出租的房屋建筑物属于企业的投资性房地产。此外，以融资租赁方式出租的，在租赁期内不属于出租方的资产。

（二）固定资产的确认条件

一项资产如要作为固定资产加以确认，首先要符合固定资产的定义，其次还要符合固定资产的确认条件，即：与该固定资产有关的经济利益很可能流入企业，同时，该固定资产的成本能够可靠地计量。

（三）固定资产的分类

企业应根据不同的管理需要和核算要求，采用不同的分类标准对固定资产进行分类，主要有以下几种分类方法。

1. 按经济用途分类

按固定资产的经济用途分类，可分为生产经营用固定资产和非生产经营用固定资产。

生产经营用固定资产是指直接服务于企业生产、经营过程的各种固定资产，如生产经营用的房屋、建筑物、机器、设备、器具和工具等。

非生产经营用固定资产是指不直接服务于生产、经营过程的各种固定资产，如职工宿舍等使用的房屋、设备和其他固定资产等。

2. 综合分类

按固定资产的经济用途和使用情况等综合分类，可分为七大类。

①生产经营用固定资产。②非生产经营用固定资产。③租出固定资产（指在经营租赁方式下出租给外单位使用的固定资产）。④不需用固定资产。⑤未使用固定资产。⑥土地（指过去已经估价单独入账的土地。因征地而支付的补偿费，应计入与土地有关的房屋、建筑物的价值内，不单独作为土地价值入账。企业取得的土地使用权，应作为无形资产管理，不作为固定资产管理）。⑦融资租入固定资产（指企业以融资租赁方式租入的固定资产，在租赁期内，应视同自有固定资产

进行管理)。

由于企业的经营性质、经营规模不同,对固定资产的分类不可能完全一致。在实际工作中,企业大多采用综合分类的方法作为编制固定资产目录、进行固定资产核算的依据。

【提示3-4】固定资产的各组成部分具有不同使用寿命或者以不同方式为企业提供经济利益,适用不同折旧率或折旧方法的,应当分别将各组成部分确认为单项固定资产。

二、固定资产的初始计量

(一)固定资产核算的科目设置

企业一般需要设置"固定资产"、"累计折旧"、"在建工程"、"工程物资"、"固定资产清理"等科目,核算固定资产取得、计提折旧、处置等情况。

(1)"固定资产"科目核算企业持有的固定资产原价,借方登记企业增加的固定资产原价,贷方登记企业减少的固定资产原价,期末借方余额,反映企业固定资产的原价。企业应当设置固定资产登记簿和固定资产卡片,按固定资产类别、使用部门和每项固定资产进行明细核算。

(2)"累计折旧"科目是"固定资产"的调整科目,核算企业固定资产的累计折旧,贷方登记企业计提的固定资产折旧,借方登记处置固定资产转出的累计折旧,期末贷方余额,反映企业固定资产的累计折旧额。本科目可按固定资产类别或项目进行明细核算。

(3)"在建工程"科目核算企业基建、更新改造等在建工程发生的支出,借方登记企业各项在建工程的实际支出,贷方登记完工工程转出的成本,期末借方余额,反映企业尚未达到预定可使用状态的在建工程的成本。本科目可按"建筑工程"、"安装工程"、"在安装设备"、"待摊支出"及单项工程等进行明细核算。

(4)"工程物资"科目核算企业为在建工程而准备的各种物资的实际成本,借方登记企业购入工程物资的成本,贷方登记领用或转出工程物资的成本,期末借方余额,反映企业为在建工程准备的各种物资的成本。本科目可按"专用材料"、"专用设备"、"工器具"等进行明细核算。

(5)"固定资产清理"科目核算企业因出售、报废、毁损、对外投资、非货币性资产交换、债务重组等原因转出的固定资产价值以及在清理过程中发生的费用等,借方登记转出的固定资产账面价值、清理过程中应支付的相关税费及其他费用,贷方登记固定资产清理完成的处理,期末借方余额,反映企业尚未清理完毕的固定资产清理净损失。本科目可按被清理的固定资产项目进行明细核算。

此外,企业固定资产、在建工程、工程物资发生减值的,还应当设置"固定资产减值准备"、"在建工程减值准备"、"工程物资减值准备"等科目进行核算。

企业取得的固定资产应当按照成本进行初始计量。企业取得固定资产的方式一般包括购买,自行建造等,取得的方式不同,初始计量的方法也不相同。

(二)外购固定资产

企业外购固定资产的成本,包括购买价款、相关税费、使固定资产达到预定可使用状态前所发生的可归属于该项资产的运输费、装卸费、安装费和专业人员服务费等。如果企业为增值税一般纳税人,购进生产经营用的机器设备等固定资产的进项税额可以抵扣销项税额,不计入固定资产成本。

购入不需要安装的固定资产,应按实际支付的购买价款、相关税费及使固定资产达到预定可使用状态前所发生的可归属于该项资产的运输费、装卸费和专业人员服务费等，作为固定资产成本，借记“固定资产”科目，贷记“银行存款”等科目。

例 3－9 甲公司为增值税一般纳税人，购入一台不需要安装即可投入使用的设备，增值税专用发票上注明的设备价款为50 000元，增值税税额为8 500元，另支付运输费（取得货运普通发票）600元、包装费400元，款项以银行存款支付。甲公司的账务处理如下。

① 计算固定资产成本。

固定资产买价	50 000
加：运输费	600
包装费	400
	51 000

② 编制购入固定资产的会计分录。

借：固定资产	51 000	
应交税费——应交增值税（进项税额）	8 500	
贷：银行存款		59 500

购入需要安装的固定资产，应在购入固定资产成本的基础上加上安装调试成本等。作为固定资产的成本，购入进行安装时，借记“在建工程”科目，贷记“银行存款”等科目；支付安装费用时，借记“在建工程”科目，贷记“银行存款”等科目；安装完毕达到预定可使用状态时，按其实际成本，借记“固定资产”科目，贷记“在建工程”科目。

例 3－10 甲公司为增值税一般纳税人，用银行存款购入一台需要安装的设备，增值税专用发票上注明的设备价款为300 000元，增值税税额为51 000元，支付运输费（取得货运普通发票）15 000元，支付安装费35 000元。甲公司应编制如下会计分录。

① 购入进行安装时：

借：在建工程	315 000	
应交税费——应交增值税（进项税额）	51 000	
贷：银行存款		366 000

② 支付安装费用时：

借：在建工程	35 000	
贷：银行存款		35 000

③ 设备安装完毕达到预定可使用状态时：

借：固定资产	350 000	
贷：在建工程		350 000

在实际工作中，企业可能以一笔款项购入多项没有单独标价的固定资产。如果这些资产均符合固定资产的定义，并满足固定资产的确认条件，则应将各项资产单独确认为固定资产，并按各项固定资产公允价值的比例对总成本进行分配，分别确定各项固定资产的成本。如果以一笔款项购入的多项资产中还包括固定资产以外的其他资产，也应按类似的方法予以处理。

例 3－11 甲公司为增值税一般纳税人，为降低采购成本，向乙公司一次购进了3套不同型号且具有不同生产能力的设备A、B、C，共支付价款7 800 000元，增值税税额为1 326 000元，保险费和包装费共42 000元，全部以银行存款支付。假定设备A、B、C均满足固定资产的定义及确认条件，公允价值分别为2 926 000元、3 594 800元和1 839 200元，不考虑其他相关税费。甲公司的账务处理如下。

① 确定应计入固定资产成本的金额：

7 800 000 +42 000 =7 842 000(元)

② 确定设备 A、B、C 的价值分配比例：

A 设备应分配的固定资产价值比例 =2 926 000 ÷(2 926 000 +3 594 800 +1 839 200)×100%≈35%

B 设备应分配的固定资产价值比例 =3 594 800 ÷(2 926 000 +3 594 800 +1 839 200)×100%≈43%

C 设备应分配的固定资产价值比例 =1 839 200 ÷(2 926 000 +3 594 800 +1 839 200)×100%≈22%

③ 确定 A、B、C 设备各自的成本：

A 设备的成本 =7 842 000 ×35% =2 744 700(元)

B 设备的成本 =7 842 000 ×43% =3 372 060(元)

C 设备的成本 =7 842 000 ×22% =1 725 240(元)

④ 编制如下会计分录：

借：固定资产——A 设备	2 744 700	
——B 设备	3 372 060	
——C 设备	1 725 240	
应交税费——应交增值税(进项税额)	1 326 000	
贷：银行存款		9 168 000

（三）建造固定资产

企业自行建造固定资产的成本，由建造该项资产达到预定可使用状态前所发生的必要支出构成。发生工程支出时，应先通过“在建工程”科目核算，工程达到预定可使用状态时，再从“在建工程”科目转入“固定资产”科目。

【提示 3 -5】企业为建造固定资产通过出让方式取得的土地使用权而支付的土地出让金不计入在建工程成本，应确认为无形资产(土地使用权)。

企业自行建造固定资产包括自营建造和出包建造两种方式。

1. 自营方式建造固定资产

企业以自营方式建造固定资产，是指企业自行组织工程物资采购和组织施工人员从事工程施工完成固定资产建造。购入工程物资时，借记“工程物资”科目，贷记“银行存款”等科目；领用工程物资时，借记“在建工程”科目，贷记“工程物资”科目；在建工程领用本企业原材料时，借记“在建工程”科目，贷记“原材料”等科目；在建工程领用本企业生产的商品时，借记“在建工程”科目，贷记“库存商品”、“应交税费——应交增值税(销项税额)”等科目；自营工程发生的其他费用和分配工程人员工资等，借记“在建工程”科目，贷记“银行存款”、“应付职工薪酬”等科目。自营工程达到预定可使用状态时，按其成本，借记“固定资产”科目，贷记“在建工程”科目。

例 3 -12　甲企业自建厂房一幢，以银行存款购入工程物资一批，价款为 500 000 元，增值税税额为 85 000 元，全部被工程领用。工程领用本企业生产的产品一批，实际成本为 80 000 元，计税价格为 100 000 元，增值税税率为 17%。工程领用生产用原材料一批，实际成本为 50 000 元，增值税进项税额为 8 500 元。分配工程人员薪酬 100 000 元，以银行存款支付其他费用 30 000 元。

工程完工并达到预定可使用状态。甲企业应编制如下会计分录。

① 购入工程物资时：

借：工程物资　585 000
　贷：银行存款　585 000

② 工程领用工程物资时：

借：在建工程　585 000
　贷：工程物资　585 000

③ 工程领用本企业生产的产品时：

80 000 + 100 000 × 17% = 97 000(元)

借：在建工程　97 000
　贷：库存商品　80 000
　　应交税费——应交增值税(销项税额)　17 000

④ 工程领用生产用原材料时：

借：在建工程　58 500
　贷：原材料　50 000
　　应交税费——应交增值税(进项税额转出)　8 500

⑤ 分配工程人员薪酬时：

借：在建工程　100 000
　贷：应付职工薪酬　100 000

⑥ 支付工程其他费用时：

借：在建工程　30 000
　贷：银行存款　30 000

⑦ 工程完工并达到预定可使用状态时：

固定资产的成本 = 585 000 + 97 000 + 58 500 + 100 000 + 30 000 = 870 500(元)

借：固定资产　870 500
　贷：在建工程　870 500

【思考3-2】购入的工程物资用于机器设备安装，其增值税进项税额是否计入工程物资成本？机器设备安装领用生产用原材料或外购商品，其增值税进项税额是否转出？或者领用本企业生产的产品是否计算销项税额？为什么？

2. 出包方式建造固定资产

以出包方式建造固定资产是指企业通过招标方式将工程项目发包给建造承包商，由建造承包商组织施工完成固定资产建造。采用出包方式的固定资产建造工程，其工程的具体支出主要由建造承包商核算。此时，企业的“在建工程”科目主要是企业与建造承包商办理工程价款的结算科目，企业支付给建造承包商的工程价款作为工程成本，通过“在建工程”科目核算，向建造承包商结算的进度款，借记“在建工程”科目，贷记“银行存款”等科目；工程完成时，按合同规定补付的工程款，借记“在建工程”科目，贷记“银行存款”等科目；工程达到预定可使用状态时，按其成本，借记“固定资产”科目，贷记“在建工程”科目。

例3-13 甲公司将一幢仓库的建造工程出包给乙建筑安装工程公司承建，按合理估计的发包工程进度和合同规定向乙公司结算进度款700 000元。工程完工后,收到乙公司有关工程结算单据,补付工程款500 000元,工程完工并达到预定可使用状态。甲公司应编制如下会计分录。

① 向乙公司结算进度款时:

借:在建工程　　700 000

　贷:银行存款　　700 000

② 补付工程款时:

借:在建工程　　500 000

　贷:银行存款　　500 000

③ 工程完工并达到预定可使用状态时:

借:固定资产　　1 200 000

　贷:在建工程　　1 200 000

三、固定资产的后续计量

(一)固定资产折旧

固定资产折旧是指在固定资产使用寿命内,按照确定的方法对应计折旧额进行系统分摊。其中,应计折旧额是指应当计提折旧的固定资产的原价扣除其预计净残值后的金额;已计提减值准备的固定资产,还应当扣除已计提的固定资产减值准备累计金额。

1. 影响固定资产折旧的因素

影响折旧的因素主要有以下几个方面。

(1)固定资产原价。它是指固定资产的成本。

(2)预计净残值。它是指假定固定资产预计使用寿命已满并处于使用寿命终了时的预期状态,企业目前从该项资产处置中获得的扣除预计处置费用后的金额。

(3)固定资产减值准备。它是指固定资产已计提的固定资产减值准备累计金额。

(4)固定资产的使用寿命。它是指企业使用固定资产的预计期间,或者该固定资产所能生产产品或提供劳务的数量。企业确定固定资产使用寿命时,应当考虑下列因素:该项资产预计生产能力或实物产量;该项资产预计有形损耗,如设备使用中发生磨损、房屋建筑物受到自然侵蚀等;该项资产预计无形损耗,如因新技术的出现而使现有的资产技术水平显得相对陈旧、市场需求变化使产品过时等;法律或类似规定对该项资产使用的限制。

企业应当根据固定资产的性质和使用情况,合理确定固定资产的使用寿命和预计净残值。固定资产的使用寿命、预计净残值一经确定,不得随意变更。但企业至少应当于每年年度终了,对固定资产的使用寿命、预计净残值和折旧方法进行复核。使用寿命预计数与原先估计数有差异的,应当调整固定资产使用寿命;预计净残值预计数与原先估计数有差异的,应当调整预计净残值;与固定资产有关的经济利益预期实现方式有重大改变的,应当改变固定资产折旧方法。固定资产使用寿命、预计净残值和折旧方法的改变应当作为会计估计变更。

2. 计提固定资产折旧的范围

除以下情况外,企业应当对所有固定资产计提折旧:①已提足折旧仍继续使用的固定资产。②单独计价入账的土地。

在确定计提折旧的范围时,还应注意以下几点。

(1)固定资产应当按月计提折旧。当月增加的固定资产,当月不计提折旧,从下月起计提折旧;当月减少的固定资产,当月仍计提折旧,从下月起不计提折旧。

(2) 固定资产提足折旧后,不论能否继续使用,均不再计提折旧;提前报废的固定资产,也不再补提折旧。所谓提足折旧,是指已经提足该项固定资产的应计折旧额。

(3) 已达到预定可使用状态但尚未办理竣工决算的固定资产,应按估计价值确定其成本,并计提折旧;待办理竣工决算后,再按实际成本调整原来的暂估价值,但不需要调整原已计提的折旧额。

【检测3-4】多项选择题

下列关于固定资产计提折旧的表述,正确的有( )。

A. 提前报废的固定资产不再补提折旧

B. 固定资产折旧方法一经确定不得改变

C. 已提足折旧但仍继续使用的固定资产不再计提折旧

D. 自行建造的固定资产应自办理竣工决算时开始计提折旧

3. 计提固定资产折旧的方法

企业应当根据与固定资产有关的经济利益的预期实现方式,合理选择固定资产折旧方法。可选用的折旧方法包括年限平均法、工作量法、双倍余额递减法和年数总和法等。

(1) 年限平均法又称直线法,是指将固定资产的应计折旧额均衡地分摊到固定资产预计使用寿命内的一种方法。采用这种方法计算的每期折旧额均相等。其计算公式为:

年折旧率 =(1-预计净残值率)÷预计使用寿命(年)×100%

其中:

预计净残值率 = 预计净残值÷固定资产原价×100%

月折旧率 = 年折旧率÷12

月折旧额 = 固定资产原价×月折旧率

例3-14 甲公司的一台机器设备的原价为200 000元,预计可使用5年,预计报废时的净残值率为4%。该设备的折旧率和折旧额计算如下。

年折旧率 =(1-4%)÷5 =19.2%

月折旧率 =19.2%÷12 =1.6%

月折旧额 =200 000×1.6% =3 200(元)

(2) 工作量法是根据实际工作量计算每期应提折旧额的一种方法。其计算公式为:

单位工作量折旧额 = 固定资产原价×(1-预计净残值率)÷预计总工作量

某项固定资产月折旧额 = 该项固定资产当月工作量×单位工作量折旧额

例3-15 甲公司的一辆运货卡车的原价为600 000元,预计总行驶里程为500 000千米,预计报废时的净残值率为5%,本月行驶4 000千米。该辆汽车的月折旧额计算如下。

单位里程折旧额 =600 000×(1-5%)÷500 000 =1.14(元/千米)

本月折旧额 =4 000×1.14 =4 560(元)

(3) 双倍余额递减法是指在不考虑固定资产预计净残值的情况下,根据每期期初固定资产原价减去累计折旧后的余额和双倍的直线法折旧率计算固定资产折旧的一种方法。采用双倍余额递减法计提固定资产折旧,一般应在固定资产使用寿命到期前两年内,将固定资产账面净值扣除预计净残值后的净值平均摊销。其计算公式为:

年折旧率 =2÷预计使用寿命(年)×100%

月折旧率＝年折旧率÷12

月折旧额＝每月月初固定资产账面净值×月折旧率

例 3－16　沿用例 3－14，如甲公司对该设备采用双倍余额递减法计提折旧，年折旧率为 40%（2÷5×100%）。各年的折旧额计算如表 3－1 所示。

表 3－1　固定资产折旧计算（双倍余额递减法）

金额单位：元

年份	固定资产年初净值	年折旧率	年折旧额	累计折旧	固定资产年末净值
1	200 000	40%	80 000	80 000	120 000
2	120 000	40%	48 000	128 000	72 000
3	72 000	40%	28 800	156 800	43 200
4	43 200		17 600	174 400	25 600
5	25 600		17 600	192 000	8 000

表 3－1 中从第 4 年起改用年限平均法（直线法）计提折旧。

第 4 年、第 5 年的年折旧额＝（43 200－8 000）÷2＝17 600（元）

每年各月折旧额以年折旧额除以 12 来计算。

（4）年数总和法又称年限合计法，是指将固定资产的原价减去预计净残值后的余额，乘以一个以固定资产尚可使用的寿命为分子、以预计使用寿命逐年数字之和为分母的逐年递减的分数计算每年的折旧额。其计算公式为：

年折旧率＝尚可使用年限/预计使用寿命的年数总和×100%

月折旧率＝年折旧率÷12

月折旧额＝（固定资产原价－预计净残值）×月折旧率

例 3－17　沿用例 3－14，若甲公司对该设备采用年数总和法计提折旧，各年的折旧额计算如表 3－2 所示。

表 3－2　固定资产折旧计算（年数总和法）

金额单位：元

年份	尚可使用年限	原价－净残值	变动折旧率	年折旧额	累计折旧
1	5	192 000	5/15	64 000	64 000
2	4	192 000	4/15	51 200	115 200
3	3	192 000	3/15	38 400	153 600
4	2	192 000	2/15	25 600	179 200
5	1	192 000	1/15	12 800	192 000

4. 固定资产折旧的账务处理

固定资产应当按月计提折旧，计提的折旧应当记入“累计折旧”科目，并根据用途计入相关资产的成本或者当期损益。例如，企业自行建造固定资产过程中使用的固定资产，计提的折旧应计入在建工程成本；基本生产车间所使用的固定资产，计提的折旧应计入制造费用；管理部门所使用的固定资产，计提的折旧应计入管理费用；销售部门所使用的固定资产，计提的折旧应计入销售费用；经营租出的固定资产，计提的折旧应计入其他业务成本。企业计提固定资产折旧时，借记“制造费用”、“销售费用”、“管理费用”等科目，贷记“累计折旧”科目。

例 3－18　甲企业采用年限平均法对固定资产计提折旧。2014 年 10 月份根据固定资产折旧计算表确定的各车间及部门应分配的折旧额为：一车间 500 000 元，二车间 400 000 元，三车间

300 000 元,企业管理部门 60 000 元,销售部门 20 000 元。一车间当月新购置机器设备一台,原价为 250 000 元;销售部门当月新购置机器设备一台,原价为 150 000 元。这两项设备的预计使用寿命均为 10 年,预计净残值率均为 2%,企业同类设备计提折旧采用年限平均法。甲企业应编制如下会计分录。

借:制造费用——一车间	500 000	
——二车间	400 000	
——三车间	300 000	
管理费用	60 000	
销售费用	20 000	
贷:累计折旧		1 280 000

本例中,新购置的机器设备当月不计提折旧,应当从 2014 年 11 月份开始计提折旧。

【检测 3-5】单项选择题

甲公司为增值税一般纳税人,2013 年 12 月 31 日购入不需要安装的生产设备一台,当日投入使用。该设备价款为 360 万元,增值税税额为 61.2 万元,预计使用寿命为 5 年,预计净残值为 0,采用年数总和法计提折旧。该设备 2014 年应计提的折旧为(　　)万元。

A. 72　　B. 120　　C. 140.4　　D. 168.48

(二) 固定资产的后续支出

固定资产的后续支出是指固定资产在使用过程中发生的更新改造支出、修理费用等。企业的固定资产投入使用后,为了维护或提高固定资产的使用效能,适应新技术发展的需要,往往会发生对现有固定资产进行维护、改建、扩建或改良等后续支出。

后续支出的处理原则为:符合固定资产确认条件的应当资本化,计入固定资产成本,如有被替换的部分,应同时将被替换部分的账面价值从该固定资产原账面价值中扣除;不符合固定资产确认条件的应当费用化,计入当期损益。

1. 资本化的后续支出

固定资产发生可资本化的后续支出时,企业应将该固定资产的原价、已计提的累计折旧和减值准备转销,将其账面价值转入在建工程,并停止计提折旧。发生可资本化的后续支出,通过"在建工程"科目核算,在固定资产发生的后续支出完工并达到预定可使用状态时,从"在建工程"科目转入"固定资产"科目,并按重新确定的使用寿命、预计净残值和折旧方法计提折旧。

例 3-19 甲航空公司 2005 年 12 月购入一架飞机,总计花费 8 000 万元(含发动机),发动机当时的购价为 500 万元。公司未将发动机作为一项单独的固定资产进行核算。2014 年初,公司开辟新航线,航程增加,为延长飞机的空中飞行时间,公司决定更换一部性能更为先进的发动机。新发动机购价为 700 万元,需另支付安装费用 5.1 万元。假定飞机的年折旧率为 4%,不考虑预计净残值和相关税费的影响,甲公司应编制如下会计分录。

① 2014 年初飞机的累计折旧金额为 25 600 000(80 000 000 × 4% × 8)元,将固定资产转入在建工程,编制会计分录如下。

借:在建工程	54 400 000	
累计折旧	25 600 000	
贷:固定资产		80 000 000

② 安装新发动机。

借：在建工程 7 051 000

　贷：工程物资 7 000 000

　　银行存款 51 000

③ 2014 年初原发动机的账面价值为 3 400 000(5 000 000 - 5 000 000 ×4% ×8)元，终止确认原发动机的账面价值。

借：营业外支出 3 400 000

　贷：在建工程 3 400 000

④ 发动机安装完毕投入使用，固定资产的入账价值为 58 051 000(54 400 000 + 7 051 000 - 3 400 000)元，编制会计分录如下。

借：固定资产 58 051 000

　贷：在建工程 58 051 000

2. 费用化的后续支出

企业生产车间(部门)和行政管理部门等发生的固定资产日常修理费用等后续支出，借记“管理费用”等科目，贷记“银行存款”等科目；企业发生的与专设销售机构相关的固定资产修理费用等后续支出，借记“销售费用”科目，贷记“银行存款”等科目。

例 3 -20 2014 年 11 月 1 日，甲公司对生产车间用一项固定资产进行日常修理，以银行存款支付修理费用 1 000 元，支付维修人员薪酬 5 000 元，领用维修用材料 2 000 元。甲公司应编制如下会计分录。

借：管理费用 8 000

　贷：银行存款 1 000

　　应付职工薪酬 5 000

　　原材料 2 000

(三) 固定资产的期末计量

固定资产的初始入账价值是历史成本，由于固定资产使用年限较长，市场条件和经营环境的变化、科学技术的进步及企业经营管理不善等原因，都可能导致固定资产创造未来经济利益的能力大大下降。因此，固定资产的真实价值有可能低于账面价值，在期末必须对固定资产减值损失进行确认。

资产负债表日，应当对存在减值迹象的固定资产进行减值测试，如果其可收回金额低于账面价值，应当将该固定资产的账面价值减记至可收回金额，减记的金额确认为资产减值损失，计入当期损益，同时计提相应的资产减值准备，借记“资产减值损失——计提的固定资产减值准备”科目，贷记“固定资产减值准备”科目。固定资产减值损失一经确认，在以后会计期间不得转回。

例 3 -21 2013 年 12 月 31 日，甲公司的一条生产线存在可能发生减值的迹象。经测算，该生产线的可收回金额合计为 1 050 000 元，该生产线的原价为 2 000 000 元，已提累计折旧 800 000元，以前年度未对该生产线计提过减值准备。

由于该生产线的可收回金额为 1 050 000 元，账面价值为 1 200 000(2 000 000 - 800 000)元，可收回金额低于账面价值，应按两者之间的差额 150 000(1 200 000 - 1 050 000)元计提固定资产减值准备。甲公司应编制如下会计分录。

借：资产减值损失——计提的固定资产减值准备 150 000

　贷：固定资产减值准备 150 000

【提示3－6】固定资产减值损失确认后，减值资产的折旧费用应当在未来期间做相应调整，以使该资产在剩余使用寿命内，系统地分摊调整后的资产账面价值（扣除预计净残值）。

四、固定资产的处置

固定资产处置包括固定资产的出售、报废、毁损、对外投资、非货币性资产交换、债务重组等。处置固定资产应按规定程序办理有关手续，结转固定资产的账面价值，计算有关的清理收入、清理费用及残料价值等，处置收入扣除账面价值和相关税费后的金额计入当期损益。固定资产处置应通过“固定资产清理”科目核算，具体包括以下几个环节。

（1）固定资产转入清理。固定资产转入清理时，按该项固定资产的账面价值，借记“固定资产清理”科目；按已计提的累计折旧，借记“累计折旧”科目；按已计提的减值准备，借记“固定资产减值准备”科目；按固定资产原价，贷记“固定资产”科目。

（2）发生的清理费用等。固定资产清理过程中发生的相关税费及其他费用，借记“固定资产清理”科目，贷记“银行存款”、“应交税费——应交营业税”等科目。

（3）出售收入和残料等的处理。收回出售固定资产的价款、残料价值和变价收入等，借记“银行存款”、“原材料”等科目，贷记“固定资产清理”、“应交税费——应交增值税”等科目。

（4）保险赔偿等的处理，应由保险公司或过失人赔偿的损失，借记“其他应收款”等科目，贷记“固定资产清理”科目。

（5）清理净损益的处理，固定资产清理完成后，属于生产经营期间正常的处理损失，借记“营业外支出——处置非流动资产损失”科目，贷记“固定资产清理”科目；属于生产经营期间由于自然灾害等非正常原因造成的损失，借记“营业外支出——非常损失”科目，贷记“固定资产清理”科目。固定资产清理完成后的净收益，借记“固定资产清理”科目，贷记“营业外收入——处置非流动资产利得”科目。

【链接3－3】

例3－22 甲公司出售一幢房屋，原价为4 000 000元，已计提折旧2 000 000元，未计提减值准备，实际出售价格为2 400 000元，已通过银行收回价款。甲公司应编制如下会计分录。

① 将出售固定资产转入清理时：

借：固定资产清理	2 000 000	
累计折旧	2 000 000	
贷：固定资产		4 000 000

② 收回出售固定资产的价款时：

借：银行存款	2 400 000	
贷：固定资产清理		2 400 000

③ 计算销售该固定资产应交纳的营业税，适用的营业税税率为5%，应纳税额为120 000（2 400 000×5%）元：

借：固定资产清理	120 000	
贷：应交税费——应交营业税		120 000

④ 结转出售固定资产实现的利得时：

借：固定资产清理	280 000	

贷:营业外收入——处置非流动资产利得　　280 000

例 3-23　甲公司有一台设备批准报废,原价为800 000元,已计提折旧760 000元,未计提减值准备。报废时的残料变价收入为36 000元,报废清理过程中发生清理费用2 000元。有关收入、支出均通过银行办理结算。假定不考虑相关税费,甲公司应编制如下会计分录。

① 将报废固定资产转入清理时:

借:固定资产清理　　40 000
　累计折旧　　760 000
　贷:固定资产　　800 000

② 收回残料变价收入时:

借:银行存款　　36 000
　贷:固定资产清理　　36 000

③ 支付清理费用时:

借:固定资产清理　　2 000
　贷:银行存款　　2 000

④ 结转报废固定资产发生的净损失时:

借:营业外支出——处置非流动资产损失　　6 000
　贷:固定资产清理　　6 000

例 3-24　甲公司因遭受水灾而毁损一座仓库,该仓库原价为2 000 000元,已计提折旧500 000元,未计提减值准备。其残料估计价值为25 000元,残料已办理入库。发生的清理费用10 000元,以银行存款支付。经保险公司核定应赔偿损失750 000元,尚未收到赔款。假定不考虑相关税费,甲公司应编制如下会计分录。

① 将毁损的仓库转入清理时:

借:固定资产清理　　1 500 000
　累计折旧　　500 000
　贷:固定资产　　2 000 000

② 残料入库时:

借:原材料　　25 000
　贷:固定资产清理　　25 000

③ 支付清理费用时:

借:固定资产清理　　10 000
　贷:银行存款　　10 000

④ 确定应由保险公司理赔的损失时:

借:其他应收款　　750 000
　贷:固定资产清理　　750 000

⑤ 结转毁损固定资产发生的损失时:

借:营业外支出——非常损失　　735 000
　贷:固定资产清理　　735 000

【检测3－6】单项选择题

某企业转让一台旧设备,取得价款56万元,发生清理费用2万元。该设备原值为60万元,已提折旧10万元。假定不考虑其他因素,出售该设备影响当期损益的金额为(　　)万元。

A. 4　　B. 6　　C. 54　　D. 56

五、固定资产的清查

为了保证固定资产核算的真实性,企业应定期或者至少于每年年末对固定资产进行清查盘点。在固定资产清查中,如果发现固定资产盘盈或盘亏,应填制固定资产盘盈或盘亏报告表。清查固定资产的损益,应及时查明原因,并按照规定程序报批处理。

(一) 固定资产盘盈

企业在财产清查中盘盈的固定资产,应作为前期差错处理。盘盈的固定资产,在按管理权限报经批准处理前应先通过"以前年度损益调整"科目核算。盘盈的固定资产,应按重置成本确定其入账价值,借记"固定资产"科目,贷记"以前年度损益调整"科目。

例3－25　2014年1月10日甲公司在财产清查过程中发现2012年12月购入的一台设备尚未入账,重置成本为50 000元(与其计税基础不存在差异)。假定甲公司按净利润的10%计提法定盈余公积。不考虑相关税费及其他因素的影响,甲公司应编制如下会计分录。

① 盘盈固定资产时:

借:固定资产	50 000	
贷:以前年度损益调整		50 000

② 结转为留存收益时:

借:以前年度损益调整	50 000	
贷:盈余公积——法定盈余公积		5 000
利润分配——未分配利润		45 000

(二) 固定资产盘亏

企业在财产清查中盘亏的固定资产,按盘亏固定资产的账面价值,借记"待处理财产损溢"科目;按已计提的累计折旧,借记"累计折旧"科目;按已计提的减值准备,借记"固定资产减值准备"科目;按固定资产的原价,贷记"固定资产"科目。按管理权限报经批准后处理时,按可收回的保险赔偿或过失人赔偿,借记"其他应收款"科目;按应计入营业外支出的金额,借记"营业外支出——盘亏损失"科目,贷记"待处理财产损溢"科目。

例3－26　2014年1月10日甲公司进行财产清查时发现短缺一台笔记本电脑,原价为9 000元,已计提折旧5 000元。甲公司应编制如下会计分录。

① 盘亏固定资产时:

借:待处理财产损溢	4 000	
累计折旧	5 000	
贷:固定资产		9 000

② 报经批准转销时:

借:营业外支出——盘亏损失　　4 000

　贷:待处理财产损溢　　4 000

【检测 3-7】判断题

固定资产盘盈先通过“待处理财产损溢”,批准后再转入“营业外收入”中。(　)

第三节　无形资产

一、无形资产的确认

(一) 无形资产的定义和特征

无形资产是指企业拥有或者控制的没有实物形态的可辨认非货币性资产。从定义看,无形资产具有以下特征。

1. 不具有实物形态

无形资产区别于固定资产、存货等有形资产的重要标志是不具有实物形态,通常表现为法律或合同关系所赋予的各项权利、技术,它尽管没有物资实体,但能够为企业带来未来经济利益。

2. 具有可辨认性

资产满足下列条件之一的,符合无形资产定义中的可辨认性标准。

(1) 能够从企业中分离或者划分出来,并能单独或者与相关合同、资产或负债一起,用于出售、转让、授予许可、租赁或者交换。

(2) 源自合同性权利或其他法定权利,无论这些权利是否可以从企业或其他权利和义务中转移或分离出来。

商誉通常是与企业整体价值联系在一起的,其存在无法与企业自身相分离,不具有可辨认性,因此,在会计上不被确认为无形资产。

3. 属于非货币性长期资产

无形资产在持有过程中为企业带来未来经济利益的情况不确定,不属于以固定或可确定的金额收取的资产,属于非货币性资产;无形资产的使用年限在一年以上,能够在多个会计期间为企业带来经济利益,属于长期资产。

【链接 3-4】

(二) 无形资产的确认条件

无形资产应当在符合定义的前提下,同时满足以下两个确认条件时,才能予以确认:①与该无形资产有关的经济利益很可能流入企业;②该无形资产的成本能够可靠地计量。

(三) 无形资产的内容

无形资产主要包括专利权、非专利技术、商标权、著作权、土地使用权和特许权等。

1. 专利权

专利权是指国家专利主管机关依法授予发明创造专利申请人对其发明创造在法定期限内所享有的专有权利,包括发明专利权、实用新型专利权和外观设计专利权。它给予持有者独家使用或控制某项发明的特殊权利。《中华人民共和国专利法》明确规定,专利人拥有的专利权受到国家法律保护。

专利权是允许其持有者独家使用或控制的特权,但它并不保证一定能给持有者带来经济效益,如有的专利可能会被另外更有经济价值的专利淘汰等。因此,企业不应将其所拥有的一切专利权都确认为无形资产。一般而言,只有外购的专利或者自行开发并按法律程序申请取得的专利,才能作为无形资产确认。这种专利可以降低成本或者提高产品质量,或者将其转让获得转让收入。

2. 非专利技术

非专利技术即专有技术,或技术秘密、技术诀窍,是指先进的、未公开的、未申请专利、可以带来经济效益的技术及诀窍。非专利技术一般包括工业专有技术、商业贸易专有技术、管理专有技术等。非专利技术并不是专利法的保护对象,专有技术所有人依靠自我保密的方式来维持其独占权,可以用于转让和投资。

企业的非专利技术,如果是企业自己开发研究的,应将符合无形资产准则规定的开发支出资本化条件的,确认为无形资产;如果是从外部购入的非专利技术,应将实际发生的支出予以资本化,确认为无形资产。

3. 商标权

商标是用来辨认特定的商品或劳务的标记。商标权是指专门在某类指定的商品或产品上使用特定的名称或图案的权利。商标经过注册登记,就获得了法律上的保护。《中华人民共和国商标法》明确规定,经商标局核准注册的商标为注册商标,商标注册人享有商标专用权,受法律的保护;商标可以转让,但受让人应保证使用该注册商标的产品质量。

企业自创的商标并将其注册登记,所花费用一般不大,是否将其资本化并不重要。能够给拥有者带来获利能力的商标,往往是通过多年的广告宣传和其他传播商标名称的手段,以及客户的信赖等树立起来的。广告费一般不作为商标权的成本,而是在发生时直接计入当期损益。如果企业购买他人的商标,一次性支出费用较大的,可以将其资本化,确认为无形资产。

4. 著作权

著作权又称版权,是指作者对其创作的文学、科学和艺术作品依法享有的某些特殊权利。著作权包括两方面的权利,即精神权利(人身权利)和经济权利(财产权利)。前者指作品署名、发表作品、确认作者身份、保护作品的完整性、修改已经发表的作品等各项权利,包括作品署名权、发表权、修改权和保护作品完整权;后者指以出版、表演、广播、展览、录制唱片、摄制影片等方式使用作品以及因授权他人使用作品而获得经济利益的权利。

5. 土地使用权

土地使用权是指国家准许某一企业或单位在一定期间内对国有土地享有开发、利用、经营的权利。根据我国《土地管理法》的规定,我国土地实行公有制,任何单位和个人不得侵占、买卖或者以其他形式非法转让。企业取得土地使用权,应将取得时发生的支出资本化,确认为无形资产。

6. 特许权

特许权又称经营特许权、专营权,是指企业在某一地区经营或销售某种特定商品的权利或一家企业接受另一家企业使用其商标、商号、技术秘密等的权利。通常有两种方式,一种是由政府机构授权,准许企业使用或在一定地区享有经营某种业务的特权,如水、电、邮电通信等专营权,烟草专卖权等;另一种是指企业间依照签订的合同,有限期或无限期使用另一家企业的某些权利,如连锁店分店使用总店的名称等。特许权资本化仅限于一次性支付的总费用或开始时所支付的一大笔特许费用;按其每年支付的费用,直接计入当期损益。

【提示3-7】企业取得的土地使用权，通常应确认为无形资产，但下列情况除外。

（1）房地产开发企业取得的土地使用权用于建造对外出售的房屋建筑物，相关的土地使用权应当计入所建造的房屋建筑物成本。

（2）企业外购房屋建筑物所支付的价款中包括土地使用权和建筑物的价值的，应当对实际支付的价款按照合理的方法（如公允价值相对比例）在土地使用权与地上建筑物之间进行分配；确实无法进行合理分配的，应当全部确认为固定资产。

（3）企业改变土地使用权的用途，停止自用土地使用权而用于赚取租金或资本增值时，应将其转为投资性房地产。

二、无形资产的初始计量

无形资产应当按照成本进行初始计量。为了核算无形资产的取得、摊销和处置等情况，企业应当设置“无形资产”、“累计摊销”等科目。

“无形资产”科目核算企业持有的无形资产成本，借方登记取得无形资产的成本，贷方登记处置无形资产转出的账面余额，期末借方余额，反映企业无形资产的成本。本科目可按无形资产项目进行明细核算。

“累计摊销”科目是“无形资产”的调整科目，核算企业对使用寿命有限的无形资产计提的累计摊销，贷方登记企业计提的无形资产摊销，借方登记处置无形资产转出的累计摊销，期末贷方余额，反映企业无形资产的累计摊销额。本科目可按无形资产项目进行明细核算。

此外，企业无形资产发生减值的，还应当设置“无形资产减值准备”科目进行核算。

企业取得无形资产的主要方式有外购、自行研究开发等。取得的方式不同，其会计处理也有所差别。

（一）外购无形资产

外购无形资产的成本包括购买价款、相关税费以及直接归属于使该项资产达到预定用途所发生的其他支出。

例3-27　甲公司购入一项专利技术，支付的买价及相关费用合计700 000元，以银行存款支付。甲公司应编制如下会计分录。

借：无形资产——专利技术　　700 000

　贷：银行存款　　700 000

（二）自行研究开发无形资产

企业内部研究开发项目所发生的支出应当区分研究阶段支出和开发阶段支出。研究阶段支出应当全部费用化，计入当期损益。开发阶段支出不满足资本化条件的，借记“研发支出——费用化支出”科目；满足资本化条件的，借记“研发支出——资本化支出”科目，贷记“原材料”、“银行存款”、“应付职工薪酬”等科目。研究开发项目达到预定用途形成无形资产的，应按“研发支出——资本化支出”科目的余额，借记“无形资产”科目，贷记“研发支出——资本化支出”科目。期（月）末，应将“研发支出——费用化支出”科目的余额，借记“管理费用”科目，贷记“研发支出——费用化支出”科目。如果无法可靠区分研究阶段和开发阶段的支出，应当全部费用化，计入当期损益。

例3-28　甲公司自行研究开发一项技术，在研究开发过程中发生材料费4 000 000元、

人工薪酬1 000 000元，以及用银行存款支付的其他费用3 000 000元，总计8 000 000元，其中，符合资本化条件的支出为5 000 000元。该项研发活动完成，最终开发出一项非专利技术并达到预定用途。假定不考虑相关税费，甲公司应编制如下会计分录。

① 发生研究开发支出时：

借：研发支出——费用化支出　　3 000 000

　　　　　　——资本化支出　　5 000 000

　贷：银行存款　　3 000 000

　　　原材料　　4 000 000

　　　应付职工薪酬　　1 000 000

② 期末，将费用化支出转入当期损益时：

借：管理费用　　3 000 000

　贷：研发支出——费用化支出　　3 000 000

③ 研发项目达到预定用途形成无形资产时：

借：无形资产　　5 000 000

　贷：研发支出——资本化支出　　5 000 000

【检测3-8】判断题

企业无法可靠区分研究阶段和开发阶段支出的，应将其所发生的研发支出全部资本化，计入无形资产成本。（　）

三、无形资产的后续计量

（一）无形资产的摊销

企业应当于取得无形资产时分析判断其使用寿命。使用寿命有限的无形资产应进行摊销，使用寿命不确定的无形资产不应摊销。使用寿命有限的无形资产，通常其残值被视为0。对于使用寿命有限的无形资产应当自可供使用（即其达到预定用途）当月起开始摊销，处置当月不再摊销。

无形资产摊销方法包括直线法、生产总量法等。企业选择的无形资产摊销方法，应当反映与该项无形资产有关的经济利益的预期实现方式。无法可靠确定其预期实现方式的，应当采用直线法进行摊销。

企业应当按月对无形资产进行摊销。无形资产的摊销额一般应当计入当期损益。企业自用的无形资产，其摊销金额计入管理费用；出租的无形资产，其摊销金额计入其他业务成本。如某项无形资产是专门用于生产某种产品或其他资产的，其所包含的经济利益是通过所生产的产品或其他资产实现的，其摊销金额应当计入相关资产的成本。

例3-29 甲公司购买了一项特许权，成本为3 600 000元，合同规定受益年限为10年，甲公司每月应摊销30 000（3 600 000÷10÷12）元。每月摊销时，甲公司应编制如下会计分录。

借：管理费用　　30 000

　贷：累计摊销　　30 000

例3-30 甲公司将其自行开发完成的专利技术出租给丙公司，该专利技术成本为2 400 000元，双方约定的租赁期限为10年，甲公司每月应摊销20 000（2 400 000÷10÷12）元。每

月摊销时，甲公司应编制如下会计分录。

借：其他业务成本　　20 000
　贷：累计摊销　　20 000

例 3－31　甲公司从外单位购得一项专利技术用于产品生产，成本为 7 200 000 元，该专利技术法律保护期间为 15 年，公司预计运用该专利技术生产的产品在未来 10 年内会为公司带来经济利益，甲公司每月应摊销 60 000（7 200 000 ÷ 10 ÷ 12）元。每月摊销时，甲公司应编制如下会计分录。

借：制造费用　　60 000
　贷：累计摊销　　60 000

【检测 3－9】单项选择题

甲公司为增值税一般纳税人，2013 年 1 月 5 日以 2 700 万元购入一项专利权，另支付相关税费 120 万元。为推广由该专利权生产的产品，甲公司发生广告宣传费 60 万元。该专利权预计使用 5 年，预计净残值为 0，采用直线法摊销。假设不考虑其他因素，2013 年 12 月 31 日该专利权的账面价值为（　　）万元。

A. 2 160　　B. 2 256　　C. 2 304　　D. 2 700

（二）无形资产的期末计量

资产负债表日，应当对存在减值迹象的无形资产进行减值测试，如果其可收回金额低于账面价值，应当将该无形资产的账面价值减记至可收回金额，减记的金额确认为资产减值损失，计入当期损益，同时计提相应的资产减值准备，借记“资产减值损失——计提的无形资产减值准备”科目，贷记“无形资产减值准备”科目。无形资产减值损失一经确认，在以后会计期间不得转回。

例 3－32　承例 3－31，2013 年 12 月 31 日，市场上与该专利技术类似的某项新技术生产的产品销售势头较好，已对甲公司产品的销售产生重大不利影响。甲公司持有的该专利技术的账面价值为 3 600 000 元，剩余摊销年限为 5 年，经减值测试，该专利技术的可收回金额为 3 200 000 元。

由于该专利技术在资产负债表日的账面价值为 3 600 000 元，可收回金额为 3 200 000 元，可收回金额低于其账面价值，应按其差额 400 000（3 600 000－3 200 000）元计提无形资产减值准备。甲公司应编制如下会计分录。

借：资产减值损失——计提的无形资产减值准备　　400 000
　贷：无形资产减值准备　　400 000

【检测 3－10】多项选择题

下列关于无形资产会计处理的表述中，正确的有（　　）。

A. 无形资产均应确定预计使用年限并分期摊销

B. 有偿取得的自用土地使用权应确认为无形资产

C. 内部研发项目开发阶段支出应全部确认为无形资产

D. 无形资产减值损失一经确认，在以后会计期间不得转回

四、无形资产的处置

企业处置无形资产，应当将取得的价款扣除该无形资产账面价值以及出售相关税费后的差额计入营业外收入或营业外支出。

企业处置无形资产，应当按照实际收到的金额等，借记"银行存款"等科目；按照已计提的累计摊销，借记"累计摊销"科目；按照应支付的相关税费及其他费用，贷记"应交税费"、"银行存款"等科目；按照其账面余额，贷记"无形资产"科目；按照其差额，贷记"营业外收入——非流动资产处置利得"科目或借记"营业外支出——非流动资产处置损失"科目。已计提减值准备的，还应同时结转减值准备，借记"无形资产减值准备"科目。

【链接3-5】

例3-33 甲公司将持有的一项无形资产出售给乙公司，取得出售价款400 000元，应交营业税20 000元，该无形资产的成本为500 000元，已摊销200 000元，未计提减值准备。出售价款已存入银行。甲公司应编制如下会计分录。

借：银行存款	400 000	
累计摊销	200 000	
贷：无形资产		500 000
应交税费——应交营业税		20 000
营业外收入——非流动资产处置利得		80 000

五、"营改增"后无形资产的会计处理

经国务院批准，自2012年1月1日起，在我国部分地区部分行业开展增值税"扩围"改革试点，逐步将营业税改征增值税，试点行业为交通运输业（陆路运输服务、水路运输服务、航空运输服务、管道运输服务）和部分现代服务业（研发和技术服务、信息技术服务、文化创意服务、物流辅助服务、有形动产租赁服务、鉴证咨询服务）；自2013年8月1日起，营业税改征增值税试点在全国范围内推开，并将"广播影视服务"纳入现代服务业范围；自2014年1月1日起，在全国范围内将铁路运输和邮政业（邮政普遍服务、邮政特殊服务、其他邮政服务）纳入营业税改征增值税试点。按照规划，在全国范围内全面实现营改增即取消营业税，力争在"十二五"期间完成。

根据财政部、国家税务总局《营业税改征增值税试点方案》的规定，在现行增值税率17%标准税率和13%低税率基础上，新增11%和6%两档低税率。租赁有形动产等适用17%税率，交通运输业、建筑业等适用11%税率，其他部分现代服务业适用6%税率。交通运输业、建筑业、邮电通信业、现代服务业、文化体育业、销售不动产和转让无形资产，原则上适用增值税一般计税方法。金融保险业和生活性服务业，原则上适用增值税简易计税方法，征收率为3%。纳税人计税依据原则上为发生应税交易取得的全部收入。对一些存在大量代收转付或代垫资金的行业，其代收代垫金额可予以合理扣除。服务贸易进口在国内环节征收增值税，出口实行零税率或免税制度。

"营改增"对无形资产的核算产生了较大的影响。无形资产主要包括专利技术、非专利技术、商标权、著作权、土地使用权、经营特许权、商誉等。这些无形资产中纳入"营改增"范围的有专利技术、非专利技术、商标权、著作权和商誉。根据财政部、国家税务总局关于营业税改征增值税试点的有关规定，"研发和技术服务"项目下的"技术转让服务"是指转让专利或非专利技术的所有权或使用权的业务活动；"研发和技术服务"项目下的"研发服务"是指就新技术、新产品、新工艺或新材料及其系统进行研究与试验开发的业务活动，企业自行研发无形资产即属于该范围；"文化创意服

务"项目下的"商标和著作权转让服务"是指转让商标、商誉和著作权的业务活动。同时又规定,试点纳税人提供技术转让、技术开发和与之相关的技术咨询、技术服务免征增值税。与技术转让、技术开发相关的技术咨询、技术服务的价款与技术转让(或开发)的价款应当开在同一张发票上,否则该部分技术咨询及技术服务的价款不能免征增值税。可见,纳入"营改增"范围的专利技术和非专利技术的转让及其相关服务在试点期间免征增值税;商标权、著作权和商誉的转让按6%的税率征收增值税。

(一)"营改增"后取得无形资产的会计处理

1. 外部取得无形资产

"营改增"后外部取得的无形资产如属于增值税应税服务项目,无论通过何种方式,只要取得符合抵扣条件的发票,取得时的增值税税额均可以作进项税额抵扣,否则应计入无形资产成本。外购或接受投资者投入的无形资产,应按确定的实际成本入账,借记"无形资产"、"应交税费——应交增值税(进项税额)"科目,贷记"银行存款"或"实收资本(或股本)"、"资本公积"等科目。

2. 自行研发无形资产

自行研发无形资产时,研究阶段的支出全部费用化,计入当期损益(管理费用),开发阶段的支出符合资本化条件的资本化,不符合资本化条件的也计入当期损益(先在"研发支出——费用化支出"科目归集,期末结转到"管理费用"科目)。"营改增"后主要涉及企业研发无形资产领用生产用原材料和自产的产成品时增值税的核算问题。

我们知道,企业自建动产固定资产时,若领用生产用原材料,其购入时已经计入进项税额的增值税不需要进项税额转出,只要按原材料成本结转即可;若领用自产的产成品,也不需要计算销项税额,只要按库存商品成本结转即可。这是因为该原材料和产成品都未流出企业,动产固定资产又属于增值税应税项目,增值税链条并未中断。同理,企业自行研发无形资产,也属于增值税应税项目,在研究阶段和开发阶段领用生产用原材料和自产的产成品时,可以比照自建动产固定资产的账务处理对增值税进行核算。

(二)"营改增"后处置无形资产的会计处理

无形资产处置主要包括出售、对外投资、对外捐赠、债务重组转出、非货币性资产交换转出等。专利技术和非专利技术所有权的转让及其相关服务免征增值税,但商标权、著作权和商誉的所有权转让要按6%的增值税税率计算销项税额。

企业出售或对外投资等处置无形资产时,应按实际收到的金额或确定的投资成本等,借记"银行存款"或"长期股权投资"等科目;按已计提的累计摊销,借记"累计摊销"科目;按应支付的相关税费及其他费用,贷记"应交税费——应交增值税(销项税额)"、"银行存款"等科目;按其账面余额,贷记"无形资产"科目;按其差额,贷记"营业外收入——非流动资产处置利得"科目或借记"营业外支出——非流动资产处置损失"科目。已计提减值准备的,还应同时结转减值准备,借记"无形资产减值准备"科目。

(三)"营改增"后转让无形资产使用权的会计处理

企业在持有无形资产期间,可以让渡该无形资产的使用权,其出租收入属于收入要素中的"让渡资产使用权收入"。专利技术和非专利技术使用权的让渡及其相关服务免征增值税,商标权和著作权的使用权让渡按6%的增值税税率计算销项税额。取得或确认租金收入时,借记"银行存款"等科目,贷记"其他业务收入"、"应交税费——应交增值税(销项税额)"科目;进行无形资产摊销时,借记"其他业务成本"科目,贷记"累计摊销"科目。

第四节　投资性房地产

一、投资性房地产的确认

（一）投资性房地产的定义和特征

投资性房地产是指为赚取租金或资本增值，或者二者兼有而持有的房地产。投资性房地产应当能够单独计量和出售。投资性房地产具有以下特征。

1. 投资性房地产是一种经营活动

投资性房地产的主要形式是出租建筑物、出租土地使用权，这实质上属于一种让渡资产使用权行为。房地产租金就是让渡资产使用权取得的使用费收入，是企业为完成其经营目标所从事的经营性活动及与之相关的其他活动形成的经济利益总流入。投资性房地产的另一种形式是持有并准备增值后转让的土地使用权，尽管其增值收益通常与市场供求、经济发展等因素相关，但目的是增值后转让以赚取增值收益，也是企业为完成其经营目标所从事的经营性活动以及与之相关的其他活动形成的经济利益总流入。在我国实务中，持有并准备增值后转让土地使用权这种情况较少。

2. 持有投资性房地产的目的是赚取租金或资本增值

投资性房地产在用途、状态、目的等方面与企业自用的房地产和房地产开发企业用于销售的房地产是不同的。持有投资性房地产的目的是赚取租金或资本增值，或者二者兼有。

（二）投资性房地产的范围

投资性房地产主要包括已出租的土地使用权、持有并准备增值后转让的土地使用权和已出租的建筑物。

1. 属于投资性房地产的项目

（1）已出租的土地使用权。这是指企业通过出让或转让方式取得并以经营租赁方式出租的土地使用权。企业计划用于出租但尚未出租的土地使用权，或者以经营租赁方式租入土地使用权再转租给其他单位的，不能确认为投资性房地产。

（2）持有并准备增值后转让的土地使用权。这是指企业通过出让或转让方式取得并准备增值后转让的土地使用权。这类土地使用权很可能给企业带来资本增值收益，符合投资性房地产的定义。按照国家有关规定认定的闲置土地，不属于持有并准备增值后转让使用权的土地，也就不属于投资性房地产。

（3）已出租的建筑物。这是指企业拥有产权并以经营租赁方式出租的建筑物，包括自行建造或开发活动完成后用于出租的建筑物。企业在判断和确认已出租的建筑物时，应当把握以下几点。

① 用于出租的建筑物是指企业拥有产权的建筑物，企业以经营租赁方式租入再转租的建筑物不属于投资性房地产。

② 已出租的建筑物是企业已经与其他方签订了租赁协议，约定以经营租赁方式出租的建筑物。一般应自租赁协议规定的租赁期开始日起，经营租出的建筑物才属于已出租的建筑物。通常情况下，对企业持有以备经营出租的空置建筑物，如董事会或类似机构做出书面决议，明确表明将其用于经营出租且持有意图短期内不再发生变化的，即使尚未签订租赁协议，也应视为投资性房地产。这里的空置建筑物是指企业新购入、自行建造或开发完成但尚未使用的建筑物，以及不再用于日常生产经营活动且经整理后达到可经营出租状态的建筑物。

【思考3-3】企业持有以备经营出租的空置建筑物,或者投资性房地产租赁期满,因暂时空置但继续用于经营出租的目的短期内不变,应视为投资性房地产吗?

③ 企业将建筑物出租,按租赁协议向承租人提供的相关辅助服务在整个协议中不重大的,应当将该建筑物确认为投资性房地产。例如,企业将其办公楼出租,同时向承租人提供维护、保安等日常辅助服务,企业应当将其确认为投资性房地产。

2. 不属于投资性房地产的项目

(1) 自用房地产。自用房地产是指为生产商品、提供劳务或者经营管理而持有的房地产。如企业生产经营用的厂房和办公楼属于固定资产;企业生产经营用的土地使用权属于无形资产。

(2) 作为存货的房地产。作为存货的房地产通常是指房地产开发企业在正常经营过程中销售的或为销售而正在开发的商品房和土地。这部分房地产属于房地产开发企业的存货,其生产、销售构成企业的主营业务活动,产生的现金流量也与企业的其他资产密切相关。因此,具有存货性质的房地产不属于投资性房地产。

在实务中,存在某项房地产部分自用或作为存货出售、部分用于赚取租金或资本增值的情形。例如,某项投资性房地产不同用途的部分能够单独计量和出售的,应当分别确认为固定资产(或无形资产、存货)和投资性房地产。又如,甲房地产开发商建造了一栋商住两用楼盘,一层出租给一家大型超市,已签订经营租赁合同;其余楼层为普通住宅,正在公开销售中。这种情况下,如果一层商铺能够单独计量和出售,应确认为甲企业的投资性房地产;其余楼层为甲企业的存货,即开发产品。

【检测3-11】单项选择题

下列各项中,属于投资性房地产的是( )。

A. 房地产企业开发的准备出售的房屋
B. 房地产企业开发的已出租的房屋
C. 企业持有土地使用权的准备建造的房屋
D. 企业以经营租赁方式租入的建筑物

二、投资性房地产的初始计量

为了反映和监督投资性房地产的增减变动情况,企业应当设置“投资性房地产”、“投资性房地产累计折旧”或“投资性房地产累计摊销”、“公允价值变动损益”、“其他业务收入(或主营业务收入)”、“其他业务成本(或主营业务成本)”等科目进行核算。

“投资性房地产”科目核算企业采用成本模式计量投资性房地产的成本或采用公允价值模式计量投资性房地产的公允价值。该科目的借方登记企业投资性房地产的取得成本、资产负债表日其公允价值高于账面余额的差额等,贷方登记资产负债表日其公允价值低于账面余额的差额、处置投资性房地产时结转的成本和公允价值变动等。本科目可以按投资性房地产类别和项目进行明细核算。采用公允价值模式计量的投资性房地产,还应当分别设置“成本”和“公允价值变动”明细科目进行核算。

采用成本模式计量的投资性房地产计提折旧或进行摊销、发生减值,可以单独设置“投资性房地产累计折旧”或“投资性房地产累计摊销”、“投资性房地产减值准备”科目,比照“累计折旧”或“累计摊销”、“固定资产减值准备”或“无形资产减值准备”科目进行账务处理。

“其他业务收入”和“其他业务成本”科目分别核算企业投资性房地产取得租金收入、处置投资性房地产实现的收入和投资性房地产计提折旧或进行摊销、处置投资性房地产结转的成本等。

投资性房地产应当按照其取得时的成本进行初始计量。

（一）外购投资性房地产

企业外购投资性房地产，应当按照取得时的实际成本进行初始计量。取得时的实际成本包括购买价款、相关税费和可直接归属于该资产的其他支出。购入投资性房地产时，借记“投资性房地产”科目，贷记“银行存款”等科目。

（二）自行建造投资性房地产

企业自行建造投资性房地产，其成本由建造该项房地产达到预定可使用状态前发生的必要支出构成，包括土地开发费、建筑成本、安装成本、应予以资本化的借款费用、支付的其他费用和分摊的间接费用等。建造过程中发生的非正常性损失，直接计入当期损益，不计入建造成本。建造完工后，应按照确定的成本，借记“投资性房地产”科目，贷记“在建工程”等科目。

（三）内部转换形成的投资性房地产

投资性房地产后续计量采用成本模式，企业将作为存货的房地产转换为投资性房地产的，应按其在转换日的账面余额，借记“投资性房地产”科目，贷记“开发产品”科目，已计提跌价准备的，还应同时结转跌价准备；将自用的建筑物等转换为投资性房地产的，应按其在转换日的原价、累计折旧、减值准备等，分别转入“投资性房地产”、“投资性房地产累计折旧”、“投资性房地产减值准备”等科目。

投资性房地产后续计量采用公允价值模式，企业将作为存货的房地产转换为投资性房地产的，应按其在转换日的公允价值，借记“投资性房地产——成本”科目，按其账面余额，贷记“开发产品”科目，按其差额，贷记“其他综合收益”科目或借记“公允价值变动损益”科目，已计提跌价准备的，还应同时结转跌价准备；将自用的建筑物等转换为投资性房地产的，应按其在转换日的公允价值，借记“投资性房地产——成本”科目，按已计提的累计折旧等，借记“累计折旧”等科目，按其账面余额，贷记“固定资产”等科目，按其差额，贷记“其他综合收益”科目或借记“公允价值变动损益”科目，已计提减值准备的，还应同时结转减值准备。

三、投资性房地产的后续计量

投资性房地产的后续计量有成本和公允价值两种模式，通常采用成本模式计量，满足特定条件时也可以采用公允价值模式计量。但是，同一企业只能采用一种模式对所有投资性房地产进行后续计量，不得同时采用两种计量模式。

（一）采用成本模式计量的投资性房地产

采用成本模式进行后续计量的投资性房地产，应当按照固定资产或无形资产的有关规定，按期（月）计提折旧或摊销，借记“其他业务成本”等科目，贷记“投资性房地产累计折旧（摊销）”科目；取得的租金收入，借记“银行存款”等科目，贷记“其他业务收入”等科目；投资性房地产存在减值迹象的，经减值测试后确定发生减值的，应当计提减值准备，借记“资产减值损失”科目，贷记“投资性房地产减值准备”科目。已经计提减值准备的投资性房地产，其减值损失在以后的会计期间不得转回。

例 3－34 甲公司的一栋办公楼出租给乙企业使用，已确认为投资性房地产，采用成本模式进行后续计量。假设这栋办公楼的成本为600万元，按照直线法计

【链接 3－6】

提折旧，使用寿命为20年，预计净残值为0。按照经营租赁合同，乙企业每月支付甲公司租金3万元。当年12月，这栋办公楼发生减值迹象，经减值测试，其可收回金额为450万元，此时办公楼的账面价值为500万元，以前未计提减值准备。甲公司应编制如下会计分录。

① 计提折旧时：

每月计提的折旧 = 600 ÷ 20 ÷ 12 = 2.5(万元)

借：其他业务成本	25 000	
贷：投资性房地产累计折旧		25 000

② 确认租金时：

借：银行存款(或其他应收款)	30 000	
贷：其他业务收入		30 000

③ 计提减值准备时：

借：资产减值损失	500 000	
贷：投资性房地产减值准备		500 000

【检测3-12】判断题

采用成本模式进行后续计量的投资性房地产，其后续计量原则与固定资产或无形资产相同。(　)

（二）采用公允价值模式计量的投资性房地产

企业有确凿证据表明其投资性房地产的公允价值能够持续可靠取得的，可以对投资性房地产采用公允价值模式进行后续计量。采用公允价值模式进行后续计量的，不对投资性房地产计提折旧或摊销，企业应当以资产负债表日的公允价值为基础，调整其账面价值，公允价值与原账面价值之间的差额计入当期损益。

采用公允价值模式进行后续计量的，企业应当在"投资性房地产"科目下设置"成本"和"公允价值变动"两个明细科目，按其取得的成本进行初始计量时，计入"投资性房地产——成本"科目。资产负债表日，投资性房地产的公允价值高于其账面价值的差额，借记"投资性房地产——公允价值变动"科目，贷记"公允价值变动损益"科目；公允价值低于其账面价值的差额，作相反的账务处理。取得的租金收入，借记"银行存款"等科目，贷记"其他业务收入"等科目。

例3-35　甲公司为从事房地产经营开发的企业。2013年9月，甲公司与乙公司签订租赁协议，约定将甲公司新开发的一栋写字楼租赁给乙公司使用，租赁期为10年。2013年11月1日，该写字楼开发完成并起租，写字楼的造价为1 500万元。2013年12月31日，该写字楼的公允价值为1 600万元。甲公司采用公允价值计量模式。甲公司应编制如下会计分录。

① 2013年11月1日，甲公司开发完成写字楼并出租：

借：投资性房地产——成本	15 000 000	
贷：开发成本		15 000 000

② 2013年12月31日，按照公允价值调整其账面价值，公允价值与原账面价值之间的差额计入当期损益：

借：投资性房地产——公允价值变动	1 000 000	
贷：公允价值变动损益		1 000 000

（三）投资性房地产后续计量模式的变更

为保证会计信息的可比性，企业对投资性房地产的计量模式一经确定，不得随意变更。只有在房地产市场比较成熟、有确凿证据表明投资性房地产的公允价值能够持续可靠取得且能够满足采用公允价值模式条件的情况下，才允许企业对投资性房地产从成本模式计量变更为公允价值模式计量。成本模式转为公允价值模式的，应当作为会计政策变更处理，将计量模式变更时公允价值与账面价值的差额，调整期初留存收益。企业变更其计量模式时，应当按照变更日投资性房地产的公允价值，借记“投资性房地产——成本”科目，按照已计提的折旧或摊销，借记“投资性房地产累计折旧（摊销）”科目，原已计提减值准备的，借记“投资性房地产减值准备”科目，按照原账面余额，贷记“投资性房地产”科目，按照公允价值与其账面价值之间的差额，贷记或借记“利润分配——未分配利润”、“盈余公积”等科目。

【链接3－7】

已采用公允价值模式计量的投资性房地产，不得从公允价值模式转为成本模式。

四、投资性房地产的处置

（一）采用成本模式计量的投资性房地产的处置

处置采用成本模式计量的投资性房地产时，应当按实际收到的处置收入金额，借记“银行存款”等科目，贷记“其他业务收入”科目；按该项投资性房地产的账面价值，借记“其他业务成本”科目；按其账面余额，贷记“投资性房地产”科目；按已计提的折旧或摊销，借记“投资性房地产累计折旧（摊销）”科目；原已计提减值准备的，借记“投资性房地产减值准备”科目。

例3－36　甲公司将其出租的一栋办公楼确认为投资性房地产，采用成本模式计量。租赁期届满后，甲公司将该栋办公楼出售给乙公司，合同价款为2 000万元，乙公司已用银行存款付清。出售时，该栋办公楼的成本为1 800万元，已计提折旧200万元。假定不考虑相关税费，甲公司应编制如下会计分录。

①　收到处置收入时：

借：银行存款　　20 000 000

　　贷：其他业务收入　　20 000 000

②　结转处置成本时：

借：其他业务成本　　16 000 000

　　投资性房地产累计折旧　　2 000 000

　　贷：投资性房地产　　18 000 000

（二）采用公允价值模式计量的投资性房地产的处置

处置采用公允价值模式计量的投资性房地产，应当按实际收到的金额，借记“银行存款”等科目，贷记“其他业务收入”科目；按该项投资性房地产的账面余额，借记“其他业务成本”科目，按其成本，贷记“投资性房地产——成本”科目；按其累计公允价值变动，贷记或借记“投资性房地产——公允价值变动”科目。同时，按照原计入该项投资性房地产的公允价值变动，借记或贷记“公允价值变动损益”科目，贷记或借记“其他业务收入”科目。若存在原转换日计入其他综合收益的金额，也一并结转。按照该项投资性房地产在转换日计入其他综合收益的金额，借记“其他综合收益”科目，贷记“其他业务收入（或其他业务成本）”科目。

例3－37　甲公司将其出租的一栋写字楼确认为投资性房地产，采用公允价值模式计

量。租赁期届满后，甲公司将该栋写字楼出售给丙公司，合同价款为7 500万元，乙公司已用银行存款付清。出售时，该栋写字楼的成本为6 000万元，公允价值变动为借方余额500万元。假定不考虑相关税费，甲公司应编制如下会计分录。

① 收到处置收入时：

借：银行存款　　75 000 000

　贷：其他业务收入　　75 000 000

② 结转处置成本时：

借：其他业务成本　　65 000 000

　贷：投资性房地产——成本　　60 000 000

　　　　　　——公允价值变动　　5 000 000

③ 结转投资性房地产累计公允价值变动时：

借：公允价值变动损益　　5 000 000

　贷：其他业务收入　　5 000 000

【检测3－13】多项选择题

下列事项中，影响企业当期损益的有（　　）。

A. 采用公允价值模式计量的投资性房地产期末公允价值高于账面价值

B. 采用公允价值模式计量的投资性房地产期末公允价值低于账面价值

C. 采用成本模式计量的投资性房地产期末可收回金额高于账面价值

D. 采用成本模式计量的投资性房地产期末可收回金额低于账面价值

第五节　持有至到期投资

一、持有至到期投资的确认

持有至到期投资是指到期日固定、回收金额固定或可确定，且企业有明确意图和能力持有至到期的非衍生金融资产。通常情况下，包括企业持有的、在活跃市场上有公开报价的国债、企业债券和金融债券等。

"到期日固定、回收金额固定或可确定"是指相关合同明确了投资者在确定的期间内获得或应收取现金流量（例如，投资利息和本金等）的金额和时间。因此，权益工具投资不能划分为持有至到期投资。

"有明确意图持有至到期"是指企业在取得投资时意图是很明确的，除非遇到一些企业所不能控制、预期不会重复发生且难以合理预计的独立事件，否则将持有至到期。

"有能力持有至到期"是指企业有足够的财务资源，并不受外部因素影响将投资持有至到期。

二、持有至到期投资的计量

为了反映和监督持有至到期投资的增减变动情况，企业应当设置"持有至到期投资"、"投资收益"等科目进行核算。

"持有至到期投资"科目核算企业持有至到期投资的摊余成本。该科目的借方登记持有至到期投资的取得成本、一次还本付息债券投资在资产负债表日按照票面利率计算确定的应收未收利息等，贷方登记企业出售持有至到期投资时结转的成本等，期末借方余额，反映企业持有至到期投资的摊余成本。该科目可按持有至到期投资的类别和品种，分别设置"成本"、"利息调整"、"应计利息"等明细科目进行核算。

（一）持有至到期投资的初始计量

企业取得持有至到期投资应当按照公允价值计量，取得时所发生的相关交易费用计入持有至到期投资的初始确认金额。企业取得持有至到期投资支付的价款中包含已到付息期但尚未领取的债券利息，应当单独确认为应收项目，不构成持有至到期投资的初始确认金额。

企业取得的持有至到期投资，应按该投资的面值，借记"持有至到期投资——成本"科目，按支付的价款中包含的已到付息期但尚未领取的利息，借记"应收利息"科目；按实际支付的金额，贷记"银行存款"等科目；按其差额，借记或贷记"持有至到期投资——利息调整"科目。

例 3－38　2010 年 1 月 1 日，甲公司支付价款 1 000 000 元（含交易费用）从上海证券交易所购入 B 公司同日发行的 5 年期公司债券 12 500 份，债券票面价值总额为 1 250 000 元，票面年利率为 4.72%，于年末支付本年度债券利息（即每年利息为 59 000 元），本金在债券到期时一次偿还。甲公司将其划分为持有至到期投资。该债券投资的实际利率为 10%。甲公司应编制如下会计分录。

借：持有至到期投资——成本　　1 250 000

　贷：其他货币资金——存出投资款　　1 000 000

　　持有至到期投资——利息调整　　250 000

【检测 3－14】 单项选择题

2013 年 7 月 1 日，甲公司购入乙公司当月发行的面值总额为 1 000 万元的债券，期限为 5 年，到期一次还本付息，票面利率 8%，支付价款 1 080 万元，另支付相关税费 10 万元。甲公司将其划分为持有至到期投资，甲公司应确认"持有至到期投资——利息调整"的金额为（　　）万元。

A. 70　　B. 80　　C. 90　　D. 110

（二）持有至到期投资的后续计量

企业在持有持有至到期投资的会计期间，应当采用实际利率摊余成本对持有至到期投资进行后续计量，涉及的会计处理主要有两个方面：一是资产负债表日确认债券利息收入；二是资产负债表日核算其发生的减值损失。

1. 持有至到期投资的债券利息收入

资产负债表日，按照持有至到期投资摊余成本和实际利率计算确定的债券利息收入，应当作为投资收益进行会计处理。摊余成本是指该金融资产的初始确认金额经下列调整后的结果。

（1）扣除已偿还的本金。

（2）加上或减去采用实际利率法将该初始确认金额与到期日金额之间的差额进行摊销形成的累计摊销额。

（3）扣除已发生的减值损失。实际利率是指将金融资产在预期存续期间或适用的更短期间内的未来现金流量，折现为该金融资产当前账面价值所使用的利率。实际利率在相关金融资产预期存续期间或适用的更短期间内保持不变。

对于采用实际利率摊余成本进行后续计量的金融资产，如果有客观证据表明该金融资产按实际利率计算的各期利息收入与名义利率计算的相差很小，也可以采用名义利率摊余成本进行后续计量。

资产负债表日，按持有至到期投资债券的面值和票面利率计算确定的应收未收利息，借记“应收利息”(分期付息、到期还本债券)或“持有至到期投资——应计利息”(到期一次还本付息债券)科目；按持有至到期投资摊余成本和实际利率计算确定的利息收入，贷记“投资收益”科目；按其差额，借记或贷记“持有至到期投资——利息调整”科目。

例 3-39 承例 3-38，根据约定，2010 年 12 月 31 日，甲公司按期收到 B 公司支付的第 1 年债券利息 59 000 元，按摊余成本和实际利率计算确认的投资收益为 100 000 元；2011 年 12 月 31 日，甲公司按期收到 B 公司支付的第 2 年债券利息 59 000 元，按摊余成本和实际利率计算确认的投资收益为 104 100 元；2012 年 12 月 31 日，甲公司按期收到 B 公司支付的第 3 年债券利息 59 000 元，按摊余成本和实际利率计算确认的投资收益为 108 610 元；2013 年 12 月 31 日，甲公司按期收到 B 公司支付的第 4 年债券利息 59 000 元，按摊余成本和实际利率计算确认的投资收益为 113 571元。甲公司应编制如下会计分录。

① 2010 年 12 月 31 日，确认债券实际利息收入、收到债券利息时：

借：应收利息——B 公司	59 000	
持有至到期投资——利息调整	41 000	
贷：投资收益		100 000
借：其他货币资金——存出投资款	59 000	
贷：应收利息——B 公司		59 000

② 2011 年 12 月 31 日，确认债券实际利息收入、收到债券利息时：

借：应收利息——B 公司	59 000	
持有至到期投资——利息调整	45 100	
贷：投资收益		104 100
借：其他货币资金——存出投资款	59 000	
贷：应收利息——B 公司		59 000

③ 2012 年 12 月 31 日，确认债券实际利息收入、收到债券利息时：

借：应收利息——B 公司	59 000	
持有至到期投资——利息调整	49 610	
贷：投资收益		108 610
借：其他货币资金——存出投资款	59 000	
贷：应收利息——B 公司		59 000

④ 2013 年 12 月 31 日，确认债券实际利息收入、收到债券利息时：

借：应收利息——B 公司	59 000	
持有至到期投资——利息调整	54 571	
贷：投资收益		113 571
借：其他货币资金——存出投资款	59 000	
贷：应收利息——B 公司		59 000

【提示3-8】在例3-39中，甲公司应向B公司收取的第一年债券利息为59 000(1 250 000×4.72%)元。但甲公司按该年初摊余成本和实际利率计算确认的投资收益为100 000(1 000 000×10%)元，这两个金额并不相等，其差额41 000元为利息调整；年初摊余成本余额1 000 000元，加上利息调整就等于年末摊余成本余额1 041 000元，该年末摊余成本余额即为第2年计算确认投资收益的摊余成本，以后年度以此类推。

2. 持有至到期投资的减值准备

资产负债表日，持有至到期投资的账面价值高于预计未来现金流量现值的，企业应当将该持有至到期投资的账面价值减记至预计未来现金流量现值，将减记的金额作为资产减值损失计入当期损益，同时计提相应的资产减值准备。已计提减值准备的持有至到期投资价值以后又得以恢复的，应当在原已计提的减值准备金额范围内按已恢复的金额予以转回，计入当期损益。

企业应当设置"持有至到期投资减值准备"科目，核算计提的持有至到期投资减值准备，贷方登记计提的持有至到期投资减值准备金额，借方登记实际发生的持有至到期投资减值损失金额和转回的持有至到期投资减值准备金额，期末贷方余额，反映企业已计提但尚未转销的持有至到期投资减值准备。

资产负债表日，当持有至到期投资的账面价值高于未来现金流量现值，企业应按其差额，借记"资产减值损失——计提的持有至到期投资减值准备"科目，贷记"持有至到期投资减值准备"科目。已计提减值准备的持有至到期投资价值以后又得以恢复的，应当在原已计提的减值准备金额范围内，按已恢复的金额，借记"持有至到期投资减值准备"等科目，贷记"资产减值损失——计提的持有至到期投资减值准备"科目。

例3-40 承例3-38，2011年12月31日，有客观证据表明B公司发生了严重财务困难，假定甲公司对债券投资确定的减值损失为383 000元；2013年12月31日，有客观证据表明B公司债券价值已恢复，且客观上与确认该损失的事项有关。假定甲公司确定的应恢复的金额为350 000元，甲公司应编制如下会计分录。

① 2011年12月31日，确认债券投资的减值损失时：

借：资产减值损失——计提的持有至到期投资减值准备　　383 000

　　贷：持有至到期投资减值准备　　383 000

② 2013年12月31日，确认债券投资的减值损失转回时：

借：持有至到期投资减值准备　　350 000

　　贷：资产减值损失——计提的持有至到期投资减值准备　　350 000

三、持有至到期投资的出售

企业出售持有至到期投资时，应当将取得的价款与账面价值之间的差额作为投资损益处理。如果持有至到期投资已计提减值准备，还应同时结转减值准备。

企业出售持有至到期投资，应按实际收到的金额，借记"银行存款"等科目；按该持有至到期投资的账面余额，贷记"持有至到期投资——成本、利息调整、应计利息"科目；按其差额，贷记或借记"投资收益"科目。对于已计提持有至到期投资减值准备的，还应同时借记"持有至到期投资减值准备"科目。

例3-41 承例3-38和例3-39，2014年1月5日，甲公司将所持有的12 500份B公司债券全部出售，取得价款 1 200 000 元。该日，甲公司该债券投资的账面余额为 1 190 281 元。其中：成本明细科目为借方余额 1 250 000 元，利息调整明细科目为贷方余额 59 719 元。假定该债券在持有期间未发生减值，甲公司应编制如下会计分录。

借：其他货币资金——存出投资款	1 200 000	
持有至到期投资——利息调整	59 719	
贷：持有至到期投资——成本		1 250 000
投资收益		9 719

第六节　可供出售金融资产

一、可供出售金融资产的确认

可供出售金融资产是指初始确认时即被指定为可供出售的非衍生金融资产，以及没有划分为持有至到期投资、贷款和应收款项、以公允价值计量且其变动计入当期损益的金融资产（即交易性金融资产）的金融资产。通常情况下，可供出售金融资产应当在活跃的市场上有报价，因此，企业从二级市场上购入的有报价的债券、股票、基金等，没有划分为交易性金融资产或持有至到期投资等金融资产的，可以划分为可供出售金融资产。

二、可供出售金融资产的计量

为了反映和监督可供出售金融资产的增减变动情况，企业应当设置“可供出售金融资产”、“其他综合收益”、“投资收益”等科目进行核算。

“可供出售金融资产”科目核算企业持有的可供出售金融资产的公允价值。该科目的借方登记可供出售金融资产的取得成本、资产负债表日其公允价值高于账面余额的差额、可供出售金融资产转回的减值损失等，贷方登记资产负债表日其公允价值低于账面余额的差额、可供出售金融资产发生的减值损失、出售可供出售金融资产时结转的成本和公允价值变动，期末借方余额，反映企业可供出售金融资产的公允价值。该科目按可供出售金融资产的类别和品种，分别设置“成本”、“利息调整”、“应计利息”、“公允价值变动”等明细科目进行核算。

可供出售金融资产的初始计量和后续计量，与交易性金融资产有类似之处，如均按公允价值进行计量。但是，也有一些不同之处，如可供出售金融资产取得时发生的相关交易费用计入初始入账金额、后续计量时其公允价值变动计入所有者权益等。

（一）可供出售金融资产的初始计量

企业取得的可供出售金融资产应当按照公允价值计量，取得时发生的相关交易费用应当计入可供出售金融资产的初始入账金额。取得可供出售金融资产支付的价款中包含已宣告但尚未发放的现金股利或已到付息期但尚未领取的债券利息，应单独确认为应收项目，不构成可供出售金融资产的初始入账金额。

企业取得的可供出售金融资产为权益投资的，应按该金融资产取得时的公允价值与交易费用之和，借记“可供出售金融资产——成本”科目；按支付的价款中包含的已宣告但尚未发放的现金股利，借记“应收股利”科目；按实际支付的金额，贷记“银行存款”等科目。

企业取得的可供出售金融资产为债券投资的，应按该债券的面值，借记“可供出售金融资产——成本”科目；按支付的价款中包含的已到付息期但尚未领取的利息，借记“应收利息”科目；按实际支付的金额，贷记“银行存款”等科目，按其差额，借记或贷记“可供出售金融资产——利息调整"科目。

例3-42 2012年9月5日,甲公司委托某证券公司从上海证券交易所购入A上市公司股票100 000股,并将其划分为可供出售金融资产。该笔股票投资在购买日的公允价值(市价)为1 000 000元,支付相关交易费用5 000元。甲公司应编制如下会计分录。

借:可供出售金融资产——成本	1 005 000	
贷:其他货币资金——存出投资款		1 005 000

在本例中,取得可供出售金融资产发生的相关交易费用5 000元应计入其初始入账金额,而不是像交易性金融资产那样计入当期投资损益。

例3-43 甲公司2013年7月10日,购入丙公司发行的期限3年的公司债券,该笔债券于2013年1月1日发行,面值为200 000元,票面利率为4%。该债券每半年付息1次,分别于当年7月和次年1月付息。甲公司将其划分为可供出售金融资产,支付价款为205 000元(其中包含已到付息期但尚未领取的债券利息4 000元),支付相关交易费用为3 500元。2013年7月20日,甲公司收到该笔债券2013年上半年的利息4 000元。甲公司应编制如下会计分录。

① 2013年7月10日,购入丙公司的公司债券时:

借:可供出售金融资产——成本	200 000	
——利息调整	4 500	
应收利息	4 000	
贷:其他货币资金——存出投资款		208 500

② 2013年7月20日,收到上半年的债券利息时:

借:其他货币资金——存出投资款	4 000	
贷:应收利息		4 000

在本例中,取得可供出售金融资产支付的价款中包含的已到付息期但尚未领取的债券利息4 000元,应当计入"应收利息"科目;相关交易费用3 500元,应当计入"可供出售金融资产——利息调整"科目。

【检测3-15】单项选择题

2014年1月5日,甲公司从证券市场上购入乙公司发行在外的股票100万股作为可供出售金融资产,每股支付价款4元(含已宣告但尚未发放的现金股利0.5元),另支付相关交易费用2万元,甲公司取得可供出售金融资产时的入账价值为( )万元。

A. 400　　B. 405　　C. 402　　D. 352

(二)可供出售金融资产的后续计量

企业在持有可供出售金融资产的会计期间,所涉及的会计处理主要有3个方面:一是资产负债表日确认债券利息收入;二是资产负债表日反映其公允价值变动;三是资产负债表日核算其发生的减值损失。

1. 持有期间取得的现金股利或债券利息

企业在持有可供出售金融资产期间取得现金股利或债券利息,应当作为投资收益处理。企业持有的可供出售金融资产为权益投资的,被投资单位宣告发放现金股利时,按可分得的金额,借记"应收股利"科目,贷记"投资收益"科目。

企业持有的可供出售金融资产为债券投资的,资产负债表日按债券的面值和票面利率计算确定的应收未收利息,借记"应收利息"(分期付息、到期还本债券)或"可供出售金融资产——应计利息"(到期一次还本付息债券)科目;按可供出售债券的摊余成本和实际利率计算确定的利息收入,贷记"投资收益"科目,按其差额,借记或贷记"可供出售金融资产——利息调整"科目。

【链接3-8】

2. 资产负债表日的公允价值变动

资产负债表日,可供出售金融资产应当按公允价值计量,可供出售金融资产公允价值变动应当作为其他综合收益,计入所有者权益,不构成当期损益。

例 3-44　承例3-42,假定2012年12月31日,甲公司购买的该笔股票的公允价值(市价)为1 050 000元;2013年6月30日,甲公司购买的该笔股票的公允价值(市价)为1 030 000元。甲公司应编制如下会计分录。

① 2012年12月31日,确认该笔股票的公允价值变动损益时:

借:可供出售金融资产——公允价值变动	45 000	
贷:其他综合收益		45 000

② 2013年6月30日,确认该笔股票的公允价值变动损益时:

借:其他综合收益	20 000	
贷:可供出售金融资产——公允价值变动		20 000

在本例中,2012年12月31日,该笔股票的公允价值为1 050 000元,账面余额为1 005 000元,公允价值大于账面余额45 000元;2013年6月30日,该笔股票的公允价值为1 030 000元,账面余额为1 050 000元,公允价值小于账面余额20 000元。其大于和小于的差额均应记入"其他综合收益"科目,而不像交易性金融资产那样记入"公允价值变动损益"科目。

3. 可供出售金融资产的减值准备

资产负债表日,确定可供出售金融资产发生减值的,应当将应减记的金额作为资产减值损失处理,同时直接冲减可供出售金融资产或计提相应的资产减值准备。对于已确认减值损失的可供出售金融资产,在随后会计期间内公允价值已上升且客观上与确认原减值损失事项有关的,应在原已确认的减值损失范围内按已恢复的金额予以转回,同时调整资产减值损失或所有者权益。

资产负债表日,确定可供出售金融资产发生减值的,应当按应减记的金额,借记"资产减值损失"科目;按应从所有者权益中转出原计入其他综合收益的累计损失金额,贷记"其他综合收益"科目;按其差额,贷记"可供出售金融资产——减值准备"科目。

对于已确认减值损失的可供出售金融资产,在随后会计期间内公允价值上升且客观上与确认原减值损失事项有关的,应在原确认的减值损失范围内按已恢复的金额,借记"可供出售金融资产——减值准备"科目,贷记"资产减值损失"科目;但可供出售金融资产为股票等权益工具投资的,借记"可供出售金融资产——减值准备"科目,贷记"其他综合收益"科目。

三、可供出售金融资产的出售

企业出售可供出售金融资产,应将取得的价款与账面余额之间的差额作为投资损益处理,同时,将原计入该金融资产的公允价值变动转出,由其他综合收益转为投资收益。如果对可供出售金融资产计提了减值准备,还应同时结转减值准备。

企业出售可供出售金融资产,应按实际收到的金额,借记"银行存款"等科目,按该可供出售金融资产的账面余额,贷记"可供出售金融资产——成本、公允价值变动、利息调整、应计利息"科目,按其差额,贷记或借记"投资收益"科目。同时,按应从所有者权益中转出的公允价值累计变动额,借记或贷记“其他综合收益”科目，贷记或借记“投资收益”科目。

例 3-45　承例3-42和例3-44，假定2013年9月5日，甲公司全部出售了所持有的该笔股票，实际收到的金额为1 040 000元。甲公司应编制如下会计分录。

借：其他货币资金——存出投资款　1 040 000
　贷：可供出售金融资产——成本　1005 000
　　　　　　　　　　——公允价值变动　25 000
　　投资收益　10 000

同时：

借：其他综合收益　25 000
　贷：投资收益　25 000

第七节　长期待摊费用

长期待摊费用是指企业已经发生但应由本期和以后各期负担的分摊期限在一年以上的各项费用，如以经营租赁方式租入的固定资产发生的改良支出等。

长期待摊费用与一般资产相比具有很大的不同：一是长期待摊费用本身不具有抵偿债务的价值，更不具有转让价值；二是长期待摊费用是一种预付费用或递延费用，是为了一定目的而发生的支出，只是由于支出数额较大，对企业生产经营影响时间较长或支出的效益要期待于未来，根据权责发生制基础和配比原则的要求，将其暂时列为一项没有实体的过渡性资产，然后在合理的期间内分期摊入产品成本或期间费用。如果预计未来期间获得的收益不能抵补分摊的支出，按照谨慎性原则的要求，可以将发生的支出全部计入当期损益。

长期待摊费用应当按实际发生额计量。企业发生的长期待摊费用，借记“长期待摊费用”科目，贷记“原材料”、“银行存款”等科目；摊销长期待摊费用，借记“管理费用”、“销售费用”等科目，贷记“长期待摊费用”科目。“长期待摊费用”科目期末借方余额，反映企业尚未摊销完毕的长期待摊费用，本科目可按费用项目进行明细核算。

例 3-46　2013年6月1日，甲公司对其以经营租赁方式租入的办公楼进行装修，发生以下有关支出：领用生产用材料450 000元，购进该批原材料时支付的增值税进项税额为76 500元，辅助生产车间为该装修工程提供的劳务支出为150 000元，有关人员工资等职工薪酬为403 500元。2013年11月30日，该办公楼装修完工，达到预定可使用状态并交付使用，按租赁期10年进行摊销。假定不考虑其他因素，甲公司应编制如下会计分录。

① 装修领用原材料时：

借：长期待摊费用　526 500
　贷：原材料　450 000
　　应交税费——应交增值税（进项税额转出）　76 500

② 辅助生产车间为装修工程提供劳务时：

借：长期待摊费用　150 000
　贷：生产成本——辅助生产成本　150 000

③ 确认有关人员职工薪酬时：

借：长期待摊费用　403 500
　贷：应付职工薪酬　403 500

④ 2013 年 12 月摊销装修支出时：

(526 500 + 150 000 + 403 500) ÷ 10 ÷ 12 = 9 000(元)

借：管理费用　　9 000

　贷：长期待摊费用　　9 000

【检测 3－16】判断题

企业以经营租赁方式租入的固定资产发生的改良支出，应直接计入当期损益。(　　)

考情分析

本章内容在近几年全国初级会计资格考试《初级会计实务》中的题型、题量及试题分数如下表所示。从近几年试题分数看，本章内容非常重要。

题　型	2011 年	2012 年	2013 年/2014 年
单项选择题	4 题 4 分	1 题 1 分	6 题 9 分
多项选择题	5 题 10 分	2 题 4 分	1 题 2 分
判断题	1 题 1 分	3 题 3 分	2 题 2 分
不定项选择题		1 题 12 分	1 题 10 分
分数合计	15 分	20 分	23 分

同步训练

一、单项选择题

1. 甲公司 2014 年 1 月 5 日支付价款 2 000 万元购入乙公司 30% 的股份，准备长期持有，另支付相关税费 20 万元，购入时乙公司可辨认净资产公允价值为 12 000 万元。甲公司取得投资后对乙公司具有重大影响。假定不考虑其他因素，甲公司因确认投资而影响利润的金额为(　　)万元。

A. －20　　B. 0　　C. 1 580　　D. 1 600

2. 2014 年 3 月 5 日，甲公司以银行存款 1 200 万元取得对乙公司的长期股权投资，所持有的股份占乙公司有表决权股份的 51%，另支付相关税费 5 万元。甲公司采用成本法核算该长期股权投资。2014 年 5 月 10 日，乙公司宣告发放 2013 年度现金股利共 200 万元。假设不考虑其他因素，甲公司 2014 年 5 月末该项长期股权投资的账面余额为(　　)万元。

A. 1 000　　B. 1 103　　C. 1 200　　D. 1 205

3. 下列各项中，应当确认为投资损益的是(　　)。

A. 支付与取得长期股权投资直接相关的费用　B. 长期股权投资处置净损益

C. 期末交易性金融资产公允价值变动的金额　D. 长期股权投资减值损失

4. 某企业 2012 年 12 月 31 日购入一台设备，入账价值为 200 万元，预计使用寿命为 10 年，预计净残值为 20 万元，采用年限平均法计提折旧。2013 年 12 月 31 日该设备存在减值迹象，经测试预计可收回金额为 120 万元。2013 年 12 月 31 日该设备账面价值应为(　　)万元。

A. 120　　B. 160　　C. 180　　D. 182

5. 某企业于 2012 年 12 月 31 日购入一项固定资产，其原价为 200 万元，预计使用年限为 5 年，预计净残值为 0.8 万元，采用双倍余额递减法计提折旧。2013 年度该项固定资产应计提的年折旧额为(　　)万元。

A. 39.84　　B. 66.4　　C. 79.68　　D. 80

6. 某企业转让一项专利权,与此有关的资料如下:该专利权的账面余额 50 万元,已摊销 20 万元,计提资产减值准备 5 万元,取得转让价款 28 万元,应交相关税费 1.4 万元。假设不考虑其他因素,该企业应确认的转让无形资产净收益为(　　)万元。

A. -2　　B. 1.6　　C. 3　　D. 8

7. 2013 年 8 月 1 日,某企业开始研究开发一项新技术,当月共发生研发支出 800 万元,其中,费用化的金额 650 万元,符合资本化条件的金额 150 万元。8 月末,研发活动尚未完成。该企业 2013 年 8 月应计入当期利润总额的研发支出为(　　)万元。

A. 0　　B. 150　　C. 650　　D. 800

8. 甲公司 2013 年 3 月向乙公司购入设备一台,实际支付买价 50 万元,增值税税额为 8.5 万元,支付运杂费 2 万元,途中保险费 5 万元。该设备估计可使用 4 年,无残值,采用年数总和法计提折旧。由于操作不当,该设备于 2013 年年末报废,责成有关人员赔偿 2 万元,收回变价收入 1 万元,则该设备的报废净损失为(　　)万元。

A. 36　　B. 36.9　　C. 39　　D. 45.5

9. 企业对成本模式计量的投资性房地产进行折旧或摊销,应当借记(　　)科目。

A. "其他业务成本"　　B. "管理费用"　　C. "投资收益"　　D. "营业外收入"

10. 甲公司对投资性房地产采用公允价值模式计量,2013 年 1 月取得用于经营性出租的房产,初始成本为 6 000 万元。2013 年 6 月 30 日该项投资性房地产公允价值为 6 400 万元,甲公司确认了该公允价值变动。2013 年 12 月 31 日该投资性房地产公允价值为 6 300 万元,不考虑其他因素,甲公司该项投资性房地产的公允价值变动对 2013 年损益的影响是(　　)万元。

A. 400　　B. 300　　C. 100　　D. -100

11. 2014 年 1 月 1 日,甲公司采用分期付款方式购入大型设备一套,当日投入使用。合同约定的价款为 2 700 万元,分 3 年等额支付;该分期支付购买价款的现值为 2 430 万元。假定不考虑其他因素,甲公司该设备的入账价值为(　　)万元。

A. 810　　B. 2 430　　C. 900　　D. 2 700

12. 某增值税一般纳税企业自建一幢仓库,购入工程物资 200 万元,增值税税额为 34 万元,已全部用于建造仓库;耗用库存材料 50 万元,应负担的增值税税额为 8.5 万元;支付建筑工人工资 36 万元。该仓库建造完成并达到预定可使用状态,其入账价值为(　　)万元。

A. 250　　B. 292.5　　C. 286　　D. 328.5

13. 2013 年 1 月 1 日,甲公司以 1 600 万元购入乙公司 30% 的股份,另支付相关费用 8 万元,采用权益法核算。取得投资时,乙公司所有者权益的账面价值为 5 000 万元(与可辨认净资产的公允价值相同)。乙公司 2013 年度实现净利润 300 万元。假定不考虑其他因素,甲公司该长期股权投资 2013 年 12 月 31 日的账面余额为(　　)万元。

A. 1 590　　B. 1 598　　C. 1 608　　D. 1 698

14. 2013 年 1 月 10 日,甲公司自证券市场购入面值总额为 1 000 万元的乙公司分期付息、到期还本债券,期限为 5 年,票面年利率为 5%。购入时实际支付价款 1 050 万元(含交易费用 10 万元)。该债券发行日为 2013 年 1 月 1 日,实际年利率为 4%,每年 12 月 31 日支付当年利息。甲公司将该债券划分为持有至到期投资。假定不考虑其他因素,该持有至到期投资 2013 年 12 月 31 日的账面价值为(　　)万元。

A. 1 000　　B. 1 042　　C. 1 050　　D. 1 010

15. 2013 年 1 月 15 日,甲公司从证券市场上购入乙公司发行在外的股票 200 万股作为可供出售金融资产,支付价款 1 000 万元(含交易费用 10 万元)。2013 年 12 月 31 日,该可供出售金融资产每股公允价值为 8 元。假定不考虑其他因素,2013 年 12 月 31 日该可供出售金融资产的公允价值为(　　)万元。

A. 1 000　　B. 1 010　　C. 1 600　　D. 2 010

二、多项选择题

1. 采用成本法核算长期股权投资,下列各项中不会导致长期股权投资账面价值发生增减变动的有(　　)。

A. 长期股权投资发生减值损失

B. 持有长期股权投资期间被投资企业实现净利润

C. 被投资企业宣告分派属于投资企业投资前实现的净利润

D. 被投资企业宣告分派属于投资企业投资后实现的净利润

2. 下列各项资产减值准备中,一经确认在相应资产持有期间内均不得转回的有(　　)。

A. 长期股权投资减值准备　　B. 固定资产减值准备

C. 无形资产减值准备　　D. 投资性房地产减值准备

3. 企业对使用寿命有限的无形资产进行摊销时,其摊销额应根据不同情况分别计入(　　)。

A. 管理费用　　B. 制造费用　　C. 财务费用　　D. 其他业务成本

4. 下列各项中,影响固定资产折旧的因素有(　　)。

A. 预计净残值　　B. 原价　　C. 已计提的减值准备　　D. 使用寿命

5. 下列各项固定资产,应当计提折旧的有(　　)。

A. 闲置的固定资产　　B. 单独计价入账的土地

C. 经营租出的固定资产　　D. 已提足折旧仍继续使用的固定资产

6. 下列各项中,影响固定资产清理净损益的有(　　)。

A. 清理固定资产发生的税费　　B. 清理固定资产的变价收入

C. 清理固定资产的账面价值　　D. 清理固定资产耗用的材料成本

7. 长期股权投资采用权益法核算时,影响长期股权投资账面价值发生变化的有(　　)。

A. 被投资企业当年实现净利润　　B. 被投资企业当年发生净亏损

C. 被投资企业资本公积发生变动　　D. 持有期间被投资企业宣告分配现金股利

8. 某项设备原值为50 000元,净残值率为5%,预计可使用10年。该设备采用双倍余额递减法和年数总和法计算的第二年折旧额分别为(　　)元。

A. 8 000　　B. 7 695　　C. 1 727　　D. 7 771

9. 下列各项中,会计上确认为无形资产的有(　　)。

A. 商誉　　B. 土地使用权　　C. 专利技术　　D. 特许使用权

10. 下列有关投资性房地产后续计量的说法,正确的有(　　)。

A. 企业通常应采用成本模式对投资性房地产进行后续计量

B. 采用公允价值模式进行后续计量的投资性房地产不计提折旧或摊销

C. 同一企业只能采用一种模式对所有投资性房地产进行后续计量

D. 已采用成本模式计量的投资性房地产,不得转为公允价值模式计量

11. 下列各项中,应计提固定资产折旧的有(　　)。

A. 经营租入的设备　　B. 融资租入的办公楼

C. 已投入使用但未办理竣工决算的厂房　　D. 已达到预定可使用状态但未投产的生产线

12. 下列关于长期股权投资会计处理的表述中,正确的有(　　)。

A. 对子公司长期股权投资应采用成本法核算

B. 处置长期股权投资时应结转其已计提的减值准备

C. 成本法下，按被投资方实现净利润应享有的份额确认投资收益

D. 成本法下，按被投资方宣告发放现金股利应享有的份额确认投资收益

13. 下列各项中，属于投资性房地产的有(　　)。

A. 房地产企业持有的待售商品房　　B. 以经营租赁方式出租的商用房

C. 以经营租赁方式出租的土地使用权　　D. 以经营租赁方式租入后再转租的建筑物

14. 投资时支付的下列各项，构成持有至到期投资初始入账成本的有(　　)。

A. 支付的不含应收利息的价款

B. 支付的相关手续费

C. 支付的相关税费

D. 支付价款中所含的已到付息期尚未领取的利息

15. 下列各项中，关于可供出售金融资产会计处理表述正确的有(　　)。

A. 可供出售金融资产处置的净收益应计入投资收益

B. 可供出售金融资产持有期间取得的现金股利应冲减投资成本

C. 可供出售金融资产取得时发生的交易费用应计入初始投资成本

D. 可供出售金融资产持有期间的公允价值变动额应计入所有者权益

三、判断题

1. 专门用于生产某产品的无形资产，其所包含的经济利益通过所生产的产品实现的，该无形资产的摊销额应计入产品成本。(　)

2. 对于已达到预定可使用状态但尚未办理竣工决算的固定资产，待办理竣工决算后，若实际成本与原暂估价值存在差异的，应调整已计提折旧。(　)

3. 使用寿命有限的无形资产在取得的当月开始摊销，处置无形资产的当月不再摊销；使用寿命不确定的无形资产不予摊销。(　)

4. 企业出售固定资产应交的营业税，应记入"营业税金及附加"科目。(　)

5. 采用公允价值模式进行后续计量的投资性房地产，资产负债表日的投资性房地产的公允价值低于其账面价值的，应当计提投资性房地产减值准备。(　)

6. 采用权益法核算的长期股权投资，其初始投资成本大于投资时应享有被投资单位可辨认净资产公允价值份额的，应调整已确认的初始投资成本。(　)

7. 企业生产车间使用的固定资产修理费用应当计入制造费用。(　)

8. 企业出售无形资产和出租无形资产取得的收益，均应作为其他业务收入。(　)

9. 固定资产应当按月计提折旧，当月增加的固定资产，当月不计提折旧；当月减少的固定资产，当月仍计提折旧。(　)

10. 现金股利和股票股利都是被投资企业给投资企业的股利分配，因此，投资企业均应确认投资收益。(　)

11. 投资性房地产采用公允价值模式进行后续计量的，应按资产负债表日该资产的公允价值调整其账面价值。(　)

12. 企业在持有持有至到期投资期间，资产负债表日应按公允价值对持有至到期投资进行计量。(　)

13. 可供出售金融资产不管是权益投资还是债券投资，取得时的相关交易费用应当计入初始入账金额。(　)

四、不定项选择题

（一）甲公司为增值税一般纳税人，2012 至 2013 年度发生的有关固定资产业务如下。

1）2012 年 12 月 2 日，甲公司向乙公司一次购进 3 台不同型号且具有不同生产能力的 A 设备、B 设备和 C 设备，共支付价款 4 000 万元，增值税税额为 680 万元，包装费及运输费（取得货运普通发票）为 30 万元，另支付 A 设备安装费 18 万元，B、C 设备不需要安装。同时，支付购置合同签订、差旅费等相关费用 2 万元，全部款项已由银行存款支付。

2）2012 年 12 月 28 日，3 台设备均达到预定可使用状态，3 台设备的公允价值分别为 2 000 万元、1 800 万元和 1 200 万元。该公司按每台设备公允价值的比例对支付的价款进行分配，并分别确定其入账价值。

3）3 台设备预计的使用年限均为 5 年，预计净残值率为 2%，使用双倍余额递减法计提折旧。

4）2013 年 3 月份，支付 A 设备、B 设备和 C 设备日常维修费用分别为 1.2 万元，0.5 万元和 0.3 万元。

5）2013 年 12 月 31 日，对固定资产进行减值测试，发现 B 设备存在减值迹象，其预计可收回金额低于账面价值的差额为 120 万元，其他各项固定资产未发生减值迹象。

要求：根据上述资料，不考虑其他因素，分析回答下列第 1 ~ 6 小题。

1. 根据资料 1）和 2），下列各项中，关于固定资产取得会计处理表述正确的是（　　）。
   A. 固定资产应按公允价值进行初始计量
   B. 支付的相关增值税税额不应计入固定资产的取得成本
   C. 固定资产取得成本与其公允价值差额应计入当期损益
   D. 购买价款、包装费及运输费、安装费等费用应计入固定资产的取得成本
2. 根据资料 1）和 2），下列各项中，计算结果或表述正确的是（　　）。
   A. A 设备的入账价值为 1 612 万元
   B. B 设备的入账价值为 1 450.8 万元
   C. C 设备的入账价值为 967.2 万元
   D. A 设备购进应先记入“在建工程”科目，达到预定可使用状态再转入“固定资产”科目
3. 根据资料 1）和 2），固定资产购置业务引起下列科目增减变动正确的是（　　）。
   A. “银行存款”减少 4 050 万元
   B. “管理费用”增加 2 万元
   C. “制造费用”增加 2 万元
   D. “应交税费——应交增值税（进项税额）”增加 680 万元
4. 根据资料 3），下列各项中，关于固定资产折旧表述正确的是（　　）。
   A. 前 3 年计提折旧所使用的年折旧率为 40%
   B. A 设备 2013 年度应计提折旧额为 652 万元
   C. B 设备 2013 年度应计提折旧额为 580.32 万元
   D. 计提前 3 年折旧额时不需要考虑净残值的影响
5. 根据资料 4），支付设备日常维修费引起下列科目变动正确的是（　　）。
   A. “固定资产”增加 2 万元　　B. “管理费用”增加 2 万元
   C. “在建工程”增加 2 万元　　D. “营业外支出”增加 2 万元
6. 根据资料 5），计提固定资产减值准备，下列各项表述正确的是（　　）。
   A. 资产减值损失增加 120 万元　　B. B 设备的账面余额减少 120 万元
   C. B 设备的账面价值减少 120 万元　　D. 确认的减值损失在以后会计期间不得转回

（二）甲企业为增值税一般纳税人，2011 至 2013 年度发生的与无形资产有关的业务如下。

1）2011 年 1 月 10 日，甲企业开始自行研发一项行政管理用非专利技术，截至 2011 年 5 月 31 日，用银行存款支付外单位协作费 74 万元，领用本单位原材料成本 26 万元（不考虑增值税因素），经测试，该项研发活动已完成研究阶段。

2）2011 年 6 月 1 日，研发活动进入开发阶段，该阶段发生研究人员的薪酬支出 35 万元，领用材料成本 85 万元（不考虑增值税因素），全部符合资本化条件。2011 年 12 月 1 日，该项研发活动结束，最终开发形成一项非专利技术投入使用，该非专利技术预计可使用 5 年，预计净残值为 0，采用直线法摊销。

3）2012 年 1 月 1 日，甲企业将该非专利技术出租给乙企业，双方约定租赁期限为 2 年，每月末以银行转账结算方式收取租金 1.5 万元（不考虑相关税费）。

4）2013 年 12 月 31 日，租赁期限届满，经减值测试，该非专利技术的可收回金额为 52 万元。

要求：根据上述资料，不考虑其他因素，分析回答下列第 7 ~ 11 小题。

7. 根据资料 1）和 2），甲企业自行研究开发的无形资产入账价值是（　　）万元。

A. 100　　B. 120　　C. 146　　D. 220

8. 根据资料 1）至 3），下列各项中，关于该非专利技术摊销的会计处理表述正确的是（　　）。

A. 应当自可供使用的下月起开始摊销

B. 应当自可供使用的当月起开始摊销

C. 该非专利技术出租前的摊销额应计入管理费用

D. 摊销方法应当反映与该非专利技术有关的经济利益的预期实现方式

9. 根据资料 3），下列各项中，2012 年 1 月出租无形资产摊销和收取租金的会计处理正确的是（　　）。

A. 借：其他业务成本　　20 000
　　贷：累计摊销　　20 000

B. 借：管理费用　　20 000
　　贷：累计摊销　　20 000

C. 借：银行存款　　15 000
　　贷：其他业务收入　　15 000

D. 借：银行存款　　15 000
　　贷：营业外收入　　15 000

10. 根据资料 1）至 4），2013 年 12 月 31 日该非专利技术的减值金额是（　　）万元。

A. 0　　B. 18　　C. 20　　D. 35.6

11. 根据资料 1）至 4），2013 年 12 月 31 日该无形资产的账面价值是（　　）万元。

A. 52　　B. 70　　C. 72　　D. 88

五、计算分析题

1. 甲公司发生下列长期股权投资业务。

1）2013 年 1 月 3 日，购入乙公司股票 580 万股，占乙公司有表决权股份的 25%，对乙公司的财务和经营决策具有重大影响，甲公司将其作为长期股权投资核算。每股购入价 8 元，每股价格中包含已宣告但尚未发放的现金股利 0.25 元，另外支付相关税费 7 万元。款项均以银行存款支付。当日，乙公司所有者权益的账面价值（与其公允价值不存在差异）为 18 000 万元。

2）2013 年 3 月 16 日，收到乙公司宣告分派的现金股利。

3）2013 年度，乙公司实现净利润 3 000 万元。

4）2013 年度，乙公司可供出售金融资产公允价值变动增加所有者权益 100 万元

5）2014 年 2 月 16 日，乙公司宣告分派 2010 年度股利，每股分派现金股利 0.20 元。

6）2014 年 3 月 12 日，甲公司收到乙公司分派的 2010 年度的现金股利。

7）2014 年 4 月 25 日，甲公司出售所持有的全部乙公司的股票，共取得价款 5 200 万元（不考虑长期股权投资减值及相关税费）。

要求：根据上述资料，编制甲公司长期股权投资的会计分录（答案中的金额单位用万元表示）。

2. 甲企业为增值税一般纳税人，适用的增值税税率为 17%。该企业 2013 年自行建造仓库一座，用银行存款购入为工程准备的各种物资 100 000 元，支付的增值税税额为 17 000 元；实际领用工程物资（含增值税）105 300 元；另外还领用了企业生产用的原材料一批，实际成本为 15 000 元，应转出的增值税税额为 2 550 元；分配工程人员工资 25 000 元；企业辅助生产车间为工程提供有关劳务支出 5 000 元；工程完工交付使用。

要求：

（1）计算工程完工交付使用时固定资产的入账价值。

（2）根据上述资料编制甲企业的有关会计分录。

3. 2013 年 6 月 20 日甲公司购买一块土地的使用权，购买价款为 1 800 万元，支付相关手续费 30 万元，款项全部以银行存款支付。企业购买后用于对外出租。甲公司对该投资性房地产采用公允价值模式进行后续计量。

该项投资性房地产 2013 年取得租金收入为 80 万元，已存入银行，假定不考虑其他相关税费。经复核，该投资性房地产 2013 年 12 月 31 日的公允价值为 1 900 万元。2014 年 6 月出售了该项投资性房地产，取得价款 2 200 万元。

要求：编制甲公司相关的会计分录（答案中的金额单位用万元表示）。

4. 甲公司自行研究开发一项专利技术，与该项专利技术有关的资料如下。

1）2012 年 1 月，该项研发活动进入开发阶段，以银行存款支付的开发费用 280 万元，其中满足资本化条件的为 150 万元。2012 年 7 月 1 日，开发活动结束，并按法律程序申请取得专利权，供企业行政管理部门使用。

2）该项专利权法律规定有效期为 5 年，采用直线法摊销。

3）2012 年 12 月 15 日，将该项专利权转让，实际取得价款为 160 万元，应交营业税 8 万元（注：2012 年甲公司为非营改增试点地区），款项已存入银行。

要求：

（1）编制甲公司发生开发支出的会计分录。

（2）编制甲公司转销费用化开发支出的会计分录。

（3）编制甲公司形成专利权的会计分录。

（4）计算甲公司 2012 年 7 月专利权摊销金额并编制会计分录。

（5）编制甲公司转让专利权的会计分录。

（答案中的金额单位用万元表示。）

5. 2011 年 3 月 2 日，甲公司以每股 8 元的价格自二级市场购入乙公司股票 120 万股，支付价款 960 万元。甲公司将其购入的乙公司股票划分为可供出售金融资产。2011 年 4 月 15 日，收到乙公司本年 3 月 20 日宣告发放的现金股利 20 万元。2011 年 12 月 31 日，乙公司股票的市场价格为每股 9 元。2012 年 12 月 31 日，乙公司股票的市场价格为每股 5 元。甲公司预计由于受国际金融危机的影响，乙公司股票的市场价格将持续下跌。2013 年 12 月 31 日，股票市场有所好转，乙公司股票的市场价格为每股 6 元。2014 年 3 月 20 日，甲公司以每股 8 元的价格将其对外出售，出售时发生相关税费 5 万元，扣除相关税费后取得的净价款为 955 万元。假定不考虑其他因素的影响。

要求：根据上述资料编制甲公司的有关会计分录（答案中的金额单位用万元表示）。

第四章
负债的确认和计量

学习目标

知识目标

掌握短期借款、应付票据、应付账款、预收账款、应付职工薪酬、应交税费的确认和计量原则；熟悉应付职工薪酬、应付利息、应付股利和其他应付款的核算内容，长期借款和应付债券的核算方法；了解长期应付款的内容及确认和计量原则。

技能目标

能对各项流动负债和非流动负债的确认进行职业判断；能正确运用确认和计量原则，对各项流动负债和非流动负债的确认和计量进行会计处理。

负债是指企业过去的交易或者事项形成的、预期会导致经济利益流出企业的现时义务。负债一般按其偿还速度或偿还时间的长短分为流动负债和非流动负债。

第一节　流动负债

流动负债是指预计在一个正常营业周期中清偿，或者主要为交易目的而持有，或者自资产负债表日起 1 年内（含 1 年）到期应予以清偿，或者企业无权自主地将清偿推迟至资产负债表日后 1 年以上的负债。资产负债表中列示的流动负债项目通常包括短期借款、应付票据、应付账款、预收款项、应付职工薪酬、应交税费、应付利息、应付股利和其他应付款等。

一、短期借款及应付利息

短期借款是指企业为了满足正常生产经营的需要，向银行或其他金融机构借入的期限在 1 年以下（含 1 年）的各种借款。短期借款一般是为了满足正常生产经营所需的资金或者是为了抵偿某项债务而借入的。

企业应当设置“短期借款”科目，核算短期借款的取得及偿还情况。该科目贷方登记取得借款的本金数额，借方登记偿还借款的本金数额，期末余额在贷方，表示尚未偿还的短期借款。本科目可按贷款人、借款种类和币种进行明细核算。

（一）短期借款的取得

企业从银行或其他金融机构借入短期借款，应签署借款合同或协议，并注明借款金额、借款利率和还款时间等。当企业取得短期借款时，借记“银行存款”科目，贷记“短期借款”科目。

例 4－1　甲公司于 2013 年 4 月 1 日向银行借入一笔生产经营用短期借款，共计100 000元，期限为 6 个月，年利率为 6%，该项借款的本金到期后一次归还。甲公司应编制如下会计分录。

借：银行存款　　　　100 000

贷:短期借款　　　　100 000

（二）应付利息的计提

应付利息核算企业按照合同约定应支付的利息,包括短期借款、分期付息到期还本的长期借款、企业债券等应支付的利息。企业应当设置“应付利息”科目,采用合同约定的名义利率计算确定的应付利息金额,贷记“应付利息”科目。实际支付利息时,借记“应付利息”科目,本科目期末贷方余额反映企业应付未付的利息。本科目可按债权人进行明细核算。

短期借款利息属于筹资费用,一般应作为财务费用处理,计入当期损益。在实际工作中,银行或其他金融机构一般于每季度末结算借款利息,企业一般采用“按月预提、按季支付”的方式进行核算。

例4-2　承例4-1,甲公司4月1日取得的短期借款利息分月预提,按季支付。甲公司应编制如下会计分录。

① 4月末计提4月份利息费用:

本月应计提的利息金额 = 100 000 × 6% ÷ 12 = 500(元)

借:财务费用　　　　500

　　贷:应付利息　　　　500

② 5月末计提5月份利息费用的处理与4月份相同。

③ 6月末支付本季度银行借款利息:

借:财务费用　　　　500

　　应付利息　　　　1 000

　　贷:银行存款　　　　1 500

④ 第三季度(7月、8月、9月)借款利息费用的会计处理同上。

（三）短期借款的偿还

企业在短期借款到期偿还本金时,借记“短期借款”科目,贷记“银行存款”科目。

例4-3　承例4-1,2013年10月1日,甲公司偿还短期借款100 000元。甲公司应编制如下会计分录。

借:短期借款　　　　100 000

　　贷:银行存款　　　　100 000

例4-4　沿用例4-1,如果甲公司2013年4月1日借入短期借款,期限为5个月,其他条件不变。8月末之前的会计处理与上述相同。甲公司9月1日偿还银行借款本金,同时支付7月和8月已提未付利息。甲公司应编制如下会计分录。

借:短期借款　　　　100 000

　　应付利息　　　　1 000

　　贷:银行存款　　　　101 000

如果企业的短期借款利息是按月支付的,或者利息是在借款到期时连同本金一起归还,但是数额不大的,可以不采用预提的方法,而在实际支付或收到银行的计息通知时,直接计入当期损益,借记“财务费用”科目,贷记“银行存款”等科目。

【检测4-1】判断题

短期借款利息在预提或实际支付时均应通过“短期借款”科目核算。(　)

二、应付票据

（一）应付票据的确认

应付票据是指企业购买材料、商品和接受劳务供应等而开出、承兑的商业汇票。商业汇票按承兑人不同，可分为商业承兑汇票和银行承兑汇票；按是否带息可分为带息商业汇票和不带息商业汇票。为了加强对应付票据的管理，企业应当设置应付票据备查簿，详细登记商业汇票的种类、号数、出票日期、到期日、票面金额、交易合同号、收款人姓名或收款单位名称、付款日期和付款金额等资料。应付票据到期结清时，应在备查簿内逐笔注销。

商业汇票结算方式实质是一种延期付款的结算方式，企业可以在购入材料、商品时向供货单位签付已承兑的商业汇票，也可以签付已承兑的商业汇票抵偿应付账款。通常商业汇票的付款期限最长不超过6个月，因此在会计上应确认为流动负债进行管理和核算。

（二）应付票据的计量

由于应付票据的偿付时间较短，在会计实务中，一般均按照开出、承兑的应付票据的面值入账。企业应当设置"应付票据"科目，核算应付票据的发生、偿付等情况。该科目贷方登记开出、承兑汇票的面值及带息票据的预提利息，借方登记支付票据的金额，期末余额在贷方，表示企业尚未到期的商业汇票的票面金额和应计未付的利息。本科目可按债权人进行明细核算。

1. 不带息应付票据

（1）开出、承兑商业汇票。企业因购买材料、商品或接受劳务供应等而开出、承兑的商业汇票时，应当按其票面金额作为入账金额，借记"材料采购"、"原材料"、"库存商品"、"应交税费——应交增值税（进项税额）"等科目，贷记"应付票据"科目。支付银行承兑汇票的手续费时，应当作为财务费用处理，借记"财务费用"科目，贷记"银行存款"科目。企业开出商业汇票抵付应付账款时，借记"应付账款"科目，贷记"应付票据"科目。

例4－5　甲公司为增值税一般纳税人，于2013年6月2日开出并承兑一张面值为35 100元、期限为3个月的不带息商业承兑汇票，用于采购一批材料，材料已收到，按计划成本核算。增值税专用发票上注明的材料价款为30 000元，增值税税额为5 100元。甲公司应编制如下会计分录。

借：材料采购	30 000	
应交税费——应交增值税（进项税额）	5 100	
贷：应付票据		35 100

例4－6　承例4－5，假设甲公司开出的商业汇票为银行承兑汇票，甲公司用存款支付了承兑手续费17.55元。甲公司应编制如下会计分录。

借：财务费用	17.55	
贷：银行存款		17.55

（2）到期偿还应付票据。应付票据到期支付票据款，应按账面余额，借记"应付票据"科目，贷记"银行存款"科目。

例4－7　承例4－5，2013年9月2日，甲公司于6月2日开出的商业汇票到期，甲公司通知其开户银行以银行存款支付票款。甲公司应编制如下会计分录。

借：应付票据	35 100	
贷：银行存款		35 100

(3) 到期转销应付票据。企业开出的商业汇票到期,如企业无力支付票据款,应分别不同承兑的商业汇票进行处理。

① 对于商业承兑汇票不能如期付款的,银行将票据退回收款人,由双方自行协商解决。由于商业汇票已经失效,企业应将应付票据转为应付账款,借记"应付票据"科目,贷记"应付账款"科目;如果企业又签发新的票据用以清偿原债务,即可由应付账款转回应付票据,借记"应付账款"科目,贷记"应付票据"科目。

② 对于银行承兑汇票不能如期付款的,承兑银行将无条件代为支付票据款,同时对企业尚未支付的票款作逾期贷款处理,并按规定计收罚息。由于商业汇票已经失效,企业应将应付票据转为短期借款,借记"应付票据"科目,贷记"短期借款"科目。企业支付的罚息应计入财务费用。

例4-8 承例4-5,假设2013年9月2日汇票到期时,甲公司无力支付票款。甲公司应编制如下会计分录。

借:应付票据 35 100
　贷:应付账款 35 100

假设例4-5中甲公司开出的商业汇票为银行承兑汇票,该汇票到期时甲公司无力支付票款。甲公司应编制如下会计分录。

借:应付票据 35 100
　贷:短期借款 35 100

2. 带息应付票据

带息应付票据的到期值为票面金额与应计利息之和,其票面金额只表示本金。票据到期时,企业除按票面金额支付外,还应支付应计利息。因此,与不带息应付票据的会计处理的不同之处是,企业开出、承兑的带息票据,应于期末计算应付利息,计入当期财务费用,借记"财务费用"科目,贷记"应付票据"科目。

【思考4-1】带息应付票据计提利息与短期借款计提利息在会计处理上有何不同?

【检测4-2】单项选择题

下列有关应付票据账务处理的表述,不正确的是(　　)。

A. 无论是否带息,取得时均按其票面金额贷记"应付票据"科目

B. "应付票据"科目既核算票面金额,也核算带息票据计提的利息

C. 支付的银行承兑汇票手续费,计入当期财务费用

D. 到期无力支付的银行承兑汇票,将其账面余额转入"应付账款"科目

三、应付账款

(一) 应付账款的确认

应付账款是指企业因购买材料、商品或接受劳务供应等经营活动应支付的款项。一般来说,应付账款应在与所购买物资所有权相关的主要风险和报酬已经转移,或者所购买的劳务已经接受时确认。在实际工作中,为了使所购入物资的金额、品种、数量和质量等与合同规定的条款相符,避免因验收时发现所购物资存在数量或质量问题而对入账的物资或应付账款金额进行改动,在物资和发票账单同时到达的情况下,一般在所购物资验收入库后,再根据发票账单登记入账,确认应付账款。在所购物资已经验收入库,但是发票账单未能同时到达的情况下,企业应付物资供应单位的债务已经成立。在会计期末,为了反映企业的负债情况,需要将所购物资和相关的应付账款暂估入

账,下月初再用红字予以冲回,待发票账单到达后,再按实际金额入账。

(二)应付账款的计量

企业购入材料、商品或接受劳务等所产生的应付账款,由于偿付期限较短,一般按到期应付金额入账,而不按到期应付金额的现值入账。应付账款附有现金折扣的,应按照扣除现金折扣前的应付账款总额入账,即按总价法核算。

企业应当设置"应付账款"科目,核算应付账款的发生、偿还、转销等情况。该科目贷方登记企业购买材料、商品和接受劳务等而发生的应付账款;借方登记偿还的应付账款,或开出商业汇票抵付应付账款的款项,或已冲销的无法支付的应付账款;期末余额一般在贷方,表示企业尚未支付的应付账款余额。本科目可按债权人进行明细核算。

1. 发生应付账款

企业因购入材料、商品等确认应付账款时,按有关凭证(发票账单、随货同行发票上记载的实际价款或暂估价值),借记"材料采购"、"在途物资"、"原材料"、"库存商品"等科目,按增值税专用发票上注明的可抵扣的增值税税额,借记"应交税费——应交增值税(进项税额)"科目,按应付未付的价款,贷记"应付账款"科目。企业因接受劳务而发生的应付未付款项,根据劳务供应单位提供的发票账单,借记"生产成本"、"管理费用"等科目,贷记"应付账款"科目。

例 4-9 乙公司为增值税一般纳税人。2014 年 2 月 3 日,从 A 公司购入一批商品,取得的增值税专用发票上注明的价款为 12 000 元,增值税税额为 2 040 元,对方代垫运杂费 300 元。商品已运到并验收入库,款项尚未支付。商品按实际成本核算。乙公司应编制如下会计分录。

借:库存商品	12 300	
应交税费——应交增值税(进项税额)	2 040	
贷:应付账款——A 公司		14 340

例 4-10 甲公司为增值税一般纳税人,2014 年 5 月 9 日,从 W 企业购进一批原材料,增值税专用发票上注明的价款为 200 000 元,增值税税率为 17%,货款未付,双方经协议,付款条件为"2/10,1/20,n/30",假定计算现金折扣时不考虑增值税。该批材料已验收入库,按实际成本核算,发票账单也已收到。甲公司应编制如下会计分录。

借:原材料	200 000	
应交税费——应交增值税(进项税额)	34 000	
贷:应付账款——W 企业		234 000

例 4-11 甲公司接到自来水公司通知,本月应支付水费总额 53 000 元。其中,生产车间水费 36 000 元,企业行政管理部门水费 12 000 元,专设销售部门水费 5 000 元,款项尚未支付。甲公司应编制如下会计分录。

借:制造费用	36 000	
管理费用	12 000	
销售费用	5 000	
贷:应付账款——××自来水公司		53 000

2. 偿还应付账款

企业偿还应付账款或开出商业汇票抵付应付账款时,借记"应付账款"科目,贷记"银行存款"、"应付票据"等科目。对于销售方提供的现金折扣,如果企业在折扣期内支付了货款,取得的现金折扣冲减财务费用,按应付账款的总价借记"应付账款"科目,按实际支付的价款贷记"银行存款"

科目,按取得的现金折扣贷记“财务费用”科目;企业未取得现金折扣,按总价支付货款时,借记“应付账款”科目,贷记“银行存款”科目。

例 4－12　承例 4－9,2014 年 3 月 9 日,乙公司用银行存款支付上述应付账款。乙公司应编制如下会计分录。

借:应付账款——A 公司	14 340	
贷:银行存款		14 340

例 4－13　承例 4－9,假设 2014 年 2 月 12 日,乙公司根据资金情况,经与 A 公司协商,开出为期 3 个月、面值 14 340 元的商业承兑汇票一张,以抵付前欠货款。乙公司应编制如下会计分录。

借:应付账款——A 公司	14 340	
贷:应付票据		14 340

例 4－14　承例 4－10,若甲公司于 2014 年 5 月 17 日用银行存款付清货款,甲公司可按货款总价 200 000 元的 2% 享受现金折扣 4 000(200 000 × 2%)元,实际付款 230 000(234 000－4 000)元。甲公司应编制如下会计分录。

借:应付账款——W 企业	234 000	
贷:银行存款		230 000
财务费用		4 000

例 4－15　承例 4－10,若甲公司于 2014 年 5 月 31 日付款,则甲公司应编制如下会计分录。

借:应付账款——W 企业	234 000	
贷:银行存款		234 000

3. 转销应付账款

企业因债权人撤销等原因而产生确实无法支付的应付账款,应按其账面余额计入营业外收入,转销时,借记“应付账款”科目,贷记“营业外收入”科目。

例 4－16　2013 年年末,甲公司确认一笔金额为 10 000 元的应付账款因债权人破产无法支付,经批准予以转销。甲公司应编制如下会计分录。

借:应付账款	10 000	
贷:营业外收入		10 000

【检测 4－3】单项选择题

因债权人撤销而无法支付的应付账款转销时,应将其账面余额计入(　　)。

A. 资本公积　　B. 营业外收入

C. 盈余公积　　D. 管理费用

四、预收账款

预收账款是指企业按照合同规定预先向购货单位收取的款项。其账款与应付账款不同,预收形成的负债以某种货物或提供劳务来偿付,而不是以货币偿付。

企业发生的预收账款,一般可以设置"预收账款"科目核算,该科目贷方登记发生的预收账款数额和购货单位补付账款的数额,借方登记企业向购货方发货后冲销的预收账款数额和退回购货方多付账款的数额。期末余额一般在贷方,表示企业向购货单位预收的款项;如为借方余额,表示企业应收的款项。本科目可按照购货单位进行明细核算。

企业向购货单位预收款项时,借记"银行存款"科目,贷记"预收账款"科目;销售货物或提供劳务时,按实现的收入和增值税专用发票上注明的增值税税额,借记"预收账款"科目;按照实现的营业收入,贷记"主营业务收入"科目;按应交的增值税销项税额,贷记"应交税费——应交增值税(销项税额)"科目;企业收到购货单位补付的款项时,借记"银行存款"科目,贷记"预收账款"科目;向购货单位退回其多付的款项时,借记"预收账款"科目,贷记"银行存款"科目。

预收货款业务不多的企业,可以不单独设置"预收账款"科目,发生的预收货款可通过"应收账款"科目核算。采用这种方式,"应收账款"科目所属的明细科目可能会有贷方余额。

例4-17　甲公司为增值税一般纳税人,2013年7月31日按购货合同预收天航公司货款30 000元,存入银行。8月28日,甲公司按合同规定向天航公司发出商品一批,不含税的价款为60 000元,增值税税额为10 200元,并用银行存款为对方代垫运杂费300元,共计70 500元。天航公司验收货物后补付了剩余货款。甲公司应编制如下会计分录。

① 7月31日收到天航公司预付的货款时:

借:银行存款　　30 000

　贷:预收账款——天航公司　　30 000

② 8月28日向天航公司发出货物时:

借:预收账款——天航公司　　70 500

　贷:主营业务收入　　60 000

　　应交税费——应交增值税(销项税额)　　10 200

　　银行存款　　300

③ 收到天航公司补付的货款时:

借:银行存款　　40 500

　贷:预收账款——天航公司　　40 500

例4-18　沿用例4-17,假设甲公司不设置"预收账款"科目,而是通过"应收账款"科目核算该项业务,则甲公司应编制如下会计分录。

① 7月31日收到天航公司预付的货款时:

借:银行存款　　30 000

　贷:应收账款——天航公司　　30 000

② 8月28日向天航公司发出货物时:

借:应收账款——天航公司　　70 500

　贷:主营业务收入　　60 000

　　应交税费——应交增值税(销项税额)　　10 200

　　银行存款　　300

③ 收到天航公司补付的货款时:

借:银行存款　　40 500

　贷:应收账款——天航公司　　40 500

【提示4-1】期末编制资产负债表时,"预收账款"科目所属明细科目如有借方余额,应列入"应收账款"项目,而"应收账款"科目所属明细科目如有贷方余额,应列入"预收款项"项目。

【检测4-4】单项选择题

如果企业不设置"预收账款"科目,应将预收的货款计入(　　)。

A. 应收账款的借方　　B. 应收账款的贷方

C. 应付账款的借方　　D. 应付账款的贷方

五、应付职工薪酬

(一) 应付职工薪酬的内容

职工薪酬是指企业为获得职工提供的服务或解除劳动关系而给予的各种形式的报酬或补偿。职工薪酬包括短期薪酬、离职后福利、辞退福利和其他长期职工福利。企业提供给职工配偶、子女、受赡养人、已故员工遗属及其他受益人等的福利,也属于职工薪酬。

在理解职工薪酬时,要注意把握两个关键词的含义。一是"职工"。这里所称"职工"比较宽泛,包括3类人员:①与企业订立劳动合同的所有人员,含全职、兼职和临时职工;②未与企业订立劳动合同、但由企业正式任命的企业治理层和管理层人员,如董事会成员、监事会成员等;③未与企业订立劳动合同或未由其正式任命,但向企业提供服务与职工所提供服务类似的人员,也属于职工范畴,包括通过企业与劳务中介公司签订用工合同而向企业提供服务的人员。二是"薪酬"。职工薪酬主要包括以下内容。

1. 短期薪酬

短期薪酬是指企业在职工提供相关服务的年度报告期间结束后12个月内需要全部予以支付的职工薪酬,因解除与职工的劳动关系给予的补偿除外。短期薪酬具体包括内容如下。

(1) 职工工资、奖金、津贴和补贴,是指按照国家统计局《关于职工工资总额组成的规定》,构成工资总额的计时工资、计件工资、支付给职工的超额劳动报酬和增收节支的劳动报酬、为了补偿职工特殊或额外的劳动消耗和因其他特殊原则支付给职工的津贴,以及为了保证职工生活水平不受物价影响支付给职工的物价补贴等。

(2) 职工福利费,主要是尚未实行主辅分离、辅业改制的企业,内设医务室、职工浴室、理发室、托儿所等集体福利机构人员的工资、医务经费,职工因公负伤赴外地就医路费,职工生活困难补助,以及按照国家规定开支的其他职工福利支出。

(3) 医疗保险费、工伤保险费和生育保险费等社会保险费,是指企业按照国家规定的基准和比例计算,向社会保险经办机构缴纳的医疗保险费、工伤保险费和生育保险费。

(4) 住房公积金,是指企业按照国务院《住房公积金管理条例》规定的基准和比例计算,向住房公积金管理机构缴存的住房公积金。

(5) 工会经费和职工教育经费,是指企业为了改善职工文化生活、提高职工业务素质用于开展工会活动和职工教育及职业技能培训,根据国家规定的基准和比例,从成本费用中提取的金额。

(6) 短期带薪缺勤,带薪缺勤是指企业支付工资或提供补偿的职工缺勤,包括年休假、病假、短期伤残、婚假、产假、丧假、探亲假等。

(7) 短期利润分享计划,是指因职工提供服务而与职工达成的基于利润或其他经营成果提供薪酬的协议。

(8) 非货币性福利,是指企业以自己的产品或外购商品发放给职工作为福利,企业提供给职工无偿使用自己拥有的资产或租赁资产供职工无偿使用和为职工无偿提供服务等,如提供给企业高级管理人员使用的住房等,免费为职工提供诸如医疗保健的服务,或者向职工提供企业支付了一定补贴的商品或服务等,如以低于成本的价格向职工出售住房等。

(9) 其他短期薪酬,是指除上述短期薪酬以外的其他为获得职工提供的服务而给予的短期薪酬。

2. 离职后福利

离职后福利是指企业为获得职工提供的服务而在职工退休或与企业解除劳动关系后,提供的各种形式的报酬和福利,短期薪酬和辞退福利除外。例如,按照国家规定的基准和比例计算,向社会保险经办机构缴纳的养老保险费、失业保险费和企业年金等。

3. 辞退福利

辞退福利即解除与职工的劳动关系给予的补偿,是指由于分离办社会职能、实施主辅分离、辅业改制、分流安置富余人员、实施重组或改组计划、职工不能胜任等原因,企业在职工劳动合同尚未到期之前解除与职工的劳动关系,或者为鼓励职工自愿接受裁减而给予职工的经济补偿。

4. 其他长期职工福利

其他长期职工福利是指除短期薪酬、离职后福利、辞退福利之外所有的职工薪酬,包括长期带薪缺勤、长期残疾福利、长期利润分享计划等。

总之,从薪酬的涵盖时间和支付形式来看,职工薪酬包括企业在职工在职期间和离职后给予的所有货币性薪酬和非货币性福利;从薪酬的支付对象来看,职工薪酬包括提供给职工本人和其配偶、子女或其他被赡养人的福利,如支付给因公伤亡职工的配偶、子女或其他被赡养人的抚恤金。

(二) 应付职工薪酬的确认和计量

企业应当设置"应付职工薪酬"科目,核算应付职工薪酬的提取、结算、使用等情况。该科目的贷方登记已分配计入有关成本费用项目的职工薪酬的数额,借方登记实际发放职工薪酬的数额,包括扣还的款项等;该科目期末贷方余额,反映企业应付未付的职工薪酬。本科目可按"工资"、"职工福利"、"社会保险费"、"住房公积金"、"工会经费"、"职工教育经费"、"非货币性福利"、"辞退福利"、"离职后福利"等应付职工薪酬项目进行明细核算。

1. 短期薪酬的确认和计量

企业应当在职工为其提供服务的会计期间,将实际发生的短期薪酬确认为负债,并计入当期损益或相关资产成本。企业发生的职工福利费,应当在实际发生时根据实际发生额计入当期损益或相关资产成本;职工福利费为非货币性福利的,应当按照公允价值计量。企业为职工缴纳的医疗保险费、工伤保险费、生育保险费等社会保险费和住房公积金,以及按规定提取的工会经费和职工教育经费,应当在职工为其提供服务的会计期间,根据规定的计提基础和计提比例计算确定相应的职工薪酬金额,并确认相应负债,计入当期损益或相关资产成本。

带薪缺勤分为累积带薪缺勤和非累积带薪缺勤。累积带薪缺勤是指带薪缺勤权利可以结转下期的带薪缺勤,本期未用完的带薪缺勤权利可以在未来期间使用;企业应当在职工提供服务从而增加了其未来享有的带薪缺勤权利时,确认与累积带薪缺勤相关的职工薪酬,并以累积未行使权利而增加的预期支付金额计量。非累积带薪缺勤是指带薪缺勤权利不能结转下期的带薪缺勤,本期尚未用完的带薪缺勤权利将予以取消,并且职工离开企业时也无权获得现金支付;企业应当在职工实际发生缺勤的会计期间确认与非累积带薪缺勤相关的职工薪酬。

利润分享计划同时满足下列条件的,企业应当确认相关的应付职工薪酬:一是企业因过去事项导致现在具有支付职工薪酬的法定义务或推定义务。二是因利润分享计划所产生的应付职工薪酬义务金额能够可靠估计。属于下列 3 种情形之一的,视为义务金额能够可靠估计:①在财务报告批准报出之前企业已确定应支付的薪酬金额;②该短期利润分享计划的正式条款中包括确定薪酬金额的方式;③过去的惯例为企业确定推定义务金额提供了明显证据。

职工只有在企业工作一段特定期间才能分享利润的,企业在计量利润分享计划产生的应付职工薪酬时,应当反映职工因离职而无法享受利润分享计划福利的可能性。如果企业在职工为其提供相关服务的年度报告期间结束后12个月内,不需要全部支付利润分享计划产生的应付职工薪酬,该利润分享计划应当适用其他长期职工福利的有关规定。

企业每月向职工支付工资、奖金、津贴等,应按照劳动工资制度的规定,根据考勤记录、工时记录、产量记录、工资标准、工资等级等,由财会部门编制职工薪酬结算汇总表,并据以进行应付职工薪酬发放的账务处理。按职工薪酬结算汇总表中实发金额,借记"应付职工薪酬"科目,贷记"银行存款"、"库存现金"等科目;企业从应付职工薪酬中扣还的各种款项,如代垫的家属药费、代扣个人所得税、代扣社会保险费等,借记"应付职工薪酬"科目,贷记"其他应付款"、"应交税费——应交个人所得税"、"其他应收款"等科目。

例4-19 甲公司2013年9月根据职工薪酬结算汇总表结算。本月应付职工工资总额为750 000元,其中,代扣职工水电气费20 000元,代扣职工个人承担的社会保险费33 000元,住房公积金33 000元,代扣个人所得税10 000元,企业代垫职工家属医疗费3 000元。实发工资为651 000元。甲公司应编制如下会计分录。

① 向银行提取现金时:

借:库存现金　　651 000
　贷:银行存款　　651 000

② 用现金发放工资时:

借:应付职工薪酬——工资　　651 000
　贷:库存现金　　651 000

注:如果该公司通过银行转账发放工资,其会计分录如下。

借:应付职工薪酬——工资　　651 000
　贷:银行存款　　651 000

③ 代扣款项时:

借:应付职工薪酬——工资　　99 000
　贷:其他应付款——水电气费　　20 000
　　　　　　　——社会保险费　　33 000
　　　　　　　——住房公积金　　33 000
　　应交税费——应交个人所得税　　10 000
　　其他应收款——代垫医疗费　　3 000

月末,企业财会部门编制职工薪酬费用分配表,将本月应付职工薪酬根据受益对象分别计入相关资产成本或当期损益,同时确认应付职工薪酬。

例4-20 承例4-19,甲公司本月应付工资总额750 000元,职工薪酬费用分配表中列示的产品生产人员工资为416 300元,车间管理人员工资为150 000元,企业行政管理人员工资为100 000元,销售人员工资为83 700元。甲公司应编制如下会计分录。

借:生产成本——基本生产成本　　416 300
　制造费用　　150 000
　管理费用　　100 000
　销售费用　　83 700

贷:应付职工薪酬——工资 750 000

例 4-21 承例 4-20,甲公司本月按职工工资总额的 2% 和 2.5% 计提工会经费和职工教育经费,并根据所在地政府规定,分别按职工工资总额的 10%、10.5% 计提医疗保险费和住房公积金,并缴纳给当地社会保险经办机构和住房公积金管理机构。甲公司应编制如下会计分录。

① 计提工会经费和职工教育经费、医疗保险费及住房公积金:

	借方	贷方
借:生产成本——基本生产成本	104 075	
制造费用	37 500	
管理费用	25 000	
销售费用	20 925	
贷:应付职工薪酬——工会经费		15 000
——职工教育经费		18 750
——社会保险费		75 000
——住房公积金		78 750

② 拨付工会经费、缴纳社会保险费和住房公积金:

	借方	贷方
借:应付职工薪酬——工会经费	15 000	
——社会保险费	75 000	
——住房公积金	78 750	
贷:银行存款		168 750

例 4-22 2013 年 10 月 9 日,李月等人报销会计人员继续教育费用 780 元,以现金支付。甲公司应编制如下会计分录。

	借方	贷方
借:应付职工薪酬——职工教育经费	780	
贷:库存现金		780

例 4-23 甲公司下设一所职工食堂,每月根据在岗职工数量及确定的补贴标准补贴职工食堂作为职工福利的金额。2013 年 11 月,甲公司在岗职工共计 200 人,其中,生产工人 170 人,车间管理 10 人,行政管理 20 人。每个职工每月需补贴食堂 100 元。甲公司应编制如下会计分录。

① 确认本月职工福利费时:

	借方	贷方
借:生产成本——基本生产成本	17 000	
制造费用	2 000	
管理费用	1 000	
贷:应付职工薪酬——职工福利		20 000

② 支付本月职工福利费时:

	借方	贷方
借:应付职工薪酬——职工福利	20 000	
贷:库存现金(或银行存款)		20 000

非货币性职工薪酬是指企业以各种非货币形式向职工提供的福利。常见的形式有 3 种:①企业将自产产品或外购商品作为福利发放给职工;②企业将拥有的固定资产无偿提供给职工使用;③企业将以经营租赁方式租入的资产无偿提供给职工使用。

当企业决定将自产产品作为福利发放给职工时,应当根据受益对象,按照该产品的公允价值,计入相关资产成本或当期损益,同时确认应付职工薪酬,借记“生产成本”、“制造费用”、“管理费用”等科目,贷记“应付职工薪酬——非货币性福利”科目;当企业实际发放产品时,按产品的售价及相应的增值税销项税额之和,借记“应付职工薪酬——非货币性福利”科目,贷记“主营业务收人”、“应交税费——应交增值税（销项税额）”科目，同时结转产品成本，借记“主营业务成本”科目，贷记“库存商品”科目。

例4－24 锦兴公司有职工300人，其中，生产工人200人，车间管理人员50人，行政管理人员50人。2014年1月10日，公司董事会决定将自产的床上用品作为春节福利，每人发放一套。床上用品市价每套650元，适用增值税税率为17%，每套床上用品成本为400元。1月20日发放给职工。锦兴公司应编制如下会计分录。

① 1月10日董事会做出决定时：

借：生产成本——基本生产成本	152 100	
制造费用	38 025	
管理费用	38 025	
贷：应付职工薪酬——非货币性福利		228 150

② 1月20日发放床上用品时：

借：应付职工薪酬——非货币性福利	228 150	
贷：主营业务收入		195 000
应交税费——应交增值税（销项税额）		33 150
借：主营业务成本	120 000	
贷：库存商品		120 000

【思考4－2】如果例4－24的床上用品是企业外购商品发放给职工作为福利，应当如何进行会计处理？与企业以自产产品发放给职工作为福利的会计处理有何不同？

【检测4－5】单项选择题

彩虹玻璃制品厂决定把企业生产的某花型玻璃茶具发放给职工作为福利。每套玻璃茶具成本200元，每套售价360元。该厂共有职工60名。适用增值税税率为17%。该厂应确认的应付职工薪酬为（　　）元。

A. 22 620　　B. 13 020　　C. 25 272　　D. 21 600

企业将拥有的房屋、汽车等固定资产无偿提供给职工使用的，应当根据受益对象，将该固定资产每期计提的折旧计入相关资产成本或当期损益，同时确认应付职工薪酬，借记“生产成本”、“制造费用”、“管理费用”等科目，贷记“应付职工薪酬——非货币性福利”科目，并且同时借记“应付职工薪酬——非货币性福利”科目，贷记“累计折旧”科目。

例4－25 甲公司将拥有的3辆小汽车无偿提供给公司的3位部门经理使用。2014年3月份，三辆小汽车应计提折旧为9 000元。甲公司应编制如下会计分录。

借：管理费用	9 000	
贷：应付职工薪酬——非货币性福利		9 000
借：应付职工薪酬——非货币性福利	9 000	
贷：累计折旧		9 000

企业将租入的房屋等资产无偿提供给职工使用的，应当根据受益对象，将每期应付的租金计入相关资产成本或当期损益，并确认应付职工薪酬，借记“生产成本”、“制造费用”、“管理费用”等科目，贷记“应付职工薪酬——非货币性福利”科目；支付租金时，借记“应付职工薪酬——非货币性福利”科目，贷记“银行存款”等科目。

例 4-26　甲公司租入两套住房无偿提供给技术工人使用，本月应付租金 6 000 元。甲公司应编制如下会计分录。

① 按合同约定计提应付租金时：

借：生产成本——基本生产成本	6 000	
贷：应付职工薪酬——非货币性福利		6 000

② 支付租金时：

借：应付职工薪酬——非货币性福利	6 000	
贷：银行存款		6 000

注意：难以认定受益对象的非货币性福利，直接计入当期损益和应付职工薪酬。

2. 离职后福利的确认和计量

企业应当将离职后福利计划分类为设定提存计划和设定受益计划。离职后福利计划是指企业与职工就离职后福利达成的协议，或者企业为向职工提供离职后福利制定的规章或办法等。其中，设定提存计划是指向独立的基金缴存固定费用后，企业不再承担进一步支付义务的离职后福利计划；设定受益计划是指除设定提存计划以外的离职后福利计划。

企业应当在职工为其提供服务的会计期间，将根据设定提存计划计算的应缴存金额确认为负债，并计入当期损益或相关资产成本。根据设定提存计划，预期不会在职工提供相关服务的年度报告期结束后 12 个月内支付全部应缴存金额的，企业应当参照根据资产负债表日与设定受益计划义务期限和币种相匹配的国债或活跃市场上的高质量公司债券的市场收益率确定的折现率，将全部应缴存金额以折现后的金额计量应付职工薪酬。

企业按照国家规定的基准和比例计算，向社会保险经办机构缴纳的养老保险费、失业保险费以及企业年金等属于离职后福利中的设定提存计划范畴。例如，承例 4-20，分别按职工工资总额的 12% 和 2% 计提养老保险费和失业保险费，并缴纳给当地社会保险经办机构。甲公司应编制如下会计分录。

① 计提养老保险费和失业保险费时：

借：生产成本——基本生产成本	58 282	
制造费用	21 000	
管理费用	14 000	
销售费用	11 718	
贷：应付职工薪酬——离职后福利		105 000

② 缴纳养老保险费和失业保险费时：

借：应付职工薪酬——离职后福利	105 000	
贷：银行存款		105 000

3. 辞退福利的确认和计量

企业向职工提供辞退福利的，应当在下列两者孰早日确认辞退福利产生的职工薪酬负债，并计入当期损益：①企业不能单方面撤回因解除劳动关系计划或裁减建议所提供的辞退福利时；②企业确认与涉及支付辞退福利的重组相关的成本或费用时。

企业应当按照辞退计划条款的规定，合理预计并确认辞退福利产生的应付职工薪酬。辞退福利预期在其确认的年度报告期结束后 12 个月内完全支付的，应当适用短期薪酬的相关规定；辞退福利预期在年度报告期结束后 12 个月内不能完全支付的，应当适用其他长期职工福利的有关规定。

因解除与职工的劳动关系给予的补偿，由于辞退职工不能再给企业带来任何经济利益，应当将辞退福利直接计入当期损益,借记"管理费用"科目,贷记"应付职工薪酬——辞退福利"科目。

4. 其他长期职工福利的确认和计量

企业向职工提供的其他长期职工福利,符合设定提存计划条件的,应当适用设定提存计划的有关规定进行处理。除上述情形外,企业应当适用设定受益计划的有关规定,确认和计量其他长期职工福利净负债或净资产。在报告期末,企业应当将其他长期职工福利产生的职工薪酬成本确认为下列组成部分:①服务成本;②其他长期职工福利净负债或净资产的利息净额;③重新计量其他长期职工福利净负债或净资产所产生的变动。为简化相关会计处理,上述项目的总净额应计入当期损益或相关资产成本。

长期残疾福利水平取决于职工提供服务期间长短的,企业应当在职工提供服务的期间确认应付长期残疾福利义务,计量时应当考虑长期残疾福利支付的可能性和预期支付的期限;长期残疾福利与职工提供服务期间长短无关的,企业应当在导致职工长期残疾的事件发生的当期确认应付长期残疾福利义务。

【链接 4-1】

六、应交税费

应交税费是指企业根据税法等规定计算应交纳的各种税费,包括增值税、消费税、营业税、城市维护建设税、资源税、所得税、土地增值税、房产税、车船税、土地使用税、教育费附加、矿产资源补偿费以及代扣代缴的个人所得税等。

为了反映和监督各种税费的计算和交纳情况,企业应当设置"应交税费"科目,并按照应交税费的种类进行明细核算。该科目贷方登记应交纳的各种税费等,借方登记实际交纳的税费;期末余额一般在贷方,表示企业尚未交纳的税费,期末余额如在借方,表示企业多交或尚未抵扣的税费。

企业交纳的印花税、耕地占用税等不需要预计应交数的税金,不通过"应交税费"科目核算。

【检测 4-6】多项选择题

企业缴纳的下列税金中,不通过"应交税费"科目核算的有(　　　)。

A. 印花税　　B. 耕地占用税　　C. 契税　　D. 车辆购置税

(一)应交增值税的确认和计量

增值税是以销售货物和提供加工、修理修配劳务及进口货物的增值额为征税对象的一种流转税。在我国境内销售货物或者提供加工、修理修配劳务以及进口货物的单位和个人为增值税纳税义务人。我国现行的增值税制度,按照纳税人的经营规模及会计核算的健全程度,将增值税的纳税人分为一般纳税人和小规模纳税人,并采用不同的计税方法。一般纳税人和小规模纳税人的认定标准见第二章中的链接 2-8。

营业税改征增值税试点纳税人也分为一般纳税人和小规模纳税人。应税服务年销售额超过财政部和国家税务总局规定标准 500 万元(含本数)的纳税人为一般纳税人,未超过规定标准的纳税人为小规模纳税人。应税服务年销售额超过规定标准的其他个人不属于一般纳税人;应税服务年销售额超过规定标准但不经常提供应税服务的单位和个体工商户可选择按照小规模纳税人纳税;未超过规定标准的纳税人会计核算健全(指能够按照国家统一的会计制度规定设置账簿,根据合法、有效凭证核算),能够提供准确税务资料的,可以向主管税务机关申请一般纳税人资格认定,成为一般纳税人。

1. 增值税的一般纳税人

一般纳税人是指年应税销售额超过财政部和国家税务总局规定标准的增值税纳税人。一般纳税人应纳增值税税额，根据当期销项税额减去当期进项税额计算确定。按照《中华人民共和国增值税暂行条例》规定，企业购入货物或接受应税劳务支付的增值税（即进项税额），可从销售货物或提供劳务按规定收取的增值税（即销项税额）中抵扣。

为了核算企业应交增值税的发生、抵扣、交纳、退税及转出等情况，应在“应交税费”科目下设置“应交增值税”明细科目，并在“应交增值税”明细账内设置专栏。“应交增值税”明细账的借方一般设置“进项税额”、“已交税金”等专栏；贷方一般设置“销项税额”、“进项税额转出”、“出口退税”等专栏。

（1）进项税额。增值税进项税额是指一般纳税人购进货物或接受应税劳务支付的款项中所含的增值税额。准予从销项税额中抵扣的进项税额一般包括：①从销售方或者提供方取得的增值税专用发票（含货物运输业增值税专用发票、税控机动车销售统一发票）上注明的增值税额；②从海关取得的海关进口增值税专用缴款书上注明的增值税额；③购进农产品，除取得增值税专用发票或者海关进口增值税专用缴款书外，按照农产品收购发票或者销售发票上注明的农产品买价和13%的扣除率计算的进项税额（进项税额 = 买价 × 扣除率，买价是指纳税人购进农产品在农产品收购发票或者销售发票上注明的价款和按照规定缴纳的烟叶税，购进农产品按照《农产品增值税进项税额核定扣除试点实施办法》抵扣进项税额的除外）；④接受境外单位或者个人提供的应税服务，从税务机关或者境内代理人取得的解缴税款的中华人民共和国税收缴款凭证（以下称税收缴款凭证）上注明的增值税额。

纳税人取得的增值税扣税凭证（指增值税专用发票、海关进口增值税专用缴款书、农产品收购发票、农产品销售发票和税收缴款凭证）不符合法律、行政法规或者国家税务总局有关规定的，其进项税额不得从销项税额中抵扣。纳税人凭税收缴款凭证抵扣进项税额的，应当具备书面合同、付款证明和境外单位的对账单或者发票。资料不全的，其进项税额不得从销项税额中抵扣。

企业购进货物、接受应税劳务时，准予从销项税额中抵扣的进项税额不计入购进货物或应税劳务的成本，按增值税专用发票上注明的价款部分或应计入成本的金额，借记“材料采购”、“在途物资”或“原材料”、“库存商品”、“固定资产”等科目；按增值税专用发票上注明的增值税税额或按照扣除率计算的进项税额，借记“应交税费——应交增值税（进项税额）”科目；按价税合计金额，贷记“银行存款”、“应付账款”、“应付票据”等科目。

例 4-27　甲公司购入原材料一批，增值税专用发票上注明的价款为 33 000 元，增值税税额为 5 610 元，货物尚未到达，货款及增值税进项税额已用银行存款支付。该公司采用实际成本法对原材料进行核算。甲公司应编制如下会计分录。

借：在途物资　33 000
　　应交税费——应交增值税（进项税额）　5 610
　　贷：银行存款　38 610

例 4-28　甲公司购入不需要安装的设备一台，价款及运输保险等费用合计为280 000元，增值税专用发票上注明的增值税税额为 47 600 元，款项尚未支付。甲公司应编制如下会计分录。

借：固定资产　280 000
　　应交税费——应交增值税（进项税额）　47 600
　　贷：应付账款　327 600

例 4-29　甲公司购进免税农产品一批，买价为 80 000 元，规定的扣除率为 13%，货物已验收入库并作为原材料核算，价款尚未支付。甲公司应编制如下会计分录。

购进免税农产品的进项税额＝购买价款×扣除率＝80 000×13%＝10 400(元)

借：原材料　69 600

　　应交税费——应交增值税(进项税额)　10 400

　　贷：应付账款　80 000

例4－30　乙企业生产车间委托外单位修理机器设备，增值税专用发票上注明修理费用为10 000元，增值税税额为1 700元，款项已用银行存款支付。乙企业应编制如下会计分录。

借：管理费用　10 000

　　应交税费——应交增值税(进项税额)　1 700

　　贷：银行存款　11 700

例4－31　甲公司购进原材料一批，增值税专用发票上注明的买价为200 000元，增值税税额为34 000元，另外向运输公司支付运输费用，货运专票上注明的运价为900元，增值税税额为99元。货款、进项税款和运输费用已用银行存款支付。货物已到达企业并验收入库。该公司采用实际成本对原材料进行核算。甲公司应编制如下会计分录。

借：原材料　200 900

　　应交税费——应交增值税(进项税额)　34 099

　　贷：银行存款　234 999

需要说明的是，企业购入材料不能取得增值税专用发票的，发生的增值税应计入材料采购成本，借记“材料采购”或“在途物资”等科目，贷记“银行存款”等科目。

(2) 进项税额转出。根据《中华人民共和国增值税暂行条例实施细则》规定，企业购进货物或应税劳务用于非应税项目、集体福利、个人消费，购进货物发生非正常损失等，增值税不予抵扣，其进项税额应通过“应交税费——应交增值税(进项税额转出)”科目转入有关科目，借记“在建工程”、“待处理财产损溢”、“应付职工薪酬”等科目，贷记“应交税费——应交增值税(进项税额转出)”科目。

一般纳税人在购入货物时如果不能直接认定其进项税额能否抵扣，支付的进项税额可以先予以抵扣，待以后所购货物改变用途用于不予抵扣项目，再将其进项税额转出。购进货物改变用途通常是指购进的货物在没有经过任何加工的情况下对内改变用途的行为，如企业的在建工程或下属医务室等福利部门领用原材料等。

例4－32　甲公司自建固定资产(房屋建筑物)领用原材料一批，实际成本为60 000元，购进该批原材料时支付的增值税税额为10 200元。甲公司应编制如下会计分录。

借：在建工程　70 200

　　贷：原材料　60 000

　　　　应交税费——应交增值税(进项税额转出)　10 200

【提示4－2】如果例4－32改为机器设备安装或自建生产流水线领用原材料或外购商品，则其进项税额不需要转出，只要将原材料或外购商品的成本转入在建工程即可。

例4－33　甲公司的成品仓库因意外火灾毁损产成品一批，实际成本为40 000元，经确认其外购材料的增值税税额为3 400元。甲公司应编制如下会计分录。

借：待处理财产损溢　43 400

贷:库存商品　40 000

应交税费——应交增值税(进项税额转出)　3 400

例 4-34 乙企业所属的职工医院维修领用原材料 5 000 元,其购入时支付的增值税税额为 850 元。乙企业应编制如下会计分录。

借:应付职工薪酬——职工福利　5 850

贷:原材料　5 000

应交税费——应交增值税(进项税额转出)　850

(3) 销项税额。增值税销项税额是指一般纳税人销售货物或提供应税劳务收取款项中所含的增值税额。企业销售货物、提供应税劳务时,如果采用不含税定价的方法,销售价格中不含增值税,增值税额可以直接根据不含税销售额乘以增值税率计算;如果采用合并定价的方法,销售价格中包含增值税,这时应该将含税销售价格还原为不含税价格作为销售收入,并按不含税销售额计算销项税额。还原计算公式为:

不含税销售额 = 含税销售额 ÷ (1 + 增值税税率)

销项税额 = 不含税销售额 × 增值税税率

企业销售货物或者提供应税劳务时,按营业收入和应收取的增值税税额,借记“银行存款”、“应收账款”、“应收票据”等科目,按增值税专用发票上注明的增值税税额,贷记“应交税费——应交增值税(销项税额)”科目;按照实现的营业收入,贷记“主营业务收入”、“其他业务收入”等科目。发生的销售退回,做相反的会计分录。

例 4-35 甲公司销售产品一批,不含税价款为 200 000 元,按规定应收取增值税税额 34 000 元,货款尚未收到。甲公司应编制如下会计分录。

借:应收账款　234 000

贷:主营业务收入　200 000

应交税费——应交增值税(销项税额)　34 000

例 4-36 甲公司对外销售包装物一批,销售收入为 7 000 元,增值税税额为 1 190 元,款项已收到存入银行。甲公司应编制如下会计分录。

借:银行存款　8 190

贷:其他业务收入　7 000

应交税费——应交增值税(销项税额)　1 190

例 4-37 乙企业为外单位代加工办公桌 600 个,每个收取加工费 300 元,适用的增值税税率为 17%,加工完成已交付,款项收到并存入银行。乙企业应编制如下会计分录。

借:银行存款　210 600

贷:主营业务收入　180 000

应交税费——应交增值税(销项税额)　30 600

《中华人民共和国增值税暂行条例实施细则》规定,对于企业将自产、委托加工或购买的货物用于对外投资、分配给股东或投资者、无偿赠送他人,将自产、委托加工的货物用于非应税项目、集体福利或个人消费,应视同销售货物,计算应交增值税。视同销售行为在会计处理上,又分别以下两种情况。

① 对于税法上视同销售行为,会计上不属于销售行为的,只计算应交增值税,不确认销售收入。例如,将自产或委托加工的货物用于非应税项目(自建房屋建筑物等)或无偿赠送他人等,按

领用自产或委托加工货物的成本与按计税价格计算的增值税之和借记“在建工程”、“营业外支出”等科目，按领用自产或委托加工货物的成本贷记“库存商品”科目，按计税价格计算的增值税贷记“应交税费——应交增值税(销项税额)”科目。

例 4－38　甲企业将自己生产的产品用于自行建造职工俱乐部，该产品的实际成本为 300 000 元，计税价格为 450 000 元，适用增值税税率为 17%。甲企业应编制如下会计分录。

借：在建工程　　376 500
　　贷：库存商品　　300 000
　　　　应交税费——应交增值税(销项税额)　　76 500

【提示 4－3】如果例 4－38 改为机器设备安装或自建生产流水线领用本企业生产的产品，则不需要计算其销项税额，只要将库存商品的成本转入在建工程即可。

例 4－39　甲公司对外捐赠一批产品，实际成本为 60 000 元，计税价格为 100 000 元，适用增值税税率为 17%。甲公司应编制如下会计分录。

借：营业外支出　　77 000
　　贷：库存商品　　60 000
　　　　应交税费——应交增值税(销项税额)　　17 000

② 对于税法上视同销售行为，会计上也属于销售行为的，除计算应交增值税外，还应确认主营业务收入并同时结转成本。例如，将自产或委托加工的货物用于职工福利、对外投资、分配给股东或投资者等，按领用自产或委托加工货物的计税价格与增值税之和借记“应付职工薪酬”、“长期股权投资”、“应付股利”等科目，按领用自产或委托加工货物的计税价格贷记“主营业务收入”科目，按计税价格计算的增值税贷记“应交税费——应交增值税(销项税额)”科目，同时，按领用自产或委托加工货物的成本借记“主营业务成本”科目，贷记“库存商品”科目。

例 4－40　乙企业下设的职工食堂享受企业提供的补贴，本月领用自产产品一批。该批产品的实际成本为 40 000 元，市场价格为 60 000 元(不含增值税)，适用的增值税税率为 17%。乙企业应编制如下会计分录。

借：应付职工薪酬——职工福利　　70 200
　　贷：主营业务收入　　60 000
　　　　应交税费——应交增值税(销项税额)　　10 200
借：主营业务成本　　40 000
　　贷：库存商品　　40 000

企业将自产的产品发放给职工作为福利，会计上视同销售并确认销售收入，见例 4－24。

【思考 4－3】对于税法上的视同销售行为，会计处理上有的应确认销售收入，有的则不确认销售收入，所依据的标准是什么？

(4) 出口退税。企业出口产品按规定退税的，按应收的出口退税额，借记“其他应收款”科目，贷记“应交税费——应交增值税(出口退税)”科目。

(5) 交纳增值税。企业应根据“应交税费——应交增值税”明细账内各专栏本期发生额,计算当期应交纳增值税额。其计算公式为:

当期应交纳增值税额 =(销项税额 + 进项税额转出 + 出口退税) -(进项税额 + 已交税金)

企业交纳的增值税,借记“应交税费——应交增值税(已交税金)”科目,贷记“银行存款”科目。“应交税费——应交增值税”科目的贷方余额,表示企业应交未交的增值税。

例 4-41 甲公司以银行存款交纳本月增值税 150 000 元。甲公司应编制如下会计分录。

借:应交税费——应交增值税(已交税金) 150 000

  贷:银行存款 150 000

例 4-42 甲公司 2013 年 10 月发生销项税额合计 96 670 元,进项税额转出 15 350 元,进项税额 33 270 元,已交增值税 50 000 元。甲公司本月“应交税费——应交增值税”科目的余额为:

(96 670 +15 350) -(33 270 +50 000) =28 750(元)

该余额在贷方,表示企业尚未交纳增值税 28 750 元。

2. 增值税的小规模纳税人

小规模纳税人是指年应税销售额在规定标准以下,并且会计核算不健全,不能按规定报送有关税务资料的增值税纳税人。小规模纳税人应交增值税的核算采用简易的方法,即购进货物或接受应税劳务支付的增值税进项税额不予抵扣,直接计入有关货物或劳务的成本;销售货物或提供应税劳务,按不含税销售额和规定的征收率计算应交增值税,但不能开具增值税专用发票,只能开具普通发票。采用价税合并定价方法的,应还原为不含增值税的销售额计算,还原计算公式为:

不含税销售额 = 含税销售额 ÷(1 + 征收率)

因此,小规模纳税人只要在“应交税费”科目下设置“应交增值税”明细科目,不需要设置专栏。“应交税费——应交增值税”科目贷方登记应交纳的增值税,借方登记已交纳的增值税;期末贷方余额为尚未交纳的增值税,借方余额为多交纳的增值税。

例 4-43 某企业为小规模纳税人,本月购入原材料一批,增值税专用发票上注明的材料成本为 600 000 元,增值税税额为 102 000 元,款项均已付清,材料到达并已验收入库;该企业本月销售产品含税价格为 51 500 元,货款尚未收到;增值税征收率为 3%,本月实际交纳增值税税额 1 500元。该企业应编制如下会计分录。

① 购进原材料时:

借:原材料 702 000

  贷:银行存款 702 000

② 销售产品时:

不含税销售额 =51 500 ÷(1 +3%) =50 000(元)

应交增值税 =50 000 ×3% =1 500(元)

借:应收账款 51 500

  贷:主营业务收入 50 000

    应交税费——应交增值税 1 500

③ 交纳增值税时:

借:应交税费——应交增值税 1 500

  贷:银行存款 1 500

【检测4－7】多项选择题

下列业务所支付的增值税，按规定能作为进项税额予以抵扣的有（　　）。

A. 一般纳税人购入生产用原材料，取得增值税专用发票注明的增值税税额

B. 小规模纳税人购入生产用原材料，取得增值税专用发票注明的增值税税额

C. 一般纳税人购入生产用设备，取得增值税专用发票注明的增值税税额

D. 一般纳税人支付委托加工物资的加工费，取得增值税专用发票注明的增值税税额

（二）应交消费税的确认和计量

消费税是指在我国境内生产、委托加工和进口应税消费品的单位和个人，按其流转额交纳的一种税。消费税与增值税不同，属于价内税，即销售收入中包含消费税，也就是说消费税应由销售收入来补偿。消费税有从价定率和从量定额两种征收方法。

按从价定率方法计征消费税时，计算公式为：

应纳税额＝（销售额＋价外收费）×适用税率

这里的销售额是不含增值税的销售额，如果应税消费品的销售额含增值税，在计算消费税时应将其换算为不含增值税的销售额。

按从量定额方法计征消费税时，计算公式为：

应纳税额＝销售数量×单位税额

企业应在“应交税费”科目下设置“应交消费税”明细科目，核算应交消费税的发生和交纳情况。该科目贷方登记应交纳的消费税，借方登记已交纳的消费税；期末贷方余额为尚未交纳的消费税，借方余额为多交纳的消费税。

1. 销售应税消费品

企业销售应税消费品应交的消费税，按应纳税额借记“营业税金及附加”科目，贷记“应交税费——应交消费税”科目；实际交纳消费税时，借记“应交税费——应交消费税”科目，贷记“银行存款”科目。

例4－44　某企业销售自产的应税消费品一批，价款为220 000元（不含增值税），适用的消费税税率为40%。该企业应编制如下会计分录。

应交消费税＝220 000×40%＝88 000（元）

借：营业税金及附加	88 000	
贷：应交税费——应交消费税		88 000

2. 自产自用应税消费品

企业将自产的应税消费品用于本企业的在建工程、集体福利、个人消费，或用于对外投资、分配给股东或投资者，或无偿捐赠给他人，均应视同销售，计算应交纳的消费税，其销售额按生产同类消费品的销售价格计算；没有同类消费品销售价格的，按组成计税价格计算。其计算公式为：

组成计税价格＝（成本＋利润）÷（1－消费税税率）

自产自用的应税消费品视同销售，按规定计算应交纳的消费税，借记“在建工程”、“应付职工薪酬”等科目，贷记“应交税费——应交消费税”科目。

例4－45　某一般纳税企业将其生产的一批应税消费品用于自行建造固定资产，该批产品的计税价格为63 000元，实际成本为50 000元，适用的增值税税率为17%，消费税税率为10%。该企业应编制如下会计分录。

借:在建工程 67 010
　　贷:库存商品 50 000
　　　　应交税费——应交消费税 6 300
　　　　应交税费——应交增值税(销项税额) 10 710

例 4-46 某企业将自产的一批应税消费品发放给职工作为福利,该批产品的实际成本为20 000元,市场价格为30 000元(不含增值税),适用的消费税税率为10%,增值税税率为17%。该企业应编制如下会计分录。

借:应付职工薪酬——非货币性福利 35 100
　　营业税金及附加 3 000
　　贷:主营业务收入 30 000
　　　　应交税费——应交增值税(销项税额) 5 100
　　　　　　　　——应交消费税 3 000

借:主营业务成本 20 000
　　贷:库存商品 20 000

3. 委托加工应税消费品

企业委托外单位加工应税消费品,一般应由受托方代收代缴消费税。

企业收回委托加工的应税消费品,如果用于连续生产应税消费品,受托方代收代缴的消费税按规定准予抵扣的,借记"应交税费——应交消费税"科目,贷记"银行存款"等科目;在企业最终销售应税消费品时,再根据其销售额计算应交的全部消费税,借记"营业税金及附加"科目,贷记"应交税费——应交消费税"科目;应交的全部消费税扣除收回委托加工应税消费品时受托方代收代缴的消费税,为应补交的消费税,缴纳消费税时,借记"应交税费——应交消费税"科目,贷记"银行存款"科目。

企业收回委托加工的应税消费品,如果直接用于销售,应将受托方代收代缴的消费税计入委托加工应税消费品的成本,借记"委托加工物资"等科目,贷记"银行存款"等科目。在应税消费品出售时,不必再计算缴纳消费税。

例 4-47 甲公司为一般纳税人,委托乙公司代为加工一批应交消费税的材料。甲公司发出材料的实际成本为80 000元,向乙公司支付加工费5 000元,增值税税额为850元,由乙公司代收代缴的消费税为2 000元。材料已经加工完成,并由甲公司验收入库,甲公司按实际成本进行材料的核算。

① 甲公司收回的委托加工物资用于继续生产应税消费品时,应编制如下会计分录。

- 甲公司发出材料时:

借:委托加工物资 80 000
　　贷:原材料 80 000

- 支付加工费、增值税及消费税时:

借:委托加工物资 5 000
　　应交税费——应交增值税(进项税额) 850
　　应交税费——应交消费税 2 000
　　贷:银行存款 7 850

- 加工完成收回并验收入库时:

借:原材料 85 000
　　贷:委托加工物资 85 000

② 如果甲公司收回的委托加工物资直接用于对外销售，应编制如下会计分录。

- 甲公司发出材料时：

借：委托加工物资　　80 000
　贷：原材料　　80 000

- 支付加工费、增值税及消费税时：

借：委托加工物资　　7 000
　应交税费——应交增值税（进项税额）　　850
　贷：银行存款　　7 850

- 加工完成收回并验收入库时：

借：原材料或库存商品　　87 000
　贷：委托加工物资　　87 000

【检测4－8】单项选择题

A企业委托B企业加工材料一批。发出材料实际成本为8 000元，支付加工费5 000元、增值税850元、消费税500元和运杂费150元。如果A企业收回的委托加工物资直接用于对外销售，则加工完成收回入库的材料成本应为（　　）元。

A. 13 150　　B. 13 500　　C. 13 650　　D. 13 850

4. 进口应税消费品

企业进口应税消费品在进口环节应交纳的消费税，计入该项消费品的成本，借记“材料采购”、“固定资产”等科目，贷记“银行存款”等科目。

（三）应交营业税的确认和计量

营业税是对在我国境内提供应税劳务、转让无形资产或者销售不动产的单位和个人，就其营业收入征收的一种流转税。其中，应税劳务是指属于交通运输业、建筑业、金融保险业、邮电通信业、文化体育业、娱乐业、服务业税目征收范围的劳务，不包括加工、修理修配等劳务；转让无形资产是指转让无形资产的所有权或使用权的行为；销售不动产是指有偿转让不动产的所有权，转让不动产的有限产权或永久使用权，以及单位将不动产无偿赠与他人等视同销售不动产的行为。

需要说明的是，以上营业税征收范围中的交通运输业（包括公路、铁路、水路、航空和管道运输）、邮政业和部分现代服务业（研发和技术服务、信息技术服务、文化创意服务、物流辅助服务、有形动产租赁服务、鉴证咨询服务、广播影视服务）已在全国范围内实行“营改增”。

营业税也是一种价内税，以营业额作为计税依据。营业额是指企业提供应税劳务、转让无形资产和销售不动产等向对方收取的全部价款和价外费用。其应纳税额的计算公式为：

应纳税额＝营业额×适用税率

企业按规定应交的营业税，通过在“应交税费”科目下设置“应交营业税”明细科目，核算应交营业税的发生、交纳情况。该科目贷方登记应交纳的营业税，借方登记已交纳的营业税，期末贷方余额为尚未交纳的营业税。实际交纳营业税时，借记“应交税费——应交营业税”科目，贷记“银行存款”科目。

1. 提供应税劳务

企业提供应税劳务按规定计算应交纳的营业税，借记“营业税金及附加”科目，贷记“应交税费——应交营业税”科目。

例 4－48 某企业对外提供营业税应税劳务，本月取得服务收入 50 000 元，适用的营业税税率为 3%。计算本月应交营业税时，该企业应编制如下会计分录。

应交营业税＝50 000×3%＝1 500(元)

借：营业税金及附加　　1 500

　　贷：应交税费——应交营业税　　1 500

2. 转让无形资产

无形资产的转让方式有两种：一是转让使用权；二是转让所有权。两种转让方式对营业税的账务处理是不同的。

(1) 转让无形资产的使用权。转让无形资产的使用权即出租无形资产，出租业务属于日常营业活动，企业取得的租金收入应通过“其他业务收入”科目核算，应交的营业税应由其他业务收入来补偿，借记“营业税金及附加”科目，贷记“应交税费——应交营业税”科目。

例 4－49 甲公司出租其所拥有的一项无形资产，当年取得使用权转让收入 70 000 元已存入银行。该无形资产当年应摊销额 19 000 元，按使用权转让收入的 5% 计算应交营业税。甲公司应编制如下会计分录。

① 取得转让收入时：

借：银行存款　　70 000

　　贷：其他业务收入　　70 000

② 无形资产摊销时：

借：其他业务成本　　19 000

　　贷：累计摊销　　19 000

③ 计提应交营业税时：

借：营业税金及附加　　3 500

　　贷：应交税费——应交营业税　　3 500

(2) 转让无形资产的所有权。转让无形资产的所有权即出售无形资产，由于企业出售无形资产取得的价款不属于营业收入，出售无形资产应交纳的营业税也不应通过“营业税金及附加”科目核算。

例 4－50 甲公司出售其所拥有的一项无形资产，取得收入 200 000 元，应交营业税 10 000 元。该无形资产的账面原值为 260 000 元，已累计摊销 50 000 元，已计提减值准备 18 000 元。甲公司应编制如下会计分录。

借：银行存款　　200 000

　　累计摊销　　50 000

　　无形资产减值准备　　18 000

　　营业外支出——处置非流动资产损失　　2 000

　　贷：无形资产　　260 000

　　　　应交税费——应交营业税　　10 000

3. 销售不动产

企业销售不动产时，计算应交的营业税，借记“固定资产清理”等科目，贷记“应交税费——应交营业税”科目。

例 4－51 某企业出售仓库一幢，原价为 3 000 000 元，已提折旧 1 000 000 元，未计提减值准备；出售过程用银行存款支付清理费用 20 000 元，出售收入 2 200 000 元已收到并存入银行。

营业税税率为5%。该企业应编制如下会计分录。

① 将固定资产转入清理时：

借：固定资产清理	2 000 000	
累计折旧	1 000 000	
贷：固定资产		3 000 000

② 支付清理费用时：

借：固定资产清理	20 000	
贷：银行存款		20 000

③ 收到出售价款时：

借：银行存款	2 200 000	
贷：固定资产清理		2 200 000

④ 计算应交营业税时：

应交营业税 = 2 200 000 × 5% = 110 000（元）

借：固定资产清理	110 000	
贷：应交税费——应交营业税		110 000

⑤ 结转固定资产清理净收益时：

固定资产清理净收益 = 2 200 000 −（2 000 000 + 20 000 + 110 000）= 70 000（元）

借：固定资产清理	70 000	
贷：营业外收入——处置非流动资产利得		70 000

（四）其他应交税费的确认和计量

1. 应交资源税

资源税是对在我国领域及管辖海域开采矿产品或者生产盐的单位和个人征收的税。资源税应纳税额按照应税产品的销售额或销售数量乘以适用的比例税率或定额税率计算。开采或生产应税产品，自用于连续生产应税产品的，不交纳资源税；自用于其他方面的，视同销售，应交纳资源税。

企业对外销售应税产品，按规定计算应交纳的资源税，借记"营业税金及附加"科目，贷记"应交税费——应交资源税"科目；企业自产自用应税产品应交纳的资源税，借记"生产成本"、"制造费用"等科目，贷记"应交税费——应交资源税"科目；实际交纳资源税时，借记"应交税费——应交资源税"科目，贷记"银行存款"科目。

例4-52 某企业对外销售某种应税矿产品5 000吨，每吨应交资源税5元。在计算应交资源税时，该企业应编制如下会计分录。

借：营业税金及附加	25 000	
贷：应交税费——应交资源税		25 000

例4-53 某企业将自产的应税矿产品300吨用于企业的产品生产，每吨应交资源税5元。在计算应交资源税时，该企业应编制如下会计分录。

借：生产成本	1 500	
贷：应交税费——应交资源税		1 500

2. 应交城市维护建设税

城市维护建设税是以增值税、消费税、营业税为计税依据征收的一种税。其纳税人为交纳增值税、消费税、营业税的单位和个人，税率因纳税人所在地不同实现差别税率。其计算公式为：

应纳税额 =（应交增值税 + 应交消费税 + 应交营业税）× 适用税率

企业应交的城市维护建设税，借记“营业税金及附加”等科目，贷记“应交税费——应交城市维护建设税”科目；实际交纳时，借记“应交税费——应交城市维护建设税”科目，贷记“银行存款”科目。

例 4－54 甲公司 2014 年 5 月实际应交增值税为 100 000 元，应交消费税 50 000 元，应交营业税 20 000 元。该公司适用的城市维护建设税税率为 7%。甲公司应编制如下会计分录。

① 计算应交的城市维护建设税时：

应交的城市维护建设税＝(100 000＋50 000＋20 000)×7%＝11 900(元)

借：营业税金及附加　　11 900

　贷：应交税费——应交城市维护建设税　　11 900

② 用银行存款交纳城市维护建设税时：

借：应交税费——应交城市维护建设税　　11 900

　贷：银行存款　　11 900

3. 应交教育费附加

教育费附加是为了发展教育事业而向企业征收的附加费用，企业按应交流转税的一定比例计算交纳。应交教育费附加的计算方法与应交城市维护建设税的计算方法相同。

企业应交的教育费附加，借记“营业税金及附加”等科目，贷记“应交税费——应交教育费附加”科目；实际交纳时，借记“应交税费——应交教育费附加”科目，贷记“银行存款”科目。

例 4－55 承例 4－54，计算并交纳甲公司当月应交的教育费附加，教育费附加征收率为 3%。甲公司应编制如下会计分录。

① 计算应交的教育费附加时：

应交的教育费附加＝(100 000＋50 000＋20 000)×3%＝5 100(元)

借：营业税金及附加　　5 100

　贷：应交税费——应交教育费附加　　5 100

② 用银行存款交纳教育费附加时：

借：应交税费——应交教育费附加　　5 100

　贷：银行存款　　5 100

4. 应交土地增值税

土地增值税是指对在我国境内有偿转让土地使用权及地上建筑物和其他附着物产权的单位和个人，就其土地增值额征收的一种税。

企业应交的土地增值税视情况记入不同科目。企业转让的土地使用权连同地上建筑物及其附着物一并在“固定资产”科目核算的，转让时应交的土地增值税，借记“固定资产清理”科目，贷记“应交税费——应交土地增值税”科目；土地使用权在“无形资产”科目核算的，按实际收到的金额，借记“银行存款”科目；按应交的土地增值税，贷记“应交税费——应交土地增值税”科目，同时冲销土地使用权的账面价值，借记“累计摊销”和“无形资产减值准备”，贷记“无形资产”等科目；按其差额，借记“营业外支出”科目或贷记“营业外收入”科目。房地产开发经营企业销售房地产应交纳的土地增值税，借记“营业税金及附加”科目，贷记“应交税费——应交土地增值税”科目。实际交纳土地增值税时，借记“应交税费——应交土地增值税”科目，贷记“银行存款”科目。

例 4－56 某企业对外转让一栋办公楼，根据税法规定计算的应交土地增值税为66 000元。该企业应编制如下会计分录。

① 计算应交纳的土地增值税时：

借：固定资产清理　　66 000

贷:应交税费——应交土地增值税　　66 000

② 用银行存款交纳土地增值税时:

借:应交税费——应交土地增值税　　66 000

　贷:银行存款　　66 000

5. 应交房产税、土地使用税、车船税和矿产资源补偿费

(1) 房产税。房产税是国家对在城市、县城、建制镇和工矿区征收的由产权所有人交纳的一种税。房产税以房产为征税对象,以房产的计税余值或租金收入为计税依据,其计税方法有以下两种。

① 按照房产计税余值征税的,称为从价计征,计算公式为:

应纳税额 = 房产原值 ×(1 - 原值减除率)× 适用税率

② 按照房产租金收入征税的,称为从租计征,计算公式为:

应纳税额 = 租金收入 × 适用税率

(2) 土地使用税。土地使用税是国家为了合理利用城镇土地,调节土地级差收入,提高土地使用效益,加强土地管理而开征的一种税,以纳税人实际占用的土地面积为计税依据,依据规定税额计算征收。土地使用税应纳税额的计算公式为:

应纳税额 = 计税土地面积 × 适用税率。

(3) 车船税。车船税是对行驶于我国境内公共道路的车辆,航行于国内河流、湖泊或者领海的船舶,按其种类、吨位和规定税额计算征收的一种税。车船使用税根据不同类型的车船及其适用的计税标准分别计算应纳税额。

(4) 矿产资源补偿费。矿产资源补偿费是对在我国领域和管辖海域开采矿产资源而征收的费用。矿产资源补偿费按照矿产品销售收入的一定比例计征,由采矿人交纳。

企业应交的房产税、土地使用税、车船税、矿产资源补偿费,借记"管理费用"科目,贷记"应交税费——应交房产税(或应交土地使用税、应交车船税、应交矿产资源补偿费)"科目。

6. 应交个人所得税

企业按规定计算的代扣代缴的职工个人所得税,借记"应付职工薪酬"科目,贷记"应交税费——应交个人所得税"科目;企业交纳个人所得税时,借记"应交税费——应交个人所得税"科目,贷记"银行存款"等科目。

例 4-57 甲公司从本月应付职工工资总额中代扣职工个人所得税共计 5 000 元。甲公司应编制如下会计分录。

借:应付职工薪酬——工资　　5 000

　贷:应交税费——应交个人所得税　　5 000

七、应付股利

应付股利是指企业根据股东大会或类似机构审议批准的利润分配方案确定分配给投资者的现金股利或利润。企业应当设置"应付股利"科目,核算企业确定或宣告支付但尚未实际支付的现金股利或利润。该科目贷方登记应支付的现金股利或利润,借方登记实际支付的现金股利或利润,期末贷方余额反映企业应付未付的现金股利或利润。本科目可按投资者进行明细核算。

企业根据股东大会或类似机构审议批准的利润分配方案,确认应付给投资者的现金股利或利润时,借记"利润分配——应付现金股利或利润"科目,贷记"应付股利"科目;向投资者实际支付现金股利或利润时,借记"应付股利"科目,贷记"银行存款"等科目。

需要说明的是,企业董事会或类似机构通过的利润分配方案中拟分配的现金股利或利润,不作账务

处理，不作为应付股利核算，但应在附注中披露。企业分配的股票股利不通过"应付股利"科目核算。

例 4－58　甲有限责任公司有 A、B、C 3 个股东，分别占注册资本的 30%、40%、30%。2013 年度该公司实现净利润 800 000 元，经过股东会批准，决定 2011 年分配股利 500 000 元，股利已经用银行存款支付。甲有限责任公司应编制如下会计分录。

借：利润分配——应付股利	500 000	
贷：应付股利——A 股东		150 000
——B 股东		200 000
——C 股东		150 000
借：应付股利——A 股东	150 000	
——B 股东	200 000	
——C 股东	150 000	
贷：银行存款		500 000

八、其他应付款

其他应付款是指企业除应付票据、应付账款、预收账款、应付职工薪酬、应交税费、应付股利等经营活动以外的其他各项应付、暂收的款项，如应付经营租入固定资产和包装物租金、存入保证金、代扣职工个人承担的应交社会保险费和住房公积金、应付及暂收其他单位和个人的款项等。

企业应当设置"其他应付款"科目，核算其他应付款的增减变动及其结存情况。该科目贷方登记发生的各种应付、暂收款项，借方登记偿还或转销的各种应付、暂收款项，期末贷方余额，反映企业应付未付的其他应付款项。本科目可按其他应付款的项目和对方单位或个人进行明细核算。

企业发生各种其他应付、暂收款项时，借记"管理费用"、"制造费用"、"银行存款"等科目，贷记"其他应付款"科目；支付或退回各种其他应付、暂收款项时，借记"其他应付款"科目，贷记"银行存款"等科目。

例 4－59　甲公司从 2014 年 4 月 1 日起，以经营租赁方式租入管理用办公设备一批，每月租金 6 200 元，按季支付。6 月 30 日，甲公司以银行存款支付应付租金。甲公司应编制如下会计分录。

① 4 月 30 日计提应付经营租入固定资产租金时：

借：管理费用	6 200	
贷：其他应付款		6 200

5 月末计提应付经营租入固定资产租金的会计处理同上。

② 6 月 30 日支付租金时：

借：其他应付款	12 400	
管理费用	6 200	
贷：银行存款		18 600

【检测 4－9】多项选择题

下列项目中，属于其他应付款内容的有（　　）。

A. 职工未按期领取的工资　　　B. 应付经营租入固定资产租金

C. 存入保证金　　　D. 应付、暂收所属单位或个人的款项

第二节 非流动负债

非流动负债是指流动负债以外的负债，通常是指偿还期限在1年以上的债务。资产负债表中列示的非流动负债项目通常包括长期借款、应付债券、长期应付款和其他非流动负债等。

一、长期借款的确认和计量

长期借款是指企业向银行或其他金融机构借入的、偿还期限在1年以上（不含1年）的各种借款。长期借款一般用于固定资产的购建、改扩建工程、大修理工程、对外投资以及为了保持长期经营能力等方面的需要。它是企业长期负债的重要组成部分，必须加强管理与核算。

企业取得长期借款，必须按照银行规定的程序办理，一般要经过申请、审批、签订合同和划拨款项等步骤。企业在长期借款的使用期间，应按期支付利息、到期偿还本金。企业应当设置“长期借款”科目，核算长期借款的取得、计息和归还等情况。该科目贷方登记长期借款本息的增加额，借方登记本息的减少额，期末余额在贷方，表示企业尚未偿还的长期借款。本科目可按贷款单位和贷款种类，分别“本金”和“利息调整”等进行明细核算，其中，“本金”核算借款本金的增减变动；“利息调整”核算因合同利率与实际利率不一致而产生的实际收到款项与借款本金之间的差额及其摊销额。

长期借款的账务处理主要包括取得长期借款、发生利息、归还长期借款等环节。

（一）取得长期借款

企业借入长期借款，应按借款本金扣除相关手续费等费用后的实际收到金额，借记“银行存款”科目，贷记“长期借款——本金”科目。二者之间如有差额，还应借记“长期借款——利息调整”科目。

例 4-60 甲公司为增值税一般纳税人，于2011年1月1日从银行借入资金1 000 000元，借款期限为3年，年利率为10%，每年计息一次，利息于每年1月1日支付，借入款项已存入银行。甲公司于当日用该借款购入不需要安装的设备一台，价款为800 000元，增值税税额为136 000元，另支付保险等费用24 000元，设备已于当日投入使用。甲公司应编制会计分录如下。

① 取得借款时：

借：银行存款	1 000 000	
贷：长期借款——本金		1 000 000

② 购入设备时：

借：固定资产	824 000	
应交税费——应交增值税（进项税额）	136 000	
贷：银行存款		960 000

（二）发生长期借款利息

长期借款一般是分期付息、到期一次还本。长期借款的利息费用应当在资产负债表日按照实际利率法计算确定，实际利率与合同利率差异较小的，也可以采用合同利率计算确定利息费用。长期借款按合同利率计算确定的应付未付利息，应记入“应付利息”科目。长期借款的利息费用应当按以下原则处理。

（1）属于筹建期间发生的不符合资本化条件的利息费用，应计入管理费用，借记“管理费用”科目，贷记“应付利息”科目。

（2）属于生产经营期间发生的不符合资本化条件的利息费用，应计入财务费用，借记“财务费用”科目，贷记“应付利息”科目。

(3) 如果长期借款用于购建固定资产等符合资本化条件的资产,在资产尚未达到预定可使用或者可销售状态前发生的利息费用应予以资本化,计入相关资产成本,借记“在建工程”、“生产成本”、“制造费用”、“研发支出”等科目,贷记“应付利息”科目;资产达到预定可使用或者可销售状态后发生的利息费用应予以费用化,计入财务费用,借记“财务费用”科目,贷记“应付利息”科目。

【链接4－2】

例4－61　承例4－60,甲公司于2011年12月31日计提长期借款利息。甲公司应编制如下会计分录。

2011年12月31日计提的长期借款利息＝1 000 000×10%＝100 000(元)

借:财务费用	100 000	
贷:应付利息		100 000

2012年和2013年年末计提利息分录同上。

例4－62　承例4－61,甲公司于2012年1月1日支付上年利息。甲公司应编制如下会计分录。

借:应付利息	100 000	
贷:银行存款		100 000

2013年年初支付利息分录同上。

(三) 归还长期借款

企业到期归还长期借款本金时,应借记“长期借款——本金”科目,贷记“银行存款”科目;支付最后一期利息时,应借记“应付利息”科目,贷记“银行存款”科目。

例4－63　承例4－60,甲公司于2014年1月1日偿还该笔银行借款本金和最后一年利息。甲公司应编制如下会计分录。

借:长期借款——本金	1 000 000	
应付利息	100 000	
贷:银行存款		1 100 000

【检测4－10】多项选择题

企业长期借款的利息费用,可能涉及的科目有(　　　　)。

A. 在建工程　　B. 管理费用　　C. 财务费用　　D. 固定资产

二、应付债券的确认和计量

企业可以依照法定程序,以对外发行债券的形式筹集资金。债券是依照法定程序发行的、约定在一定期限内还本付息的一种有价证券。应付债券是企业因发行超过1年期以上的债券筹措资金而形成的一项非流动负债。企业应当设置企业债券备查簿,详细登记每一企业债券的票面金额、债券票面利率、还本付息期限与方式、发行总额、发行日期和编号、委托代售单位、转换股份等资料。企业债券到期结清时,应当在备查簿内逐笔注销。

(一) 企业债券发行价格

债券的发行价格,是债券发行企业在发行债券时向债券投资者收取的全部现金或现金等价物。

债券的发行价格受诸多因素的影响，就企业内部而言，除了债券的面值、期限、票面利率、利息支付方式之外，发行企业自身的信用状况、资本结构等也会影响债券的发行价格；就企业外部来说，资本市场上的利率水平、供求关系等，也是影响债券发行价格的重要因素。企业债券可以有3种发行价格。

1. 面值发行

面值发行即按与债券面额相等的价格发行企业债券。债券采用面值价格发行表明发行企业确定的债券票面利率与市场利率一致。

2. 溢价发行

溢价发行即按高于债券面值的价格发行企业债券。其原因是债券的票面利率高于市场利率。由于债券的利息高于市场利息，以后发行企业要多付利息给债券投资者。因此，溢价是发行企业以后各期多付利息而事先得到的补偿。

3. 折价发行

折价发行即按低于债券面值的价格发行企业债券。其原因是债券的票面利率低于市场利率。由于债券的利息低于市场利息，以后发行企业则少付利息给债券投资者。因此，折价是发行企业以后各期少付利息而预先给投资者的补偿。

因此，溢价或折价实质上是发行企业在债券存续期内对利息费用的一种调整。

（二）应付债券的账务处理

企业应当设置“应付债券”科目，并在该科目下设置“面值”、“应计利息”、“利息调整”等明细科目，核算应付债券的发行、计提利息、还本付息等情况。

“应付债券——面值”科目，用于核算企业发行债券的面值（即本金）的增减变动情况。其借方登记债券面值的减少数，即本金的偿还或转销数；贷方登记债券面值的增加数，即发行债券的面值；期末余额在贷方，反映尚未归还的债券本金。

“应付债券——利息调整”科目，用于核算企业发行债券实际收到的金额与债券面值的差额，在资产负债表日按实际利率对差额进行摊销，从而调整利息费用。它是“应付债券——面值”账户的调整账户，其借方登记实际收到的金额小于债券面值的差额（即折价加上相关的发行费用）；贷方登记实际收到的金额大于债券面值的差额（即溢价减去相关的发行费用）；期末余额在借方或贷方，反映尚未摊销的差额。

“应付债券——应计利息”科目，用于核算企业发行的到期一次还本付息债券在资产负债表日按票面利率计算确定的应付利息。其借方登记实际支付的利息；贷方登记计提的应付未付的利息；期末余额在贷方，反映尚未支付的利息金额。分期付息到期还本债券按期计提的利息则通过“应付利息”科目核算。

【提示4－4】本书只讲解按照面值发行的应付债券的会计处理。有关溢折价发行债券、溢折价的摊销和利息费用的调整及其会计处理，将在《财务会计实务（中级）》中学习。

1. 面值发行债券

企业按面值发行债券时，应按实际收到的金额，借记“银行存款”等科目，按债券票面金额，贷记“应付债券——面值”科目，存在差额的，还应借记或贷记“应付债券——利息调整”科目。

例4－64　甲公司于2011年1月1日发行3年期、到期一次还本付息、票面利率为6%的公司债券，债券每张面值为100元，共发行10万张，按面值发行，实际收到1 000万元，已存入银行，假定无发行费用。甲公司应编制如下会计分录。

借:银行存款　　10 000 000

　贷:应付债券——面值　　10 000 000

2. 发生债券利息

企业发行的债券应于资产负债表日按期计提利息。应付债券按实际利率(实际利率与票面利率差异较小时也可按票面利率)计算确定的利息费用,应按照与长期借款相一致的原则计入有关成本、费用,借记"在建工程"、"制造费用"、"财务费用"、"研发支出"等科目;按票面利率计算确定的应付未付利息中,对于分期付息、到期一次还本的债券,贷记"应付利息"科目,对于一次还本付息的债券,贷记"应付债券——应计利息"科目;其利息费用与应计利息存在差额的,借记或贷记"应付债券——利息调整"科目。

例4-65　承例4-64,甲公司发行债券所筹资金用于生产经营,假定票面利率等于实际利率。2011年12月31日甲公司按年计提利息,应计利息600 000(10 000 000×6%)元。甲公司应编制如下会计分录。

借:财务费用　　600 000

　贷:应付债券——应计利息　　600 000

甲公司2012年末、2013年末计提债券利息的账务处理同上。

3. 债券还本付息

企业发行的债券到期,支付债券本息时,应借记"应付债券——面值"、"应付债券——应计利息"或"应付利息"等科目,贷记"银行存款"等科目。

例4-66　承例4-64、例4-65,2014年1月1日,甲公司偿还债券本金及利息。甲公司应编制如下会计分录。

应付债券的应计利息=600 000×3=1 800 000(元)

借:应付债券——面值　　10 000 000

　　　　——应计利息　　1 800 000

　贷:银行存款　　11 800 000

【思考4-4】如果例4-64中甲公司发行的债券为分期付息到期还本的,则例4-65、例4-66中甲公司应当编制怎样的会计分录?

三、长期应付款的确认和计量

长期应付款是指企业除长期借款和应付债券以外的其他各种长期应付款项,包括应付融资租入固定资产的租赁费和以分期付款方式购入固定资产发生的应付款项等。

企业应当设置"长期应付款"科目,用以核算企业融资租入固定资产和以分期付款方式购入固定资产时应付的款项及偿还情况。该科目可按长期应付款的种类和债权人进行明细核算。

(一) 应付融资租赁款

应付融资租赁款是指企业融资租入固定资产而发生的应付款。融资租赁是指实质上转移与资产所有权有关的全部风险和报酬的租赁,以融资为主要目的,具有明显的购置特征。因此,按照实质重于形式的要求,融资租入的固定资产通常被视为承租人的资产,由承租人负责租入资产的核算,包括计提折旧等,同时,承租人还应核算应付融资租赁款这一负债的产生和支付情况。

企业融资租入固定资产时,按租赁开始日租赁资产的公允价值与最低租赁付款额的现值两者中较低者加上初始直接费用为入账价值,借记"在建工程"或"固定资产"科目;按最低租赁付款额,贷记"长期应付款"科目;按发生的初始直接费用,贷记"银行存款"科目;按其差额,借记"未确认融资费用"科目。

在融资租赁下,承租人向出租人支付的租金中,包含了本金和利息两部分。承租人支付租金时,一方面应减少长期应付款,另一方面应将未确认融资费用,在租赁期内各个期间按一定的方法确认为当期融资费用。企业应当采用实际利率法计算确认当期的融资费用。

(二) 具有融资性质的延期付款购买资产

企业购买资产有可能延期支付有关价款。如果延期支付的购买价款超过正常信用条件,实质上具有融资性质的,所购资产的成本应当以延期支付购买价款的现值为基础确定。实际支付的价款与购买价款的现值之间的差额,应当在信用期间内采用实际利率法进行摊销,计入相关资产成本或当期损益。具体来说,企业购入资产超过正常信用条件延期付款实质上具有融资性质时,应按购买价款的现值,借记"固定资产"、"在建工程"等科目,按应支付的价款总额,贷记"长期应付款"科目,按其差额,借记"未确认融资费用"科目。

【链接4-3】

考情分析

本章内容在近几年全国初级会计资格考试《初级会计实务》中的题型、题量及试题分数如下表所示。从近几年试题分数看,本章内容比较重要。

题 型	2011年	2012年	2013年/2014年
单项选择题	1题1分	3题3分	1题1.5分
多项选择题	1题2分	1题2分	1题2分
判断题		2题2分	1题1分
不定项选择题			1题10分
分数合计	3分	7分	14.5分

同步训练

一、单项选择题

1. 某企业为增值税小规模纳税人,本月购入甲材料2 060千克,每千克单价(含增值税)为50元,另外支付运杂费3 500元,运输途中发生合理损耗60千克,入库前发生挑选整理费用620元。该批材料入库的实际单位成本为每千克(　　)元。

A. 50　　B. 51.81　　C. 52　　D. 53.56

2. 某企业于2012年7月1日按面值发行5年期、到期一次还本付息的公司债券,该债券面值总额为8 000万元,票面年利率为4%,自发行日起计息。假定票面利率与实际利率一致,不考虑相关税费,2013年12月31日该应付债券的账面余额为(　　)万元。

A. 8 000　　B. 8 480　　C. 8 320　　D. 8 160

3. 甲、乙公司均为增值税一般纳税人,甲公司委托乙公司加工一批应交消费税的半成品,收回后用于连续生产应税消费品。甲公司发出原材料实际成本210万元,支付加工费6万元、增值税1.02万元、消费税24万元。假定不考虑其他相关税费,甲公司收回该半成品的入账价值为(　　)万元。

A. 216　　B. 217.02　　C. 240　　D. 241.02

4. 某公司2013年7月1日向银行借入资金60万元,期限6个月,年利率为6%,到期还本,按月计提利息,按季付息。该企业7月31日应计提的利息为(　　)万元。

A. 0.3　　B. 0.6　　C. 0.9　　D. 3.6

5. 某饮料生产企业为增值税一般纳税人,年末将本企业生产的一批饮料发放给职工作为福利。该饮料市场售价为12万元(不含增值税),增值税适用税率为17%,实际成本为10万元。假定不考虑其他因素,该企业应确认的应付职工薪酬为(　　)万元。

A. 10　　B. 11.7　　C. 14.04　　D. 12

6. 甲公司为增值税一般纳税人,委托外单位加工一批应交消费税的商品,以银行存款支付加工费200万元、增值税34万元、消费税30万元,该加工商品收回后将直接用于销售。甲公司支付上述相关款项时,应编制的会计分录是(　　)。

A. 借:委托加工物资	264	
贷:银行存款		264
B. 借:委托加工物资	230	
应交税费	34	
贷:银行存款		264
C. 借:委托加工物资	200	
应交税费	64	
贷:银行存款		264
D. 借:委托加工物资	264	
贷:银行存款		200
应交税费		64

7. 企业发生赊购商品业务,下列各项中不影响应付账款入账金额的是(　　)。

A. 商品价款　　B. 增值税进项税额

C. 现金折扣　　D. 销货方代垫运杂费

8. 某股份公司2013年4月1日开出面值200 000元、6个月到期的商业汇票,票面利率5%,该商业汇票6月30日的账面价值为(　　)元。

A. 202 500　　B. 200 000　　C. 210 000　　D. 205 000

9. 某增值税小规模纳税企业本期购入原材料并验收入库,其采购取得的专用发票注明原材料价格为20 000元,增值税税额为3 400元;该企业当期产品销售价(含税)20 600元,增值税征收率为3%,则该企业当期应该交纳的增值税税额为(　　)元。

A. 2 800　　B. 618　　C. 2 782　　D. 600

10. 某企业2013年7月10日从A公司购入材料一批,增值税专用发票上列明该批材料的价款为20 000元,增值税税额为3 400元。对方开出的现金折扣条件为:2/10、1/20、n/30。假定计算折扣时不考虑增值税。该企业于2013年7月26日用银行存款付清所欠A公司的货款时,应享受的现金折扣为(　　)元。

A. 0　　B. 468　　C. 234　　D. 200

二、多项选择题

1. 下列各项交易或事项中,应通过"其他应付款"科目核算的有(　　)。

A. 客户存入的保证金　　B. 应付股东的股利

C. 应付租入包装物的租金　　D. 预收购货单位的货款

2. 下列对长期借款利息费用的会计处理,正确的有(　　)。

A. 筹建期间的借款利息计入管理费用

B. 筹建期间的借款利息计入长期待摊费用

C. 日常生产经营活动的借款利息计入财务费用

D. 符合资本化条件的借款利息计入相关资产成本

3. 企业销售商品交纳的下列各项税费,计入"营业税金及附加"科目的有(　　)。

A. 消费税　B. 增值税　C. 教育费附加　D. 城市维护建设税

4. 企业交纳的下列税金,应通过"应交税费"科目核算的有(　　)。

A. 印花税　B. 耕地占用税　C. 房产税　D. 土地增值税

5. 下列各项中,不属于"其他应付款"科目核算内容的是(　　)。

A. 租入包装物支付的押金　B. 应付经营租入固定资产的租金

C. 存出的保证金　D. 应为职工缴付的社会保险费

6. 下列各项中,应作为应付职工薪酬核算的有(　　)。

A. 支付的工会经费　B. 支付的职工教育经费

C. 为职工支付的住房公积金　D. 为职工无偿提供的医疗保健服务

7. 下列各项中,不应计入"营业税金及附加"科目的有(　　)。

A. 进口原材料应交的关税　B. 购进生产设备应支付的增值税

C. 出售房屋建筑物应交的营业税　D. 销售自产化妆品应交的消费税

8. 下列各项中,应确认为应付职工薪酬的有(　　)。

A. 非货币性福利　B. 社会保险费和辞退福利

C. 职工工资、福利费　D. 工会经费和职工教育经费

9. 下列经济业务需要计算增值税销项税额的有(　　)。

A. 将自产产品用于集体福利设施建设　B. 以库存商品对外投资

C. 将自产产品对外捐赠　D. 将自产产品用于生产设备安装

10. 为了进行应付债券的核算,应在"应付债券"科目下设置的明细科目有(　　)。

A. 债券面值　B. 债券溢价　C. 应计利息　D. 利息调整

三、判断题

1. 企业为职工缴纳的基本养老保险金、补充养老保险费,以及为职工购买的商业养老保险,均属于企业提供的职工薪酬。(　)

2. 短期借款的账面余额包含所计提的应付未付利息的金额。(　)

3. 在会计实务中,开出并承兑的带息应付票据按其面值加应计利息入账。(　)

4. 企业董事会或类似机构通过的利润分配方案中拟分配的现金股利或利润,应确认为应付股利。(　)

5. 一般纳税企业购进货物取得普通发票,其价款中所含的增值税额应计入货物成本。(　)

6. 小规模纳税企业只有取得增值税专用发票,才能将支付的进项税额抵扣销项税额。(　)

7. 委托加工物资收回后用于连续生产应税消费品,委托方应将受托方代收代缴的消费税记入"应交税费——应交消费税"科目的借方。(　)

8. 上市公司董事会通过股票股利分配方案时,财会部门应将拟分配的股票股利确认为负债。(　)

9. 溢价和折价的摊销是发行债券企业在债券存续期间对利息费用的一种调整。(　)

10. 企业按税法等规定计算的各种应交税费,均应通过"应交税费"科目核算。(　)

四、不定项选择题

(一) 甲企业为增值税一般纳税人,适用的增值税税率为17%。2014年3月1日,"应付职工薪

酬”科目贷方余额为516 000元(全部为工资),该企业2014年3月份发生的有关职工薪酬业务如下。

1）1日,企业租入房屋4套供管理人员免费使用,月租金共计12 000元,每月末支付租金,企业于当月31日以银行存款支付本月租金12 000元。

2）5日,从月初应付职工薪酬中扣除企业代扣由职工承担的个人所得税8 900元(尚未缴纳),为职工代垫的家庭医药费5 000元,通过银行转账实际发放工资502 100元。

3）24日,企业以其生产的毛巾被作为福利发放给直接从事生产活动的职工,该批毛巾被市场售价总额为45 000元(不含税价格),成本总额为30 000元。

4）31日,本月份各部门应付工资汇总结果如下表。(金额单位:元)

部门	车间生产部门	车间管理部门	行政管理部门	销售部门	施工部门	合　计
金额	258 000	29 700	63 400	74 100	59 800	485 000

假定该企业社会保险费的计提比例为工资总额的20%。住房公积金的计提比例为工资总额的15%。

要求:根据上述资料,不考虑其他因素,分析回答下列第1~5小题。

1. 根据资料1),下列各项中,该企业会计处理正确的是(　　)。

A. 借:管理费用　12 000
　　贷:银行存款　12 000

B. 借:管理费用　12 000
　　贷:应付职工薪酬——非货币性福利　12 000

C. 借:应付职工薪酬——非货币性福利　12 000
　　贷:银行存款　12 000

D. 借:应付职工薪酬——非货币性福利　12 000
　　贷:管理费用　12 000

2. 根据资料3),下列各项中,该企业会计处理结果正确的是(　　)。

A. 库存商品减少45 000元　B. 生产成本增加52 650元

C. 制造费用增加37 650元　D. 主营业务成本增加30 000元

3. 根据资料2)至4),下列项目中,应通过“应付职工薪酬”科目核算的是(　　)。

A. 企业为职工缴纳的社会保险费　B. 企业为职工家属代垫的医药费

C. 企业为职工缴纳的住房公积金　D. 企业将自产毛巾被作为福利发放给职工

4. 根据资料4),下列各项中,该企业分配职工薪酬会计处理结果正确的是(　　)。

A. 制造费用增加40 095元　B. 管理费用增加85 590元

C. 销售费用增加100 035元　D. 管理费用增加125 685元

5. 根据期初及资料1)至4),下列各项中,该企业3月份的职工薪酬会计处理结果正确的是(　　)。

A. 本月应付职工薪酬分配记入“生产成本”科目的金额是400 950元

B. 本月应付职工薪酬分配记入“在建工程”科目的金额是80 730元

C. 本月应付职工薪酬分配记入“管理费用”科目的金额是97 590元

D. 本月末“应付职工薪酬”科目贷方余额为654 750元

(二) 乙企业2013年发生的长期借款和仓库建造业务如下。

1）2013年1月1日,为建造一幢仓库从银行取得长期借款800万元,期限3年,合同年利率6%(合同利率等于实际利率),不计复利,每年末计提并支付利息一次,到期一次还本。

2）2013年1月1日,开始建造仓库,当日用该借款购买工程物资一批,价款为427万元,增值税额为73万元,全部用于工程建设,同时支付工程款300万元。

3）2013 年 12 月 31 日，仓库工程完工并验收合格，达到预定可使用状态。仓库达到预定可使用状态前发生的借款利息全部予以资本化。该仓库预计使用年限为 20 年，预计净残值为 8 万元，采用年限平均法计算折旧。

假定未发生其他建造支出。

要求：根据上述资料，不考虑其他因素，分析回答下列第 6 ~ 10 小题。

6. 2013 年 1 月 1 日，乙企业购买工程物资并使用、支付工程款，其会计处理正确的是(　　)。

A. 借：工程物资　4 270 000
　　应交税费——应交增值税（进项税额）　730 000
　贷：银行存款　5 000 000

B. 借：工程物资　5 000 000
　贷：银行存款　5 000 000

C. 借：在建工程　7 270 000
　贷：工程物资　4 270 000
　　银行存款　3 000 000

D. 借：在建工程　8 000 000
　贷：工程物资　5 000 000
　　银行存款　3 000 000

7. 2013 年 12 月 31 日，乙企业计提长期借款利息的会计分录正确的是(　　)。

A. 借：财务费用　480 000
　贷：应付利息　480 000

B. 借：财务费用　480 000
　贷：银行存款　480 000

C. 借：在建工程　480 000
　贷：银行存款　480 000

D. 借：在建工程　480 000
　贷：应付利息　480 000

8. 2013 年 12 月 31 日，仓库达到预定可使用状态交付使用时的入账价值为(　　)万元。

A. 848　　B. 800　　C. 775　　D. 727

9. 根据资料 1）至 3），该仓库每年应计提的折旧额是(　　)万元。

A. 39.6　　B. 42　　C. 38.35　　D. 35.95

10. 2014 年 12 月 31 日，乙企业计提长期借款利息的会计分录正确的是(　　)。

A. 借：财务费用　480 000
　贷：应付利息　480 000

B. 借：财务费用　480 000
　贷：银行存款　480 000

C. 借：在建工程　480 000
　贷：银行存款　480 000

D. 借：在建工程　480 000
　贷：应付利息　480 000

五、计算分析题

1. 乙企业为增值税一般纳税人，适用的增值税税率为 17%。2012—2013 年发生以下有关交易或事项。

1）2012 年 1 月 1 日，向银行借入短期借款 150 000 元存入银行，用于经营周转。

2）2012 年 1 月 31 日，预提本月短期借款利息 750 元。

3）2012 年 3 月 31 日，以银行存款支付本季度银行借款利息 2 250 元，已预提 1 500 元。

4）2012 年 10 月 1 日，向 B 公司购入原材料 200 000 元，增值税税额 34 000 元，开出一张期限为 6 个月、面值 234 000 元的票据。材料已入库，该企业材料按实际成本核算。

5）2013 年 4 月 1 日，开给 B 公司应付票据到期，通过银行支付票据款 234 000 元。

6）2013 年 5 月 5 日，收到 C 公司预订产品的预付款 50 000 元存入银行。

7）2013 年 6 月 10 日，将 C 公司预订的产品发出，价款 120 000 元，增值税税额 20 400 元，共计 140 400 元。

8）2013 年 6 月 20 日，收到 C 公司补付的货款 90 400 元。

9）2013 年 6 月 30 日，企业为下属 25 位部门经理每人配备汽车一辆免费使用，本月开始计提折旧，假定每辆汽车每月折旧额为 800 元。

10）2013 年 12 月 25 日，将 50 台自产的 V 型厨房清洁器作为福利分配给本公司行政管理人员。该厨房清洁器每台生产成本为 12 000 元，市场售价为 15 000 元（不含增值税）。

要求：根据上述经济业务编制会计分录（"应交税费"科目要求写出明细科目和专栏名称）。

2. 甲企业为增值税一般纳税人，适用的增值税税率为 17%。2013 年 10 月发生以下经济业务。

1）购入材料一批，价款 10 000 元，增值税税额 1 700 元，共计 11 700 元，以银行存款支付。材料已入库，该企业材料按实际成本核算。

2）销售应交消费税的产品一批，价款 50 000 元，增值税税额 8 500 元，共计 58 500 元，收到款项送存银行。消费税税率为 10%。

3）将自产的一批产品用于在建工程（房屋建筑物），该批产品的成本为 15 000 元，计税价格为 25 000 元。

4）购入一台不需要安装的机器设备，价款 90 000 元，增值税税额为 15 300 元，款项已经以银行存款支付。

5）在建工程（房屋建筑物）领用原材料一批，账面成本 30 000 元。

6）企业以自产的一批产品对外捐赠，该批产品的成本为 40 000 元，计税价格为 60 000 元。

7）以银行存款交纳本月份增值税税额 15 000 元。

要求：根据上述经济业务编制会计分录（"应交税费"科目要求写出明细科目和专栏名称）。

3. 甲公司委托外单位加工材料一批，原材料价款 30 万元，以银行存款支付加工费 8 万元，支付增值税 1.36 万元，支付由受托方代收代交的消费税 0.5 万元，材料已经加工完毕并验收入库。假定该企业材料采用实际成本核算。

要求：编制以下两种情况下，从发出材料委托加工到加工完毕收回的全部会计分录。

（1）委托方收回加工材料后用于继续生产应税消费品。

（2）委托方收回加工后的材料直接用于销售。

（"应交税费"科目要求写出明细科目和专栏名称，答案中的金额单位用万元表示。）

4. 某企业经批准从 2012 年 1 月 1 日起按面值发行 2 年期、面值为 100 元的债券 10 000 张，债券年利率为 6%（实际利率与合同利率一致），该债券每半年付息一次，每年 7 月 1 日和 1 月 1 日为付息日，该债券所筹资金全部用于新生产线的建设，该生产线于 2013 年 6 月底完工并交付使用，债券到期后一次支付本金。假定不考虑其他因素。

要求：编制该企业从债券发行到债券到期的全部会计分录（答案中的金额单位用万元表示）。

第五章

所有者权益的确认和计量

学习目标

知识目标

掌握实收资本、资本公积和留存收益的核算；熟悉资本公积的来源、其他综合收益和利润分配的内容、盈余公积和未分配利润的概念及内容。

技能目标

能对所有者权益各组成项目的确认进行职业判断，并正确运用计量方法，对所有者权益各项内容的确认和计量进行会计处理。

所有者权益指企业资产扣除负债后由所有者享有的剩余权益。在公司制企业，所有者权益又称为股东权益。所有者权益是由投资人对企业投入的资本以及企业非日常活动所形成的、直接计入所有者权益的利得和损失和企业生产经营活动中形成的留存收益构成。资产负债表中列示的所有者权益项目通常包括实收资本（股本）、资本公积、其他综合收益、盈余公积和未分配利润等。

【链接5－1】

所有者权益体现的是所有者在企业中的剩余权益，是企业的资产减去负债后的净资产、因此，所有者权益的确认主要依赖于其他会计要素，尤其是资产和负债的确认；所有者权益金额的确定也主要取决于资产和负债的计量。

第一节　实收资本

一、实收资本的概念

实收资本是指企业按照章程的规定或合同、协议约定，接受投资者在注册资本的范围内实际投入企业的资本。实收资本是企业注册成立的基本条件之一，也是企业正常运行所必需的资金和承担各项责任的财力保证。实收资本的构成比例即投资者的出资比例或股东的股份比例，通常是确定所有者在企业所有者权益中所占的份额和参与企业财务经营决策的基础，也是企业进行利润分配或股利分配的主要依据，同时还是企业清算时确定所有者对净资产的要求权的依据。实收资本在股份有限公司称为股本。

我国《公司法》规定，股东可以用货币出资，也可以用实物、知识产权、土地使用权等可以用货币估价并可以依法转让的非货币财产作价出资；但是，法律、行政法规规定不得作为出资的财产除外。对作为出资的非货币财产应当评估作价，核实财产，不得高估或者低估作价。法律、行政法规对评估作价有规定的，从其规定。

【链接5－2】

二、实收资本的账务处理

企业的组织形式不同,实收资本的表现形式不同,所有者投入资本的核算方法也有所不同。股份有限公司对投资者(股东)投入的资本应设置"股本"科目核算;除股份有限公司以外的一般企业对投资者投入的资本应设置"实收资本"科目核算。该科目贷方登记接受投资增加的资本,借方登记减少的资本,期末贷方余额表示企业实收资本或股本总额;该科目可按投资者进行明细核算。

投资者投入的资本,从其形态上看,可以分为现金投资、实物投资和无形资产投资。当企业收到所有者投入企业的资本时,应根据有关原始凭证(如投资清单、银行通知单等),分别不同的出资方式进行账务处理。

(一) 接受现金资产投资

1. 一般企业接受现金资产投资

企业接受现金资产投资时,应以实际收到的金额或存入企业开户银行的金额,借记"银行存款"等科目,按投资合同或协议约定的投资者在企业注册资本中所占份额的部分,贷记"实收资本"科目,企业实际收到或存入开户银行的金额超过投资者在企业注册资本中所占份额的部分,贷记"资本公积——资本溢价"科目。

例 5-1 某有限责任公司由甲、乙、丙共同投资设立,注册资本为5 000 000元,甲、乙、丙持股比例分别为50%、30%和20%。按照公司章程规定,甲、乙、丙投入资本分别为2 500 000元、1 500 000元和1 000 000元。公司已如期收到各投资者一次缴足的款项。该公司应编制如下会计分录。

借:银行存款	5 000 000	
贷:实收资本——甲		2 500 000
——乙		1 500 000
——丙		1 000 000

2. 股份有限公司接受现金资产投资

股份有限公司的全部资本由等额股份构成,并通过发行股票筹集资本。股票是指股份有限公司发行的、证明股东按其股份享有权利和承担义务的凭证。股份有限公司应在核定的股本总额和核定的股份总额范围内发行股票。股份有限公司发行股票时,既可以按面值价格发行,也可以按高于面值价格即溢价发行。按照《公司法》规定,股票发行价格不得低于面值,即我国目前不允许折价发行股票。

股份有限公司发行股票时,应按实际收到的金额,借记"银行存款"等科目,无论是面值发行还是溢价发行,按每股股票面值和发行股份总额的乘积计算的金额,贷记"股本"科目,实际收到的金额与该股本之间的差额,贷记"资本公积——股本溢价"科目。

例 5-2 某股份有限公司经批准,委托某证券公司发行普通股股票20 000 000股,每股面值1元,每股发行价格为3.50元。股票发行成功,股款已全部收到存入银行。假定不考虑发行税费等因素,该公司应编制如下会计分录。

收到证券公司的发行款=20 000 000×3.50=70 000 000(元)

应记入"股本"科目的金额=20 000 000×1=20 000 000(元)

应记入"资本公积"科目的金额=20 000 000×(3.50-1)=50 000 000(元)

借:银行存款	70 000 000	
贷:股本		20 000 000
资本公积——股本溢价		50 000 000

发行股票相关的手续费、佣金等交易费用，如果是溢价发行股票的，应从溢价中抵扣，冲减资本公积（股本溢价）；无溢价发行股票或溢价金额不足以抵扣的，应将不足抵扣的部分冲减盈余公积和未分配利润。

例 5－3　承例 5－2，假定该股份有限公司发行股票时，发生手续费、佣金等交易费用 350 000元，用银行存款支付。该公司应编制如下会计分录。

借：资本公积——股本溢价	350 000	
贷：银行存款		350 000

【检测 5－1】单项选择题

甲公司发行普通股 1 000 万股，每股面值 1 元，每股发行价格为 5 元，支付手续费 20 万元。该公司发行普通股计入股本的金额为（　　）万元。

A. 1 000　　B. 3 980　　C. 4 980　　D. 5 000

（二）接受非现金资产投资

企业接受非现金资产投资时，应按投资合同或协议约定的价值（不公允的除外）作为非现金资产的入账价值，按投资合同或协议约定的投资者在企业注册资本或股本中所占份额的部分作为实收资本或股本入账，投资合同或协议约定的价值（不公允的除外）超过投资者在企业注册资本或股本中所占份额的部分，计入资本公积。

1. 接受投入固定资产

企业接受投资者作价投入的房屋、建筑物、机器设备等固定资产，应按投资合同或协议约定价值确定固定资产价值（投资合同或协议约定价值不公允的除外）和在注册资本中应享有的份额。

例 5－4　甲有限责任公司于设立时收到 A 公司作为资本投入的不需要安装的机器设备一台，投资合同或协议约定该机器设备的价值（不含可抵扣的增值税进项税额）为 800 000 元，增值税进项税额 136 000 元（由投资方支付税款，并提供或开具增值税专用发票）。假设合同约定的价值与公允价值相符，该进项税额允许抵扣，不考虑其他因素。甲公司应编制如下会计分录。

借：固定资产	800 000	
应交税费——应交增值税（进项税额）	136 000	
贷：实收资本——A 公司		936 000

本例中，固定资产的合同约定价值与公允价值相符，甲有限责任公司接受 A 公司投入的固定资产按合同约定金额与增值税进项税额之和 936 000 元作为实收资本。

2. 接受投入材料物资

企业接受投资者作价投入的材料物资，应按投资合同或协议约定价值确定材料物资价值（投资合同或协议约定价值不公允的除外）和在注册资本中应享有的份额。

例 5－5　乙有限责任公司于设立时收到 B 公司作为资本投入的原材料一批，该批原材料投资合同或协议约定价值（不含可抵扣的增值税进项税额）为 560 000 元，增值税进项税额为 95 200 元（由投资方支付税款，并提供或开具增值税专用发票）。假设合同约定的价值与公允价值相符，该进项税额允许抵扣，不考虑其他因素。原材料按实际成本核算。乙公司应编制如下会计分录。

借：原材料	560 000	
应交税费——应交增值税（进项税额）	95 200	

贷:实收资本——B 公司　　655 200

本例中,原材料的合同约定价值与公允价值相符,乙有限责任公司接受 B 公司投入的原材料按合同约定金额与增值税进项税额之和 655 200 元作为实收资本。

3. 接受投入无形资产

企业接受投资者作价投入的专利权、土地使用权、非专利技术等无形资产,应按投资合同或协议约定价值确定无形资产价值(投资合同或协议约定价值不公允的除外)和在注册资本中应享有的份额。

例 5-6　丙有限责任公司于设立时收到 C 公司作为资本投入的一项专利权,该专利权投资合同或协议约定价值为 90 000 元。假设合同约定的价值与公允价值相符,不考虑其他因素,丙公司应编制如下会计分录。

借:无形资产——专利权　　90 000

　　贷:实收资本——C 公司　　90 000

(三) 实收资本(或股本)的增减变动

一般情况下,企业的实收资本应相对固定不变,但在某些特定情况下,实收资本也可能发生增减变化。我国企业法人登记管理条例中规定,除国家另有规定外,企业的注册资金应当与实收资本相一致,当实收资本比原注册资金增加或减少的幅度超过 20% 时,应持资金使用证明或者验资证明,向原登记注册的主管机关申请变更登记。

1. 实收资本(或股本)的增加

一般企业增加资本主要有 3 个途径:接受投资者追加投资、资本公积转增资本和盈余公积转增资本。

企业按规定接受投资者追加投资时,其核算原则与投资者初次投入时相同。由于资本公积和盈余公积均属于所有者权益,用其转增资本时,如果是独资企业比较简单,直接结转即可。如果是有限责任公司或股份有限公司应该按照原投资者各自出资比例,或股份比例相应增加各投资者的出资额。

例 5-7　甲、乙、丙 3 人共同投资设立了甲有限责任公司,原注册资本为 6 000 000 元,甲、乙、丙分别出资 3 000 000 元、1 800 000 元和 1 200 000 元。为扩大经营规模,经批准,甲公司注册资本扩大为 8 000 000 元,甲、乙、丙按照原出资比例分别追加投资 1 000 000 元、600 000 元和 400 000元。甲公司如期收到甲、乙、丙追加的现金投资。甲公司应编制如下会计分录。

借:银行存款　　2 000 000

　　贷:实收资本——甲　　1 000 000

　　　　　　　　——乙　　600 000

　　　　　　　　——丙　　400 000

例 5-8　沿用例 5-7,如果甲公司因扩大经营规模,经批准,按照原出资比例以资本公积 2 000 000 元转增资本。甲公司应编制如下会计分录。

借:资本公积　　2 000 000

　　贷:实收资本——甲　　1 000 000

　　　　　　　　——乙　　600 000

　　　　　　　　——丙　　400 000

例 5-9　沿用例 5-7,如果甲公司因扩大经营规模需要,经批准,按照原出资比例以盈余公积 2 000 000 元转增资本。甲公司应编制如下会计分录。

借：盈余公积　　2 000 000
　　贷：实收资本——甲　　1 000 000
　　　　　　　　——乙　　600 000
　　　　　　　　——丙　　400 000

股份有限公司经股东大会决议，用资本公积或盈余公积转增资本，通常叫“转增”，应借记“资本公积”或“盈余公积”科目，贷记“股本”科目。

【思考5－1】股份有限公司在经营期间为了进一步筹集资金，可以经董事会和股东大会同意，并经有关方面批准后发行新股。如果发行新股的对象仅仅是股份有限公司原有股东，通常叫“配股”。其“配股”应作怎样的账务处理？

【提示5－1】股份有限公司可以通过发放股票股利的方式增加股本，通常叫“送股”。股份有限公司经股东大会批准的利润分配方案中分配的股票股利，应在办理增资手续后，借记“利润分配——转作股本的股利”科目，贷记“股本”等科目。

2. 实收资本（或股本）的减少

企业减少注册资本应按法定程序报经批准，按减少的注册资本金额减少实收资本。股份有限公司采用收购本公司股票方式减资的，收购本公司股票时，应按实际支付的金额借记“库存股”科目，贷记“银行存款”科目。根据法定程序报经批准注销股本时，按股票面值和注销股数计算的股票面值总额，借记“股本”科目；按注销库存股的账面余额，贷记“库存股”科目；按其差额，借记“资本公积——股本溢价”科目。股本溢价不足冲减的，应依次冲减盈余公积和未分配利润，借记“盈余公积”、“利润分配——未分配利润”科目。如果购回股票支付的价款低于面值总额的，应按股票面值总额，借记“股本”科目；按所注销的库存股账面余额，贷记“库存股”科目，按其差额，贷记“资本公积——股本溢价”科目。

例5－10　甲股份有限公司2013年12月31日的股本为200 000 000股，面值为1元，资本公积（股本溢价）为60 000 000元，盈余公积为80 000 000元。经股东大会批准，甲公司以现金回购本公司股票40 000 000股并注销。假定甲公司按每股2元回购股票，不考虑其他因素，甲公司应编制如下会计分录。

① 回购本公司股份时：

库存股成本＝40 000 000×2＝80 000 000（元）

借：库存股　　80 000 000
　　贷：银行存款　　80 000 000

② 注销本公司股份时：

应冲减的资本公积＝40 000 000×2－40 000 000×1＝40 000 000（元）

借：股本　　40 000 000
　　资本公积　　40 000 000
　　贷：库存股　　80 000 000

例5－11　沿用5－10，假定甲公司按每股3元回购股票，其他条件不变，甲公司应编制如下会计分录。

① 回购本公司股份时：

库存股成本＝40 000 000×3＝120 000 000（元）

借:库存股　　120 000 000

　贷:银行存款　　120 000 000

② 注销本公司股份时:

借:股本　　40 000 000

　资本公积　　60 000 000

　盈余公积　　20 000 000

　贷:库存股　　120 000 000

应冲减的资本公积 =40 000 000×3 -40 000 000×1 =80 000 000(元)

由于应冲减的资本公积大于公司现有的资本公积,因此只能冲减资本公积 60 000 000 元,剩余的 20 000 000 元应冲减盈余公积。

例 5 -12　沿用例 5 -10,假定甲公司按每股 0.9 元回购股票,其他条件不变,甲公司应编制如下会计分录。

① 回购本公司股份时:

库存股成本 =40 000 000×0.9 =36 000 000(元)

借:库存股　　36 000 000

　贷:银行存款　　36 000 000

② 注销本公司股份时:

应增加的资本公积 =40 000 000×1 -40 000 000×0.9 =4 000 000(元)

由于折价回购,因此股本与库存股成本的差额 4 000 000 元应作为增加资本公积处理。

借:股本　　40 000 000

　贷:库存股　　36 000 000

　　资本公积——股本溢价　　4 000 000

【提示 5 -2】库存股票不能作为公司的资产,因为公司自己不能投资自己,成为自己的股东;公司应为投资者所有,公司购买自己的股票不能像购买资产一样确认利得或损失。因此,公司回购股票实际上减少股东权益,“库存股”是所有者权益类科目,在资产负债表中的所有者权益下以“减”项列示。

【检测 5 -2】多项选择题

乙股份有限公司以银行存款收购本企业股票方式减资,在注销股份的会计处理时,可能涉及的会计科目有(　　)。

A. 股本　　B. 资本公积　　C. 财务费用　　D. 盈余公积

第二节　资本公积

一、资本公积的概念

资本公积是企业收到投资者出资额超出其在注册资本(或股本)中所占份额的部分,以及直接计入所有者权益(资本公积)的利得和损失等。资本公积包括资本溢价(或股本溢价)和直接计入所有者权益的利得和损失等。资本公积的主要用途是根据企业经营、发展的需要,通过履行一定的法定程序后转增资本。资本公积由全体投资者共同享有,在转增资本时,按投资者在公司实收资本或股本中的各自出资比例或股份比例相应增加各投资者的份额。

(一) 资本公积的来源

资本公积根据其形成的来源不同可以分为以下 2 类。①企业投资者出资时,投入金额超出其在企业注册资本或股本中所占份额的"资本(或股本)溢价"。②企业非日常活动所形成的直接计入所有者权益(资本公积)的"利得和损失"。直接计入所有者权益的利得和损失,是指不应计入当期损益、会导致所有者权益发生增减变动的、与所有者投入资本或向所有者分配利润无关的利得或损失。

【思考 5-2】企业非日常活动所形成的利得和损失是否都直接计入资本公积?为什么?

此外,企业根据国家有关规定实行股权激励的,如果在等待期内取消了授予的权益工具,企业应在进行权益工具加速行权处理时,将剩余等待期内应确认的金额立即计入当期损益,并同时确认资本公积。企业集团(由母公司和其全部子公司构成)内发生的股份支付交易,如结算企业是接受服务企业的投资者,应当将授予日权益工具的公允价值或应承担负债的公允价值确认为对接受服务企业的长期股权投资,同时确认资本公积(其他资本公积)或负债。

(二) 资本公积与实收资本(或股本)的区别

1. 从来源和性质看

实收资本(或股本)是指投资者按照企业章程或合同、协议的约定,实际投入企业并依法进行注册的资本,它体现了企业所有者对企业的基本产权关系。资本公积是投资者的出资中超出其在注册资本中所占份额的部分,以及直接计入所有者权益的利得和损失,不直接表明所有者对企业的基本产权关系。

2. 从用途看

实收资本(或股本)的构成比例是确定所有者参与企业财务经营决策的基础,也是企业进行利润分配或股利分配的依据,同时还是企业清算时确定所有者对净资产的要求权的依据。资本公积的用途主要是用来转增资本(或股本)。资本公积不体现各所有者的占有比例,也不能作为所有者参与企业财务经营决策或进行利润分配(或股利分配)的依据。

(三) 资本公积与留存收益的区别

资本公积与留存收益的区别主要是来源不同,且用途也不尽相同。留存收益是企业从历年实现的利润中提取或形成的留存于企业的内部积累,来源于企业生产经营活动实现的利润,可用于转增资本、弥补亏损、发放现金股利或利润等。资本公积的来源不是企业实现的利润,而主要来自资本溢价(或股本溢价)等,且只能用于转增资本。

二、资本公积的账务处理

企业应当设置"资本公积"科目,核算不同来源的资本公积的增减变动情况。该科目的贷方登记增加的资本公积,借方登记减少或转出的资本公积,期末贷方余额反映企业的资本公积。本科目应当分别"资本溢价(或股本溢价)"和"其他资本公积"进行明细核算。

（一）资本溢价或股本溢价

1. 一般企业的资本溢价

除股份有限公司外的其他一般企业，在企业创立时，投资者一般按照其在企业注册资本中所占的份额出资，不会产生资本溢价。但在有新的投资者加入时，新的投资者的出资额通常会大于其在企业注册资本中所占的份额，新的投资者多缴的部分就形成了资本溢价。这是因为：①在企业进行正常生产经营后，其资本利润率通常要高于企业初创阶段；②企业有内部积累，新投资者加入企业后，对这些积累也要分享，所以新加入的投资者往往要付出大于原投资者的出资额，才能取得与原投资者相同的出资比例。

例 5－13 某有限责任公司由甲、乙、丙 3 人各出资 3 000 000 元创立，注册资本 9 000 000 元。3 年后，该公司留存收益已达 2 000 000 元。为扩大经营规模，该公司注册资本增加到 12 000 000 元，并同意投资者丁加入。按照投资协议，新投资者丁需缴入资金 3 500 000 元，可享有该公司 25% 的份额。该公司已收到其出资额并办理增资手续。假定不考虑其他因素。该有限责任公司应编制如下会计分录。

借：银行存款	3 500 000	
贷：实收资本		3 000 000
资本公积——资本溢价		500 000

【检测 5－3】单项选择题

ABC 公司注册资本 450 万元，现有 D 投资者出资现金 200 万元，使注册资本增加到 600 万元，其中 D 投资者占注册资本的比例为 25%。ABC 公司接受 D 投资者出资时，应计入资本公积的金额为（ ）万元。

A. 0 B. 50 C. 150 D. 200

2. 股份有限公司的股本溢价

股份有限公司是以发行股票的方式筹集股本的，股票可以按面值发行，也可以按溢价发行（我国目前不准折价发行）。按面值发行股票，企业发行股票取得的收入，应全部作为股本处理；按溢价发行股票，企业发行股票取得的收入，等于股票面值部分作为股本处理，超出股票面值的溢价收入应作为股本溢价处理。与其他一般企业不同，股份有限公司在成立时可能溢价发行股票，因而在成立之初，就可能产生股本溢价。

有关会计处理，参见本章例 5－2、例 5－3。

【检测 5－4】单项选择题

甲股份有限公司委托乙证券公司发行普通股，股票面值总额 2 000 万元，发行总额 8 000 万元，发行费按发行总额的 2% 计算，股票发行净收入全部收到。甲股份有限公司应计入资本公积的金额为（ ）万元。

A. 2 000 B. 5 840 C. 5 880 D. 6 000

（二）其他资本公积

其他资本公积是指除资本溢价（或股本溢价）以外所形成的资本公积，其中主要是直接计入资本公积的利得和损失。直接计入资本公积的利得和损失,是指不应计入当期损益和其他综合收益、会导致所有者权益发生增减变动的、与所有者投入资本或者向所有者分配利润无关的利得或者损失。

其他资本公积主要包括企业发行可转换公司债券包含的权益成分、以权益结算的股份支付、被投资单位除净损益、其他综合收益以及利润分配以外的所有者权益的其他变动(接受其他股东的资本性投入、被投资单位发行可分离交易的可转债中包含的权益成分、其他股东对被投资单位增资导致投资方持股比例变动、以权益结算的股份支付等)。

本书以因被投资单位所有者权益的其他变动产生的利得或损失为例,介绍相关的其他资本公积的账务处理。与发行可转换公司债券、以权益结算的股份支付等相关的其他资本公积的账务处理将在《财务会计实务(中级)》中学习。

例 5-14 2012 年 3 月 20 日,甲、乙、丙公司分别以现金 200 万元、400 万元和 400 万元出资设立丁公司,分别持有丁公司 20%、40%、40% 的股权。甲公司对丁公司具有重大影响,对该项长期股权投资采用权益法核算。丁公司自设立日起至 2014 年 1 月 1 日实现净损益 1 000 万元,除此之外,无其他影响净资产的事项。2014 年 1 月 1 日,经甲、乙、丙公司协商,乙公司对丁公司增资 800 万元,增资后丁公司净资产为 2 800 万元,甲、乙、丙公司分别持有丁公司 15%、50%、35% 的股权。相关手续当日完成。假定甲公司与丁公司适用的会计政策相同、会计期间相同,双方在当期及以前期间未发生其他内部交易。不考虑相关税费等其他因素影响。甲公司应编制如下会计分录。

借:长期股权投资——其他权益变动(丁公司)　　200 000

　贷:资本公积——其他资本公积　　200 000

乙公司增资前甲公司应享有丁公司权益的份额 =2 000×20% =400(万元)

乙公司增资后甲公司应享有丁公司权益的份额 =2 800×15% =420(万元)

(三) 资本公积转增资本

资本公积(资本溢价或股本溢价)主要用于转增资本。经股东大会或类似机构决议,企业按规定的程序用资本公积转增资本时,借记“资本公积”科目,贷记“实收资本(或股本)”科目;并按照转增资本前的实收资本(或股本)的结构或比例,将转增的金额记入“实收资本(或股本)”科目下各所有者的明细账。

有关会计处理,参见本章例 5-8。

第三节 其他综合收益

一、其他综合收益的概念

其他综合收益是指企业根据其他会计准则规定未在当期损益中确认的各项利得和损失。

其他综合收益项目,根据其他相关会计准则的规定区分为两类:一是以后会计期间不能重分类进损益的其他综合收益项目,主要包括:①重新计量设定受益计划净负债或净资产导致的变动;②按照权益法核算的在被投资单位不能重分类进损益的其他综合收益变动中所享有的份额。二是以后会计期间在满足规定条件时将重分类进损益的其他综合收益项目,主要包括:①按照权益法核算的在被投资单位可重分类进损益的其他综合收益变动中享有的份额;②可供出售金融资产公允价值变动形成的利得或损失;③持有至到期投资重分类为可供出售金融资产形成的利得或损失;

④现金流量套期工具产生的利得或损失中属于有效套期的部分;⑤外币财务报表折算差额;⑥根据相关会计准则规定的其他项目,比如自用房地产或作为存货的房地产转换为公允价值模式计量的投资性房地产在转换日公允价值大于账面价值部分。

二、其他综合收益的账务处理

有其他综合收益相关业务的企业,应当设置“其他综合收益”科目进行会计处理,该科目应当按照其他综合收益项目的具体内容设置明细科目。企业在对其他综合收益进行会计处理时,应当通过“其他综合收益”科目处理,并与“资本公积”科目相区分。

(一)以后会计期间不能重分类进损益的其他综合收益

(1)重新计量设定受益计划净负债或净资产导致的变动。根据《企业会计准则第9号——职工薪酬》,有设定受益计划形式离职后福利的企业应当将重新计量设定受益计划净负债或净资产导致的变动计入其他综合收益,并且在后续会计期间不允许转回损益。

例5-15 甲公司在2014年1月1日设立了一项设定受益计划,并于当日开始实施。假定甲公司在该计划开始后职工提供服务的第3年年末重新计量该设定受益计划的净负债时发现,由于预期寿命等精算假设和经验调整导致该设定受益计划义务的现值增加,形成精算损失15万元。甲公司应编制如下会计分录。

借:其他综合收益　　150 000

　贷:应付职工薪酬——设定受益计划义务　　150 000

(2)按照权益法核算的在被投资单位不能重分类进损益的其他综合收益变动中所享有的份额。根据《企业会计准则第2号——长期股权投资》,投资方取得长期股权投资后,应当按照应享有或应分担的被投资单位其他综合收益的份额,确认其他综合收益,同时调整长期股权投资的账面价值。投资单位在确定应享有或应分担的被投资单位其他综合收益的份额时,该份额的性质取决于被投资单位的其他综合收益的性质,即如果被投资单位的其他综合收益属于“以后会计期间不能重分类进损益”类别,则投资方确认的份额也属于“以后会计期间不能重分类进损益”类别。

(二)以后会计期间将重分类进损益的其他综合收益

(1)按照权益法核算的在被投资单位可重分类进损益的其他综合收益变动中所享有的份额。根据《企业会计准则第2号——长期股权投资》,投资方取得长期股权投资后,应当按照应享有或应分担的被投资单位其他综合收益的份额,确认其他综合收益,同时调整长期股权投资的账面价值。如果被投资单位的其他综合收益属于“以后会计期间在满足规定条件时将重分类进损益”的类别,则投资方确认的份额也属于“以后会计期间在满足规定条件时将重分类进损益”类别。

有关会计处理,参见本书第三章例3-6和例3-8有关内容。

(2)可供出售金融资产公允价值变动形成的利得或损失、持有至到期投资重分类为可供出售金融资产形成的利得或损失。根据《企业会计准则第22号——金融工具确认和计量》,可供出售金融资产公允价值变动形成的利得或损失,除减值损失和外币货币性金融资产形成的汇兑差额外,应当直接计入所有者权益(其他综合收益),在该金融资产终止确认时转出,计入当期损益;根据金融工具确认和计量准则规定将持有至到期投资重分类为可供出售金融资产的,在重分类日,该投资的账面价值与其公允价值之间的差额计入所有者权益(其他综合收益),在该可供出售金融资产发生减值或终止确认时转出,计入当期损益。

有关会计处理,参见第三章例3-44和例3-45。

(3)现金流量套期工具产生的利得或损失中属于有效套期的部分。根据《企业会计准则第24

号——套期保值》,现金流量套期利得或损失中属于有效套期的部分,应当直接确认为所有者权益(其他综合收益);属于无效套期部分,应当直接计入当期损益。对于前者,套期保值准则规定在一定的条件下,将原直接计入所有者权益中的套期工具利得或损失转出,计入当期损益。

(4) 外币财务报表折算差额。根据《企业会计准则第 19 号——外币折算》,企业对境外经营的财务报表进行折算时,应当将外币财务报表折算差额在资产负债表中所有者权益项目下单独列示(其他综合收益);企业在处置境外经营时,应当将资产负债表中所有者权益项目下列示的、与该境外经营相关的外币财务报表折算差额,自所有者权益项目转入处置当期损益,部分处置境外经营的,应当按处置的比例计算处置部分的外币财务报表折算差额,转入处置当期损益。

(5) 根据相关会计准则规定的其他项目。比如根据《企业会计准则第 3 号——投资性房地产》,自用房地产或作为存货的房地产转换为以公允价值模式计量的投资性房地产在转换日公允价值大于账面价值部分计入其他综合收益;待该投资性房地产处置时,将该部分转入当期损益。有关会计处理,参见本书第三章中相关内容。

第四节 留存收益

一、留存收益的概念

留存收益是指企业从历年实现的利润中提取或形成的留存于企业的内部积累,包括盈余公积和未分配利润两部分。

盈余公积是指企业按照有关规定从净利润中提取的积累资金。公司制企业的盈余公积包括法定盈余公积和任意盈余公积。法定盈余公积是指企业按照法定比例从净利润中提取的盈余公积。任意盈余公积是指企业按照股东会或股东大会决议提取的盈余公积。

未分配利润是指企业实现的净利润经过弥补亏损、提取盈余公积和向投资者分配利润后留存在企业的、历年结存的利润。相对于所有者权益的其他部分来说,企业对于未分配利润的使用有较大的自主权。

【检测 5－5】单项选择题

2014 年 1 月 1 日某企业所有者权益如下:实收资本 200 万元,资本公积 17 万元,盈余公积 38 万元,未分配利润 32 万元。则该企业 2014 年 1 月 1 日留存收益为(　　)万元。

A. 32　　B. 38　　C. 70　　D. 87

二、留存收益的账务处理

(一) 利润分配

利润分配是指企业根据国家有关规定和企业章程、投资者协议等,对企业当年可供分配的利润所进行的分配。可供分配利润的计算公式为:

可供分配的利润＝当年实现的净利润(或净亏损)＋年初未分配利润(或－年初未弥补亏损)＋其他转入

按照我国《公司法》的相关规定,利润分配的顺序依次是:1)提取法定盈余公积;2)提取任意盈余公积;3)向投资者分配利润。

企业应当设置“利润分配”科目,核算企业利润分配(或亏损的弥补)和历年分配(或弥补)后的未分配利润(或未弥补亏损)。该科目应分别设置“提取法定盈余公积”、“提取任意盈余公积”、“应付现金股利或利润”、“转作股本的股利”、“盈余公积补亏”和“未分配利润”等明细科目进行明细核算。企业未分配利润通过“利润分配——未分配利润”明细科目进行核算。年度终了,企业应将全年实现的净利润或净亏损,自“本年利润”科目转入“利润分配——未分配利润”科目,并将“利润分配”科目所属其他明细科目的余额转入“未分配利润”科目。结转后,“利润分配——未分配利润”科目如为贷方余额,表示历年累积未分配的利润数额;如为借方余额,则表示历年累积未弥补的亏损数额。年终结转后,除“利润分配——未分配利润”科目外,其他明细科目应无余额。

例 5-16 甲股份有限公司 2013 年年初未分配利润为 100 万元,本年实现净利润 500 万元,本年提取法定盈余公积 50 万元,提取任意盈余公积 25 万元,宣告发放现金股利 110 万元。假设不考虑其他因素。甲公司应编制如下会计分录。

① 结转本年实现的净利润时:

借:本年利润	5 000 000	
贷:利润分配——未分配利润		5 000 000

如果企业当年发生亏损,则应借记“利润分配——未分配利润”科目,贷记“本年利润”科目。

② 分配当年实现的净利润时:

借:利润分配——提取法定盈余公积	500 000	
——提取任意盈余公积	250 000	
——应付现金股利	1 100 000	
贷:盈余公积——法定盈余公积		500 000
——任意盈余公积		250 000
应付股利		1 100 000

③ 结转全年利润分配额时:

借:利润分配——未分配利润	1 850 000	
贷:利润分配——提取法定盈余公积		500 000
——提取任意盈余公积		250 000
——应付现金股利		1 100 000

结转后,“利润分配——未分配利润”明细科目的余额为贷方余额 415(年初未分配利润 100 万元+本年实现的净利润 500 万元-本年已分配的利润 185 万元)万元,表示甲公司本年年末的累计未分配利润。

【思考 5-3】假设例 5-16 甲股份有限公司 2013 年发生净亏损 250 万元,不考虑其他因素,则年终结转后,甲公司年末“利润分配——未分配利润”科目的余额是多少?

【检测 5-6】单项选择题

甲企业年初未分配利润为 100 万元,本年实现的净利润为 200 万元,分别按 10% 提取法定盈余公积和任意盈余公积,向投资者分配利润 150 万元,该企业年末未分配利润为(　　)万元。

A. 10　　B. 90　　C. 100　　D. 110

（二）盈余公积

我国《公司法》规定，公司制企业应该按照净利润（减弥补以前年度亏损，下同）的10%提取法定盈余公积。按照《企业所得税法》规定，以前年度亏损（5年内）可用税前利润弥补，从第6年起只能用税后利润弥补。非公司制企业法定盈余公积的提取比例可超过净利润的10%。法定盈余公积累计额已达到注册资本的50%时可以不再提取。公司制企业可根据股东大会的决议提取任意盈余公积。非公司制企业经类似权力机构批准，也可提取任意盈余公积。法定盈余公积和任意盈余公积的区别在于其各自计提的依据不同，前者以国家的法律法规为依据，后者由企业的权力机构自行决定。

值得注意的是，如果企业以前年度未分配利润有盈余（即年初未分配利润余额为贷方余额），在计算提取法定盈余公积的基数时，不应包括企业年初未分配利润；如果以前年度有亏损（即年初未分配利润余额为借方余额），应先弥补以前年度亏损再提取盈余公积。

企业提取的盈余公积经批准可用于弥补亏损、转增资本、发放现金股利或利润等。

企业应当设置“盈余公积”科目，核算盈余公积的提取、使用情况。该科目的贷方登记按规定从净利润中提取的盈余公积，借方登记经批准用于弥补亏损、转增资本、发放现金股利或利润的盈余公积，期末贷方余额反映企业的盈余公积。本科目应当分别“法定盈余公积”、“任意盈余公积”进行明细核算。

【链接5-3】

1. 提取盈余公积

企业按规定提取盈余公积时，借记“利润分配——提取法定盈余公积（或提取任意盈余公积）”科目，贷记“盈余公积——法定盈余公积（或任意盈余公积）”科目。

有关会计处理，参见本章例5-16的有关内容。

2. 盈余公积补亏

企业经股东大会或类似机构批准，用盈余公积弥补亏损时，借记“盈余公积——法定盈余公积（或任意盈余公积）”科目，贷记“利润分配——盈余公积补亏”科目。

例5-17 乙公司经股东大会决议，当年亏损50万元用以前年度提取的盈余公积弥补。假定不考虑其他因素，甲公司应编制如下会计分录。

借：盈余公积　　500 000
　　贷：利润分配——盈余公积补亏　　500 000

【提示5-3】年度终了，应将“利润分配——盈余公积补亏”科目的余额转入“利润分配——未分配利润”科目。

3. 盈余公积转增资本

企业经股东大会或类似机构批准，用盈余公积转增资本时，应借记“盈余公积——法定盈余公积（或任意盈余公积）”科目，贷记“实收资本（或股本）”科目。

有关会计处理，参见本章例5-9。

4. 用盈余公积发放现金股利或利润

企业经股东大会或类似机构批准，用盈余公积向股东或投资者派发现金股利或利润时，借记“盈余公积”科目，贷记“应付股利”科目；实际支付现金股利或利润时，借记“应付股利”科目，贷记“银行存款”等科目。

例 5-18　丙股份有限公司2013年12月31日普通股股本为25 000 000股，每股面值1元，可供投资者分配的利润2 000 000元，盈余公积9 000 000元。2014年3月20日，股东大会批准了2013年度利润分配方案，以2014年4月10日为股权登记日，按每股0.2元发放现金股利。丙公司共需要分派5 000 000元现金股利，其中动用可供投资者分配的利润2 000 000元、盈余公积3 000 000元。假定不考虑其他因素，丙公司应编制如下会计分录。

① 批准派发现金股利时：

借：利润分配——应付现金股利	2 000 000	
盈余公积	3 000 000	
贷：应付股利		5 000 000

② 实际支付现金股利时：

借：应付股利	5 000 000	
贷：银行存款		5 000 000

本例中，丙公司经股东大会批准，以未分配利润和盈余公积发放现金股利，属于以未分配利润发放现金股利的部分2 000 000元应记入"利润分配——应付现金股利"科目，属于以盈余公积发放现金股利的部分3 000 000元应记入"盈余公积"科目。

【检测5-7】单项选择题

下列各项，会影响所有者权益总额发生增减变动的是(　　)。

A. 支付已宣告的现金股利　　B. 股东大会宣告派发现金股利

C. 实际发放股票股利　　D. 盈余公积补亏

考情分析

本章内容在近几年全国初级会计资格考试《初级会计实务》中的题型、题量及试题分数如下表所示。从近几年试题分数看，本章内容不太重要。

题　型	2011年	2012年	2013年/2014年
单项选择题	1题1分	1题1分	1题1.5分
多项选择题	1题2分	1题2分	
判断题	1题1分		
不定项选择题			
分数合计	4分	3分	1.5分

同步训练

一、单项选择题

1. 某企业年初未分配利润为100万元，本年净利润为1 000万元，按10%计提法定盈余公积，按5%计提任意盈余公积，宣告发放现金股利为80万元，该企业期末未分配利润为(　　)万元。

A. 855　　B. 867　　C. 870　　D. 874

2. 某上市公司发行普通股1 000万股，每股面值1元，每股发行价格5元，支付手续费20万元，支付咨询费60万元。该公司发行普通股计入股本的金额为（　　）万元。

A. 1 000　　B. 4 920　　C. 4 980　　D. 5 000

3. 甲股份有限公司委托乙证券公司发行普通股，股票面值总额4 000万元，发行总额16 000万元，发行费按发行总额的2%计算（不考虑其他因素），股票发行净收入全部收到。甲股份有限公司应记入“资本公积”科目的金额为（　　）万元。

A. 4 000　　B. 11 680　　C. 11 760　　D. 12 000

4. 某企业年初所有者权益160万元，本年度实现净利润300万元，以资本公积转增资本50万元，提取盈余公积30万元，向投资者分配现金股利20万元。假设不考虑其他因素，该企业年末所有者权益为（　　）万元。

A. 360　　B. 410　　C. 440　　D. 460

5. 会导致留存收益总额发生增减变动的是（　　）。

A. 资本公积转增资本　　B. 盈余公积补亏
C. 盈余公积转增资本　　D. 以当年净利润弥补以前年度亏损

6. 某企业2013年1月1日所有者权益构成情况如下：实收资本1 500万元，资本公积100万元，盈余公积300万元，未分配利润200万元。2013年度实现利润总额为600万元，企业所得税税率为25%。假定不存在纳税调整事项及其他因素，该企业2013年12月31日可供分配利润为（　　）万元。

A. 600　　B. 650　　C. 800　　D. 1 100

7. 股份有限公司按法定程序报经批准后采用收购本公司股票方式减资，回购股票支付价款低于股票面值总额的，所注销库存股账面余额与冲减股本的差额应计入（　　）。

A. 盈余公积　　B. 营业外收入　　C. 资本公积　　D. 未分配利润

8. 某企业盈余公积年初余额为50万元，本年利润总额为600万元，所得税费用为150万元，按净利润的10%提取法定盈余公积，并将盈余公积10万元转增资本。该企业盈余公积年末余额为（　　）万元。

A. 40　　B. 85　　C. 95　　D. 110

9. 不属于所有者权益的是（　　）。

A. 资本溢价　　B. 计提的盈余公积
C. 投资者投入的资本　　D. 应付高管人员基本薪酬

10. 某公司2013年初所有者权益总额为1 360万元，当年实现净利润450万元，提取盈余公积45万元，向投资者分配现金股利200万元，本年内以资本公积转增资本50万元，投资者追加现金投资30万元。该公司年末所有者权益总额为（　　）万元。

A. 1 565　　B. 1 595　　C. 1 640　　D. 1 795

二、多项选择题

1. 构成企业留存收益的有（　　）。

A. 资本溢价　　B. 未分配利润　　C. 任意盈余公积　　D. 法定盈余公积

2. 不会引起所有者权益总额发生增减变动的有（　　）。

A. 宣告发放股票股利　　B. 资本公积转增资本
C. 盈余公积转增资本　　D. 接受投资者追加投资

3. 企业吸收投资者出资时，下列会计科目的余额不会发生变化的有（　　）。

A. 营业外收入　　B. 实收资本　　C. 坏账准备　　D. 资本公积

4. 年度终了需要转入“利润分配——未分配利润”科目的有（　　）。

A. 本年利润
B. 利润分配——应付现金股利
C. 利润分配——盈余公积补亏
D. 利润分配——提取法定盈余公积

5. 不会引起留存收益总额发生增减变动的有(　　)。

A. 资本公积转增资本
B. 盈余公积转增资本
C. 盈余公积弥补亏损
D. 税后利润弥补亏损

6. 不增加企业资本公积的有(　　)。

A. 结转无法支付的应付账款
B. 接受捐赠的固定资产
C. 股本溢价
D. 盘盈的固定资产

7. 能够引起企业留存收益总额发生变动的有(　　)。

A. 本年度实现的净利润
B. 提取法定盈余公积
C. 向投资者宣告分配现金股利
D. 用盈余公积转增资本

8. 关于企业所有者权益的说法正确的有(　　)。

A. 资本公积可以弥补企业亏损
B. 盈余公积可以按照规定转增资本
C. 未分配利润可以弥补亏损
D. 资本公积可以按照规定转增资本

9. 企业发生亏损时,下列各项中,(　　)是弥补亏损的渠道。

A. 以盈余公积弥补亏损
B. 以资本公积弥补亏损
C. 用以后5年税前利润弥补
D. 用5年后的税后利润弥补

10. 股份有限公司按法定程序报经批准后采用收购本公司股票方式减资,回购股票支付价款高于股票面值总额的,在注销股份的会计处理时,可能涉及的会计科目有(　　)。

A. 盈余公积　B. 库存股　C. 资本公积　D. 股本

三、判断题

1. 企业溢价发行股票发生的手续费、佣金应从溢价中抵扣,溢价金额不足抵扣的调整留存收益。(　)

2. 年度终了,除“未分配利润”明细科目外,“利润分配”科目下的其他明细科目应当无余额。(　)

3. 企业接受投资者以非现金资产投资时,应按该资产的账面价值入账。(　)

4. 企业股东大会审议批准的利润分配方案中应分配的现金股利,在支付前不作账务处理,但应在报表附注中披露。(　)

5. 企业计提盈余公积金的基数是当年实现的净利润和年初未分配利润之和。(　)

6. 企业用当年实现的利润弥补以前年度亏损时,应专门做弥补亏损的会计处理。(　)

7. 企业非日常活动形成的利得和损失均应直接计入所有者权益。(　)

8. 资本公积不得用于弥补企业发生的亏损。(　)

四、不定项选择题

A有限责任公司(以下简称A公司)于2012年1月成立,为增值税一般纳税人,公司成立之初由甲、乙两位投资者投资。2013年1月初,A公司未分配利润为300万元。其他相关交易或事项如下。

1) 公司成立之初,注册资本为1 000万元,甲、乙投资者各出资一半,其中甲投资者决定以现金500万元出资,乙投资者决定以一批原材料和一项土地使用权出资,其中原材料合同约定价值为300万元(不含可抵扣的增值税进项税额),土地使用权合同约定价值为180万元,假设合同约定价值与公允价值相符。

2）2013 年 1 月，A 公司决定扩大经营规模，吸收丙投资者投资，A 公司注册资本扩大为1 500 万元，丙投资者以一项机器设备出资，合同约定价值为 600 万元（不含可抵扣的增值税进项税额），假设合同约定价值与公允价值相符，A 公司规定，甲、乙、丙每位投资者在注册资本中应享有的份额为 1/3。

3）2013 年 2 月，A 公司向 B 公司投资 300 万元作为长期股权投资，拥有 B 公司 25% 的股份，能够对 B 公司施加重大影响。2013 年末，B 公司所有者权益因可供出售金融资产的公允价值上升而增加了 100 万元。

4）2013 年 A 公司实现净利润 1 000 万元，提取法定盈余公积 100 万元，提取任意盈余公积 150 万元，宣告发放现金股利 200 万元。

要求：根据上述资料，不考虑其他因素，分析回答下列第 1 ~ 6 小题。

1. 根据资料 1），下列各项中，关于接受投资的会计处理，表述正确的是（　　）。

A. 接受非现金资产投资，应按其公允价值确定实收资本的金额

B. 接受非现金资产投资，应按投资合同或协议约定价值确定非现金资产的入账价值

C. 接受非现金资产投资涉及的增值税，可作为进项税额予以抵扣

D. 甲、乙两位投资者的出资额计入实收资本的金额均为 500 万元

2. 根据资料 2），A 公司吸收丙投资者投资时，下列各项中，会计处理正确的是（　　）。

A. 确认固定资产的入账价值 600 万元　　B. 确认固定资产的入账价值 702 万元

C. 确认实收资本 500 万元　　D. 确认资本公积 202 万元

3. 根据资料 3），A 公司投资 B 公司的长期股权投资，下列各项中，会计处理正确的是（　　）。

A. 应采用成本法核算长期股权投资

B. 应采用权益法核算长期股权投资

C. 因 B 公司净损益之外的所有者权益增加，A 公司应该确认资本公积 25 万元

D. 因 B 公司净损益之外的所有者权益增加，A 公司应该确认其他综合收益 25 万元

4. 根据期初及 4）资料，A 公司 2013 年年末，可供分配利润为（　　）万元。

A. 1 000　　B. 1 300　　C. 1 200　　D. 1 050

5. 根据期初及 4）资料，A 公司 2013 年年末，未分配利润为（　　）万元。

A. 1 200　　B. 1 100　　C. 950　　D. 850

6. 根据资料 1）至 4），关于资本公积的说法正确的是（　　）。

A. 乙投资者投资时应计入资本公积的金额为 31 万元

B. 乙投资者投资时应计入资本公积的金额为 0 元

C. 2013 年应计入资本公积的金额为 202 万元

D. 2013 年应计入资本公积的金额为 227 万元

五、计算分析题

1. 甲、乙两个投资者向某有限责任公司投资，甲投资者投入自产产品一批，投资合同约定价值为 180 万元（假设是公允的），增值税为 30.6 万元，并开具了增值税专用发票。乙投资者投入货币资金 9 万元和一项专利技术，货币资金已经存入开户银行，该专利技术原账面价值为 128 万元，预计使用寿命为 16 年，已摊销 40 万元，计提减值准备 10 万元，投资合同约定价值为 80 万元（假设是公允的）。假定甲、乙两位投资者出资额与其在注册资本中所享有的份额相等，投资时均不产生资本公积。两年后，丙投资者向该公司追加投资，其缴付该公司的出资额为人民币 176 万元，投资合同约定丙投资者享有的注册资本金额为 130 万元。

要求：根据上述资料，分别编制某有限责任公司接受甲、乙、丙投资的有关会计分录（答案中的金额单位用万元表示）。

2. 甲上市公司2012年至2013年发生与其股票有关的业务如下。

1）2012年1月4日，经股东大会决议，并报有关部门核准，增发普通股40 000万股，每股面值1元，每股发行价格5元，股款已全部收到并存入银行。假定不考虑相关税费。

2）2012年6月20日，经股东大会决议，并报有关部门核准，以资本公积4 000万元转增股本。

3）2013年6月20日，经股东大会决议，并报有关部门核准，以银行存款回购本公司股票100万股，每股回购价格为3元。

4）2013年6月26日，经股东大会决议，并报有关部门核准，将回购的本公司股票100万股注销。

要求：逐笔编制甲上市公司上述业务的会计分录（答案中的金额单位用万元表示）。

3. 东方公司2013年和2014年有关资料如下。

1）2013年实现净利润为250万元，年末予以结转。

2）2014年3月经股东大会批准，决定按10%提取法定盈余公积，分派现金股利80万元（注：该公司尚有2007年发生的未弥补亏损50万元）。

3）按公司股东大会决议，对2007年发生的未弥补亏损50万元，以盈余公积补亏。

4）2014年5月，按公司股东大会决议，以盈余公积100万元转增资本，并已办妥转增手续。东方公司的股东情况如下：A公司占25%，B公司占30%，C公司占10%，D公司占5%，其他占30%。

要求：根据以上资料，编制有关会计分录（答案中的金额单位用万元表示）。

第六章

收入的确认和计量

学习目标

知识目标

掌握销售商品收入的计量和处理方法、确认提供劳务收入的完成合同法和完工百分比法；熟悉销售商品收入的确认条件、劳务的开始和完成分属不同会计期间情况下提供劳务收入的确认原则、让渡资产使用权收入的确认和计量原则。

技能目标

能对销售商品收入、提供劳务收入、让渡资产使用权收入的确认和计量进行职业判断，能正确运用确认和计量原则，对各种收入的确认和计量进行会计处理。

收入是指企业在日常活动中所形成的、会导致所有者权益增加的、与所有者投入资本无关的经济利益的总流入。收入按企业经营业务的主次不同，分为主营业务收入和其他业务收入。主营业务收入是指企业为完成其经营目标所从事的经常性活动所实现的收入；其他业务收入是指企业为完成其经营目标所从事的与经常性活动相关的活动实现的收入。收入按企业从事日常活动的性质不同，分为销售商品收入、提供劳务收入和让渡资产使用权收入。

第一节　销售商品收入

一、销售商品收入的确认

销售商品收入是指企业通过销售商品实现的收入。商品包括企业为销售而生产的产品和为转售而购进的商品，如工业企业生产的产品、商业企业购进的商品等。企业销售的其他存货，如原材料、包装物等，也视同企业的商品。

销售商品收入同时满足下列条件的，才能予以确认。

（一）企业已将商品所有权上的主要风险和报酬转移给购货方

企业已将商品所有权上的主要风险和报酬转移给购货方，是指与商品所有权有关的主要风险和报酬同时转移。与商品所有权有关的风险，是指商品可能发生减值或损毁等形成的损失；与商品所有权有关的报酬，是指商品增值或通过使用商品等形成的经济利益。企业已将商品所有权上的主要风险和报酬转移给购货方，是确认销售商品收入的重要条件。

判断企业是否已将商品所有权上的主要风险和报酬转移给购货方，应当关注交易的实质，并结合所有权凭证的转移进行判断。如果与商品所有权有关的任何损失均不需要销货方承担，与商品所有权有关的任何经济利益也不归销货方所有，就意味着商品所有权上的主要风险和报酬转移给了购货方。

通常情况下，转移商品所有权凭证并交付实物后，商品所有权上的主要风险和报酬也随之转移，如大多数零售商品、预收款方式销售商品、托收承付方式销售商品等。某些情况下，转移商品所有权凭证但未交付实物，商品所有权上的主要风险和报酬随之转移，企业只保留了次要风险和报酬，如交款提货方式销售商品等。有的情况下，已交付实物但未转移商品所有权凭证，商品所有权上的主要风险和报酬并未随之转移，如采用收取手续费方式委托代销商品等。

【检测6-1】判断题

甲公司向乙公司销售一部电梯并已经运抵乙公司，发票账单已经交付，同时收到部分货款。合同规定，甲公司应负责该电梯的安装工作，在安装工作结束并经乙公司验收合格后，乙公司应立即支付剩余货款。因已经转移商品所有权凭证并交付实物，甲公司在该电梯安装完成并验收合格前，可以确认销售商品收入。（　）

（二）企业既没有保留通常与所有权相联系的继续管理权，也没有对已售出的商品实施有效控制

在通常情况下，企业售出商品后不再保留与商品所有权相联系的继续管理权，也不再对售出商品实施有效控制，表明商品所有权上的主要风险和报酬已经转移给购货方，应在发出商品时确认收入。如果企业在商品销售后保留了与商品所有权相联系的继续管理权，或能够继续对其实施有效控制，说明商品所有权上的主要风险和报酬没有转移，销售交易不能成立，不能确认收入，如售后租回、售后回购等。

（三）相关的经济利益很可能流入企业

在销售商品的交易中，与交易相关的经济利益主要表现为销售商品的价款。相关的经济利益很可能流入企业，是指销售商品价款收回的可能性大于不能收回的可能性，即销售商品价款收回的可能性超过50%。企业在销售商品时，如估计销售价款不是很可能收回，即使收入确认的其他条件均已满足，也不应当确认收入。

企业在确定销售商品价款收回的可能性时，应当结合以前与买方交往的直接经验、政府有关政策、其他方面取得信息等因素进行分析。企业销售的商品符合合同或协议要求，已将发票账单交付买方，买方承诺付款，通常表明相关的经济利益很可能流入企业。如果企业判断销售商品收入满足确认条件而予以确认，同时确认了一笔应收债权，以后由于购货方资金周转困难无法收回该债权时，不应调整原确认的收入，而应对该债权计提坏账准备、确认坏账损失。如果企业根据以前与买方交往的直接经验判断买方信誉较差，或销售时得知买方在另一项交易中发生了巨额亏损、资金周转十分困难，或在出口商品时不能肯定进口企业所在国政府是否允许将款项汇出等，就可能会出现与销售商品相关的经济利益不能流入企业的情况，不应确认收入。

（四）收入的金额能够可靠地计量

收入的金额能够可靠地计量，是指收入的金额能够合理地估计。收入金额能否合理地估计是确认收入的基本前提，如果收入的金额不能够合理估计，就无法确认收入。企业在销售商品时，商品销售价格通常已经确定，企业应当按照从购货方已收或应收的合同或协议价款确定收入金额。但是，由于销售商品过程中某些不确定因素的影响，也有可能存在商品销售价格发生变动的情况。在这种情况下，新的商品销售价格未确定前通常不应确认销售商品收入。

（五）相关的已发生或将发生的成本能够可靠地计量

根据收入和费用配比原则，与同一项销售有关的收入和费用应在同一会计期间予以确认即企业应在确认收入的同时或同一会计期间结转相关的成本。

相关的已发生或将发生的成本能够可靠地计量，是指与销售商品有关的已发生或将发生的成

本能够合理地估计。通常情况下,销售商品相关的已发生或将发生的成本能够合理地估计,如库存商品的成本、商品运输费用等。如果库存商品是本企业生产的,其生产成本能够可靠地计量;如果是外购的,购买成本能够可靠计量。有时,销售商品相关的已发生或将发生的成本不能够合理地估计,此时企业不应确认收入,若已收到价款,应将已收到的价款确认为负债。

【思考6-1】甲公司生产并向乙公司销售一台大型设备,因甲公司自身生产能力不足,将其中一个主要部件委托丙公司生产。甲公司与丙公司签订的协议约定,按丙公司生产该主要部件成本的110%经甲公司认定后支付丙公司款项。假定甲公司与丙公司的生产任务均已完成,由甲公司将这台大型设备运抵乙公司,并交付有关发票账单,乙公司验收合格后及时支付了货款。但是,丙公司尚未将其主要部件的生产成本资料交付甲公司认定。此时,甲公司可以确认该大型设备的销售收入吗?

二、销售商品收入的计量

销售商品收入的计量即确定收入的金额,企业应当按照从购货方已收或应收的合同或协议价款确定销售商品收入金额。通常情况下,购货方已收或应收的合同或协议价款即为其公允价值,应当以此确定销售商品收入的金额。如果已收或应收的合同或协议价款不公允,应按公允的交易价格确定收入金额,不公允的价款不应确定为收入金额。

(一)一般销售商品业务收入的处理

企业在进行销售商品的会计处理时,首先要考虑销售商品收入是否符合收入确认条件。如果符合收入准则所规定的5项确认条件,企业应确认收入并结转相关销售成本。企业判断销售商品收入满足确认条件的,应当提供确凿的证据。通常情况下,销售商品采用托收承付方式的,在办妥托收手续时确认收入;交款提货销售商品的,在开出发票账单收到货款时确认收入。交款提货销售商品是指购买方已根据企业开出的发票账单支付货款并取得提货单的销售方式。在这种方式下,购货方支付货款取得提货单,企业尚未交付商品,销售方保留的是商品所有权上的次要风险和报酬,商品所有权上的主要风险和报酬已经转移给购货方,通常应在开出发票账单收到货款时确认收入。

企业确认销售商品收入时,应按实际收到或应收的金额,借记"应收账款"、"应收票据"、"银行存款"等科目,按确定的销售收入金额,贷记"主营业务收入"等科目,按增值税专用发票上注明的增值税税额,贷记"应交税费——应交增值税(销项税额)"科目;同时,按销售商品的实际成本,借记"主营业务成本"等科目,贷记"库存商品"等科目。企业也可在月末结转本月已销商品的实际成本。

例6-1 甲公司向乙公司销售一批商品,开出的增值税专用发票上注明售价为100 000元,增值税税额为17 000元;甲公司已收到乙公司开出的转账支票并送存银行,并将提货单交付乙公司。该批商品成本为60 000元。甲公司应编制如下会计分录。

借:银行存款　　117 000
　贷:主营业务收入　　100 000
　　应交税费——应交增值税(销项税额)　　17 000
借:主营业务成本　　60 000
　贷:库存商品　　60 000

例 6－2　2014 年 3 月 20 日，甲公司采用委托收款结算方式向丙公司销售一批商品，开出的增值税专用发票上注明售价为 700 000 元，增值税税额为 119 000 元；商品已经发出，并已向银行办妥托收手续，甲公司以银行存款代垫运杂费 3 000 元；该批商品的成本为 490 000 元。甲公司应编制如下会计分录。

借：应收账款	822 000	
贷：主营业务收入		700 000
应交税费——应交增值税（销项税额）		119 000
银行存款		3 000
借：主营业务成本	490 000	
贷：库存商品		490 000

例 6－3　沿用例 6－2，如果甲公司采用商业汇票结算方式向丙公司销售商品，收到丙公司寄来一张 3 个月期限的商业承兑汇票，票面金额为 819 000 元，则甲公司应编制如下会计分录。

借：应收票据	819 000	
应收账款	3 000	
贷：主营业务收入		700 000
应交税费——应交增值税（销项税额）		119 000
银行存款		3 000
借：主营业务成本	490 000	
贷：库存商品		490 000

（二）销售商品不符合收入确认条件的处理

如果企业售出商品不符合销售商品收入确认的 5 项条件，不应确认收入。为了单独反映已经发出但尚未确认销售收入的商品成本，企业应增设“发出商品”科目。“发出商品”科目核算一般销售方式下，已经发出但尚未确认收入的商品成本，应按发出商品的实际成本，借记“发出商品”科目，贷记“库存商品”科目；发出商品满足收入确认条件时，应结转销售成本，借记“主营业务成本”科目，贷记“发出商品”科目。“发出商品”科目的期末余额应并入资产负债表“存货”项目反映。

【链接 6－1】

这里应注意的一个问题是，尽管发出的商品不符合收入确认条件，但如果销售该商品的纳税义务已经发生，比如已经开出增值税专用发票，则应确认应交的增值税销项税额，借记“应收账款”等科目，贷记“应交税费——应交增值税（销项税额）”科目。如果纳税义务没有发生，则不需进行上述处理。

例 6－4　甲公司于 2013 年 5 月 3 日采用托收承付结算方式向乙公司销售一批商品，开出的增值税专用发票上注明售价为 200 000 元，增值税税额为 34 000 元；该批商品成本为120 000 元。甲公司在销售该批商品时已得知 B 公司资金周转发生暂时困难，但为了减少存货积压，同时为了维持与乙公司长期以来建立的商业关系，甲公司仍将商品发出，并办妥托收手续。假定甲公司销售该批商品的纳税义务已经发生。发出商品时，甲公司应编制如下会计分录：

借：发出商品	120 000	
贷：库存商品		120 000

同时，因甲公司销售该批商品的纳税义务已经发生，应确认应交的增值税销项税额：

借：应收账款	34 000	

　　贷:应交税费——应交增值税(销项税额)　　34 000

(注:如果销售该批商品的纳税义务尚未发生,则不作这笔处理,待纳税义务发生时再作应交增值税处理。)

假定 2013 年 7 月甲公司得知乙公司经营情况逐渐好转,乙公司承诺近期付款,甲公司应在乙公司承诺付款时确认收入,编制如下会计分录。

借:应收账款　　200 000

　　贷:主营业务收入　　200 000

同时结转成本:

借:主营业务成本　　120 000

　　贷:发出商品　　120 000

假定甲公司于 2013 年 8 月 10 日收到乙公司支付的货款,应编制如下会计分录。

借:银行存款　　234 000

　　贷:应收账款　　234 000

【思考 6-2】如果例 6-4 中的甲公司发出商品后,乙公司的经营状况继续恶化,最终导致甲公司无法收回款项,则甲公司应如何进行会计处理?

(三) 销售商品涉及折扣和折让的处理

企业销售商品收入的金额通常按照从购货方已收或应收的合同或协议价款确定。如销售商品涉及现金折扣、商业折扣、销售折让时,应当分别不同情况进行处理。总的来讲,确定销售商品收入的金额,应是扣除商业折扣后的净额,但不应考虑预计可能发生的现金折扣、销售折让,即应按总价确认。商业折扣、现金折扣和销售折让的区别以及处理方法如下。

1. 商业折扣

商业折扣是指企业为促进商品销售而给予的价格扣除。例如,企业为鼓励客户多买商品,可能规定购买 10 件以上商品给予客户 10% 的折扣,或客户每买 10 件送 1 件。此外,企业为了尽快出售一些残次、陈旧、冷背的商品,也可能降价(即打折)销售。

商业折扣在销售时即已发生,并不构成最终成交价格的一部分,不须在买卖双方任何一方的账上反映。企业销售商品涉及商业折扣的,应当按照扣除商业折扣后的金额确定销售商品收入金额。

例 6-5　甲公司为增值税一般纳税企业,适用的增值税税率为 17%。2013 年 7 月 2 日,甲公司向乙公司销售产品一批,产品价目表标明的价格为 100 000 元,该批商品的实际成本为 60 000元,由于是批量销售,甲公司给予乙公司 10% 的商业折扣。产品已发出,但货款尚未收到。

7 月 2 日销售实现时,甲公司应确认的销售商品收入金额为 90 000(100 000 - 100 000 × 10%)元,增值税销项税额为 15 300(90 000 × 17%)元。甲公司应编制如下会计分录。

借:应收账款　　105 300

　　贷:主营业务收入　　90 000

　　　　应交税费——应交增值税(销项税额)　　15 300

借:主营业务成本　　60 000

　　贷:库存商品　　60 000

2. 现金折扣

现金折扣是指债权人为了鼓励债务人在规定的期限内早日付款,而向债务人提供的债务扣除。

现金折扣通常发生在以赊销方式销售商品及提供劳务的交易中。企业为了鼓励客户提前偿付货款,通常与债务人达成协议,债务人在不同的期限内付款可享受不同比例的折扣优惠。现金折扣一般用符号"折扣率/付款期限"表示。例如,"2/10,1/20,n/30"表示:销货方允许客户最长的付款期限为30天,如果客户在10天内付款,销货方可按商品售价给予客户2%的折扣;如果客户在11天至20天付款,销货方可按商品售价给予客户1%的折扣;如果客户在21天至30天内付款,将不能享受现金折扣。

企业销售商品涉及现金折扣的,应当按照扣除现金折扣前的金额确定销售商品收入金额。因为现金折扣发生在企业销售商品之后,现金折扣是否发生以及发生多少要视购买方的付款情况而定,企业在确认销售商品收入时不能确定现金折扣金额。现金折扣实际上是企业为了尽快回笼资金而发生的理财费用,只有在实际发生时才予以确认,计入发生当期财务费用。

在计算现金折扣时,还应注意购销双方约定的销售方式是按不包含增值税的价款提供现金折扣,还是按包含增值税的价款提供现金折扣,两种情况下购买方享有的折扣金额不同。例如,销售价格为10 000元的商品,增值税税额为1 700元,如不包含增值税,按2%折扣率计算,购买方享有的现金折扣金额为200元;如计算现金折扣时一并考虑增值税,购买方享有的现金折扣金额为234元。

例 6-6 承例6-5,如甲公司为了及早收回货款而在合同中规定现金折扣条件为:"2/10,1/20,n/30"。假定计算现金折扣时考虑增值税。

① 若乙公司于7月10日付款,则享有现金折扣2 106(105 300×2%)元,实际付款金额为103 194(105 300-2 106)元。甲公司应编制如下会计分录。

借:银行存款	103 194	
财务费用	2 106	
贷:应收账款		105 300

② 若乙公司于7月20日付款,则享有现金折扣1 053(105 300×1%)元,实际付款金额为104 247(105 300-1 053)元。甲公司应编制如下会计分录。

借:银行存款	104 247	
财务费用	1 053	
贷:应收账款		105 300

③ 若乙公司于7月30日付款,则应按全额付款。甲公司应编制如下会计分录。

借:银行存款	105 300	
贷:应收账款		105 300

3. 销售折让

销售折让是指企业因售出商品质量不符合要求等原因而在售价上给予的减让。企业将商品销售给买方后,如买方发现商品在质量、规格等方面不符合要求,可能要求卖方在价格上给予一定的减让。

销售折让如发生在确认销售收入之前,则应在确认销售收入时直接按扣除销售折让后的金额确认;已确认销售收入的售出商品发生销售折让,且不属于资产负债表日后事项的,按应冲减的销售商品收入金额,借记"主营业务收入"科目,按增值税专用发票上注明的应冲减的增值税销项税额,借记"应交税费——应交增值税(销项税额)"科目,按实际支付或应退还的价款,贷记"银行存款"、"应收账款"等科目。

例 6-7 甲公司销售一批商品给乙公司,开出的增值税专用发票上注明的售价为

200 000元,增值税税额为34 000元。该批商品的成本为130 000元。货到后乙公司发现商品质量不符合合同要求,要求在价格上给予10%的折让。乙公司提出的销售折让要求符合原合同的约定,甲公司同意并办妥了相关手续,开具了增值税专用发票(红字)。假定此前甲公司已确认该批商品的销售收入,销售款项尚未收到,发生的销售折让允许扣减当期增值税销项税额。甲公司应编制如下会计分录。

① 销售实现时:

借:应收账款	234 000	
贷:主营业务收入		200 000
应交税费——应交增值税(销项税额)		34 000
借:主营业务成本	130 000	
贷:库存商品		130 000

② 发生销售折让时:

借:主营业务收入(200 000×10%)	20 000	
应交税费——应交增值税(销项税额)(34 000×10%)	3 400	
贷:应收账款		23 400

③ 实际收到款项时:

借:银行存款	210 600	
贷:应收账款		210 600

例6-8　沿用例6-7,假定发生销售折让前,因该项销售在货款收回上存在不确定性,甲公司未确认该批商品的销售收入,纳税义务也未发生;发生销售折让后3个月,乙公司承诺近期付款。甲公司应编制如下会计分录。

① 发出商品时:

借:发出商品	130 000	
贷:库存商品		130 000

② 乙公司承诺付款,甲公司确认销售时:

借:应收账款	210 600	
贷:主营业务收入(200 000-200 000×10%)		180 000
应交税费——应交增值税(销项税额)		30 600
借:主营业务成本	130 000	
贷:发出商品		130 000

③ 实际收到款项时:

借:银行存款	210 600	
贷:应收账款		210 600

【检测6-2】单项选择题

甲企业某月销售商品发生商业折扣15万元、现金折扣10万元、销售折让20万元。该企业上述折扣和折让应计入当月财务费用的金额为(　　)万元。

A. 10　　B. 25　　C. 30　　D. 35

(四) 销售退回的处理

销售退回是指企业售出的商品由于质量、品种等不符合合同规定的要求等原因而发生的退货。

销售退回应分别以下不同情况进行会计处理。

(1)尚未确认销售商品收入的售出商品发生销售退回的,应将已记入“发出商品”科目的商品成本金额转入“库存商品”科目,借记“库存商品”科目,贷记“发出商品”科目。

(2)已确认销售商品收入的售出商品发生销售退回的,除属于资产负债表日后事项外,一般应在发生时冲减当期销售商品收入,同时冲减当期销售商品成本;按规定允许扣减增值税税额的,应同时冲减已确认的应交增值税销项税额。该项销售退回已发生现金折扣的,应同时调整相关财务费用的金额。已确认收入的售出商品发生销售退回时,按应冲减的销售商品收入金额,借记“主营业务收入”科目;按增值税专用发票上注明的应冲减的增值税销项税额,借记“应交税费——应交增值税(销项税额)”科目,按实际支付或应退还的价款,贷记“银行存款”、“应收账款”等科目,如已发生现金折扣,还应按相关财务费用的调整金额,贷记“财务费用”科目,同时,按退回的商品成本,借记“库存商品”科目,贷记“主营业务成本”科目。

【链接 6－2】

例 6－9　甲公司 2013 年 6 月 15 日销售给乙公司商品一批,商品每件成本为 180 元,售价为 200 元,适用的增值税税率为 17%,货款尚未收到,甲公司尚未确认销售商品收入。6 月 20 日收到乙公司因商品质量问题而退回的商品 10 件,乙公司提出的退货要求符合销售合同约定,甲公司同意退货,并按规定向乙公司开具了增值税专用发票(红字)。甲公司应在验收退货入库时编制如下会计分录。

借:库存商品(180×10)	1 800	
贷:发出商品		1 800

例 6－10　甲公司 2013 年 7 月 17 日向乙公司销售商品一批,增值税专用发票上注明的售价为 60 000 元,增值税税额 10 200 元;该批商品成本为 40 000 元。合同规定现金折扣条件为:2/10,1/20,n/30。假定计算现金折扣时不考虑增值税,乙公司于 7 月 26 日付款,享有现金折扣 1 200(60 000×2%)元。2013 年 8 月 15 日,该批商品因质量问题被乙公司退回,甲公司同意退货,于当日支付了退货款,并按规定向乙公司开具了增值税专用发票(红字)。甲公司应编制如下会计分录。

① 2013 年 7 月 17 日销售实现时:

借:应收账款	70 200	
贷:主营业务收入		60 000
应交税费——应交增值税(销项税额)		10 200
借:主营业务成本	40 000	
贷:库存商品		40 000

② 2013 年 7 月 26 日收到货款时:

借:银行存款	69 000	
财务费用	1 200	
贷:应收账款		70 200

③ 2013 年 8 月 15 日发生销售退回时:

借:主营业务收入	60 000	
应交税费——应交增值税(销项税额)	10 200	
贷:银行存款		69 000
财务费用		1 200

借:库存商品　　40 000
　　贷:主营业务成本　　40 000

【思考6-3】如果例6-10中的乙公司没有享受现金折扣,当发生销售退回时,甲公司应编制的会计分录有何不同?

(五) 预收款方式销售商品的处理

预收款销售商品是指购买方在商品收到前按合同或协议约定分期付款,销售方在收到最后一笔款项时才交货的销售方式。预收款销售方式下,销售方直到收到最后一笔款项才将商品交付购货方,表明商品所有权上的主要风险和报酬只有在收到最后一笔款项时才转移给购货方,销售方通常应在发出商品时确认收入,在此之前预收的货款应确认为预收账款。

采用预收款方式销售商品,预收货款时,按预收的货款金额,借记"银行存款"等科目,贷记"预收账款"科目。收到最后一笔款项发出商品时,按预收的货款总额,借记"预收账款"科目,按收到的最后一笔款项金额,借记"银行存款"等科目,按确定的销售商品收入金额,贷记"主营业务收入"科目,按开出的增值税专用发票上注明的增值税税额,贷记"应交税费——应交增值税(销项税额)"科目。同时,按销售商品的成本,借记"主营业务成本"科目,贷记"库存商品"科目。

例6-11　甲公司采用预收款方式向乙公司销售商品一批,售价为160 000元,适用的增值税税率为17%,该批商品的成本为120 000元。协议约定,乙公司应在协议签订时预付60%的货款(按销售价格计算),剩余款项于2个月后支付。甲公司应编制如下会计分录。

① 收到60%货款时:

借:银行存款　　96 000
　　贷:预收账款　　96 000

② 收到剩余货款及增值税税款并交付商品时:

借:预收账款　　96 000
　　银行存款　　91 200
　　贷:主营业务收入　　160 000
　　　　应交税费——应交增值税(销项税额)　　27 200
借:主营业务成本　　120 000
　　贷:库存商品　　120 000

(六) 委托代销商品的处理

委托代销商品是指企业委托其他单位代为销售商品。委托代销商品分为视同买断方式委托代销商品和支付手续费方式委托代销商品。

1. 视同买断方式委托代销商品

视同买断方式委托代销商品,是指由委托方和受托方签订协议,委托方按合同或协议收取代销的货款,实际售价可由受托方自定,实际售价与合同或协议价之间的差额归受托方所有的代销方式。如果委托方和受托方之间的协议明确标明,受托方在取得代销商品后,无论是否能够卖出、是否获利,均与委托方无关,那么委托方和受托方之间的代销商品交易,与委托方直接销售商品给受托方没有实质区别。在符合销售商品收入确认条件时,委托方应确认相关的销售商品收入,其会计处理与一般销售商品业务收入的处理相同。

如果委托方和受托方之间的协议明确标明,将来受托方未售出的商品可以退回给委托方,或受托方因代销商品出现亏损时可以要求委托方补偿，那么委托方在交付商品时通常不应确认收入，受托方也不作商品购进处理。受托方将商品销售后，按实际售价确认销售收入，并向委托方开具代销清单；委托方收到代销清单时，再确认销售收入。

例 6－12　甲公司委托乙公司销售商品 1 000 件，协议价每件为 100 元，该商品成本为每件 70 元，适用增值税税率为 17%。假定商品已经发出，协议约定乙公司可以将没有代销出去的商品退回甲公司。甲公司收到乙公司开来的代销清单时开具增值税专用发票，发票上注明的售价为 100 000 元，增值税税额为 17 000 元。乙公司实际销售时开具的增值税专用发票上注明的售价为 120 000 元，增值税税额为 20 400 元。

甲公司（委托方）应编制如下会计分录。

① 发出商品时：

借：委托代销商品	70 000	
贷：库存商品		70 000

② 收到乙公司的代销清单时：

借：应收账款	117 000	
贷：主营业务收入		100 000
应交税费——应交增值税（销项税额）		17 000
借：主营业务成本	70 000	
贷：委托代销商品		70 000

③ 收到乙公司汇来的货款时：

借：银行存款	117 000	
贷：应收账款		117 000

乙公司（受托方）应编制如下会计分录。

① 收到商品时：

借：受托代销商品	100 000	
贷：受托代销商品款		100 000

② 实际销售商品时：

借：银行存款	140 400	
贷：主营业务收入		120 000
应交税费——应交增值税（销项税额）		20 400
借：主营业务成本	100 000	
贷：受托代销商品		100 000
借：受托代销商品款	100 000	
贷：应付账款		100 000

③ 按代销协议价将款支付给甲公司时：

借：应付账款	100 000	
应交税费——应交增值税（进项税额）	17 000	
贷：银行存款		117 000

2. 支付手续费方式委托代销商品

采用支付手续费方式委托代销商品是委托方和受托方签订合同或协议，委托方根据合同或协议约定向受托方计算支付代销手续费，受托方按照合同或协议规定的价格销售代销商品的销售方式。在这种销售方式下，委托方在发出商品时，商品所有权上的主要风险和报酬并未转移给受托方，委托方在发出商品时通常不应确认销售商品收入，而应在收到受托方开出的代销清单时确认为销售商品收入，同时将应支付的代销手续费计入销售费用；受托方应在代销商品销售后，按合同或协议约定的方式计算确定代销手续费，确认劳务收入。

例 6－13 沿用例 6－12，假设采用支付手续费方式代销商品，协议约定乙公司按每件 100 元的价格对外销售，甲公司按售价的 8% 向乙公司支付手续费。乙公司实际销售时，开出的增值税专用发票上注明的售价为 100 000 元，增值税税额为 17 000 元，款项已收到。甲公司收到乙公司开具的代销清单时，向乙公司开具一张相同金额的增值税专用发票。

甲公司（委托方）应编制如下会计分录。

① 发出商品时：

借：委托代销商品	70 000	
贷：库存商品		70 000

② 收到乙公司的代销清单时：

借：应收账款	117 000	
贷：主营业务收入		100 000
应交税费——应交增值税（销项税额）		17 000
借：主营业务成本	70 000	
贷：委托代销商品		70 000
借：销售费用（100 000×8%）	8 000	
贷：应收账款		8 000

③ 收到乙公司汇来的货款时：

借：银行存款	109 000	
贷：应收账款		109 000

乙公司（受托方）应编制如下会计分录。

① 收到商品时：

借：受托代销商品	100 000	
贷：受托代销商品款		100 000

② 实际销售商品时：

借：银行存款	117 000	
贷：应付账款		100 000
应交税费——应交增值税（销项税额）		17 000

③ 收到甲公司的增值税专用发票时：

借：应交税费——应交增值税（进项税额）	17 000	
贷：应付账款		17 000
借：受托代销商品款	100 000	
贷：受托代销商品		100 000

④ 支付货款并计算代销手续费时：

借：应付账款	117 000	
贷：银行存款		109 000
其他业务收入		8 000

【提示6－1】从事代销业务为主的企业，代销商品手续费应确认为主营业务收入；其他一般企业，代销商品手续费确认为其他业务收入。

【检测6－3】单项选择题

以支付手续费方式委托代销商品，委托方确认销售商品收入的时间是（　　）。

A. 签订代销协议时　　B. 收到代销商品款时

C. 发出商品时　　D. 收到代销清单时

（七）销售材料等存货的处理

企业在日常活动中还可能发生对外销售不需用的原材料、随同商品对外销售单独计价的包装物等业务。企业销售原材料、包装物等存货也视同商品销售，其收入确认和计量原则比照商品销售处理。企业销售原材料、包装物等存货实现的收入以及结转的相关成本，通过“其他业务收入”、“其他业务成本”科目核算。

“其他业务收入”科目核算企业除主营业务活动以外的其他经营活动实现的收入，包括销售材料、出租包装物和商品、出租固定资产、出租无形资产等实现的收入。该科目贷方登记企业实现的各项其他业务收入，借方登记期末转入“本年利润”科目的其他业务收入，结转后该科目应无余额。本科目可按其他业务收入种类进行明细核算。

“其他业务成本”科目核算除主营业务活动以外的其他经营活动所发生的成本，包括销售材料的成本、出租固定资产的折旧额、出租无形资产的摊销额、出租包装物的成本或摊销额。该科目借方登记企业结转或发生的其他业务成本，贷方登记期末转入“本年利润”科目的其他业务成本，结转后该科目应无余额。本科目可按其他业务成本种类进行明细核算。

例6－14　甲公司销售一批原材料，开出的增值税专用发票上注明的售价为15 000元，增值税税额为2 550元，款项已收到并存入银行。该批原材料的实际成本为10 000元。甲公司应编制如下会计分录。

借：银行存款	17 550	
贷：其他业务收入		15 000
应交税费——应交增值税（销项税额）		2 550
借：其他业务成本	10 000	
贷：原材料		10 000

第二节　提供劳务收入

企业提供劳务的种类很多，如旅游、运输、饮食、广告、咨询、代理、培训、产品安装等，有的劳务一次就能完成，且一般为现金交易，如饮食、理发、照相等；有的劳务需要花费一段较长的时间才能完成，如安装、旅游、培训、远洋运输等。

提供劳务收入是指企业通过提供劳务实现的收入。企业提供劳务收入的确认原则因劳务完成时间的不同而不同。

一、不跨会计期间提供劳务收入的确认和计量

不跨会计期间提供劳务是指在同一会计期间内开始并完成的劳务。不跨会计期间提供

劳务收入的确认和计量,应按完成合同法确认收入,即在提供劳务交易完成时确认收入,确认的金额通常为从接受劳务方已收或应收的合同或协议价款,确认原则可参照商品销售收入的确认原则。

对于一次就能完成的劳务,企业应在提供劳务交易完成时确认收入及相关成本。对于持续一段时间但在同一会计期间内开始并完成的劳务,企业应在为提供劳务交易发生相关支出时确认劳务成本,待劳务完成时再确认劳务收入,并结转相关劳务成本。

企业对外提供劳务,如属企业的主营业务,所实现的收入应作为主营业务收入处理,结转的相关成本应作为主营业务成本处理;如属企业主营业务以外的其他经营活动,所实现的收入应作为其他业务收入处理,结转的相关成本应作为其他业务成本处理。企业对外提供劳务发生的支出一般通过"劳务成本"科目予以归集,待确认为费用时,再从"劳务成本"科目转入"主营业务成本"或"其他业务成本"科目。

例 6-15 甲公司于2013年8月16日接受一项设备安装任务,该安装任务可一次完成。合同总价款为10 000元,实际发生安装成本7 000元。假定安装业务属于甲公司的主营业务,不考虑相关税费。甲公司应在安装完成时编制如下会计分录。

借:银行存款(或应收账款)	10 000	
贷:主营业务收入		10 000
借:主营业务成本	7 000	
贷:银行存款等		7 000

例 6-16 沿用例6-15,若该设备安装任务需花费一段时间(不超过本会计期间)才能完成,甲公司应编制如下会计分录。

① 为提供劳务发生有关支出时:

借:劳务成本	7 000	
贷:银行存款等		7 000

(注:以上分录金额7 000元是实际发生成本的总计数,而在实务中,是按每笔支出发生金额进行劳务成本归集的)

② 安装完成确认收入并结转相关成本时:

借:应收账款(或银行存款)	10 000	
贷:主营业务收入		10 000
借:主营业务成本	7 000	
贷:劳务成本		7 000

二、跨会计期间提供劳务收入的确认和计量

跨会计期间提供劳务是指劳务的开始和完成分属不同的会计期间。跨会计期间提供劳务收入的确认和计量,企业应分别资产负债表日提供劳务交易结果能够可靠估计和资产负债表日提供劳务交易结果不能可靠估计进行处理。

(一) 提供劳务交易结果能够可靠估计

劳务的开始和完成分属不同的会计期间,且企业在资产负债表日提供劳务交易结果能够可靠估计的,应采用完工百分比法确认提供劳务收入及相关成本费用。

1. 提供劳务交易结果能够可靠估计的条件

同时满足下列条件的,为提供劳务交易的结果能够可靠估计。

（1）收入的金额能够可靠地计量。收入的金额能够可靠地计量，是指提供劳务收入的总额能够合理估计。通常情况下，企业应当按照从接受劳务方已收或应收的合同或协议价款确定提供劳务收入总额。随着劳务的不断提供，可能会根据实际情况增加或减少已收或应收的合同或协议价款，此时，企业应及时调整提供劳务收入总额。

（2）相关的经济利益很可能流入企业。相关的经济利益很可能流入企业，是指提供劳务收入总额收回的可能性大于不能收回的可能性。企业在确定提供劳务收入总额能否收回时，应当结合接受劳务方的信誉、以前的经验以及双方就结算方式和期限达成的合同或协议条款等因素，综合进行判断。通常情况下，企业提供的劳务符合合同或协议要求，接受劳务方承诺付款，就表明提供劳务收入总额收回的可能性大于不能收回的可能性。如果企业判断提供劳务收入总额不是很可能流入企业，应当提供确凿证据。

（3）交易的完工进度能够可靠地确定。企业可以根据提供劳务的特点，选用下列方法确定提供劳务交易的完工进度。

① 已完工作的测量，这是一种比较专业的测量方法，由专业测量师对已经提供的劳务进行测量，并按一定方法计算确定提供劳务交易的完工程度。

② 已经提供的劳务占应提供劳务总量的比例，这种方法主要以劳务量为标准确定提供劳务交易的完工程度。

③ 已经发生的成本占估计总成本的比例，这种方法主要以成本为标准确定提供劳务交易的完工程度。只有反映已提供劳务的成本才能包括在已经发生的成本中，只有反映已提供或将提供劳务的成本才能包括在估计总成本中。

（4）交易中已发生和将发生的成本能够可靠地计量。交易中已发生和将发生的成本能够可靠地计量，是指交易中已经发生和将要发生的成本能够合理地估计。企业应当建立完善的内部成本核算制度和有效的内部财务预算及报告制度，准确地提供每期发生的成本，并对完成剩余劳务将要发生的成本做出科学、合理的估计。同时应随着劳务的不断提供或外部情况的不断变化，随时对将要发生的成本进行修订。

2. 完工百分比法的具体应用

完工百分比法，是指按照提供劳务交易的完工进度确认收入和费用的方法。企业应当在资产负债表日按照提供劳务收入总额乘以完工进度扣除以前会计期间累计已确认提供劳务收入后的金额，确认当期提供劳务收入；同时，按照提供劳务估计总成本乘以完工进度扣除以前会计期间累计已确认劳务成本后的金额，结转当期劳务成本。用公式表示为：

本期确认的提供劳务收入 = 提供劳务收入总额 × 本期末止劳务的完工进度 − 以前会计期间累计已确认提供劳务收入

本期确认的提供劳务成本 = 提供劳务预计总成本 × 本期末止劳务的完工进度 − 以前会计期间累计已确认提供劳务成本

企业采用完工百分比法确认提供劳务收入时，应按计算确定的提供劳务收入金额，借记“应收账款”、“银行存款”等科目，贷记“主营业务收入”或“其他业务收入”科目。结转提供劳务成本时，借记“主营业务成本”或“其他业务成本”科目，贷记“劳务成本”科目。

【检测6-4】单项选择题

甲企业2012年10月承接一项设备安装劳务，劳务合同总收入为200万元，预计合同总成本为140万元，合同价款在签订合同时已收取，采用完工百分比法确认劳务收入。2012年已确认劳务收入40万元，截至2013年12月31日，该劳务的累计完工进度为60%。2013年该企业应确认的劳务收入为(　　)万元。

A. 36　　B. 80　　C. 84　　D. 120

（二）提供劳务交易结果不能可靠估计

劳务的开始和完成分属不同的会计期间，且企业在资产负债表日提供劳务交易结果不能可靠估计的，即不能同时满足上述4个条件的，不能采用完工百分比法确认提供劳务收入。此时，企业应当正确预计已经发生的劳务成本能否得到补偿，分别下列情况处理。

（1）已经发生的劳务成本预计全部能够得到补偿的，应按已收或预计能够收回的金额确认提供劳务收入，并结转已经发生的劳务成本。

（2）已经发生的劳务成本预计部分能够得到补偿的，应按能够得到部分补偿的劳务成本金额确认提供劳务收入，并结转已经发生的劳务成本。

（3）已经发生的劳务成本预计全部不能得到补偿的，不应确认提供劳务收入，但应将已经发生的劳务成本计入当期损益（主营业务成本或其他业务成本）。

例6-17 甲公司于2013年12月30日接受乙公司委托的一项安装业务，安装期为3个月，安装工程2014年1月1日开始。协议约定，乙公司应向甲公司支付的安装费总额为60 000元，分3次等额支付，第一次在安装开始时预付，第二次在2014年2月1日支付，第三次在安装完成时支付。

2014年1月1日，乙公司预付第一次安装费。至2014年1月31日，甲公司发生安装成本25 000元（假定均为安装人员薪酬）。2014年2月1日，甲公司得知乙公司经营发生困难，后两次安装费能否收回难以确定。假定不考虑相关税费，甲公司应编制如下会计分录。

① 2014年1月1日收到乙公司预付的安装费时：

借：银行存款　　20 000

　　贷：预收账款　　20 000

② 实际发生安装成本25 000元时：

借：劳务成本　　25 000

　　贷：应付职工薪酬　　25 000

③ 2014年1月31日确认提供劳务收入并结转劳务成本时：

借：预收账款　　20 000

　　贷：主营业务收入　　20 000

借：主营业务成本　　25 000

　　贷：劳务成本　　25 000

本例中，甲公司已经发生的劳务成本25 000元预计只能部分得到补偿，即只能按预收款项得到补偿，应按预收账款20 000元确认劳务收入，并将已经发生的劳务成本25 000元结转当期损益。

【提示6－2】企业与其他企业签订的合同或协议，有时既包括销售商品又包括提供劳务，如销售商品的同时负责运输、销售软件后继续提供技术支持等。此时，如销售商品部分和提供劳务部分能够区分且能够单独计量，企业应当将销售商品的部分作为销售商品处理，将提供劳务的部分作为提供劳务处理；如销售商品部分和提供劳务部分不能够区分，或虽能区分但不能够单独计量，企业应当将销售商品部分和提供劳务部分全部作为销售商品处理。

【检测6－5】判断题

不跨会计期间提供劳务应按完成合同法确认提供劳务收入，跨会计期间提供劳务应按完工百分比法确认提供劳务收入。（　）

三、“营改增”试点企业提供劳务收入的会计处理

营业税改征增值税试点的纳税人，应税服务销售额实行全额征税的与销售商品收入的会计处理相同，实行差额征税的会计处理如下。

（一）一般纳税人差额征税的会计处理

增值税差额征税是指营业税改征增值税试点的纳税人，提供营业税改征增值税应税服务，以取得的应税服务全部价款和价外费用扣除其支付给规定范围纳税人的规定项目价款后的不含税销售额计征增值税。

实行差额征税的一般纳税人，应在“应交税费——应交增值税”科目下增设“营改增抵减的销项税额”专栏，用于记录该企业因按规定扣减销售额而减少的销项税额；同时，“主营业务收入”、“主营业务成本”等相关科目应按经营业务的种类进行明细核算。企业接受应税服务时，按规定允许扣减销售额而减少的销项税额，借记“应交税费——应交增值税（营改增抵减的销项税额）”科目，按实际支付或应付的金额与上述增值税额的差额，借记“主营业务成本”等科目，按实际支付或应付的金额，贷记“银行存款”、“应付账款”等科目。对于期末一次性进行账务处理的企业，期末，按规定当期允许扣减销售额而减少的销项税额，借记“应交税费——应交增值税（营改增抵减的销项税额）”科目，贷记“主营业务成本”等科目。

例6－18　甲运输公司为营改增试点一般纳税人，适用增值税率为11%。2014年5月提供国内货物运输服务取得运输收入总额为888 000元（含税），款项已存入银行；支付给联运企业运输费333 000元（含税）并取得交通运输业专用发票，款项已通过银行支付。不考虑其他因素。甲运输公司应编制如下会计分录。

① 确认提供货物运输服务收入时：

增值税销项税额＝888 000÷(1＋11%)×11%＝88 000（元）

借：银行存款	888 000	
贷：主营业务收入		800 000
应交税费——应交增值税（销项税额）		88 000

(2) 接受联运企业应税服务时：

营改增允许抵减的销项税额＝333 000÷(1＋11%)×11%＝33 000（元）

借：主营业务成本	300 000	
应交税费——应交增值税（营改增抵减的销项税额）	33 000	

贷：银行存款　　333 000

（二）小规模纳税人差额征税的会计处理

小规模纳税人提供应税服务，按营业税改征增值税有关规定允许从销售额中扣除其支付给其他纳税人价款的，按规定扣减销售额而减少的应交增值税应直接冲减“应交税费——应交增值税”科目。企业接受应税服务时，按规定允许扣减销售额而减少的应交增值税，借记“应交税费——应交增值税”科目，按实际支付或应付的金额与上述增值税额的差额，借记“主营业务成本”等科目，按实际支付或应付的金额，贷记“银行存款”、“应付账款”等科目。对于期末一次性进行账务处理的企业，期末，按规定当期允许扣减销售额而减少的应交增值税，借记“应交税费——应交增值税”科目，贷记“主营业务成本”等科目。

例 6－19　乙运输公司为营改增试点小规模纳税人，2014 年 5 月取得运输收入总额 515 000元，款项已存入银行；支付给联运企业运输费 309 000 元并取得符合规定的发票，款项已通过银行支付。不考虑其他因素。乙运输公司应编制如下会计分录。

① 确认提供运输服务收入时：

应交增值税 =515 000 ÷(1 +3%) ×3% =15 000(元)

借：银行存款	515 000	
贷：主营业务收入		500 000
应交税费——应交增值税		15 000

② 接受联运企业应税服务时：

营改增允许抵减的应交增值税 =309 000 ÷(1 +3%) ×3% =9 000(元)

借：主营业务成本	300 000	
应交税费——应交增值税	9 000	
贷：银行存款		309 000

第三节　让渡资产使用权收入

让渡资产使用权收入是指企业通过让渡资产使用权实现的收入，包括利息收入、使用费收入等。企业对外出租资产收取的租金、进行债权投资收取的利息、进行股权投资取得的现金股利等，也构成让渡资产使用权收入。这里主要介绍让渡无形资产等资产使用权的使用费收入的核算。

一、让渡资产使用权收入的确认和计量

让渡资产使用权的使用费收入同时满足下列条件的，才能予以确认。

（一）相关的经济利益很可能流入企业

企业在确定让渡资产使用权的使用费收入金额是否很可能收回时，应当根据对方企业的信誉和生产经营情况、双方就结算方式和期限等达成的合同或协议条款等因素，综合进行判断。如果企业估计使用费收入金额收回的可能性不大，就不应确认收入。

（二）收入的金额能够可靠地计量

当让渡资产使用权的使用费收入金额能够可靠估计时，企业才能确认收入。让渡资产使用权的使用费收入金额，应按照有关合同或协议约定的收费时间和方法计算确定。如果合同或协议规定一次性收取使用费，且不提供后续服务，应当视同销售该项资产一次性确认收入；提供后续服务

的，应在合同或协议规定的有效期内分期确认收入。如果合同或协议规定分期收取使用费，应按合同或协议规定的收款时间和金额或规定的收费方法计算确定的金额分期确认收入。

二、让渡资产使用权收入的账务处理

企业让渡资产使用权的使用费收入，一般通过“其他业务收入”科目核算；所让渡资产计提的摊销额等，一般通过“其他业务成本”科目核算。

企业确认让渡资产使用权的使用费收入时，按确定的收入金额，借记“银行存款”、“应收账款”等科目，贷记“其他业务收入”科目。企业对所让渡资产计提摊销以及所发生的与让渡资产有关的支出等，借记“其他业务成本”科目，贷记“累计摊销”等科目。

例 6－20　甲公司向乙公司转让某软件的使用权，一次性收取使用费 40 000 元，不提供后续服务，款项已经收到并存入银行。假定不考虑相关税费，甲公司应编制如下会计分录。

借：银行存款	40 000	
贷：其他业务收入		40 000

例 6－21　甲公司向丙公司转让某商品的商标使用权，协议约定丙公司每年年末按该商品销售收入的 10% 支付甲公司使用费，使用期为 5 年。丙公司该商品的销售收入第 1 年为150 000元，第 2 年为 220 000 元。假定甲公司均于每年年末收到使用费，不考虑相关税费，甲公司应编制如下会计分录。

① 第一年年末确认使用费收入时：

借：银行存款（150 000 ×10%）	15 000	
贷：其他业务收入		15 000

② 第二年年末确认使用费收入时：

借：银行存款（220 000 ×10%）	22 000	
贷：其他业务收入		22 000

例 6－22　甲公司于2013 年 1 月 1 日向丁公司转让某专利技术的使用权，协议约定转让期为 5 年，每年年末收取使用费 300 000 元。2013 年该专利权应摊销的金额为 180 000 元，每月摊销金额为 15 000 元。假定不考虑其他因素，甲公司应编制如下会计分录：

① 2013 年年末确认使用费收入时：

借：应收账款（或银行存款）	300 000	
贷：其他业务收入		300 000

② 2013 年每月进行专利权摊销时：

借：其他业务成本	15 000	
贷：累计摊销		15 000

【检测 6－6】多项选择题

下列各项中，属于让渡资产使用权收入的是（　　　）。

A. 转让无形资产所有权取得的收入　　B. 以经营租赁方式出租固定资产收取的租金

C. 进行债权投资收取的利息　　D. 进行股权投资取得的现金股利

考情分析

本章内容在近几年全国初级会计资格考试《初级会计实务》中的题型、题量及试题分数如下表所示。2012 年不定项选择题与本章内容有关。从近几年试题分数看,本章内容非常重要。

题 型	2011 年	2012 年	2013 年/2014 年
单项选择题	1 题 1 分	2 题 2 分	
多项选择题		2 题 4 分	2 题 4 分
判断题	2 题 2 分	2 题 2 分	1 题 1 分
计算分析题	1 题 5 分		
分数合计	8 分	8 分	5 分

同步训练

一、单项选择题

1. 企业对于已经发出但不符合收入确认条件的商品,其成本应借记的科目是(　　)。

A. 在途物资　　B. 发出商品　　C. 库存商品　　D. 主营业务成本

2. 某企业销售商品一批,增值税专用发票上标明的价款为 60 万元,适用的增值税税率为 17%,为购买方代垫运杂费为 2 万元,款项尚未收回。该企业确认的应收账款为(　　)万元。

A. 60　　B. 62　　C. 70.2　　D. 72.2

3. 乙企业某月销售商品发生商业折扣 20 万元、现金折扣 15 万元、销售折让 25 万元。该企业上述折扣和折让应计入当月财务费用的金额为(　　)万元。

A. 15　　B. 20　　C. 35　　D. 45

4. 企业采用支付手续费方式委托代销商品,委托方确认商品销售收入的时间是(　　)。

A. 签订代销协议时　　B. 发出商品时　　C. 收到代销清单时　　D. 收到代销款时

5. 某企业 2012 年 10 月承接一项设备安装劳务,劳务合同总收入为 200 万元,预计合同总成本为 140 万元,合同价款在签订合同时已收取,采用完工百分比法确认劳务收入。2012 年已确认劳务收入 80 万元,截至 2013 年 12 月 31 日,该劳务的累计完工进度为 60%。2013 年该企业应确认的劳务收入为(　　)万元。

A. 36　　B. 40　　C. 72　　D. 120

6. 某企业 2013 年 8 月 1 日赊销一批商品,售价为 120 000 元(不含增值税),适用的增值税税率为 17%。规定的现金折扣条件为 2/10,1/20,n/30,计算现金折扣时考虑增值税。客户于 2013 年 8 月 15 日付清货款,该企业收款金额为(　　)元。

A. 118 800　　B. 137 592　　C. 138 996　　D. 140 400

7. 下列各项中,关于收入确认表述正确的是(　　)。

A. 采用预收货款方式销售商品,应在收到货款时确认收入

B. 采用分期收款方式销售商品,应在货款全部收回时确认收入

C. 采用交款提货方式销售商品,应在开出发票收到货款时确认收入

D. 采用支付手续费方式委托代销商品,应在发出商品时确认收入

8. A 公司销售一批商品给 B 公司,开出的增值税专用发票上注明的售价为 10 000 元。增值税税额为 1 700 元。该批商品的成本为 8 000 元。货到后 B 公司发现商品质量不合格,要求在价格上给予 3% 的折让。B 公司提出的销售折让要求符合原合同的约定,A 公司同意并办妥了相关手续。

假定销售商品后还未确认收入，则 A 公司应确认销售商品收入的金额为(　　)元。

A. 351　　B. 9 700　　C. 11 349　　D. 11 700

9. 甲企业向乙企业提供某专利的使用权。合同规定：使用期 10 年，一次性收取使用费 360 000 元，不提供后续服务，款项已经收到。则甲企业当年应确认的使用费收入为(　　)元。

A. 0　　B. 36 000　　C. 72 000　　D. 360 000

10. A 企业委托 B 企业代销一批商品 6 000 件，代销价款为 100 元/件。该商品成本为 60 元/件，A 企业适用增值税税率为 17%。1 个月后，A 企业收到 B 企业开来的代销清单上列明已销售代销商品的 50%，A 企业向 B 企业开具增值税专用发票。A 企业按售价的 3% 支付给 B 企业手续费。A 企业当期应确认的销售收入为(　　)元。

A. 300 000　　B. 188 000　　C. 400 000　　D. 388 000

11. 2013 年 9 月 1 日，某公司与客户签订一项安装劳务合同，预计 2014 年 12 月 31 日完工；合同总金额为 2 400 万元，预计总成本为 2 000 万元。截至 2013 年 12 月 31 日。该公司实际发生成本 600 万元，预计将要发生成本 1 400 万元。假定该合同的结果能够可靠地估计，采用已经发生的成本占估计总成本的比例确认收入。2013 年度对该项合同确认的收入为 (　　)万元。

A. 720　　B. 640　　C. 350　　D. 600

二、多项选择题

1. 下列各项中，可用于确定所提供劳务完工进度的方法有(　　)。

A. 根据测量的已完工作量加以确定

B. 按已经发生的成本占估计总成本的比例计算确定

C. 按已经收到的金额占合同总金额的比例计算确定

D. 按已经提供的劳务占应提供劳务总量的比例计算确定

2. 下列各项中，工业企业应确认为其他业务收入的有(　　)。

A. 对外销售材料收入　　B. 出售专利所有权收入

C. 处置营业用房净收益　　D. 转让商标使用权收入

3. 下列关于现金折扣会计处理的表述中，正确的有(　　)。

A. 销售企业在确认销售收入时将现金折扣抵减收入

B. 销售企业在取得价款时将实际发生的现金折扣计入财务费用

C. 购买企业在购入商品时将现金折扣直接抵减应确认的应付账款

D. 购买企业在偿付应付账款时将实际发生的现金折扣冲减财务费用

4. 下列各项中，属于让渡资产使用权收入的是(　　)。

A. 转让无形资产使用权取得的收入　　B. 以经营租赁方式出租固定资产取得的租金

C. 进行债权投资收取的利息　　D. 进行股权投资取得的现金股利

5. 下列有关劳务收入确认的表述中，不正确的有(　　)。

A. 在同一会计期间内开始并完成的劳务，应按完工百分比法确认收入

B. 提供劳务交易的结果不能可靠估计，已经发生的劳务成本预计部分能够得到补偿，资产负债表日应按已经发生的劳务成本确认收入

C. 劳务的开始和完成分属不同的会计期间，提供劳务的交易结果能够可靠地计量，资产负债表日应按完工百分比法确认收入

D. 资产负债表日，已发生的合同成本预计全部不能得到补偿，应将已发生的成本确认为当期费用，并按已经发生的劳务成本确认收入

6. 下列各项中，不应计入商品销售收入的有(　　)。

A. 已经发生的销售折让
B. 应收取增值税销项税额
C. 实际发生的商业折扣
D. 应收取的代垫运杂费

7. 下列各项中,不属于收入的有( )。
A. 对外销售原材料的收入
B. 出售固定资产的收入
C. 收取手续费方式下代销方取得代销商品的收入
D. 出租无形资产的收入

8. 下列有关收入确认的表述中,正确的有( )。
A. 劳务的开始和完成分属不同的会计期间,应按完工百分比法确认收入
B. 支付手续费方式委托代销商品,委托方应在收到受托方开具的代销清单时确认收入
C. 让渡资产使用权的使用费收入应当按照有关合同或协议约定确认
D. 在预收款销售方式下,应在收到货款时确认收入

9. 企业跨期提供劳务的,期末可以按照完工百分比法确认收入的条件包括( )。
A. 劳务总收入能够可靠地计量
B. 相关的经济利益能够流入企业
C. 劳务的完成程度能够可靠地确定
D. 劳务总成本能够可靠地计量

10. 下列有关销售商品收入的处理中,不正确的有( )。
A. 采用支付手续费方式委托代销商品,委托方应在发出商品时确认收入
B. 当期已确认收入的售出商品被退回时,直接冲减退回当期的收入、成本、税金等相关项目
C. 当期已经确认收入的售出商品发生销售折让时,直接将销售折让作为当期的销售费用处理
D. 当期已经确认收入的售出商品发生销售折让时,将发生的销售折让冲减当期的收入和税金

三、判断题

1. 企业已完成销售手续但购买方在月末尚未提取的商品,应作为企业的库存商品核算。 ( )

2. 企业劳务的开始和完成分属不同的会计期间,且在资产负债表日提供劳务交易的结果能够可靠估计的,应采用完工百分比法确认劳务收入。 ( )

3. 企业对于发出的商品,不符合收入确认条件的,应按其实际成本编制会计分录,借记“发出商品”科目,贷记“库存商品”科目。 ( )

4. 企业让渡资产使用权,如果合同或协议规定一次性收取使用费,且不提供后续服务,应当视同销售该资产一次性确认收入。 ( )

5. 企业已确认销售收入的售出商品发生销售折让,且不属于资产负债表日后事项的,应在发生时冲减销售收入。 ( )

6. 企业资产负债表日提供劳务交易结果不能可靠估计,且已发生的劳务成本预计全部不能得到补偿的,应按已发生的劳务成本金额确认收入。 ( )

7. 企业采用预收款方式销售商品,通常在预收货款时确认销售商品收入。 ( )

8. 企业销售商品涉及现金折扣的,应按照扣除现金折扣后的金额确认销售商品收入。 ( )

四、不定项选择题

(一) 甲公司为增值税一般纳税人,适用增值税率为17%,假定销售商品、原材料和提供劳务均符合收入确认条件,其成本在确认收入时逐笔结转,商品、原材料的售价中不含增值税。2013 年甲

公司发生如下交易或事项。

1）1 月 5 日，向乙公司销售商品一批，售价为 1 000 万元，该批商品实际成本为 700 万元。由于乙公司购买量大，甲公司给予乙公司 10% 的商业折扣并开具了增值税专用发票，合同中规定的现金折扣为 2/10、1/20、n/30，甲公司已于当日发出商品，乙公司于 2 月 5 日付款，假定计算现金折扣时不考虑增值税。

2）2 月 20 日，乙公司因商品不符合标准而要求全部退货，甲公司实施检测后证明事实并同意乙公司退货，于当日办妥相关手续并支付了乙公司退货款。

3）3 月 10 日，销售自产商品一批，售价为 200 万元，增值税为 34 万元，成本为 120 万元；因同行业丙公司急需原材料，向丙公司出售原材料一批，售价为 100 万元，增值税为 17 万元，成本为 70 万元。

4）9 月 15 日，承接了一项安装劳务，合同规定期限为 6 个月，合同总收入为 200 万元，已经预收 120 万元，在安装完成时收回剩余款项。甲公司采用完工百分比法确认收入，完工率按已发生成本占估计总成本的比例确定，至 2013 年 12 月 31 日，已发生的成本为 78 万元，预计完成劳务还将发生成本 42 万元。

5）11 月份，甲公司发生了如下经济业务：销售原材料售价 20 万元，出租固定资产取得租金收入 3 万元，出租包装物收入 2 万元，取得罚款收入 4 万元，销售产成品收入 80 万元。

要求：根据上述资料，不考虑其他因素，分析回答下列第 1～6 小题。

1. 根据资料 1），下列各项中，甲公司的会计处理结果正确的是（　　）。
   A. 1 月 5 日，确认销售商品收入 1 000 万元　　B. 2 月 5 日，确认财务费用 0 元
   C. 1 月 5 日，确认销售商品收入 900 万元　　D. 2 月 5 日，确认财务费用 90 万元
2. 根据资料 2），下列各项中，甲公司的会计处理结果正确的是（　　）。
   A. 冲减主营业务收入 900 万元
   B. 增加库存商品 700 万元
   C. 冲减应交税费——应交增值税（销项税额）153 万元
   D. 冲减主营业务成本 700 万元
3. 根据资料 3），下列各项中，甲公司确认收入的会计处理正确的是（　　）。
   A. 确认主营业务收入 300 万元　　B. 确认主营业务收入 200 万元
   C. 确认其他业务收入 117 万元　　D. 确认其他业务收入 100 万元
4. 根据资料 4），2013 年 12 月 31 日，甲公司应确认的劳务收入为（　　）万元。
   A. 130　　B. 120　　C. 78　　D. 200
5. 根据资料 5），11 月份应计入其他业务收入的金额为（　　）万元。
   A. 23　　B. 25　　C. 29　　D. 109
6. 根据资料 1）至 5），甲公司 2013 年营业收入的金额为（　　）万元。
   A. 455　　B. 535　　C. 539　　D. 1 435

（二）甲企业为增值税一般纳税人，增值税率为 17%，2013 年 12 月 1 日，“应收账款”科目借方余额为 993 万元，“坏账准备”科目贷方余额为 50 万元，甲企业确定计提坏账准备的比例为期末应收账款余额的 5%。2013 年 12 月，甲企业发生如下经济业务。

1）12 月 5 日，向乙企业赊销商品一批，按商品价目表标明的价格计算的金额为 1 000 万元（不含增值税），由于是成批销售，甲企业给予乙企业 10% 的商业折扣。

2）12 月 9 日，一客户破产，根据清算程序，有应收账款 80 万元不能收回，确认为坏账。

3）12 月 11 日，收到乙企业的货款 1 000 万元，存入银行。

4）12 月 21 日，收到 2012 年已转销为坏账的应收账款 20 万元，存入银行。

5）12 月 30 日，向丙企业销售商品一批，增值税专用发票上注明的售价为 200 万元，增值税税额为 34 万元。甲企业为了尽早收回货款，在合同中规定的现金折扣条件为 2/10、1/20、n/30，假定计算现金折扣时不考虑增值税。

要求：根据上述资料，不考虑其他因素，分析回答下列第 7 ~ 12 小题。

7. 根据资料 1），下列各项中，对于销售货物时的商业折扣的会计处理，表述正确的是（　　）。

A. 直接抵减确认的收入金额

B. 先按全额入账，期末再单独对商业折扣作处理

C. 销售商品不作处理

D. 销售商品时确认的增值税销项税额按扣除商业折扣后的金额计算

8. 根据资料 2），对于应收账款账面价值的影响金额为（　　）万元。

A. 0　　B. 80　　C. 160　　D. −80

9. 根据资料 3）和 4），下列各项中，其会计处理的贷方科目正确的是（　　）。

A. 12 月 11 日，应贷记“主营业务收入”科目 1 000 万元

B. 12 月 11 日，应贷记“应收账款”科目 1 000 万元

C. 12 月 21 日，应贷记“资产减值损失”科目 20 万元

D. 12 月 21 日，应贷记“坏账准备”科目 20 万元

10. 根据资料 5），下列各项中，对于销售货物时的现金折扣的会计处理，表述正确的是（　　）。

A. 现金折扣与商业折扣处理相同　　B. 现金折扣在实际发生时冲减收入

C. 现金折扣在确认收入时直接抵减收入　　D. 现金折扣在实际发生时计入当期费用

11. 根据资料 5），若次年 1 月 5 日收到货款，应确认的财务费用为（　　）万元。

A. 4.68　　B. 4　　C. 230　　D. 229.32

12. 根据期初及 1）至 5）资料，2013 年 12 月 31 日，甲企业应提取的坏账准备为（　　）万元。

A. 50.65　　B. 60　　C. 70　　D. 60.65

五、计算分析题

1. 甲公司为增值税一般纳税企业，适用的增值税税率为 17%。甲公司以销售商品和提供工业性劳务为主营业务。商品销售价格均不含增值税额，销售实现时结转销售成本。2013 年 12 月，甲公司销售商品和提供劳务的资料如下。

1）12 月 1 日，对 A 公司销售商品一批，增值税专用发票上销售价格为 100 万元，增值税额为 17 万元。提货单和增值税专用发票已交 A 公司，A 公司已承诺付款。为及时收回货款，给予 A 公司的现金折扣条件：2/10，1/20，n/30（假设计算现金折扣时不考虑增值税因素）。该批商品的实际成本为 80 万元。12 月 19 日，收到 A 公司支付的扣除所享受现金折扣金额后的款项，并存入银行。

2）12 月 2 日，收到 B 公司来函，要求对当年 11 月 2 日所购商品在价格上给予 5% 的折让（甲公司在该批商品售出时，已确认销售收入 200 万元，并收到款项）。经查核，该批商品外观存在质量问题。甲公司同意 B 公司提出的折让要求。当日，收到 B 公司交来的税务机关开具的索取折让证明单，并出具红字增值税专用发票并支付折让款项。

3）12 月 14 日，与 D 公司签订合同，以现销方式向 D 公司销售商品一批。该批商品的销售价格为 120 万元，实际成本 90 万元，增值税专用发票和提货单已交 D 公司。款项已于当日收到，存入银行。

4）12 月 15 日，与 E 公司签订一项设备维修合同。该合同规定，该设备维修总价款为 60 万元（不含增值税额），于维修完成并验收合格后一次结清。12 月 31 日，该设备维修任务完成并经 E 公司验收合格。甲公司实际发生的维修费用为 20 万元（均为维修人员工资）。12 月 31 日，鉴于 E 公司发生重大财务困难，甲公司预计很可能收到的维修款为 17.55 万元（含增值税额）。

5）12 月 25 日，与 F 公司签订一件特制商品的合同。该合同规定，商品总价款为 80 万元（不含增值税额），自合同签订日起 2 个月内交货。合同签订日，收到 F 公司预付的款项 40 万元，并存入银行。商品制造工作尚未开始。

6）12 月 30 日，收到 A 公司退回的当月 1 日所购全部商品。经查核，该批商品存在质量问题，甲公司同意 A 公司的退货要求。当日，收到 A 公司交来的税务机关开具的进货退出证明单，并开具红字增值税专用发票和支付退货款项。

7）12 月 31 日，向 G 公司销售材料一批，增值税专用发票上注明的价款为 35 万元，增值税税额为 5.95 万元。该批材料的成本为 25 万元。当日收到面值为 40.95 万元的商业承兑汇据一张。

8）12 月 31 日，向 C 公司转让某商品的商标使用权，协议约定 C 公司每年年末按该商品销售收入的 10% 支付甲公司使用费，甲公司收到本年度的使用费 15 万元，款项已存入银行。假定不考虑其他因素。

要求：编制甲公司 12 月份发生的上述经济业务的会计分录（“应交税费”科目要求写出明细科目及专栏名称，答案中的金额单位用万元表示）。

2. 甲企业为增值税一般纳税人，适用的增值税税率为 17%。2013 年 7 月 1 日，甲企业与乙企业签订了代销协议，委托乙企业销售甲商品 200 件，成本价为每件 120 元，约定对外销售价为每件 200 元，甲企业按不含增值税的销售价的 10% 向乙企业支付手续费。8 月 1 日，乙企业已对外销售 100 件，开出的增值税专用发票上注明的销售价为 20 000 元，增值税额为 3 400 元，款项已收到。甲企业收到乙企业开来的代销清单时，向乙企业开具一张相同金额的增值税专用发票。假定甲企业发出商品时纳税义务尚未发生，不考虑其他因素。8 月 5 日，甲企业收到乙企业支付的货款。

要求：根据上述资料，分别编制委托方（甲企业）和受托方（乙企业）的有关会计分录（“应交税费”科目要求写出明细科目及专栏名称）。

第七章

费用的确认和计量

学习目标

知识目标

掌握营业成本的组成内容和结转方式;掌握营业税金及附加、期间费用的内容及核算方法。

技能目标

能对营业成本、营业税金及附加、期间费用的内容进行职业判断;能正确对各项费用的确认和计量进行会计处理。

费用是指企业在日常活动中发生的、会导致所有者权益减少的、与向所有者分配利润无关的经济利益的总流出。

费用包括企业日常活动所产生的经济利益的总流出,主要指企业为取得营业收入进行产品销售等营业活动所发生的企业货币资金的流出,具体包括成本费用和期间费用。这些费用的发生与企业日常经营活动关系密切,是与企业一定会计期间经营成果有直接关系的经济利益流出,最终会导致企业所有者权益减少。

企业为生产产品、提供劳务等发生的,可归属于产品成本、劳务成本等的费用,应当在确认销售商品收入、提供劳务收入等时,将已销售商品、已提供劳务的成本等计入当期损益。成本费用包括主营业务成本、其他业务成本、营业税金及附加等。

期间费用是指企业日常活动发生的不能计入特定核算对象的成本,而应计入发生当期损益的费用。期间费用发生时直接计入当期损益。期间费用包括销售费用、管理费用和财务费用。

费用只有同时符合其定义和相关的经济利益很可能流出从而导致企业资产减少或者负债增加,且经济利益的流出金额能够可靠计量等确认条件时,才能予以确认并列入利润表。费用是通过所使用或所耗用的资产或劳务的价值来计量的。

费用具有以下特点。

(1) 费用是企业在日常活动中形成的。费用必须是企业在日常活动中所形成的,其日常活动的界定与收入定义中涉及的日常活动的界定相一致,如工业企业制造并销售产品、商业企业购买并销售商品、交通运输企业提供旅客和货物的运输服务、饭店或宾馆提供餐饮和住宿服务、咨询公司提供咨询服务、租赁公司出租资产等活动,这些日常活动所产生的费用通常包括营业成本、营业税金、期间费用等。

将费用界定为日常活动所形成的,目的是将其与损失相区分。企业非日常活动所形成的经济利益的流出不能确认为费用,而应计入损失,如企业处置固定资产、无形资产等非流动资产,因违约支付罚款,对外捐赠,因自然灾害等非常原因造成财产毁损等,这些活动或事项形成的经济利益的总流出属于企业的损失而不是费用。

(2) 费用会导致企业所有者权益减少。与费用相关的经济利益的流出应当导致所有者权益减少,不会导致所有者权益减少的经济利益的流出不符合费用的定义,不应确认为费用。企业经营管理中的某些支出并不减少企业的所有者权益，如企业的偿付债务、对外投资等支出，只是一项资产和负债的等额减少或一项资产减少的同时另一项资产等额增加，对所有者权益没有影响，不构成企业的费用。

（3）费用导致的经济利益流出与向所有者分配利润无关。费用的发生应当导致经济利益的流出，从而导致资产减少或负债增加（最终也会导致资产减少），其表现形式包括现金或现金等价物的流出，存货、固定资产和无形资产等的流出或消耗等，与向所有者分配利润或股利无关。企业向所有者分配利润或股利也会导致经济利益流出，而该经济利益的流出属于投资者投资的回报分配，是所有者权益的直接抵减项目，不应确认为费用。

【检测 7－1】多项选择题

下列各项中，属于费用的有(　　　　)。

A. 营业税金及附加　　B. 销售费用　　C. 其他业务成本　　D. 营业外支出

第一节　营业成本

营业成本是指企业为生产产品、提供劳务等发生的可归属于产品成本、劳务成本等的费用，应当在确认销售商品收入、提供劳务收入等时，将已销售商品、已提供劳务的成本等计入当期损益。营业成本包括主营业务成本和其他业务成本。

一、主营业务成本的确认和计量

主营业务成本是指企业销售商品、提供劳务等经常性活动所发生的成本。企业一般在确认销售商品、提供劳务等主营业务收入时，或在月末，将已销售商品、已提供劳务的成本转入主营业务成本。

企业应当设置“主营业务成本”科目，核算企业因销售商品、提供劳务或让渡资产使用权等日常活动而发生的实际成本，企业结转主营业务成本时，借记“主营业务成本”科目，贷记“库存商品”、“劳务成本”等科目。期末，应将“主营业务成本”科目余额转入“本年利润”科目，借记“本年利润”科目，贷记“主营业务成本”科目，结转后“主营业务成本”科目无余额。主营业务成本可按主营业务的种类进行明细核算。

例 7－1　2014 年 2 月 10 日，甲公司向乙公司销售一批产品，开出的增值税专用发票上注明售价为 10 000 元，增值税税额为 1 700 元；甲公司已收到乙公司支付的货款 11 700 元，并将提货单送交乙公司；该批产品成本为 9 000 元。销售前，该产品已计提跌价准备 1 000 元。甲公司应编制如下会计分录。

借：银行存款	11 700	
贷：主营业务收入		10 000
应交税费——应交增值税（销项税额）		1 700
借：主营业务成本	8 000	
存货跌价准备	1 000	
贷：库存商品		9 000

例 7－2　乙公司 2014 年 5 月 10 日销售甲产品 200 件，单价 500 元，单位成本 300 元，增值税专用发票上注明售价 100 000 元，增值税税额 17 000 元，购货方尚未付款，销售成立。当月 22

日,因产品质量问题购货方退货。乙公司应编制如下会计分录。

① 销售产品时:

借:应收账款　117 000
　贷:主营业务收入　100 000
　　应交税费——应交增值税(销项税额)　17 000
借:主营业务成本　60 000
　贷:库存商品——甲产品　60 000

② 销售退回时:

借:主营业务收入　100 000
　应交税费——应交增值税(销项税额)　17 000
　贷:应收账款　117 000
借:库存商品——甲产品　60 000
　贷:主营业务成本　60 000

例7-3 2014年5月8日,甲公司向乙公司销售一批商品,开出的增值税专用发票上注明的销售价格为10 000元,增值税税额为1 700元,款项尚未收到;这批商品的成本为6 000元。乙公司收到商品后,验收发现有少量残次品,经双方协商,甲公司同意折让率5%。假定甲公司已经确认收入,与销售折让有关的增值税额税务机关允许扣减。甲公司应编制如下会计分录。

① 销售收入实现时:

借:应收账款　11 700
　贷:主营业务收入　10 000
　　应交税费——应交增值税(销项税额)　1 700
借:主营业务成本　6 000
　贷:库存商品　6 000

② 发生销售折让时:

折让的收入金额 =10 000×5% =500(元)
折让的增值税税额 =500×17% =85(元)
合计冲减应收账款额 =500 +85 =585(元)

借:主营业务收入　500
　应交税费——应交增值税(销项税额)　85
　贷:应收账款　585

③ 收到款项时:

收到金额 =11 700 -585 =11 115(元)

借:银行存款　11 115
　贷:应收账款　11 115

例7-4 丙公司2014年5月末汇总计算本月已销售的甲、乙、丙3种产品的实际成本分别为300 000元、200 000元和500 000元。丙公司月末结转本月已销甲、乙、丙产品成本时,应编制如下会计分录。

借:主营业务成本　1000 000
　贷:库存商品——甲产品　300 000
　　　　　——乙产品　200 000
　　　　　——丙产品　500 000

【提示7－1】在实务中，营业成本的结转方式可分为平时逐笔结转和月末集中结转。例7－1、例7－2、例7－3为逐笔结转方式；例7－4为月末集中结转方式。

例7－5　丙安装公司于2014年6月15日接受一项设备安装任务，该任务可一次完成，合同总价款为12 000元，实际发生安装成本8 000元。假定该安装劳务属于丙公司的主营业务，在安装完成时收到款项，不考虑相关税费。丙公司应编制如下会计分录。

借：银行存款	12 000	
贷：主营业务收入		12 000
借：主营业务成本	8 000	
贷：银行存款等		8 000

若上述安装任务需要花费一段时间（不超过会计当期）才能完成，则应在发生劳务相关支出时，先计入“劳务成本”科目，安装任务完成时再转入“主营业务成本”科目。

【思考7－1】若例7－5的安装劳务需要跨会计期间，即劳务的开始和完成分属不同的会计期间时，期末应当如何确认劳务收入并结转劳务成本？

【检测7－2】多项选择题

下列各项中，应计入营业成本的有（　　　）。

A. 销售商品的成本　　　　B. 销售材料的成本

C. 出租非专利技术的摊销额　　　　D. 以经营租赁方式出租设备计提的折旧额

二、其他业务成本的确认和计量

其他业务成本是指企业确认的除主营业务活动以外的其他经营活动所发生的支出。其他业务成本包括销售材料的成本、出租固定资产的折旧额、出租无形资产的摊销额、出租包装物的成本或摊销额等。采用成本模式计量投资性房地产的，其投资性房地产计提的折旧额或摊销额也构成其他业务成本，企业应当设置“其他业务成本”科目，核算企业确认的除主营业务活动以外的其他经营活动所发生的成本，企业结转其他业务成本时，借记“其他业务成本”科目，贷记“原材料”、“周转材料”、“累计折旧”、“累计摊销”、“应付职工薪酬”、“银行存款”等科目。期末，应将“其他业务成本”科目余额转入“本年利润”科目，借记“本年利润”科目，贷记“其他业务成本”科目，结转后“其他业务成本”科目无余额。其他业务成本可按其他业务的种类进行明细核算。

例7－6　2013年12月15日，某公司销售一批原材料，开具的增值税专用发票上注明的售价为100 000元，增值税税额为17 000元，款项已由银行收妥。该批原材料的实际成本为70 000元。该公司应编制如下会计分录。

借：银行存款	117 000	
贷：其他业务收入		100 000
应交税费——应交增值税（销项税额）		17 000
借：其他业务成本	70 000	
贷：原材料		70 000

例 7－7　2014 年 6 月 4 日，某公司销售商品领用单独计价的包装物成本 6 000 元，增值税专用发票上注明销售收入 10 000 元，增值税税额为 1 700 元，款项已存入银行。假设不考虑材料成本差异，该公司应编制如下会计分录。

借：银行存款　　11 700

　贷：其他业务收入　　10 000

　　应交税费——应交增值税（销项税额）　　1 700

借：其他业务成本　　6 000

　贷：周转材料——包装物　　6 000

例 7－8　2014 年 1 月 1 日，甲公司将自行开发完成的非专利技术出租给另一家公司，该非专利技术成本为 120 000 元，双方约定的租赁期限为 10 年，甲公司每月应摊销 1 000（120 000 ÷ 10 ÷ 12）元。每月摊销时，甲公司应编制如下会计分录。

借：其他业务成本　　1 000

　贷：累计摊销　　1000

例 7－9　2014 年 6 月 10 日，甲公司出租一幢办公楼给乙公司使用，已确认为投资性房地产，采用成本模式进行后续计量。假设出租的办公楼成本为 2 400 万元，按直线法计提折旧，使用寿命为 20 年，预计净残值为 0。按照合同规定，乙公司按月支付甲公司租金。甲公司每月应计提折旧 10（2 400 ÷ 20 ÷ 12）万元。每月计提折旧时，甲公司应编制如下会计分录。

【链接 7－1】

借：其他业务成本　　100 000

　贷：投资性房地产累计折旧　　100 000

【检测 7－3】单项选择题

下列各项中，应计入其他业务成本的是（　　）。

A. 库存商品的盘亏净损失　　B. 经营租出固定资产折旧

C. 向灾区捐赠的商品成本　　D. 火灾导致原材料毁损净损失

第二节　营业税金及附加

营业税金及附加是指企业经营活动应负担的相关税费，包括营业税、消费税、城市维护建设税、教育费附加和资源税等。

营业税是对提供应税劳务、转让无形资产或销售不动产所征收的一种税。其中，应税劳务是指交通运输、建筑安装、金融保险、邮电通讯、旅游服务和文化娱乐业等所提供的劳务；转让无形资产是指转让无形资产的所有权或使用权；销售不动产是指非房产单位有偿转让不动产的所有权和使用权，以及将不动产无偿赠与他人的行为。营业税按营业额和规定的税率计算应纳税额。

【提示7-2】营业税征收范围中的交通运输业(包括公路、铁路、水路、航空和管道运输)、邮政业和部分现代服务业(研发和技术服务、信息技术服务、文化创意服务、物流辅助服务、有形动产租赁服务、鉴证咨询服务、广播影视服务)及转让专利或者非专利技术的所有权或者使用权、转让商标和著作权等已在全国范围内实行"营改增"。

消费税是对生产、委托加工及进口应税消费品(主要指烟、酒、化妆品、高档次及高能耗的消费品等)征收的一种税。消费税的计税方法主要有从价定率、从量定额及从价定率和从量定额复合计税3种。从价定率是根据商品销售价格和规定的税率计算应交消费税,从量定率是根据商品销售数量和规定的单位税额计算应交消费税,复合计税是两者的结合。

城市维护建设税(以下简称城建税)和教育费附加是对从事生产经营活动的单位和个人,以其实际缴纳的增值税、消费税、营业税为依据,按纳税人所在地适用的不同税率计算征收的一种税。

资源税是对在我国领域及管辖海域开采国家规定的矿产品或者生产盐的单位和个人征收的一种税,按从价定率或者从量定额的办法计算应纳税额。如开采石油、煤炭、天然气企业要按其销售额或者销售数量计算交纳资源税。

企业应通过"营业税金及附加"科目核算经营活动相关税费的发生和结转情况。企业按规定计算确定的应交营业税、消费税、城市维护建设税、资源税和教育费附加等税费,借记"营业税金及附加"科目,贷记"应交税费"等科目。期末,应将"营业税金及附加"科目余额转入"本年利润"科目,借记"本年利润"科目,贷记"营业税金及附加"科目,结转后"营业税金及附加"科目无余额。

【检测7-4】判断题

投资性房地产是一种经营活动,企业交纳的与投资性房地产有关的房产税、土地使用税也在"营业税金及附加"科目核算。(　)

【检测7-5】多项选择题

企业交纳的下列各种税金中,不通过"营业税金及附加"科目核算的有(　　)。

A. 增值税销项税额　　B. 消费税　　C. 城市维护建设税　　D. 印花税

例7-10　某公司2014年5月1日取得应纳消费税的销售商品收入60 000元,该产品适用的消费税税率为10%。该公司应编制如下会计分录。

① 计算应交消费税时:

60 000×10%=6 000(元)

借:营业税金及附加　　6 000

　贷:应交税费——应交消费税　　6 000

② 实际交纳消费税时:

借:应交税费——应交消费税　　6 000

　贷:银行存款　　6 000

例7-11　某公司2014年5月份,对外提供营业税劳务获得劳务收入100 000元,营业税税率3%,款项已存入银行。该公司应编制如下会计分录。

① 劳务收入实现时:

借:银行存款(或应收账款等) 100 000

  贷:主营业务收入 100 000

② 计算应交营业税时:

100 000×3%=3 000(元)

借:营业税金及附加 3 000

  贷:应交税费——应交营业税 3 000

③ 实际交纳营业税时:

借:应交税费——应交营业税 3 000

  贷:银行存款 3 000

例 7-12 2014 年 5 月,某公司当月实际应交增值税为 200 000 元,应交消费税80 000 元,应交营业税 20 000 元。城建税税率 7%,教育费附加率 3%。该公司应编制与城建税、教育费附加有关的会计分录如下。

① 计算应交城建税和教育费附加时:

应交城建税=(200 000+80 000+20 000)×7%=21 000(元)

应交教育费附加=(200 000+80 000+20 000)×3%=9 000(元)

借:营业税金及附加 30 000

  贷:应交税费——应交城建税 21 000

      ——应交教育费附加 9 000

② 实际交纳城建税和教育费附加时:

借:应交税费——应交城建税 21 000

    ——应交教育费附加 9 000

  贷:银行存款 30 000

第三节 期间费用

一、期间费用的确认和计量

期间费用是指企业日常活动中发生的不能计入特定核算对象的成本中,而应计入发生当期损益的费用。

期间费用是企业日常活动中所发生的经济利益的流出。由于期间费用是为组织和管理企业整个经营活动所发生的费用,与可以确定一定成本核算对象的材料或商品采购、产成品生产等支出没有直接关系,难以判定其所归属的核算对象,因而期间费用不能计入有关核算对象的成本,而要直接计入当期损益。期间费用包括销售费用、管理费用和财务费用。

期间费用的确认包含以下两种情况:一是企业发生的支出不产生经济利益,或者即使产生经济利益但不符合或者不再符合资产确认条件的,应当在发生时确认为费用,计入当期损益;二是企业发生的交易或者事项导致其承担了一项负债而又不确认为一项资产的,应当在发生时确认为费用,计入当期损益。

期间费用的计量包含以下 3 种情况:①费用发生先于现金支出的,一般按预计金额计量;②费用发生与现金支出同时发生的,按市场价格计量;③费用发生后于现金支出的,按实际成本的分摊额计量。

二、期间费用的账务处理

（一）销售费用

销售费用是指企业销售商品和材料、提供劳务的过程中发生的各种费用，包括保险费、包装费、展览费和广告费、商品维修费、预计产品质量保证损失、运输费、装卸费等以及为销售本企业商品而专设的销售机构（含销售网点、售后服务网点等）的职工薪酬、业务费、折旧费等经营费用。企业发生的与专设销售机构相关的固定资产修理费用等后续支出属于销售费用。

销售费用是与企业销售商品活动有关的费用，但不包括销售商品本身的成本和劳务成本。销售商品的成本属于“主营业务成本”，提供劳务的成本属于“劳务成本”。

企业应通过“销售费用”科目核算销售费用的发生和结转情况。该科目借方登记企业所发生的各项销售费用，贷方登记期末转入“本年利润”科目的销售费用，结转后该科目应无余额。该科目可按销售费用项目进行明细核算。

例 7-13 某公司 2013 年 8 月份发生的销售费用包括：以银行存款支付广告费 5 000 元；以现金支付由本公司负担的销售 A 产品的运输费 800 元（取得货运普通发票）；本月应分配专设销售机构的职工工资 4 000 元，职工福利费 560 元；专设销售机构专用的办公设备折旧费10 000 元。以上各项销售费用发生时，该公司应编制如下会计分录。

① 支付广告费时：

借：销售费用——广告费 5 000

　贷：银行存款 5 000

② 支付运输费时：

借：销售费用——运输费 800

　贷：库存现金 800

③ 分配职工工资时：

借：销售费用——工资 4 000

　贷：应付职工薪酬 4 000

④ 分配职工福利费时：

借：销售费用——职工福利 560

　贷：应付职工薪酬 560

⑤ 计提办公设备折旧费时：

借：销售费用——折旧费 10 000

　贷：累计折旧 10 000

【检测 7-6】多项选择题

下列各项中，应计入销售费用的是（　　）。

A. 随同商品出售不单独计价的包装物成本　　B. 业务招待费

C. 随同商品出售单独计价的包装物成本　　D. 售后服务网点业务费

（二）管理费用

管理费用是指企业为组织和管理企业生产经营发生的各种费用，包括企业在筹建期间内发生的开办费，董事会和行政管理部门在企业的经营管理中发生的或者应由企业统一负担的公司经费（包括行政管理部门职工工资、修理费、物料消耗、低值易耗品摊销、办公费和差旅费等）、工会经费、待业保险费、劳动保险费、董事会会费（包括董事会成员津贴、会议费和差旅费等）、聘请中介机构费、咨询费（含顾问费）、诉讼费、业务招待费、房产税、车船税、土地使用税、印花税、技术转让费、矿产资源补偿费、研究费用、排污费以及企业生产车间和行政管理部门发生的固定资产修理费用等。

企业应通过“管理费用”科目核算管理费用的发生和结转情况。该科目借方登记企业发生的各项管理费用，贷方登记期末转入“本年利润”科目的管理费用，结转后该科目应无余额。该科目可按管理费用项目进行明细核算。商品流通企业管理费用不多的，可不设本科目，相关核算内容可并入“销售费用”科目核算。

【检测7-7】判断题

企业生产车间（分厂）发生的固定资产修理费用应计入制造费用，与专设销售机构相关的固定资产修理费用应计入管理费用。（　）

例 7-14　某公司2013年8月份发生以下管理费用：以银行存款支付业务招待费8 000元；计提管理部门使用的固定资产折旧费18 000元；分配行政管理人员薪酬120 000元，以现金向专家支付新产品设计咨询费25 000元；计算应交土地使用税3 500元。以上各项管理费用发生时，该公司应编制如下会计分录。

① 支付业务招待费时：

借：管理费用——业务招待费　　8 000

　贷：银行存款　　8 000

② 计提折旧费时：

借：管理费用——折旧费　　18 000

　贷：累计折旧　　18 000

③ 分配行政管理人员薪酬时：

借：管理费用——工资　　120 000

　贷：应付职工薪酬　　120 000

④ 支付专家咨询费时：

借：管理费用——咨询费　　25 000

　贷：库存现金　　25 000

⑤ 计算应交土地使用税时：

借：管理费用——土地使用税　　3 500

　贷：应交税费——应交土地使用税　　3 500

（三）财务费用

财务费用是指企业为筹集生产经营所需资金等而发生的筹资费用，包括利息支出（减利息收入）、汇兑损益以及相关的手续费、企业发生或收到的现金折扣等。

企业应通过“财务费用”科目核算财务费用的发生和结转情况。该科目借方登记企业发生的各项财务费用，贷方登记期末转入“本年利润”科目的财务费用，结转后该科目应无余额。该科目可按财务费用项目进行明细核算。

例 7-15　某公司于2014年1月1日，向银行借入生产经营用短期借款300 000元，期

限6个月,年利率4%,该借款本金到期后一次归还,利息分月预提,按季支付。该公司有关利息支出应编制如下会计分录。

① 每月末,预提当月应计利息时:

300 000×4%÷12=1 000(元)

借:财务费用——利息支出　　1 000

　贷:应付利息　　1 000

② 按季支付利息时:

1 000×3=3 000(元)

借:应付利息　　3 000

　贷:银行存款　　3 000

例7-16　某公司2014年5月10日用银行存款支付银行手续费500元。该公司应编制如下会计分录。

借:财务费用——手续费　　500

　贷:银行存款　　500

例7-17　2014年6月2日,某公司在购买材料业务中,根据供货方规定的现金折扣条件提前付款,获得现金折扣2 300元。该公司应编制如下会计分录。

借:应付账款　　2 300

　贷:财务费用　　2 300

例7-18　2014年7月30日,某公司在商品销售业务中,根据公司规定的现金折扣条件,购货方提前付款而享受现金折扣4 500元。该公司应编制如下会计分录。

借:财务费用　　4 500

　贷:应收账款　　4 500

【检测7-8】单项选择题

甲企业2013年10月份销售商品发生现金折扣15万元、销售折让25万元,应付财务部门人员薪酬5万元。甲企业上述交易或事项应计入当月财务费用的金额为(　　)万元。

A. 15　　B. 20　　C. 30　　D. 40

【检测7-9】单项选择题

乙企业2014年3月份发生的费用有:计提车间用固定资产折旧10万元,发生车间管理人员工资40万元,支付广告费用50万元,预提短期借款利息20万元,支付矿产资源补偿费10万元。该企业3月份的期间费用总额为(　　)万元。

A. 80　　B. 70　　C. 170　　D. 60

考情分析

本章内容在近几年全国初级会计资格考试《初级会计实务》中的题型、题量及试题分数如下表所示。从近几年试题分数看,本章内容比较重要。

题 型	2011 年	2012 年	2013 年/2014 年
单项选择题	2 题 2 分	2 题 2 分	
多项选择题	4 题 8 分	1 题 2 分	1 题 2 分
分数合计	10 分	4 分	2 分

同步训练

一、单项选择题

1. 下列各项中,应列入利润表“管理费用”项目的是(　　)。

A. 计提的坏账准备　　B. 出租无形资产的摊销额

C. 支付中介机构的咨询费　　D. 处置固定资产的净损失

2. 企业销售商品确认收入后,对于客户实际享受的现金折扣,应当(　　)。

A. 确认当期财务费用　　B. 冲减当期主营业务收入

C. 确认当期管理费用　　D. 确认当期主营业务成本

3. 下列各项中,应计入管理费用的是(　　)。

A. 筹建期间的开办费　　B. 预计产品质量保证损失

C. 生产车间管理人员工资　　D. 专设销售机构的固定资产修理费

4. 下列各项中,不应计入销售费用的是(　　)。

A. 已售商品预计保修费用　　B. 为推广新产品而发生的广告费用

C. 随同商品出售且单独计价的包装物成本　　D. 随同商品出售而不单独计价的包装物成本

5. 某企业为增值税一般纳税人,2013 年应交各种税金为:增值税 350 万元,消费税 150 万元,城市维护建设税 35 万元,房产税 10 万元,车船使用税 5 万元,所得税 250 万元。上述各项税金应计入管理费用的金额为(　　)万元。

A. 5　　B. 15　　C. 50　　D. 185

6. 企业超支的业务招待费应计入(　　)。

A. 销售费用　　B. 其他业务成本　　C. 营业外支出　　D. 管理费用

7. 下列项目中,销售企业应作为财务费用处理的是(　　)。

A. 购货方获得的现金折扣　　B. 购货方获得的商业折扣

C. 购货方获得的销售折让　　D. 购货方放弃的现金折扣

8. 下列项目中,应计入财务费用的是(　　)。

A. 筹集生产经营所需资金等而发生的筹资费用 B. 为购建或生产满足资本化条件的资产发生的应予资本化的借款费用

C. 专设销售机构固定资产的折旧费　　D. 企业行政管理部门设备折旧费用

9. 下列费用中,不属于管理费用列支范围的是(　　)。

A. 出租固定资产发生的服务费　　B. 董事会费

C. 管理用无形资产摊销费用　　D. 业务招待费

10. 企业为购买原材料所发生的银行承兑汇票手续费,应当计入(　　)。

A. 管理费用　　B. 财务费用　　C. 销售费用　　D. 其他业务成本

二、多项选择题

1. 下列各项中,应计入营业税金及附加的有(　　)。

A. 处置无形资产应交的营业税　　B. 销售商品应交的增值税

C. 销售应税产品应交的资源税　　D. 销售应税消费品应交的消费税

2. 下列各项中,应计入财务费用的有(　　)。

A. 企业发行股票支付的手续费　　B. 企业支付的银行承兑汇票手续费

C. 企业购买商品时取得的现金折扣　　D. 企业销售商品时发生的现金折扣

3. 下列各项中,不应计入管理费用的有(　　)。

A. 总部办公楼折旧费　　B. 生产设备改良支出

C. 经营租出专用设备的修理费　　D. 专设销售机构房屋的修理费

4. 下列各项中,不应确认为财务费用的有(　　)。

A. 企业筹建期间的借款费用　　B. 资本化的借款利息支出

C. 销售商品发生的商业折扣　　D. 支付的银行承兑汇票手续费

5. 下列各项费用,应通过"管理费用"科目核算的有(　　)。

A. 诉讼费　　B. 研究费用

C. 业务招待费　　D. 日常经营活动聘请中介机构费

6. 企业销售商品交纳的下列各项税费,计入"营业税金及附加"科目的有(　　)。

A. 消费税　　B. 增值税

C. 教育费附加　　D. 城市维护建设税

7. 关于费用的特点,下列说法中正确的有(　　)。

A. 费用是企业在日常活动中发生的经济利益的总流出

B. 费用会导致企业所有者权益的减少

C. 费用与向所有者分配利润无关

D. 费用与向所有者分配利润有关

8. 下列各项中,属于其他业务成本核算的内容是(　　)。

A. 随同产品出售不单独计价的包装物成本　　B. 出租无形资产支付的服务费

C. 销售材料结转的材料成本　　D. 出售无形资产结转的无形资产摊余价值

9. 下列税金中,应通过"营业税金及附加"科目核算的有(　　)。

A. 提供劳务应交的营业税　　B. 出租投资性房地产应交的营业税

C. 销售产品应交的消费税　　D. 一般纳税企业销售产品应交的增值税

10. 下列税金中应计入管理费用的有(　　)。

A. 房产税　　B. 土地使用税　　C. 车船税　　D. 耕地占用税

11. 下列各项中,应计入期间费用的有(　　)。

A. 销售商品发生的销售折让　　B. 销售商品发生的售后服务费

C. 销售商品发生的商业折扣　　D. 委托代销商品支付的手续费

三、判断题

1. 商品流通企业在采购商品过程中发生的运输费、装卸费、保险费以及其他可归属于存货采购成本的费用等进货费用,应当计入销售费用。(　)

2. 商品流通企业管理费用不多的,可不设"管理费用"科目,相关核算内容可并入"销售费用"科目核算。(　)

3. 企业出售固定资产应交的营业税,应计入"营业税金及附加"科目。(　)

4. 企业发生的与专设销售机构相关的固定资产修理费用等后续支出属于销售费用。(　)

5. 企业计提的固定资产减值准备应作为管理费用核算。(　)

6. 库存商品盘亏净损失,属于一般经营损失的部分,计入管理费用;非正常损失的部分计入营

业外支出。　(　)

7. 处置无形资产应交的营业税属于清理费用,应计入营业税金及附加。　(　)

8. 在固定资产达到预定可使用状态前发生的用于购建固定资产的专门借款费用,符合资本化条件,应计入财务费用。　(　)

四、不定项选择题

甲公司是一家工业企业,属于增值税一般纳税人,适用增值税率为17%。2013年甲公司发生如下交易或事项。

1) 2月,销售商品一批,并开出增值税专用发票,商品售价为100万元,增值税额为17万元,该批商品的成本为70万元,当即收到货款并存入银行。

2) 3月,因资金周转不畅,急需资金一笔,故将购买成本为30万元的原材料出售,当月收到款项并存入银行。

3) 6月,销售商品一批,售价为120万元,增值税额为20.4万元,该批商品成本为90万元,因客户没有相关商品的包装物,租用甲公司的包装物1个月,该包装物的月摊销额为0.5万元。

4) 9月,销售商品领用单独计价的包装物,增值税专用发票上注明的包装物售价为4万元,增值税额为0.68万元,该包装物的成本为2万元,出售的款项已收到并存入银行。

5) 11月,甲公司实际应交增值税17万元,消费税10万元,营业税5万元,城建税率为7%,教育费附加为3%。

6) 12月,甲公司为了扩展市场发生业务招待费5万元,销售机构发生业务费6万元,生产车间发生固定资产修理费3万元,当月发生汇兑损益1万元。

要求:根据上述资料,不考虑其他因素,分析回答下列第1~6小题。

1. 根据资料1),下列各项中,甲公司编制的会计分录正确的是(　)。

A. 借:应收账款　1 170 000
　　贷:其他业务收入　1 000 000
　　　应交税费——应交增值税(销项税额)　170 000

B. 借:银行存款　1 170 000
　　贷:主营业务收入　1 000 000
　　　应交税费——应交增值税(销项税额)　170 000

C. 借:主营业务成本　700 000
　　贷:库存商品　700 000

D. 借:其他业务成本　700 000
　　贷:库存商品　700 000

2. 根据资料2),甲公司出售原材料,应将其成本30万元计入(　)。

A. 主营业务成本　B. 其他业务成本　C. 营业外支出　D. 长期待摊费用

3. 根据资料3),下列各项中,当月甲公司的会计处理错误的是(　)。

A. 应确认主营业务成本90.5万元　B. 应确认主营业务成本90万元

C. 应确认其他业务成本0.5万元　D. 应确认其他业务成本20.9万元

4. 根据资料4),下列各项中,甲公司出售包装物的会计处理正确的是(　)。

A. 应确认其他业务收入4万元　B. 应确认营业外收入4万元

C. 应确认应交增值税0.68万元　D. 应确认其他业务成本2万元

5. 根据资料5),下列各项中,当月甲公司的会计处理结果正确的是(　)。

A. 应交城市维护建设税的金额2.24万元　B. 应交教育费附加的金额0.96万元

C. 确认营业税金及附加的金额 35.2 万元　　D. 确认营业税金及附加的金额 18.2 万元

6. 根据资料 6)，当月甲公司应确认的期间费用为(　　)万元。

A. 11　　B. 12　　C. 14　　D. 15

五、计算分析题

1. 甲公司为增值税一般纳税人，增值税税率为 17%。商品销售价格不含增值税，在确认销售收入时逐笔结转销售成本。假定不考虑其他相关税费。2014 年 6 月份甲公司发生如下业务。

1）6 月 2 日，向乙公司销售 A 商品 1 600 件，按商品标价计算的金额为 800 万元，商品实际成本为 480 万元。为了促销，甲公司给予乙公司 15% 的商业折扣并开具了增值税专用发票。甲公司已发出商品，并向银行办理了托收手续。

2）6 月 10 日，因部分 A 商品的质量与合同不符，乙公司退回 A 商品 800 件。当日，甲公司按规定向乙公司开具增值税专用发票(红字)，销售退回允许扣减当期增值税销项税额，退回商品已验收入库。

3）6 月 15 日，甲公司将部分退回的 A 商品作为福利发放给本公司职工，其中生产工人 500 件，行政管理人员 40 件，专设销售机构人员 60 件，该商品每件市场价格为 0.4 万元(与计税价格一致)，实际成本 0.3 万元。

4）6 月 25 日，甲公司收到丙公司来函。来函提出，2014 年 5 月 10 日从甲公司所购 B 商品不符合合同规定的质量标准，要求甲公司在价格上给予 10% 的销售折让。该商品售价为 600 万元，增值税税额为 102 万元，货款已结清。经甲公司认定，同意给予折让并以银行存款退还折让款，同时开具了增值税专用发票(红字)。

除上述资料外，不考虑其他因素。

要求：逐笔编制甲公司上述业务的会计分录(“应交税费”科目要求写出明细科目及专栏名称；答案中的金额单位用万元表示)。

2. 甲公司为增值税一般纳税人，适用的增值税税率为 17%，商品、原材料售价中不含增值税。假定销售商品、原材料和提供劳务均符合收入确认条件，其成本在确认收入时逐笔结转，不考虑其他因素。2013 年 10 月，甲公司发生如下交易或事项。

1）对外销售商品一批，按商品标价计算的金额为 200 万元，由于是成批销售，甲公司给予客户 10% 的商业折扣并开具了增值税专用发票，款项尚未收回。该批商品实际成本为 150 万元。

2）向本公司行政管理人员发放自产产品作为福利，该批产品的实际成本为 8 万元，市场售价为 10 万元。

3）向乙公司转让一项软件的使用权，一次性收取使用费 20 万元并存入银行，且不再提供后续服务。假定不考虑相关税费。

4）销售一批原材料，增值税专用发票注明售价 80 万元，款项收到并存入银行。该批材料的实际成本为 59 万元。

5）将以前会计期间确认的与资产相关的政府补助在本月分配计入当月收益 300 万元。

6）确认本月设备安装劳务收入。该设备安装劳务合同总收入为 100 万元，预计合同总成本为 70 万元，合同价款在前期签订合同时已收取。采用完工百分比法确认劳务收入。截至本月末，该劳务的累计完工进度为 60%，前期已累计确认劳务收入 50 万元、劳务成本 35 万元。

7）确认本月应交城市维护建设税 7 万元，应交教育费附加 3 万元。

8）以银行存款支付管理费用 20 万元，财务费用 10 万元，营业外支出 5 万元。

要求：

(1) 逐笔编制甲公司上述交易或事项的会计分录。

(2) 计算甲公司 10 月的营业收入、营业成本、营业利润、利润总额。

(“应交税费”科目要求写出明细科目及专栏名称，答案中的金额单位用万元表示。)

第八章 利润的确认和计量

学习目标

知识目标

掌握利润的构成及其主要内容、营业外收入和营业外支出的核算内容、所得税的核算方法及本年利润的结转方法；熟悉政府补助的确认和计量原则。

技能目标

能对营业外收入和营业外支出、所得税费用的确认进行职业判断，并正确运用计量原则，对营业外收支各项目和所得税费用的确认和计量进行会计处理；能正确计算利润和应交所得税，并对本年利润结转进行会计处理。

利润是指企业在一定会计期间的经营成果，包括收入减去费用后的净额、直接计入当期利润的利得和损失等。其中收入减去费用后的净额反映的是企业日常活动的业绩；直接计入当期利润的利得和损失，是指应当计入当期损益、最终会引起所有者权益发生增减变动的、与所有者投入资本或者向所有者分配利润无关的利得或者损失。未计入当期利润的利得和损失扣除所得税影响后的净额为其他综合收益项目。净利润与其他综合收益的合计金额为综合收益总额。

利润的构成及相关的计算公式如下。

（一）营业利润

营业利润 = 营业收入 − 营业成本 − 营业税金及附加 − 销售费用 − 管理费用 − 财务费用 − 资产减值损失 + 公允价值变动收益（− 公允价值变动损失）+ 投资收益（− 投资损失）

式中：营业收入是指企业经营业务所确认的收入总额，包括主营业务收入和其他业务收入；营业成本是指企业经营业务所发生的实际成本总额，包括主营业务成本和其他业务成本；资产减值损失是指企业计提各项资产减值准备所形成的损失；公允价值变动收益（或损失）是指企业交易性金融资产等公允价值变动形成的应计入当期损益的利得（或损失）；投资收益（或损失）是指企业以各种方式对外投资所取得的收益（或发生的损失）。

（二）利润总额

利润总额 = 营业利润 + 营业外收入 − 营业外支出

式中：营业外收入是指企业发生的与其日常活动无直接关系的各项利得；营业外支出是指企业发生的与其日常活动无直接关系的各项损失。

（三）净利润

净利润 = 利润总额 − 所得税费用

式中：所得税费用是指企业确认的应从当期利润总额中扣除的所得税费用。

从以上利润的构成和计算可见，利润反映的是收入减去费用、利得减去损失后净额的概念。因此，利润的确认主要依赖于收入和费用以及利得和损失的确认，其金额的确定也主要取决于收入、费用、利得和损失金额的计量。

【检测8－1】单项选择题

某企业本期营业收入1 000万元，营业成本800万元，管理费用20万元，销售费用35万元，资产减值损失40万元，投资收益45万元，营业外收入15万元，营业外支出10万元，所得税费用32万元。假定不考虑其他因素，本期营业利润为(　　)万元。

A. 123　　B. 200　　C. 150　　D. 155

第一节　营业外收入

一、营业外收入的确认和计量

营业外收入是指企业发生的与其日常活动无直接关系的各项利得。营业外收入并不是企业经营资金耗费所产生的，实际上是经济利益的净流入，不需要与有关的费用进行配比。营业外收入主要包括政府补助利得和其他利得。

（一）政府补助利得

政府补助是指企业从政府无偿取得的货币性资产或非货币性资产，但不包括政府作为企业所有者投入的资本。其中，"政府"包括各级政府及其所属机构，如财政、卫生、税务、环保部门等；联合国、世界银行等类似国际组织，也视同为政府。

政府补助分为与资产相关的政府补助和与收益相关的政府补助。与资产相关的政府补助，是指企业取得的、用于购建或以其他方式形成长期资产的政府补助。与收益相关的政府补助，是指除与资产相关的政府补助之外的政府补助。

企业取得与资产相关的政府补助，根据配比原则，不能直接确认为当期损益，应当确认为递延收益，自相关资产达到预定可使用状态时起，在该资产使用寿命内平均分配，分次计入以后各期的损益。这里需要说明以下3点。①使用政府补助形成的资产，按相关资产核算要求处理。②递延收益分配的起点为"相关资产可供使用时"，对于应计提折旧或摊销的长期资产，即为资产开始折旧或摊销的时点。③递延收益分配的终点为"资产使用寿命结束或资产被处置时（孰早）"。相关资产在使用寿命结束前被出售、转让、报废或发生毁损的，应将尚未分配的递延收益余额一次性转入资产处置当期的损益。

企业取得与收益相关的政府补助，应当在其补偿的相关费用或损失发生的期间计入当期损益，即用于补偿企业以后期间的相关费用或损失的，取得时确认为递延收益，在确认相关费用的期间计入当期损益；用于补偿企业已发生的相关费用或损失的，取得时直接计入当期损益。在有些情况下，企业可能不容易分清与收益相关的政府补助是用于补偿已发生费用，还是用于补偿以后将发生的费用，根据重要性原则，通常可以将与收益相关的政府补助直接计入当期损益，对于金额较大的补助，可以分期计入当期损益。

企业取得的各种政府补助为货币性资产的，一般以银行转账的方式拨付，如政府拨付的用于企业购买无形资产的财政拨款、政府对企业用于建造固定资产的相关贷款给予的财政贴息、按照有关规定对企业先征后返的增值税等，应当按照实际收到的金额计量；存在确凿证据表明该项补助是按照固定的定额标准拨付的，如按照实际销量或储备量与单位补贴定额计算的补助等，可以按照应收的金额计量。

企业取得的政府补助为非货币性资产的，应当在实际取得资产并办妥相关受让手续时按照其公允价值计量；公允价值不能可靠取得的，按照名义金额（即1元人民币）计量。如该资产附有关文件、协议、发票、报关单等凭证注明的价值与公允价值差异不大的，应当以有关凭证中注明的价值作为公允价值；如没有注明价值或注明价值与公允价值差异较大、但有活跃市场的，应当根据有确凿证据表明的同类或类似资产市场价格作为公允价值；没有注明价值且没有活跃市场、不能可靠取得公允价值的，应当按照名义金额计量。但是，按照名义金额计量的政府补助，直接计入当期损益。

（二）其他利得

其他利得主要包括非流动资产处置利得、盘盈利得（除存货、固定资产盘盈外）、捐赠利得、非货币性资产交换利得、债务重组利得等。其中：非流动资产处置利得包括固定资产处置利得和无形资产出售利得。固定资产处置利得指企业出售固定资产所取得价款，或报废固定资产的材料价值和变价收入等，扣除被处置固定资产的账面价值、清理费用、与处置相关的税费后的净收益；无形资产出售利得，指企业出售无形资产所取得价款，扣除被出售无形资产的账面价值、与出售相关的税费后的净收益。盘盈利得，是指企业对现金等清查盘点时发生盘盈，报经批准后计入营业外收入的金额。捐赠利得，指企业接受捐赠产生的利得。

【检测8-2】单项选择题

下列各项中，不应确认为营业外收入的是（　　）。

A. 出售无形资产净收益　　B. 处置固定资产净收益

C. 确实无法支付的应付账款　　D. 收发计量差错造成存货盘盈

二、营业外收入的账务处理

企业应通过“营业外收入”科目，核算营业外收入的取得及结转情况。该科目贷方登记企业所发生的各项营业外收入，借方登记期末转入“本年利润”科目的营业外收入，结转后该科目应无余额。本科目可按营业外收入项目进行明细核算。

（一）政府补助利得

1. 与资产相关的政府补助

企业确认与资产相关的政府补助，借记“银行存款”等科目，贷记“递延收益”科目，分配递延收益时，借记“递延收益”科目，贷记“营业外收入”科目。

例8-1　2011年1月1日，财政局拨付甲企业1 500 000元补助款（同日到账），用于购买科研设备1台，并规定若有结余，留归企业自行支配。2011年2月25日，甲企业购入该设备并投入使用，不需要安装费用。购置该设备的实际成本为1 200 000元，使用寿命为5年，2014年2月25日，甲企业出售了这台设备。假定该设备预计净残值为0，不考虑相关税费，甲企业采用直线法计提折旧。甲企业应编制如下会计分录。

① 2011年1月1日收到财政拨款，确认政府补助时：

借：银行存款　　1 500 000

　贷：递延收益　　1 500 000

② 2011年2月25日购入设备时：

借：固定资产　　1 200 000

贷:银行存款 1 200 000

③ 在该项固定资产使用期间(2011 年 3 月—2014 年 2 月),每个月计提折旧和分配递延收益时:

每月应计提折旧 =1 200 000 ÷5 ÷12 =20 000(元)

每月应分配递延收益 =1 500 000 ÷5 ÷12 =25 000(元)

借:研发支出 20 000
  贷:累计折旧 20 000

借:递延收益 25 000
  贷:营业外收入 25 000

④ 2014 年 2 月 25 日出售该设备时:

已计提折旧数额 =20 000 ×(10 +12 +12 +2) =720 000(元)

借:固定资产清理 480 000
  累计折旧 720 000
  贷:固定资产 1 200 000

已分配递延收益 =25 000 ×(10 +12 +12 +2) =900 000(元)

尚未分配的递延收益 =1 500 000 -900 000 =600 000(元)

⑤ 将尚未分配的递延收益直接转入当期损益。

借:递延收益 600 000
  贷:营业外收入 600 000

【检测 8 -3】判断题

企业取得与资产相关的政府补助,应当确认为递延收益,并在该项资产使用寿命内分期计入当期损益。( )

2. 与收益相关的政府补助

企业确认与收益相关的政府补助,借记“银行存款”等科目,贷记“营业外收入”科目,或通过“递延收益”科目分期计入当期损益。

例 8 -2 甲公司为了加快完成出口产品订单生产任务,于 2013 年 7 月 1 日,从开户银行借入财政贴息贷款 10 000 000 元,期限 1 年半,利率为同期银行贷款利率。甲公司在 2013 年 12 月 31 日,收到财政部门一次性拨付的全部贷款的利息补贴 300 000 元,已存入银行。甲公司应编制如下会计分录。

借:银行存款 300 000
  贷:递延收益 200 000
    营业外收入 100 000

例 8 -3 乙公司于 2013 年 12 月 20 日,收到按照有关规定返还的增值税税额 600 000 元,已存入银行。乙公司应编制如下会计分录。

借:银行存款 600 000
  贷:营业外收入 600 000

【检测8-4】单项选择题

企业取得用于补偿已发生的相关费用或损失的政府补助,应在收到时直接计入(　　)。

A. 递延收益　B. 营业外收入　C. 资本公积　D. 其他业务收入

（二）其他利得

1. 企业确认非流动资产处置利得时,借记“固定资产清理”、“银行存款”等科目,贷记“营业外收入”科目。

例8-4　甲公司将固定资产出售发生的净收益70 000元转为营业外收入。甲公司应编制如下会计分录。

借:固定资产清理	70 000	
贷:营业外收入——非流动资产处置利得		70 000

例8-5　甲企业为营业税改征增值税试点企业,将持有的一项商标转让所有权,该商标权账面余额100 000元,已摊销60 000元,转让价款为50 000元,增值税额为3 000元,款项已存入银行。假定不考虑其他税费,甲企业应编制如下会计分录。

借:银行存款	53 000	
累计摊销	60 000	
贷:无形资产		100 000
应交税费——应交增值税(销项税额)		3 000
营业外收入——非流动资产处置利得		10 000

2. 企业确认盘盈利得、捐赠利得计入营业外收入时,借记“库存现金”、“待处理财产损溢”等科目,贷记“营业外收入”科目。

例8-6　甲公司在现金清查中盘盈300元,按管理权限报经批准后转为营业外收入。甲公司应编制如下会计分录。

① 发现盘盈时:

借:库存现金	300	
贷:待处理财产损溢——待处理流动资产损溢		300

② 经批准转为营业外收入时:

借:待处理财产损溢——待处理流动资产损溢	300	
贷:营业外收入		300

例8-7　甲公司接受乙企业捐赠的生产用设备一台,收到的增值税专用发票上注明设备价款为100 000元,增值税税额为17 000元。甲公司应编制如下会计分录。

借:固定资产	100 000	
应交税费——应交增值税(进项税额)	17 000	
贷:营业外收入		117 000

【思考8-1】企业的存货盘盈、固定资产盘盈，按管理权限报经批准后应当进行怎样的会计处理？

【提示8-1】营业外收入核算内容中的非货币性资产交换利得、债务重组利得，以及本章第二节营业外支出核算内容中的非货币性资产交换损失、债务重组损失，其会计处理将在《财务会计实务（中级）》中学习。

第二节　营业外支出

一、营业外支出的确认和计量

营业外支出指企业发生的与其日常活动无直接关系的各项损失，主要包括非流动资产处置损失、盘亏损失、罚款支出、公益性捐赠支出、非常损失、非货币性资产交换损失、债务重组损失等。其中，非流动资产处置损失包括固定资产处置损失和无形资产出售损失。固定资产处置损失指企业出售固定资产所取得价款，或报废固定资产的材料价值和变价收入等，抵补处置固定资产的账面价值、清理费用、处置相关税费后的净损失；无形资产出售损失指企业出售无形资产所取得价款，抵补出售无形资产的账面价值、出售相关税费后的净损失。公益性捐赠支出，指企业对外进行公益性捐赠发生的支出。盘亏损失主要指对于财产清查盘点中盘亏的资产，查明原因并报经批准计入营业外支出的损失。非常损失指企业对于因客观因素（如自然灾害等）造成的损失，扣除保险公司赔偿后应计入营业外支出的净损失。罚款支出指企业支付的行政罚款、税务罚款，以及其他违反法律法规、合同协议等而支付的罚款、违约金、赔偿金等支出。

二、营业外支出的账务处理

企业应当设置"营业外支出"科目核算企业发生的营业外支出及其结转情况。该科目借方登记企业所发生的各项营业外支出，贷方登记期末转入"本年利润"科目的营业外支出，结转后该科目应无余额。本科目可按营业外支出项目进行明细核算。

（1）企业确认非流动资产处置损失时，借记"营业外支出"科目，贷记"固定资产清理"、"无形资产"等科目。

例8-8　乙公司将固定资产报废清理的净损失50 000元转为营业外支出。乙公司应编制如下会计分录。

借：营业外支出——非流动资产处置损失	50 000	
贷：固定资产清理		50 000

例8-9　沿用例8-5，如甲企业该商标权转让价款为35 000元，增值税税额为2 100元，其他资料不变，则甲企业应编制如下会计分录。

借：银行存款	37 100	
累计摊销	60 000	
营业外支出——非流动资产处置损失	5 000	

贷:无形资产　　100 000

应交税费——应交增值税(销项税额)　　2 100

(2) 企业确认盘亏、罚款支出计入营业外支出时,借记"营业外支出"科目,贷记"待处理财产损溢"、"库存现金"等科目。

例 8-10　某企业原材料发生意外灾害损失 250 000 元,按管理权限报经批准后转作营业外支出。假定不考虑其他因素,该企业应编制如下会计分录。

① 发生灾害损失时:

借:待处理财产损溢——待处理流动资产损溢　　250 000

贷:原材料　　250 000

② 经批准处理时:

借:营业外支出——非常损失　　250 000

贷:待处理财产损溢——待处理流动资产损溢　　250 000

例 8-11　某企业用银行存款支付税务罚款 5 000 元,应编制如下会计分录。

借:营业外支出——罚款支出　　5 000

贷:银行存款　　5 000

【思考 8-2】企业的库存现金盘亏、存货盘亏属于一般经营损失、固定资产盘亏,按管理权限报经批准后应当进行怎样的会计处理?

【检测 8-5】多项选择题

下列各项中,应计入营业外支出的有(　　　　)。

A. 无形资产处置净损失　　B. 存货因自然灾害造成的净损失

C. 固定资产清理净损失　　D. 长期股权投资处置净损失

第三节　所得税费用

企业的所得税费用包括当期所得税和递延所得税两个部分,其中,当期所得税是指当期应交所得税。

一、应交所得税的计算

应交所得税是指企业按照税法规定计算确定的针对当期发生的交易和事项,应交纳给税务部门的所得税金额,即当期应交所得税。企业当期应交所得税的计算公式为:

应纳所得税额 = 应纳税所得额 × 所得税税率

从上式可见,计算应纳所得税额的关键是确定应纳税所得额。由于按会计准则规定计算的税前会计利润(即利润总额)与按企业所得税法规定计算的应纳税所得额是两个不同的概念。实务中,应纳税所得额通常是在企业税前会计利润的基础上调整确定的,计算公式为:

应纳税所得额 = 税前会计利润 + 纳税调整增加额 - 纳税调整减少额

纳税调整增加额主要包括税法规定允许扣除项目中,企业已计入当期费用但超过税法规定扣除标准的金额,如超过税法规定标准的职工福利费、工会经费、职工教育经费、业务招待费、公益性捐赠支出、广告费和业务宣传费等;企业已计入当期损失但税法规定不允许扣除项目的金额,如税收滞纳金、罚款、罚金、非公益性捐赠和赞助支出等。

纳税调整减少额主要包括税法规定允许弥补的亏损和准予免税的项目，如前5年内未弥补亏损和国债利息收入等。

例8－12 甲公司2013年度按企业会计准则计算的税前会计利润为9 900 000元，适用所得税税率为25%。甲公司全年实发工资、薪金2 000 000元，职工福利费300 000元，工会经费50 000元，职工教育经费100 000元；经查，甲公司当年的营业外支出中有120 000元为税收滞纳罚金，投资收益中有100 000元为国债利息收入。假定甲公司全年无其他纳税调整因素。

税法规定，国债利息收入免税；企业发生的合理的工资、薪金支出准予据实扣除；企业发生的职工福利费支出，不超过工资、薪金总额14%的部分准予扣除；企业拨缴的工会经费，不超过工资、薪金总额2%的部分准予扣除；除国务院财政、税务主管部门另有规定外，企业发生的职工教育经费支出，不超过工资、薪金总额2.5%的部分准予扣除，超过部分准予结转以后纳税年度扣除。

本例中，按税法规定，企业在计算当期应纳税所得额时，可以扣除工资、薪金支出2 000 000元，职工福利费支出280 000(2 000 000×14%)元，工会经费支出40 000(2 000 000 ×2%)元，职工教育经费支出50 000(2 000 000×2.5%)元。甲公司有两种因素应调整增加应纳税所得额：①已计入当期费用但超过税法规定标准的费用支出；②已计入当期营业外支出但按税法规定不允许扣除的税收滞纳金。应调整减少应纳税所得额的因素，即已计入当期投资收益但按税法规定予以免税的国债利息收入。甲公司当期所得税的计算如下。

纳税调整增加额＝(300 000－280 000)＋(50 000－40 000)＋(100 000－50 000)＋120 000＝200 000(元)

纳税调整减少额＝100 000(元)

当期应纳税所得额＝9 900 000＋200 000－100 000＝10 000 000(元)

当期应交所得税额＝10 000 000×25%＝2 500 000(元)

【检测8－6】单项选择题

甲企业2013年度利润总额为1 800万元，其中本年度国债利息收入200万元，其他公司债券投资利息收入50万元，已计入营业外支出的税收滞纳金6万元；企业所得税税率为25%。假定不考虑其他因素，甲企业2013年度应交所得税为(　　)万元。

A. 400　　B. 401.5　　C. 450　　D. 386

二、所得税费用的账务处理

企业根据会计准则的规定计算确定的当期所得税和递延所得税之和，即为应从当期利润总额中扣除的所得税费用，即

所得税费用＝当期所得税＋递延所得税

当期所得税费用＝当期应交所得税

递延所得税费用＝(递延所得税负债期末余额－递延所得税负债期初余额)－(递延所得税资产期末余额－递延所得税资产期初余额)

企业应通过“所得税费用”科目核算企业所得税费用的确认及其结转情况。该科目借方登记企业按照税法规定计算确定的当期所得税费用，贷方登记期末转入“本年利润”科目的所得税费用，结转后该科目应无余额。本科目可按“当期所得税

【链接8－1】

费用”、“递延所得税费用”进行明细核算。

例 8-13　乙公司2013年度利润总额为1 980万元，应纳税所得额为2 000万元，适用所得税税率为25%。乙公司递延所得税负债年初数为400 000元，年末数为500 000元，递延所得税资产年初数为200 000元，年末数为250 000元。

乙公司所得税费用的计算如下。

应交所得税 = 20 000 000 × 25% = 5 000 000(元)

递延所得税 = (500 000 - 400 000) - (250 000 - 200 000) = 50 000(元)

所得税费用 = 当期所得税 + 递延所得税 = 5 000 000 + 50 000 = 5 050 000(元)

乙公司应编制如下会计分录。

借：所得税费用	5 050 000	
递延所得税资产	50 000	
贷：应交税费——应交所得税		5 000 000
递延所得税负债		100 000

第四节　本年利润

一、结转本年利润的方法

会计期末结转本年利润的方法有账结法和表结法两种。

（一）表结法

表结法下，各损益类科目每月月末只须结计出本月发生额和月末累计余额，不结转到“本年利润”科目，只有在年末时才编制转账凭证，将其全年累计余额结转到“本年利润”科目。但每月月末要将损益类科目的本月发生额合计数填入利润表的本月数栏，同时将本月末累计余额填入利润表的本年累计数栏，通过利润表计算反映各期的利润(或亏损)。表结法下，年中损益类科目无须转入“本年利润”科目，从而减少了转账环节和工作量，同时并不影响利润表的编制及有关损益指标的利用，但在年中不能通过“本年利润”科目提供当月及本年累计的利润(或亏损)额。

（二）账结法

账结法下，每月月末均须编制转账凭证，将在账上结计出的各损益类科目的余额结转到“本年利润”科目。结转后“本年利润”科目的本月余额反映当月实现的利润或发生的亏损，“本年利润”科目的本年余额反映本年累计实现的利润或发生的亏损。账结法在各月均可通过“本年利润”科目提供当月及本年累计的利润(或亏损)额，但增加了转账环节和工作量。

二、结转本年利润的账务处理

企业应设置“本年利润”科目，核算企业本年度实现的净利润(或发生的净亏损)。会计期末，企业应将“主营业务收入”、“其他业务收入”、“营业外收入”等科目的余额分别转入“本年利润”科目的贷方，将“主营业务成本”、“其他业务成本”、“营业税金及附加”、“销售费用”、“管理费用”、“财务费用”、“资产减值损失”、“营业外支出”、“所得税费用”等科目的余额分别转入“本年利润”科目的借方。企业还应将“公允价值变动损益”、“投资收益”科目的净收益转入“本年利润”科目的贷方，或将“公允价值变动损益”、“投资收益”科目的净损失转入“本年利润”科目的借方。结转后“本年利润”科目如为贷方余额,表示当年实现的净利润;如为借方余额,表示当年发生的净亏损。

年度终了,企业应将“本年利润”科目的本年累计余额转入“利润分配——未分配利润”科目。如“本年利润”为贷方余额,借记“本年利润”科目,贷记“利润分配——未分配利润”科目;如为借方余额,做相反的会计分录。结转后“本年利润”科目应无余额。

例 8-14 丙公司2013年有关损益类科目的年末余额如表8-1所示(该企业采用表结法年末一次结转损益类科目,所得税税率为25%)。

表8-1 损益类科目年末余额

单位:元

科目名称	借或贷	结账前余额
主营业务收入	贷	950 000
其他业务收入	贷	17 000
公允价值变动损益	贷	30 000
投资收益	贷	35 000
营业外收入	贷	8 000
主营业务成本	借	419 000
其他业务成本	借	20 000
营业税金及附加	借	47 500
销售费用	借	36 500
管理费用	借	46 000
财务费用	借	9 000
资产减值损失	借	10 000
营业外支出	借	2 000

丙公司2013年年末结转本年利润时,应编制如下会计分录。

(1) 将各损益类科目年末余额转入“本年利润”科目。

① 结转各项收入、利得类科目时:

借:主营业务收入　950 000
　　其他业务收入　17 000
　　公允价值变动损益　30 000
　　投资收益　35 000
　　营业外收入　8 000
　　贷:本年利润　1 040 000

② 结转各项费用、损失类科目时:

借:本年利润　590 000
　　贷:主营业务成本　419 000
　　　　其他业务成本　20 000
　　　　营业税金及附加　47 500
　　　　销售费用　36 500
　　　　管理费用　46 000
　　　　财务费用　9 000

资产减值损失　　　　　　　　　　　　　　　　　　　　　　　　10 000
营业外支出　　　　　　　　　　　　　　　　　　　　　　　　　2 000

(2) 经过上述结转后,"本年利润"科目的贷方发生额合计 1 040 000 元,减去借方发生额合计 590 000 元,即为税前会计利润(即利润总额)450 000 元。假定丙公司 2013 年度不存在所得税纳税调整因素,当年应交所得税的计算如下。

当年应交所得税 =450 000×25%=112 500(元)

① 确认所得税费用时:

借:所得税费用　　　　　　　　　　　　　　　　　　　　112 500
　贷:应交税费——应交所得税　　　　　　　　　　　　　　112 500

② 将所得税费用转入"本年利润"科目时:

借:本年利润　　　　　　　　　　　　　　　　　　　　　112 500
　贷:所得税费用　　　　　　　　　　　　　　　　　　　　112 500

(3) 年度终了,将"本年利润"科目年末余额(即净利润)337 500(450 000 - 112 500)元转入"利润分配——未分配利润"科目时:

借:本年利润　　　　　　　　　　　　　　　　　　　　　337 500
　贷:利润分配——未分配利润　　　　　　　　　　　　　　337 500

【提示 8 -2】企业对实现的净利润应当按照批准的利润分配方案进行分配,有关利润分配及年度终了结转利润分配的会计处理见第五章的相关内容。

【检测 8 -7】单项选择题

某公司 2013 年营业收入 200 万元,营业成本 150 万元,管理费用 15 万元,销售费用 50 万元,财务费用 10 万元,公允价值变动收益 50 万元,资产价值损失 2 万元,投资收益 30 万元,营业外支出 5 万元。适用所得税税率 25%,假定不考虑其他因素,该公司 2013 年的净利润为(　　)万元。

A. 36　　B. 30　　C. 20　　D. 16

考情分析

本章内容在近几年全国初级会计资格考试《初级会计实务》中的题型、题量及试题分数如下表所示。从近几年试题分数看,本章内容不太重要。

题　型	2011 年	2012 年	2013 年/2014 年
单项选择题		3 题 3 分	2 题 3 分
多项选择题	1 题 2 分		1 题 2 分
分数合计	2 分	3 分	5 分

同步训练

一、单项选择题

1. 企业取得与收益相关的政府补助,用于补偿企业以后期间相关费用或损失的,在取得时应确认为(　　)。

A. 递延收益　　B. 营业外收入　　C. 其他业务收入　　D. 主营业务收入

2. 下列交易或事项,不应确认为营业外支出的是(　　)。

A. 公益性捐赠支出　　B. 无形资产出售损失

C. 固定资产盘亏损失　　D. 固定资产减值损失

3. 2014 年 6 月,某企业发生以下交易或事项:支付诉讼费用 10 万元,固定资产处置净损失 8 万元,对外公益性捐赠支出 5 万元,支付税收滞纳金 1 万元,该企业 2014 年 6 月应确认“营业外支出”的金额为(　　)万元。

A. 14　　B. 16　　C. 19　　D. 24

4. 下列各项中,不应计入营业外收入的是(　　)。

A. 债务重组利得　　B. 处置固定资产净收益

C. 收发差错造成存货盘盈　　D. 确实无法支付的应付账款

5. 某企业 2013 年度税前会计利润为 2 000 万元,其中本年国债利息收入 120 万元,税收滞纳金 20 万元,企业所得税税率为 25%,假定不考虑其他因素,该企业 2013 年度所得税费用为(　　)万元。

A. 465　　B. 470　　C. 475　　D. 500

6. 某企业 2013 年度利润总额为 500 万元,其中包括国债利息收入 15 万元。当年按税法核定的业务招待费为 300 万元,实际发生的业务招待费为 310 万元。假定该企业无其他纳税调整项目,适用的所得税税率为 25%。该企业 2013 年应交所得税为(　　)万元。

A. 125　　B. 121. 25　　C. 123. 75　　D. 126. 25

7. 某企业 2013 年度的利润总额为 2 000 万元,其中包括国库券利息收入 30 万元,发生税收滞纳金支出 10 万元。假定税法规定的计税工资是 100 万元,企业实际支付的工资是 150 万元。此外,递延所得税资产的年初余额 50 万元,年末余额 45 万元;递延所得税负债的年初余额 35 万元,年末余额 40 万元。企业所得税税率为 25%,假定不考虑其他因素,该企业 2013 年所得税费用为(　　)万元。

A. 517. 5　　B. 507. 5　　C. 497. 5　　D. 505

8. 甲企业 2013 年取得了国库券投资的利息为 60 000 元,其他公司债券投资利息 140 000 元,全年税前会计利润为 1 380 000 元,所得税税率为 25%。无其他纳税调整项目,则 2013 年甲企业的净利润为(　　)元。

A. 1 070 000　　B. 1 035 000　　C. 1 050 000　　D. 1 085 000

9. 某企业 2013 年度主营业务收入 8 000 万元;主营业务成本 6 300 万元;其他业务收入 40 万元;其他业务成本 20 万元;管理费用 100 万元,全部为职工薪酬,税法规定的计税工资为 80 万元;财务费用 20 万元;营业外收入 40 万元;营业外支出 10 万元,其中 5 万元属于支付的税收滞纳金。所得税税率为 25%。假定不考虑其他因素,该企业 2013 年度的净利润应为(　　)万元。

A. 1 222. 5　　B. 1 237. 5　　C. 1 226. 25　　D. 1 216. 25

10. 某企业本期营业收入 1 000 万元,营业成本 650 万元,营业税金及附加 50 万元,管理费用 20 万元,销售费用 35 万元,资产减值损失 40 万元,投资收益 45 万元,营业外收入 15 万元,营业外支出 10 万元,所得税费用为 64 万元。假定不考虑其他因素,该企业本期营业利润为(　　)万元。

A. 191　　B. 250　　C. 255　　D. 300

二、多项选择题

1. 不应计入营业外支出的有(　　)。

A. 无法查明原因的现金短缺　　B. 存货盘亏中的经营损失

C. 固定资产盘亏损失　　D. 长期股权投资处置损失

2. 不应确认为营业外收入的有(　　)。

A. 存货盘盈　　B. 固定资产出租收入

C. 固定资产盘盈　　D. 无法查明原因的现金溢余

3. 应计入营业外收入的有(　　)。

A. 债务重组利得　　B. 接受捐赠利得

C. 固定资产盘盈利得　　D. 非货币性资产交换利得

4. 既影响营业利润也影响利润总额的有(　　)。

A. 所得税费用　　B. 财务费用　　C. 营业外收入　　D. 投资收益

5. 年末结转后应无余额的科目有(　　)。

A. 管理费用　　B. 所得税费用　　C. 本年利润　　D. 利润分配

6. 关于政府补助的计量的说法正确的有(　　)。

A. 政府补助为货币性资产的,应当按照收到或应收的金额计量

B. 政府补助为非货币性资产的,公允价值能够可靠取得时,应当按照公允价值计量

C. 政府补助为非货币性资产的,应当按照账面价值计量

D. 政府补助为非货币性资产的,公允价值不能可靠取得时,应当按照名义金额计量

7. 须调整增加企业应纳税所得额的项目有(　　)。

A. 已计入投资损益的国库券利息收入

B. 已超过税法规定扣除标准,但已计入当期费用的业务招待费

C. 支付并已计入当期损失的各种税收滞纳金

D. 未超标的业务招待费支出

8. 会计上和税法上核算不一致,需要进行纳税调整的损益项目有(　　)。

A. 超标的业务招待费　　B. 国债利息收入

C. 公司债券的利息收入　　D. 公司债券转让净收益

9. 影响营业利润的项目有(　　)。

A. 营业外支出　　B. 投资收益　　C. 资产减值损失　　D. 财务费用

10. 影响企业利润总额的项目有(　　)。

A. 资产减值损失　　B. 公允价值变动损益　　C. 所得税费用　　D. 营业外支出

三、判断题

1. 企业出售原材料取得的款项扣除其成本及相关费用后的净额,应当计入营业外收入或营业外支出。(　　)

2. 现金清查中,对于无法查明原因的现金短缺,经批准后应计入营业外支出。(　　)

3. 企业取得与资产相关的政府补助,应当确认为递延收益,并在相关资产使用寿命内平均分配,计入当期损益。但是,按照名义金额计量的政府补助,直接计入当期损益。(　　)

4. 与收益相关的政府补助,应当在其补偿的相关费用或损失发生的期间计入当期损益。(　　)

5. 政府补助是指企业从政府无偿取得的货币性资产或非货币性资产,包括政府的资本性投入。(　　)

6. 年度终了,只有在企业赢利的情况下,才将“本年利润”科目的本年累计余额转入“利润分配——未分配利润”科目。(　　)

7. 企业采用“表结法”结转本年利润的,年度内每月月末损益类科目发生额合计数和月末累计余额无须转入“本年利润”科目,但要将其填入利润表,在年末时将损益类科目全年累计余额转入

"本年利润"科目。 ( )

8. 企业的所得税费用包括当期所得税和递延所得税两个部分。 ( )

四、不定项选择题

2013 年度,丁公司发生如下交易或事项。

1) 1 月 10 日,丁公司收到先征后返的增值税 600 万元。

2) 9 月 15 日,丁公司为研制某项高新技术向银行申请贷款 1 000 万元,贷款年利率 5.5%,该项技术可以享受政府季度利率 0.6% 的财政贴息。10 月 15 日,丁公司收到银行贷款,同时收到本季度财政贴息 6 万元。

3) 10 月 30 日,财政局拨付丁公司 1 440 万元补助款,用于购置一台生产用新型环保设备,并明确其余款可由企业自行支配。2013 年 11 月 10 日,丁公司购入设备,购买价款 1 200 万元,增值税额 204 万元。该设备不需要安装,当月投入使用,预计可使用 5 年,假定无残值。

4) 12 月 31 日,在资产盘点过程中,发现如下事项:盘盈库存现金 2 000 元,无法查明原因;盘亏原材料 10 000 元(属于一般经营性损失),增值税额为 1 700 元。

要求:根据上述资料,不考虑其他因素,分析回答第 1 ~ 5 小题。

1. 企业在收到与收益相关的政府补助时,可能贷记的科目有( )。

A. 预收账款　　B. 递延收益

C. 投资收益　　D. 营业外收入

2. 根据资料 1),丁公司收到的先征后返的增值税应计入( )科目。

A. 应交税费　　B. 投资收益

C. 其他业务收入　　D. 营业外收入

3. 根据资料 2),下列各项中,丁公司收到政府贴息的会计分录正确的是( )。

A. 借:银行存款 60 000

　　贷:递延收益 60 000

B. 借:银行存款 60 000

　　贷:营业外收入 60 000

C. 借:递延收益 20 000

　　贷:营业外收入 20 000

D. 借:递延收益 60 000

　　贷:营业外收入 60 000

4. 根据资料 3),收到政府补助并购入环保设备,2013 年的会计处理正确的是( )。

A. 借:银行存款 14 400 000

　　贷:递延收益 14 400 000

B. 借:固定资产 12 000 000

　　应交税费——应交增值税(进项税额) 2 040 000

　　贷:银行存款 14 040 000

C. 借:制造费用 200 000

　　贷:累计折旧 200 000

D. 借:递延收益 240 000

　　贷:营业外收入 240 000

5. 根据资料 4),有关资产盘盈盘亏的会计处理结果正确的是( )。

A. 借:待处理财产损溢 9 700

库存现金　　2 000
贷:原材料　　10 000
应交税费——应交增值税(进项税额转出)　　1 700
B. 借:待处理财产损溢　　9 700
库存现金　　2 000
贷:原材料　　10 000
应交税费——应交增值税(销项税额)　　1 700
C. 借:待处理财产损溢　　2 000
贷:营业外收入　　2 000
D. 借:管理费用　　11 700
贷:待处理财产损溢　　11 700

五、计算分析题

1. 2007 年 1 月 10 日,政府拨付甲公司 450 万元财政拨款(同日到账),要求用于购买大型科研设备 1 台;并规定若有结余,留归企业自行支配。2007 年 2 月 1 日,甲公司购入不需要安装的大型设备。实际成本为 360 万元,使用寿命为 10 年,假定预计净残值为 0,不考虑相关税费。2014 年 2 月 1 日,甲公司以 120 万元出售了这台设备。

要求:编制甲公司与政府补助相关的会计分录(答案中的金额用万元表示)。

2. 2014 年,乙公司发生政府补助事项的资料如下。

1) 公司生产一种先进的模具产品,按照国家相关规定,该企业的这种产品适用增值税先征后返政策,即先按规定征收增值税,然后按实际缴纳增值税税额返还 70%。2014 年 1 月,乙公司实际缴纳增值税税额 800 000 元。2014 年 2 月,乙公司实际收到返还的增值税税额 560 000 元。

2) 公司享受银行贷款月利率 0.6% 的地方财政贴息补助,2014 年 4 月初,从某银行获半年期贷款 5 000 000 元,银行贷款月利率为 0.6%。同时收到财政部门拨付的二季度贴息款 90 000 元。7 月初收到财政部门拨付的三季度贴息款 90 000 元。

要求:

(1) 根据资料 1),编制乙公司实际收到增值税返还时的会计分录。

(2) 根据资料 2),编制乙公司实际收到财政贴息及其按月计入当期损益的会计分录。

3. 2013 年甲公司年终结账前有关损益类科目的年末余额如下:(单位:元)

收入科目	贷方余额	费用科目	借方余额
主营业务收入	4 750 000	主营业务成本	3 250 000
其他业务收入	1 000 000	其他业务成本	750 000
投资收益	75 000	营业税金及附加	180 000
营业外收入	200 000	销售费用	200 000
		管理费用	600 000
		财务费用	125 000
		营业外支出	350 000

其他资料如下。

1) 营业外支出中有 5 000 元为罚款支出。

2) 本年国债利息收入 20 000 元已入账。

3）“递延所得税资产”科目:年初余额为 20 000 元;年末余额为 30 000 元。

4）“递延所得税负债”科目:年初余额为 25 000 元;年末余额为 40 000 元。

要求:

(1) 根据表中的资料,将其损益类科目余额结转“本年利润”科目(该公司平时采用表结法计算利润)。

(2) 计算甲公司当年应交所得税并编制确认及结转所得税费用的会计分录(所得税税率为 25%,除上述事项外,无其他纳税调整因素)。

(3) 计算甲公司当年净利润,并将“本年利润”科目年末余额转入“利润分配——未分配利润”科目。

(4) 甲公司经股东大会或类似机构批准,按净利润的 10% 提取法定盈余公积,决定向投资者分配利润 183 625 元。

(5) 计算甲公司当年末的“未分配利润”(该公司年初未分配利润为 600 000 元),并将“利润分配”所属其他明细科目余额结转“未分配利润”明细科目。

第九章

会计确认和计量结果的报告

学习目标

知识目标

掌握资产负债表、利润表、现金流量表和所有者权益变动表的内容、结构和填列方法;熟悉附注的概念及其主要披露项目;了解财务报告的目标和财务报表的分类,以及资产负债表、利润表、现金流量表和所有者权益变动表的作用。

技能目标

能够编制资产负债表、利润表、现金流量表和所有者权益变动表。

第一节　财务报告概述

一、财务报告的目标

财务报告是指企业对外提供的反映企业某一特定日期的财务状况和某一会计期间的经营成果、现金流量等会计信息的文件。财务报告包括财务报表和其他应当在财务报告中披露的相关信息和资料。

通常认为财务报告目标有受托责任观和决策有用观两种。在受托责任观下,会计信息更多地强调可靠性,会计计量主要采用历史成本;在决策有用观下,会计信息更多地强调相关性,如果采用其他计量属性能够提供更多相关信息,会较多地采用除历史成本之外的其他计量属性。我国企业财务报告的目标是向财务报告使用者提供与企业财务状况、经营成果和现金流量等有关的会计信息,反映企业管理层受托责任履行情况,有助于财务报告使用者做出经济决策。

财务报告的目标定位十分重要,它决定着财务报告应当向谁提供有用的会计信息、应当保护谁的经济利益,这是编制财务报告的出发点;财务报告的目标定位决定着财务报告所要求会计信息的质量特征,决定着会计要素的确认和计量原则,是财务会计系统的核心与灵魂。

财务报告外部使用者主要包括投资者、债权人、政府及其有关部门和社会公众等。满足投资者的信息需要是企业财务报告编制的首要出发点,将投资者作为企业财务报告的首要出发点,凸显了投资者的地位,体现了保护投资者利益的要求,是市场经济发展的必然。如果企业在财务报告中提供的会计信息与投资者的决策无关,那么财务报告就失去了其编制的意义。根据投资者决策有用目标,财务报告所提供的信息应当如实反映企业所拥有或者控制的经济资源、对经济资源的要求权以及经济资源及其要求权的变化情况,如实反映企业的各项收入、费用、利润的金额及其变动情况,如实反映企业各项经营活动、投资活动和筹资活动等所形成的现金流入和流出情况等,从而有助于现在的或者潜在的投资者正确、合理地评价企业的资产质量、偿债能力、盈利能力和营运效率等,有助于投资者根据相关会计信息做出理性的投资决策,有助于投资者评估与投资有关的未来现金流量的金额、时间和风险等。除了投资者之外,企业财务报告的外部使用者还有债权人、政府及有关部门、社会公众等。由于投资者是企业资本的主要提供者,通常情况下,如果财务报告能够满足这一群体的会计信息需求,也可以满足其他使用者的大部分信息需求。

二、财务报表的组成

财务报表是财务报告的核心内容,是对企业财务状况、经营成果和现金流量的结构性描述,是会计要素确认和计量的结果。一套完整的财务报表至少应当包括"四表一注",即资产负债表,利润表、现金流量表、所有者权益(或股东权益)变动表以及附注。各组成部分具有同等的重要程度。

资产负债表,利润表和现金流量表分别从不同角度反映企业的财务状况、经营成果和现金流量。资产负债表反映企业一定日期所拥有的资产、须偿还的债务以及股东(投资者)拥有的净资产情况;利润表反映企业一定期间的经营成果即利润或亏损的情况,现金流量表反映企业在一定会计期间现金和现金等价物流入和流出的情况。

所有者权益变动表反映构成所有者权益的各组成部分当期的增减变动情况,有助于使用者准确理解所有者权益增减变动的根源。企业的净利润及其分配情况是所有者权益变动的组成部分,相关信息已经在所有者权益变动表及其附注中反映,企业不需要再单独编制利润分配表。

附注是财务报表的有机组成部分,是对在资产负债表、利润表、现金流量表和所有者权益变动表等报表中列示项目的文字描述或明细资料,以及对未能在这些报表中列示项目的说明等。

【检测 9－1】判断题

财务报表包括会计报表和其他应当披露的相关信息和资料。(　　)

三、财务报表的分类

财务报表可以按照不同的标准进行分类。

(1) 按财务报表编报期间的不同,可以分为中期财务报表和年度财务报表。中期财务报表是以短于一个完整会计年度的报告期间为基础编制的财务报表,包括月报、季报和半年报。

(2) 按财务报表编报主体的不同,可以分为个别财务报表和合并财务报表。个别财务报表是由企业在自身会计核算基础上对账簿记录进行加工而编制的财务报表,主要用以反映企业自身的财务状况、经营成果和现金流量情况。合并财务报表是以母公司和子公司组成的企业集团为会计主体,根据母公司和所属子公司的财务报表,由母公司编制的综合反映企业集团财务状况、经营成果和现金流量的财务报表。

第二节　资产负债表

一、资产负债表的定义和结构

【链接 9－1】

(一) 资产负债表的定义

资产负债表是指反映企业在某一特定日期的财务状况的会计报表,即反映了某一特定日期关于企业资产、负债、所有者权益及其相互关系的信息。

通过资产负债表,可以反映企业在某一特定日期的资产、负债和所有者权益的总额及其结构,有助于报表使用者全面了解企业的财务状况,分析企业的偿债能力和资本保值增值程度以及财务状况的变动趋势,从而为其做出经济决策提供依据。

(二) 资产负债表的结构

资产负债表一般有账户式和报告式两种结构形式,我国企业的资产负债表采用账户式结构。账户式资产负债表分左右两方,左方为资产项目,大体按资产的流动性大小排列,流动性大的资产如“货币资金”、“交易性金融资产”等排在前面,流动性小的资产如“长期股权投资”、“固定资产”等排在后面。右方为负债及所有者权益项目,一般按要求清偿时间的先后顺序排列,“短期借款”、“应付票据”、“应付账款”等要在1年以内或者长于1年的一个正常营业周期内偿还的流动负债排在前面,“长期借款”等在1年以上才须偿还的非流动负债排在中间,在企业清算之前不须偿还的所有者权益项目排在后面。

账户式资产负债表中的资产各项目的总计等于负债和所有者权益各项目的总计,即资产负债表左方和右方平衡。因此,通过账户式资产负债表,可以反映资产、负债、所有者权益之间的内在关系,即“资产 = 负债 + 所有者权益”。

我国一般企业的资产负债表格式如表9-1所示。

表9-1 资产负债表

会企01表

编制单位:甲股份有限公司　　2013年12月31日　　单位:元

资　产	期末余额	年初余额	负债和所有者权益	期末余额	年初余额
流动资产:			流动负债:		
货币资金	7 031 500	(略,下同)	短期借款	1 500 000	(略,下同)
以公允价值计量且其变动计入当期损益的金融资产	75 000		以公允价值计量且其变动计入当期损益的金融负债		
应收票据	1 230 000		应付票据	1 000 000	
应收账款	1 990 000		应付账款	4 774 000	
预付款项	500 000		预收款项		
应收利息			应付职工薪酬	550 000	
应收股利			应交税费	183 000	
其他应收款	1 525 000		应付利息		
存货	12 900 000		应付股利		
一年内到期的非流动资产			其他应付款	250 000	
其他流动资产			一年内到期的非流动负债		
流动资产合计	25 251 500		其他流动负债	4 994 500	
非流动资产:			流动负债合计	13 251 500	
可供出售金融资产			非流动负债:		
持有至到期投资			长期借款	3 000 000	
长期股权投资	1 250 000		应付债券		
长期应收款			长期应付款		
投资性房地产			专项应付款		
固定资产	4 000 000		预计负债		

（续表）

资　产	期末余额	年初余额	负债和所有者权益	期末余额	年初余额
在建工程	7 500 000		递延收益		
工程物资			递延所得税负债	2 500	
固定资产清理			其他非流动负债		
生产性生物资产			非流动负债合计	3 002 500	
油气资产			负债合计	16 254 000	
无形资产	3 000 000		所有者权益：		
开发支出			实收资本（或股本）	25 000 000	
商誉			资本公积		
长期待摊费用			减：库存股		
递延所得税资产	2 500		其他综合收益		
其他非流动资产	1 000 000		盈余公积	500 000	
非流动资产合计	16 752 500		未分配利润	250 000	
			所有者权益合计	25 750 000	
资产总计	42 004 000		负债和所有者权益总计	42 004 000	

二、资产负债表的编制

（一）资产负债表项目的填列方法

资产负债表各项目均须填列“年初余额”和“期末余额”两栏。其中“年初余额”栏内各项数字，应根据上年末资产负债表的“期末余额”栏内所列数字填列。“期末余额”栏主要有以下几种填列方法。

1. 根据总账科目余额填列

例如，“以公允价值计量且其变动计入当期损益的金融资产”、“短期借款”、“应付票据”、“应付职工薪酬”等项目，根据“交易性金融资产”、“短期借款”、“应付票据”、“应付职工薪酬”各总账科目的期末余额直接填列；有些项目则须根据几个总账科目的期末余额计算填列，如“货币资金”项目，须根据“库存现金”、“银行存款”、“其他货币资金”3 个总账科目的期末余额的合计数填列。

2. 根据明细账科目余额计算填列

例如，“应付账款”项目，要根据“应付账款”和“预付账款”两个科目所属的相关明细科目的期末贷方余额计算填列；“应收账款”项目，要根据“应收账款”和“预收账款”两个科目所属的相关明细科目的期末借方余额计算填列。

3. 根据总账科目和明细账科目余额分析计算填列

例如，“长期借款”项目，要根据“长期借款”总账科目的期末余额扣除“长期借款”科目所属的明细科目中将在 1 年内到期且企业不能自主地将清偿义务展期的长期借款后的金额计算填列。

4. 根据总账科目余额减去其备抵科目余额后的净额填列

例如，“应收票据”、“应收账款”、“长期股权投资”、“在建工程”等项目，应当根据“应收票据”、“应收账款”、“长期股权投资”、“在建工程”等科目的期末余额减去“坏账准备”、“长期股权投资减值准备”、“在建工程减值准备”等备抵科目期末余额后的净额填列。“投资性房地产”、“固定资产”、“无形资产”项目，应当根据“投资性房地产”、“固定资产”、“无形资产”科目的期末余额减去“投资性房地产累计折旧（摊销）”、“累计折旧”、“累计摊销”、“投资性房地产减值准备”、“固定资产减值准备”、“无形资产减值准备”科目期末余额后的净额填列。

5. 综合运用上述填列方法分析填列

例如,资产负债表中的"存货"项目,需要根据"原材料"、"委托加工物资"、"周转材料"、"材料采购"或"在途物资"、"库存商品"、"发出商品"、"材料成本差异"等总账科目期末余额的分析汇总数,再减去"存货跌价准备"科目期末余额后的净额填列。

【检测9-2】多项选择题

资产负债表各项目中,应根据有关科目余额减去备抵科目余额后的净额填列的有( )。

A. 其他综合收益　B. 无形资产　C. 应收账款　D. 长期股权投资

(二) 资产负债表项目的填列说明

资产负债表中资产、负债和所有者权益主要项目的填列说明如下。

1. 资产项目的填列说明

(1) "货币资金"项目,反映企业库存现金、银行存款和其他货币资金的总额。本项目应根据"库存现金"、"银行存款"、"其他货币资金"科目期末余额的合计数填列。

(2) "以公允价值计量且其变动计入当期损益的金融资产"项目,反映企业为交易目的所持有的债券投资、股票投资、基金投资等交易性金融资产的公允价值。本项目应根据"交易性金融资产"科目的期末余额填列。

(3) "应收票据"项目,反映企业因销售商品、提供劳务等而收到的商业汇票的净额,包括银行承兑汇票和商业承兑汇票。本项目应根据"应收票据"科目的期末余额,减去"坏账准备"科目中有关应收票据计提的坏账准备期末余额后的金额填列。

(4) "应收账款"项目,反映企业因销售商品、提供劳务等经营活动应收款项的净额。本项目应根据"应收账款"和"预收账款"科目所属各明细科目的期末借方余额合计数,减去"坏账准备"科目中有关应收账款计提的坏账准备期末余额后的金额填列。如"应收账款"科目所属明细科目期末有贷方余额的,应在"预收款项"项目内填列。

(5) "预付款项"项目,反映企业按照合同规定预付给供应单位款项的净额。本项目应根据"预付账款"和"应付账款"科目所属各明细科目的期末借方余额合计数,减去"坏账准备"科目中有关预付款项计提的坏账准备期末余额后的金额填列。如"预付账款"科目所属明细科目期末有贷方余额的,应在"应付账款"项目内填列。

(6) "应收利息"项目,反映企业应收取的债券投资等利息的净额。本项目应根据"应收利息"科目的期末余额,减去"坏账准备"科目中有关应收利息计提的坏账准备期末余额后的金额填列。

(7) "应收股利"项目,反映企业股权投资而应收取的被投资单位分配的现金股利或利润的净额。本项目应根据"应收股利"科目的期末余额,减去"坏账准备"科目中有关应收股利计提的坏账准备期末余额后的金额填列。

(8) "其他应收款"项目,反映企业除应收票据、应收账款、预付账款、应收股利、应收利息等以外的其他各种应收及暂付款项的净额。本项目应根据"其他应收款"科目的期末余额,减去"坏账准备"科目中有关其他应收款计提的坏账准备期末余额后的金额填列。

(9) "存货"项目,反映企业期末在库、在途和在加工中的各种存货的可变现净值。存货包括各种材料、商品、在产品、半成品、包装物、低值易耗品、委托代销商品等。本项目应根据"材料采购"或"在途物资"、"原材料"、"周转材料"、"委托加工物资"、"库存商品"、"发出商品"或"委托代销商品"、"受托代销商品"、"生产成本"等科目的期末余额合计数,减去"受托代销商品款"、"存货跌价准备”科目期末余额后的金额填列。材料采用计划成本核算,以及库存商品采用计划成本核算或售价核算的企业,还应按加或减材料成本差异、商品进销差价后的金额填列。

(10)“一年内到期的非流动资产”项目,反映企业将于资产负债表日后1年内到期的非流动资产项目金额。本项目应根据有关非流动资产科目的期末余额分析计算填列。

(11)“长期股权投资”项目,反映企业持有的采用成本法和权益法核算的长期股权投资的可收回金额。本项目应根据“长期股权投资”科目的期末余额,减去“长期股权投资减值准备”科目期末余额后的金额填列。

(12)“投资性房地产”项目,反映企业采用成本模式计量或公允价值模式计量的投资性房地产的可收回金额或公允价值。本项目应根据“投资性房地产”科目的期末余额,减去“投资性房地产累计折旧(摊销)”和“投资性房地产减值准备”科目期末余额后的金额填列;或者根据“投资性房地产”科目的期末余额填列。

(13)“固定资产”项目,反映企业各种固定资产的可收回金额。本项目应根据“固定资产”科目的期末余额,减去“累计折旧”和“固定资产减值准备”科目期末余额后的金额填列。

(14)“在建工程”项目,反映企业各项尚未达到预定可使用状态的在建工程的实际支出,包括交付安装的设备价值、未完成建筑安装工程已经耗用的材料、工资和费用支出、预付出包工程的进度款等可收回金额。本项目应根据“在建工程”科目的期末余额,减去“在建工程减值准备”科目期末余额后的金额填列。

(15)“工程物资”项目,反映企业尚未使用的各项工程物资,包括工程用材料、尚未安装的设备以及为生产准备的工器具等的可收回金额。本项目应根据“工程物资”科目的期末余额,减去“工程物资减值准备”科目期末余额后的金额填列。

(16)“固定资产清理”项目,反映企业因出售、毁损、报废等原因转入清理但尚未清理完毕的固定资产清理损益。本项目应根据“固定资产清理”科目的期末借方余额填列,如“固定资产清理”科目期末为贷方余额,以“-”号填列。

(17)“无形资产”项目,反映企业持有的无形资产,包括专利权、非专利技术、商标权、著作权、土地使用权等的可收回金额。本项目应根据“无形资产”科目的期末余额,减去“累计摊销”和“无形资产减值准备”科目期末余额后的金额填列。

(18)“开发支出”项目,反映企业正在进行无形资产研究开发项目满足资本化条件的支出。本项目应根据“研发支出”科目所属的“资本化支出”明细科目的期末余额填列。

(19)“长期待摊费用”项目,反映企业已经发生但应由本期和以后各期负担的分摊期限在1年以上的各项费用。长期待摊费用中在1年内(含1年)摊销的部分,应在“一年内到期的非流动资产”项目填列。本项目应根据“长期待摊费用”科目的期末余额减去将于1年内(含1年)摊销的数额后的金额填列。

(20)“其他非流动资产”项目,反映企业除长期股权投资、投资性房地产、固定资产、在建工程、工程物资、固定资产清理、无形资产、开发支出等以外的其他非流动资产。本项目应根据有关科目的期末余额填列。

【检测9-3】单项选择题

期末,甲企业“生产成本”科目余额50 000元,“原材料”科目余额30 000元,“材料成本差异”科目借方余额500元,“发出商品”科目余额40 000,“工程物资”科目余额10 000元,“存货跌价准备”科目余额3 000元,则资产负债表“存货”项目应填列的金额为(　　)元。

A. 116 500　　B. 117 500　　C. 119 500　　D. 126 500

2. 负债项目的填列说明

(1)“短期借款”项目,反映企业向银行或其他金融机构等借入的期限在1年以下(含1年)的尚未偿还的各种借款。本项目应根据“短期借款”科目的期末余额填列。

(2)“应付票据”项目,反映企业因购买材料、商品和接受劳务等而开出、承兑的尚未到期的商业汇票的款项,包括银行承兑汇票和商业承兑汇票。本项目应根据“应付票据”科目的期末余额填列。

(3)“应付账款”项目,反映企业因购买材料、商品和接受劳务等经营活动尚未支付的款项。本项目应根据“应付账款”和“预付账款”科目所属各明细科目的期末贷方余额合计数填列。如“应付账款”科目所属明细科目期末有借方余额,应在“预付款项”项目内填列。

(4)“预收款项”项目,反映企业按照合同规定预收购买单位的款项。本项目应根据“预收账款”和“应收账款”科目所属各明细科目的期末贷方余额合计数填列。如“预收账款”科目所属明细科目期末有借方余额,应在“应收账款”项目内填列。

(5)“应付职工薪酬”项目,反映企业根据有关规定应付而尚未支付的职工薪酬,包括职工的工资、职工福利、社会保险费、住房公积金、工会经费、职工教育经费、非货币性福利、辞退福利等。本项目应根据“应付职工薪酬”科目的期末余额填列。

(6)“应交税费”项目,反映企业按照税法规定计算应交而尚未交纳的各种税费,包括增值税、消费税、营业税、所得税、资源税、土地增值税、城市维护建设税、房产税、土地使用税、车船税、教育费附加、矿产资源补偿费等。企业代扣代交的个人所得税,也通过本项目列示。企业所交纳的税金不需要预计应交数的,如印花税、耕地占用税等,不在本项目列示。本项目应根据“应交税费”科目的期末贷方余额填列。如“应交税费”科目期末为借方余额,应以“-”填列。

(7)“应付利息”项目,反映企业按照规定应付而尚未支付的利息,包括分期付息到期还本的长期借款、企业债券等应支付的利息等。本项目应根据“应付利息”科目的期末余额填列。

(8)“应付股利”项目,反映企业应付而尚未支付的现金股利或利润。企业分配的股票股利,不通过本项目列示。本项目应根据“应付股利”科目的期末余额填列。

(9)“其他应付款”项目,反映企业除应付票据、应付账款、预收款项、应付职工薪酬、应付股利、应付利息、应交税费等以外的其他各项应付及暂收的款项。本项目应根据“其他应付款”科目的期末余额填列。

(10)“一年内到期的非流动负债”项目,反映企业非流动负债中将于资产负债表日后一年内到期部分的金额。本项目应根据有关非流动负债科目的期末余额分析计算填列。

(11)“长期借款”项目,反映企业向银行或其他金融机构借入的期限在1年以上(不含1年)的尚未偿还的各项借款。本项目应根据“长期借款”科目的期末余额填列。

(12)“应付债券”项目,反映企业为筹集长期资金而发行的尚未偿还的债券本金和利息。本项目应根据“应付债券”科目的期末余额填列。

(13)“其他非流动负债”项目,反映企业除长期借款、应付债券等项目以外的其他非流动负债。本项目应根据有关科目的期末余额填列。

非流动负债各项目应根据有关科目期末余额减去将于1年内(含1年)到期偿还数后的余额填列;非流动负债各项目中将于1年内(含1年)到期的非流动负债,应在“一年内到期的非流动负债”项目内单独反映。

【检测9-4】单项选择题

期末,某公司“应付账款”科目贷方余额20 000元,其中,“应付甲公司账款”明细科目贷方余额30 000元,“应付乙公司账款”明细科目借方余额10 000元;“预付账款”科目贷方余额30 000元,其中,“预付丙企业账款”明细科目贷方余额40 000元,“预付丁企业账款”明细科目借方余额10 000元。该公司期末资产负债表中“应付账款”项目应填列的金额为(　　)元。

A. 70 000　　B. 60 000　　C. 50 000　　D. 20 000

3. 所有者权益项目的填列说明

(1) “实收资本(或股本)”项目,反映企业各投资者实际投入的资本(或股本)总额。本项目应根据“实收资本(或股本)”科目的期末余额填列。

(2) “资本公积”项目,反映企业资本公积的期末余额,包括资本(或股本)溢价和其他资本公积。本项目应根据“资本公积”科目的期末余额填列。

(3) “其他综合收益”项目,反映企业其他综合收益的期末余额。本项目应根据“其他综合收益”科目的期末余额填列。

(4) “盈余公积”项目,反映企业盈余公积的期末余额,包括法定盈余公积和任意盈余公积。本项目应根据“盈余公积”科目的期末余额填列。

(5) “未分配利润”项目,反映企业尚未分配的利润。本项目应根据“本年利润”科目和“利润分配”科目的期末余额计算填列。未弥补的亏损在本项目内以“-”填列。

【思考9-1】“利润分配”总账科目的年末余额与相应的资产负债表中“未分配利润”项目的数额一致吗?为什么?

例9-1 甲股份有限公司为一般纳税人,适用的增值税税率为17%,所得税税率为25%;原材料采用计划成本进行核算,产品销售成本于月末一次结转。该公司2013年12月31日的资产负债表见表9-1。其中,“应收账款”科目的期末余额为2 000 000元,“坏账准备”科目的期末余额为10 000元。其他诸如存货、长期股权投资、固定资产、无形资产等资产都没有计提资产减值准备。

2014年,甲股份有限公司发生如下经济业务。

1) 购入原材料一批,收到的增值税专用发票上注明的原材料价款为750 000元,增值税进项税额为127 500元,款项已通过银行转账支付,材料尚未验收入库。

2) 收到原材料一批,实际成本500 000元,计划成本475 000元,材料已验收入库,货款已于上月支付。

3) 收到银行通知,用银行存款支付到期的商业承兑汇票500 000元。

4) 用银行汇票支付采购材料价款,公司收到开户银行转来银行汇票多余款收账通知,通知上填写的多余款为1 170元,购入材料及运费499 000元,支付的增值税进项税额84 830元,原材料已验收入库,该批原材料计划成本500 000元。

5) 销售产品一批,开出的增值税专用发票上注明的销售价款为1 500 000元,增值税销项税额为255 000元,货款尚未收到。该批产品实际成本900 000元,产品已发出。

6）公司将交易性金融资产（股票投资）兑现82 500元，该投资的成本为65 000元，公允价值变动为增值10 000元，处置收益为7 500元，均存入银行。

7）购入不须安装的设备一台，收到的增值税专用发票上注明的设备价款为427 350元，增值税进项税额为72 650元，支付包装费、运费5 000元。价款及包装费、运费均以银行存款支付。设备已交付使用。

8）购入工程物资一批用于建造厂房，收到的增值税专用发票上注明的物资价款和增值税进项税额合计为750 000元，款项已通过银行转账支付。

9）工程应付薪酬1 140 000元。

10）一项工程完工，交付生产使用，已办理竣工手续，固定资产价值7 000 000元。

11）基本生产车间一台机床报废，原价1 000 000元，已提折旧900 000元，清理费用2 500元，残值收入4 000元，均通过银行存款收支。该项固定资产已清理完毕。

12）从银行借入三年期借款5 000 000元，借款已存入银行账户。

13）销售产品一批，开出的增值税专用发票上注明的销售价款为3 500 000元，增值税销项税额为595 000元，款项已存入银行。销售产品的实际成本为2 100 000元。

14）公司将要到期的一张面值为1 000 000元的无息银行承兑汇票（不含增值税），连同解讫通知和进账单交银行办理转账。收到银行盖章退回的进账单一联。款项银行已收妥。

15）公司出售一台不需用设备，收到价款1 500 000元，该设备原价2 000 000元，已提折旧750 000元。该项设备已由购入单位运走，不考虑相关税费。

16）取得交易性金融资产（股票投资），价款515 000元，交易费用10 000元，已用银行存款支付。

17）支付工资2 500 000元，其中包括支付在建工程人员的工资1 000 000元。

18）分配应支付的职工工资1 500 000元（不包括在建工程应负担的工资），其中生产人员薪酬1 375 000元，车间管理人员薪酬50 000元，行政管理部门人员薪酬75 000元。

19）预计职工福利费210 000元（不包括在建工程应负担的福利费140 000元），其中生产工人福利费192 500元，车间管理人员福利费7 000元，行政管理部门福利费10 500元。

20）基本生产车间领用原材料，计划成本为3 500 000元；领用低值易耗品，计划成本250 000元，采用一次摊销法摊销。

21）结转领用原材料应分摊的材料成本差异。材料成本差异率为5%。

22）无形资产摊销300 000元。

23）以银行存款支付基本生产车间水电费450 000元。

24）计提固定资产折旧500 000元，其中计入制造费用400 000元，管理费用100 000元。

25）计提固定资产减值准备150 000元。

26）收到应收账款255 000元，存入银行。

27）计提应收账款坏账准备7 500元。

28）用银行存款支付产品展览费50 000元。

29）制造费用1 169 500元分配计入产品成本。

30）计算并结转本期完工产品成本6 412 000元。本期生产的产品全部完工入库，期末没有在产品。

31）广告费50 000元，已用银行存款支付。

32）公司采用商业承兑汇票结算方式销售产品一批，开出的增值税专用发票上注明的销售价款为1 250 000元，增值税销项税税额为212 500元，收到1 462 500元的商业承兑汇票一张。产品实际成本为750 000元。

33）公司将上述承兑汇票到银行办理贴现，贴现息为 100 000 元。

34）公司本期产品销售应交纳的教育费附加为 10 000 元。

35）用银行存款交纳增值税 500 000 元；教育费附加 10 000 元。

36）本期在建工程应负担的长期借款利息费用 1 000 000 元，长期借款为分期付息。

37）提取应计入本期损益的长期借款利息费用 50 000 元，长期借款为分期付息。

38）归还短期借款本金 1 250 000 元。

39）支付长期借款利息 1 050 000 元。

40）偿还长期借款本金 3 000 000 元。

41）上年度销售产品一批，开出的增值税专用发票上注明的销售价款为 50 000 元，增值税销项税额为 8 500 元，购货方开出商业承兑汇票。本期由于购货方发生财务困难，无法按合同规定偿还债务，经双方协议，甲股份有限公司同意购货方用产品抵偿该应收票据。用于抵债的产品市价为 40 000 元，增值税税率为 17%。

42）持有的交易性金融资产期末计量确认的公允价值为 525 000 元。

43）持有的交易性金融资产分得现金股利 15 000 元，已存入银行。

44）结转本期产品销售成本 3 750 000 元。

45）本期计提固定资产减值准备 150 000 元和计提坏账准备 7 500 元，导致固定资产和应收账款的账面价值与其计税基础存在差异；本期交易性金融资产的处置与公允价值变动对所得税影响刚好相互抵消；假定无其他项目的所得税影响。企业按照税法规定计算的应纳税所得额为 1 916 800（1 759 300 + 150 000 + 7 500）元，应交所得税 479 200 元，确认递延所得税资产 39 375（157 500 × 25%）元。

46）将各收支科目结转本年利润。

47）将“本年利润”科目余额转入“利润分配——未分配利润”科目。

48）按照净利润的 10% 提取法定盈余公积金；宣告分派现金股利 300 000 元。

49）将利润分配各明细科目的余额转入“未分配利润”明细科目。

50）用银行存款交纳本期应交所得税。

根据上述资料编制会计分录。

① 借：材料采购	750 000	
应交税费——应交增值税（进项税额）	127 500	
贷：银行存款		877 500
② 借：原材料	475 000	
材料成本差异	25 000	
贷：材料采购		500 000
③ 借：应付票据	500 000	
贷：银行存款		500 000
④ 借：材料采购	499 000	
银行存款	1 170	
应交税费——应交增值税（进项税额）	84 830	
贷：其他货币资金		585 000
借：原材料	500 000	
贷：材料采购		499 000
材料成本差异		1 000
⑤ 借：应收账款	1 755 000	
贷：主营业务收入		1 500 000

应交税费——应交增值税(销项税额) 255 000

⑥ 借:银行存款 82 500
贷:交易性金融资产——成本 65 000
——公允价值变动 10 000
投资收益 7 500
借:公允价值变动损益 10 000
贷:投资收益 10 000

⑦ 借:固定资产 432 350
应交税费——应交增值税(进项税额) 72 650
贷:银行存款 505 000

⑧ 借:工程物资 750 000
贷:银行存款 750 000

⑨ 借:在建工程 1 140 000
贷:应付职工薪酬 1 140 000

⑩ 借:固定资产 7 000 000
贷:在建工程 7 000 000

⑪ 借:固定资产清理 100 000
累计折旧 900 000
贷:固定资产 1 000 000
借:固定资产清理 2 500
贷:银行存款 2 500
借:银行存款 4 000
贷:固定资产清理 4 000
借:营业外支出——处置固定资产净损失 98 500
贷:固定资产清理 98 500

⑫ 借:银行存款 5 000 000
贷:长期借款 5 000 000

⑬ 借:银行存款 4 095 000
贷:主营业务收入 3 500 000
应交税费——应交增值税(销项税额) 595 000

⑭ 借:银行存款 1 000 000
贷:应收票据 1 000 000

⑮ 借:固定资产清理 1 250 000
累计折旧 750 000
贷:固定资产 2 000 000
借:银行存款 1 500 000
贷:固定资产清理 1 500 000
借:固定资产清理 250 000
贷:营业外收入——处置固定资产净收益 250 000

⑯ 借:交易性金融资产 515 000
投资收益 10 000
贷:银行存款 525 000

⑰	借:应付职工薪酬	2 500 000	
	贷:银行存款		2 500 000
⑱	借:生产成本	1 375 000	
	制造费用	50 000	
	管理费用	75 000	
	贷:应付职工薪酬——工资		1 500 000
⑲	借:生产成本	192 500	
	制造费用	7 000	
	管理费用	10 500	
	贷:应付职工薪酬——职工福利		210 000
⑳	借:生产成本	3 500 000	
	贷:原材料		3 500 000
	借:制造费用	250 000	
	贷:周转材料		250 000
㉑	借:生产成本	175 000	
	制造费用	12 500	
	贷:材料成本差异		187 500
㉒	借:管理费用	300 000	
	贷:累计摊销		300 000
㉓	借:制造费用——水电费	450 000	
	贷:银行存款		450 000
㉔	借:制造费用	400 000	
	管理费用	100 000	
	贷:累计折旧		500 000
㉕	借:资产减值损失——计提的固定资产减值准备	150 000	
	贷:固定资产减值准备		150 000
㉖	借:银行存款	255 000	
	贷:应收账款		255 000
㉗	借:资产减值损失——计提的坏账准备	7 500	
	贷:坏账准备		7 500
㉘	借:销售费用——展览费	50 000	
	贷:银行存款		50 000
㉙	借:生产成本	1 169 500	
	贷:制造费用		1 169 500
㉚	借:库存商品	6 412 000	
	贷:生产成本		6 412 000
㉛	借:销售费用——广告费	50 000	
	贷:银行存款		50 000
㉜	借:应收票据	1 462 500	
	贷:主营业务收入		1 250 000
	应交税费——应交增值税(销项税额)		212 500
㉝	借:财务费用	100 000	

银行存款	1 362 500	
贷:应收票据		1 462 500
㉞ 借:营业税金及附加	10 000	
贷:应交税费——应交教育费附加		10 000
㉟ 借:应交税费——应交增值税(已交税金)	500 000	
——应交教育费附加	10 000	
贷:银行存款		510 000
㊱ 借:在建工程	1 000 000	
贷:应付利息		1 000 000
㊲ 借:财务费用	50 000	
贷:应付利息		50 000
㊳ 借:短期借款	1 250 000	
贷:银行存款		1 250 000
㊴ 借:应付利息	1 050 000	
贷:银行存款		1 050 000
㊵ 借:长期借款	3 000 000	
贷:银行存款		3 000 000
㊶ 借:库存商品	40 000	
应交税费——应交增值税(进项税额)	6 800	
营业外支出——债务重组损失	11 700	
贷:应收票据		58 500
㊷ 借:交易性金融资产——公允价值变动	10 000	
贷:公允价值变动损益		10 000
㊸ 借:银行存款	15 000	
贷:投资收益		15 000
㊹ 借:主营业务成本	3 750 000	
贷:库存商品		3 750 000
㊺ 借:所得税费用——当期所得税费用	479 200	
贷:应交税费——应交所得税		479 200
借:递延所得税资产	39 375	
贷:所得税费用——递延所得税费用		39 375
㊻ 借:主营业务收入	6 250 000	
营业外收入	250 000	
投资收益	22 500	
贷:本年利润		6 522 500
借:本年利润	4 763 200	
贷:主营业务成本		3 750 000
营业税金及附加		10 000
销售费用		100 000
管理费用		485 500
财务费用		150 000
资产减值损失		157 500
营业外支出		110 200

借：本年利润　　439 825
　　贷：所得税费用　　439 825
㊼ 借：本年利润　　1 319 475
　　贷：利润分配——未分配利润　　1 319 475
㊽ 借：利润分配——提取法定盈余公积　　131 948
　　　　　　——应付现金股利　　300 000
　　贷：盈余公积——法定盈余公积　　131 948
　　　　应付股利　　300 000
提取法定盈余公积数额＝(6 522 500－4 763 200－439 825)×10%＝131 948(元)
㊾ 借：利润分配——未分配利润　　431 948
　　贷：利润分配——提取法定盈余公积　　131 948
　　　　　　　——应付现金股利　　300 000
㊿ 借：应交税费——应交所得税　　479 200
　　贷：银行存款　　479 200

根据年初资产负债表(见表9－1)和上述会计分录登记入账后的资产、负债和所有者权益科目的期末余额，编制年末资产负债表，如表9－2所示。

表9－2　资产负债表

会企01表

编制单位：甲股份有限公司　　2014年12月31日　　单位：元

资　产	期末余额	年初余额	负债和所有者权益	期末余额	年初余额
流动资产：			流动负债：		
货币资金	7 262 470	7 031 500	短期借款	250 000	1 500 000
以公允价值计量且其变动计入当期损益的金融资产	525 000	75 000	以公允价值计量且其变动计入当期损益的金融负债		
应收票据	171 500	1 230 000	应付票据	500 000	1 000 000
应收账款	3 482 500	1 990 000	应付账款	4 774 000	4 774 000
预付款项	500 000	500 000	预收款项		
应收利息			应付职工薪酬	900 000	550 000
应收股利			应交税费	453 720	183 000
其他应收款	1 525 000	1 525 000	应付利息		
存货	12 913 500	12 900 000	应付股利	300 000	
一年内到期的非流动资产			其他应付款	250 000	250 000
其他流动资产			一年内到期的非流动负债		
流动资产合计	26 379 970	25 251 500	其他流动负债	4 994 500	4 994 500
非流动资产：			流动负债合计	12 422 220	13 251 500
可供出售金融资产			非流动负债：		
持有至到期投资			长期借款	5 000 000	3 000 000
长期股权投资	1 250 000	1 250 000	应付债券		
长期应收款			长期应付款		
投资性房地产			专项应付款		
固定资产	9 432 350	4 000 000	预计负债		

（续表）

资　产	期末余额	年初余额	负债和所有者权益	期末余额	年初余额
在建工程	2 640 000	7 500 000	递延收益		
工程物资	750 000		递延所得税负债	2 500	2 500
固定资产清理			其他非流动负债		
生产性生物资产			非流动负债合计	5 002 500	3 002 500
油气资产			负债合计	17 424 720	16 254 000
无形资产	2 700 000	3 000 000	所有者权益：		
开发支出			实收资本（或股本）	25 000 000	25 000 000
商誉			资本公积		
长期待摊费用			减：库存股		
递延所得税资产	41 875	2 500	其他综合收益		
其他非流动资产	1 000 000	1 000 000	盈余公积	631 948	500 000
非流动资产合计	17 814 225	16 752 500	未分配利润	1 137 527	250 000
			所有者权益合计	26 769 475	25 750 000
资产总计	44 194 195	42 004 000	负债和所有者权益总计	44 194 195	42 004 000

第三节　利润表

一、利润表的定义和结构

（一）利润表的定义

利润表是指反映企业在一定会计期间的经营成果的会计报表，反映了企业经营业绩的主要来源和构成。

利润表可以反映企业在一定会计期间收入、费用、利润（或亏损）的数额和构成情况，有助于财务报表使用者全面了解企业的经营成果，分析企业的获利能力及盈利增长趋势，从而为其做出经济决策提供依据。

【链接 9－2】

（二）利润表的结构

利润表一般有单步式和多步式两种结构形式。我国企业的利润表采用多步式结构，主要分为如下 5 个步骤。

1）以营业收入为基础，减去营业成本、营业税金及附加、销售费用、管理费用、财务费用、资产减值损失，加上公允价值变动收益（或减去公允价值变动损失）和投资收益（或减去投资损失），计算出营业利润。

2）以营业利润为基础，加上营业外收入，减去营业外支出，计算出利润总额。

3）以利润总额为基础，减去所得税费用，计算出净利润（或净亏损）。

4）以净利润（或净亏损）为基础，计算每股收益。

5）以净利润（或净亏损）和其他综合收益为基础，计算综合收益总额。

我国一般企业的利润表格式见表 9－3。

二、利润表的编制

（一）利润表项目的填列方法

利润表各项目均须填列“本期金额”和“上期金额”两栏。其中“上期金额”栏内各项数字，应根据上年该期利润表的“本期金额”栏内所列数字填列。“本期金额”栏内各项数字，除“基本每股收益”和“稀释每股收益”、“其他综合收益”和“综合收益总额”项目外，按以下方法填列：

1. 根据损益类科目的发生额分析填列

例如，“营业收入”项目，根据“主营业务收入”、“其他业务收入”科目的发生额分析计算填列；“营业成本”项目，根据“主营业务成本”、“其他业务成本”科目的发生额分析计算填列。

2. 根据本表中相关项目数字计算填列

例如，“营业利润”、“利润总额”、“净利润”、“综合收益总额”项目，应根据本表中有关项目数字计算填列。

（二）利润表项目的填列说明

1. “营业收入”项目

该项目反映企业经营主要业务和其他业务所确认的收入总额。本项目应根据“主营业务收入”和“其他业务收入”科目的发生额分析填列。

2. “营业成本”项目

该项目反映企业经营主要业务和其他业务所发生的成本总额。本项目应根据“主营业务成本”和“其他业务成本”科目的发生额分析填列。

3. “营业税金及附加”项目

该项目反映企业经营业务应负担的消费税、营业税、城市维护建设税、资源税、土地增值税和教育费附加等。本项目应根据“营业税金及附加”科目的发生额分析填列。

4. “销售费用”项目

该项目反映企业在销售商品过程中发生的包装费、广告费等费用和为销售本企业商品而专设的销售机构的职工薪酬、业务费等经营费用。本项目应根据“销售费用”科目的发生额分析填列。

5. “管理费用”项目

该项目反映企业为组织和管理生产经营发生的管理费用。本项目应根据“管理费用”科目的发生额分析填列。

6. “财务费用”项目

该项目反映企业筹集生产经营所需资金等而发生的筹资费用。本项目应根据“财务费用”科目的发生额分析填列。

7. “资产减值损失”项目

该项目反映企业各项资产发生的减值损失。本项目应根据“资产减值损失”科目的发生额分析填列。

8. “公允价值变动收益”项目

该项目反映企业应当计入当期损益的资产或负债公允价值变动收益。本项目应根据“公允价值变动损益”科目的发生额分析填列，如为净损失，本项目以“ - ”填列。

9. “投资收益”项目

该项目反映企业以各种方式对外投资所取得的收益。本项目应根据“投资收益”科目的发生额分析填列。如为投资损失，本项目以“ - ”填列。

其中，“对联营企业和合营企业的投资收益”项目，应根据“投资收益”科目所属的相关明细科目的发生额分析填列。

10. “营业利润”项目

该项目反映企业实现的营业利润。如为亏损，本项目以“-”填列。本项目应根据本表中相关项目计算填列。

11. “营业外收入”项目

该项目反映企业发生的与经营业务无直接关系的各项收入。本项目应根据“营业外收入”科目的发生额分析填列。

其中，“非流动资产处置利得”项目，应根据“营业外收入”科目所属的相关明细科目的发生额分析填列。

12. “营业外支出”项目

该项目反映企业发生的与经营业务无直接关系的各项支出。本项目应根据“营业外支出”科目的发生额分析填列。

其中，“非流动资产处置损失”项目，应根据“营业外支出”科目所属的相关明细科目的发生额分析填列。

13. “利润总额”项目

该项目反映企业实现的利润总额。如为亏损，本项目以“-”填列。本项目应根据本表中相关项目计算填列。

14. “所得税费用”项目

该项目反映企业应从当期利润总额中扣除的所得税费用。本项目应根据“所得税费用”科目的发生额分析填列。

15. “净利润”项目

该项目反映企业实现的净利润。如为亏损，本项目以“-”填列。本项目应根据本表中相关项目计算填列。

16. “其他综合收益的税后净额”项目及其各组成部分

该项目反映企业根据企业会计准则规定未在当期损益中确认的各项利得和损失。本项目及其各组成部分应根据“其他综合收益”科目及其所属明细科目的本期发生额分析填列。

17. “综合收益总额”项目

该项目反映企业净利润和其他综合收益扣除所得税影响后的净额相加后的合计金额。

18. “每股收益”项目

该项目包括基本每股收益和稀释每股收益两项指标，反映普通股或潜在普通股已公开交易的企业，以及正处在公开发行普通股或潜在普通股过程中的企业的每股收益信息。

【检测9-5】单项选择题

某企业当期应交纳的增值税为54 000元，应交纳的消费税、营业税、资源税、城市维护建设税分别为5 000元、600元、8 500元、6 810元。该企业利润表中“营业税金及附加”项目的本期金额为(　　)元。

A. 74 910　　B. 20 910　　C. 14 100　　D. 54 000

【检测9-6】多项选择题

影响利润表“营业利润”项目金额的有(　　)。

A. 处置无形资产净收益　　B. 出租包装物取得的收入

C. 接受公益性捐赠利得　　D. 经营出租固定资产的折旧额

例 9－2　承例 9－1，根据甲股份有限公司 2014 年度损益类科目发生额编制利润表，如表 9－3 所示。

表 9－3　利润表

会企 02 表

编制单位：甲股份有限公司　　2014 年度　　单位：元

项　目	本期金额	上期金额
一、营业收入	6 250 000	（略，下同）
减：营业成本	3 750 000	
营业税金及附加	10 000	
销售费用	100 000	
管理费用	485 500	
财务费用	150 000	
资产减值损失	157 500	
加：公允价值变动收益（损失以“－”填列）		
投资收益（损失以“－”填列）	22 500	
其中：对联营企业和合营企业的投资收益		
二、营业利润（亏损以“－”填列）	1 619 500	
加：营业外收入	250 000	
其中：非流动资产处置利得	250 000	
减：营业外支出	110 200	
其中：非流动资产处置损失	98 500	
三、利润总额（亏损以“－”填列）	1 759 300	
减：所得税费用	439 825	
四、净利润（净亏损以“－”填列）	1 319 475	
五、其他综合收益的税后净额		
（一）以后不能重分类进损益的其他综合收益		
1. 重新计量设定受益计划净负债或净资产的变动		
2. 权益法下在被投资单位不能重分类进损益的其他综合收益中享有的份额		
……		
（二）以后将重分类进损益的其他综合收益		
1. 权益法下在被投资单位以后将重分类进损益的其他综合收益中享有的份额		
2. 可供出售金融资产公允价值变动损益		
3. 持有至到期投资重分类为可供出售金融资产损益		
4. 现金流量套期损益的有效部分		
5. 外币财务报表折算差额		
……		
六、综合收益总额	1 319 475	
七、每股收益		
（一）基本每股收益	（略）	
（二）稀释每股收益	（略）	

【提示 9 -1】利润表中的"基本每股收益"项目,按照归属于普通股股东的当期净利润除以当期实际发行在外普通股的加权平均数计算确定;"稀释每股收益"项目,根据稀释性潜在普通股(如可转换公司债券、认股权证、股份期权等)的影响,对归属于普通股股东的当期净利润以及发行在外普通股的加权平均数分别进行调整后计算确定。

第四节　现金流量表

一、现金流量表的定义和结构

(一) 现金流量表的定义

现金流量表是指反映企业在一定会计期间现金和现金等价物流入和流出的报表。

现金流量是指一定会计期间内企业现金和现金等价物的流入和流出。现金和现金等价物流入与流出的差额为现金净流量。企业从银行提取现金、用现金购买短期到期的国债等现金和现金等价物之间的转换不属于现金流量。

现金是指企业库存现金以及可以随时用于支付的存款,包括库存现金、银行存款和其他货币资金(如外埠存款、银行汇票存款、银行本票存款等)等。不能随时用于支付的存款不属于现金。

现金等价物是指企业持有的期限短、流动性强、易于转换为已知金额现金、价值变动风险很小的投资。期限短,一般是指从购买日起 3 个月内到期。现金等价物通常包括 3 个月内到期的债券投资等。权益性投资变现的金额通常不确定,因而不属于现金等价物。企业应当根据具体情况,确定现金等价物的范围,一经确定不得随意变更。

现金流量表以现金和现金等价物为基础编制,将权责发生制下的盈利信息调整为收付实现制下的现金流量信息。通过现金流量表,可以反映企业一定会计期间内现金和现金等价物流入和流出的信息,有助于财务报表使用者了解企业收益质量及影响现金净流量的因素,分析和评价企业获取现金和现金等价物的能力(如支付能力、偿债能力和周转能力等),并据以预测企业未来现金流量。

【检测 9 -7】多项选择题

下列各项中,属于现金流量表"现金及现金等价物"的有(　　　　)。

A. 库存现金　　B. 银行本票　　C. 银行承兑汇票　　D. 2 个月内到期的国债

(二) 现金流量表的结构

我国企业现金流量表采用报告式结构。企业产生的现金流量可分为经营活动产生的现金流量、投资活动产生的现金流量和筹资活动产生的现金流量 3 类,最后汇总反映企业某一期间现金及现金等价物的净增加额。

1. 经营活动产生的现金流量

经营活动是指企业投资活动和筹资活动以外的所有交易和事项。经营活动主要包括销售商品或提供劳务、购买商品或接受劳务、支付职工薪酬、支付各项税费或收到税费返还等流入和流出现金和现金等价物的活动或事项。

2. 投资活动产生的现金流量

投资活动是指企业长期资产的购建和不包括在现金等价物范围内的投资及其处置活动。这里所指的"投资"既包括对外投资,又包括长期资产的购建与处置。投资活动主要包括取得和收回投资,购建和处置固定资产、无形资产和其他长期资产,取得和处置子公司及其他营业单位等流入和流出现金和现金等价物的活动或事项。

3. 筹资活动产生的现金流量

筹资活动是指导致企业资本及债务规模和构成发生变化的活动。筹资活动主要包括发行股票或接受投入资本、发行和偿还公司债券、取得和偿还银行借款、分配现金股利或利润等流入和流出现金和现金等价物的活动或事项。偿付应付账款、应付票据等商业应付款属于经营活动,不属于筹资活动。

我国一般企业的现金流量表格式如表 9 - 5 所示。

二、现金流量表的编制

(一)现金流量表的编制方法

企业一定期间的现金流量可分为经营活动现金流量、投资活动现金流量和筹资活动现金流量 3 个部分。编制现金流量表中的经营活动现金流量的方法有两种:一是直接法,二是间接法。这两种方法通常也称为编制现金流量表的直接法和间接法。

直接法和间接法各有特点。在直接法下,一般是以利润表中的营业收入为起算点,调节与经营活动有关项目的增减变动,然后计算出经营活动产生的现金流量。在间接法下,则是以净利润为起算点,调整不涉及现金的收入、费用、营业外收支等有关项目,剔除投资活动和筹资活动对现金流量的影响,据此计算出经营活动产生的现金流量。相对而言,采用直接法编制的现金流量表,便于分析企业经营活动产生的现金流量的来源和用途,预测企业现金流量的未来前景。

现金流量表各项目均须填列"本期金额"和"上期金额"两栏。其中"上期金额"栏内各项数字,应根据上一期间现金流量表的"本期金额"栏内所列数字填列。"本期金额"栏内各项数字,经营活动产生的现金流量应采用直接法列示。采用直接法具体编制现金流量表时,可以采用工作底稿法或 T 型账户法,也可以采用台账法或根据有关科目记录分析填列。

(二)现金流量表项目的填列说明

1. 经营活动产生的现金流量

(1)"销售商品、提供劳务收到的现金"项目,反映企业本期销售商品、提供劳务收到的现金,以及前期销售商品、提供劳务本期收到的现金(包括应向购买者收取的增值税销项税额)和本期预收的款项,减去本期销售本期退回商品和前期销售本期退回商品支付的现金。企业销售材料和代购代销业务收到的现金也在本项目反映。本项目可以根据"库存现金"、"银行存款"、"应收账款"、"应收票据"、"预收账款"、"主营业务收入"、"其他业务收入"、"应交税费——应交增值税(销项税额)"等科目的记录分析填列。

根据账户记录分析计算该项目的金额,通常可以采用以下公式:

销售商品、提供劳务收到的现金 = 本期营业收入 + 本期销售商品、提供劳务的增值税销项税额 +(应收票据期初余额 - 应收票据期末余额)+(应收账款期初余额 - 应收账款期末余额)+(预收账款期末余额 - 预收账款期初余额)

【提示9－2】在运用上述公式时，应注意扣除未增加现金流入的应收票据、应收账款的减少（如本期收到用于抵债的非现金资产、本期核销的坏账损失、票据贴现利息等），加上未减少应收票据、应收账款的现金流入（如本期收回前核销的坏账损失）。

【检测9－8】单项选择题

本企业基本期营业收入100万元，增值税销项税额17万元；应收账款余额20万元，期末余额14万元，本期核销的坏账损失1万元；应收票据期初余额15万元，期末余额5万元。该企业现金流量表中“销售商品、提供劳务收到的现金”项目的本期金额为（　　）万元。

A. 115　　B. 122　　C. 131　　D. 132

（2）“收到的税费返还”项目，反映企业收到返还的所得税、增值税、营业税、消费税、关税和教育费附加等各种税费返还款。本项目可以根据“银行存款”、“所得税费用”、“营业税金及附加”、“其他应收款”、“营业外收入”等科目的记录分析填列。

（3）“购买商品、接受劳务支付的现金”项目，反映企业本期购买商品、接受劳务实际支付的现金（包括增值税进项税额），以及本期支付前期购买商品、接受劳务的未付款项和本期预付款项，减去本期发生的购货退回收到的现金。企业购买材料和代购代销业务支付的现金，也在本项目反映。本项目可以根据“库存现金”、“银行存款”、“应付账款”、“应付票据”、“预付账款”、“主营业务成本”、“其他业务成本”等科目的记录分析填列。

根据账户记录分析计算该项目的金额，通常可以采用以下公式：

购买商品、接受劳务支付的现金＝本期营业成本＋本期购买商品、接受劳务的增值税进项税额＋（存货类账户期末余额－存货类账户期初余额）＋（应付票据期初余额－应付票据期末余额）＋（应付账款期初余额－应付账款期末余额）＋（预收账款期末余额－预收账款期初余额）

【提示9－3】在运用上述公式时，应注意扣除未增加现金流出的应付票据、应付账款的减少（如本期用非现金资产抵偿债务等）、本期非购买存货成本的增加（如接受存货投资、计入产品成本的职工薪酬和折旧费等）以及与购买商品、接受劳务无关的应付及预付款项（如购置固定资产发生的应付及预付款等）。

【检测9－9】单项选择题

某企业本期营业成本80万元，增值税进项税额14万元；存货期初余额20万元，期末余额24万元，存货变动中有1万元是期末盘亏损失；应付账款期初余额8万元，期末余额5万元。该企业现金流量表中“购买商品、接受劳务支付的现金”项目的本期金额为（　　）万元。

A. 102　　B. 101　　C. 95　　D. 85

（4）“支付给职工以及为职工支付的现金”项目，反映企业实际支付给职工的工资、奖金、各种津贴和补贴等职工薪酬（包括代扣代缴的职工个人所得税）。支付给离退休人员的各项费用应在“支付其他与经营活动有关的现金”项目反映；支付给在建工程人员的薪酬属于投资活动现金流量，应在“购建固定资产、无形资产和其他长期资产支付的现金”项目反映。本项目可以根据“库存现金”、“银行存款”、“应付职工薪酬”、“管理费用”等科目的记录分析填列。

（5）“支付的各项税费”项目，反映企业本期发生并支付、前期发生本期支付以及预交的各项税费，包括所得税、增值税、营业税、消费税、印花税、房产税、土地增值税、车船税、教育费附加、矿产资源补偿费等。本项目可以根据“银行存款”、“库存现金”、“应交税费”、“管理费用”等科目的记录分析填列。

(6)“收到其他与经营活动有关的现金”、“支付其他与经营活动有关的现金”项目,反映企业除上述(1)至(5)项目外收到或支付的其他与经营活动有关的现金,金额较大的应单独列示。

2. 投资活动产生的现金流量

(1)“收回投资收到的现金”项目,反映企业出售、转让或到期收回除现金等价物以外的对其他企业的权益性投资和债权性投资而收到的现金。债权性投资收回的本金在本项目反映,其收回的利息应在“取得投资收益收到的现金”项目反映;处置子公司及其他营业单位收到的现金净额单设项目反映。本项目可以根据“库存现金”、“银行存款”、“交易性金融资产”、“长期股权投资”等科目的记录分析填列。

(2)“取得投资收益收到的现金”项目,反映企业除现金等价物以外的对其他企业的权益性投资和债权性投资分回的现金股利或利息等,不包括股票股利。本项目可以根据“库存现金”、“银行存款”、“投资收益”、“应收股利”、“应收利息”等科目的记录分析填列。

(3)“处置固定资产、无形资产和其他长期资产收回的现金净额”项目,反映企业出售、报废固定资产、无形资产和其他长期资产所取得的现金(包括因资产毁损而收到的保险赔偿),减去为处置这些资产而支付的有关费用后的净额。如所收回的净额为负数,应在“支付其他与投资活动有关的现金”项目反映。本项目可以根据“库存现金”、“银行存款”、“固定资产清理”等科目的记录分析填列。

(4)“处置子公司及其他营业单位收到的现金净额”项目,反映企业处置子公司及其他营业单位所取得的现金,减去相关处置费用以及子公司及其他营业单位持有的现金和现金等价物后的净额。本项目可以根据“长期股权投资”、“库存现金”、“银行存款”等科目的记录分析填列。

(5)“购建固定资产、无形资产和其他长期资产支付的现金”项目,反映企业购买、建造固定资产,取得无形资产和其他长期资产所支付的现金,以及用现金支付的应由在建工程和无形资产负担的职工薪酬,不包括为购建固定资产、无形资产和其他长期资产而发生的借款利息资本化部分,以及融资租入固定资产的租赁费,支付的借款利息和融资租赁费在筹资活动产生的现金流量中反映。本项目可以根据“固定资产”、“在建工程”、“工程物资”、“无形资产”、“库存现金”、“银行存款”等科目的记录分析填列。

(6)“投资支付的现金”项目,反映企业取得除现金等价物以外的对其他企业的权益性投资和债权性投资所支付的现金以及支付的佣金、手续费等附加费用。取得子公司及其他营业单位支付的现金净额单设项目反映;所支付的价款中包含的已宣告但尚未领取的现金股利或已到付息期但尚未领取的债券利息,支付时应在“支付其他与投资活动有关的现金”项目反映,收回时应在“收到其他与投资活动有关的现金”项目反映。本项目可以根据“交易性金融资产”、“长期股权投资”、“库存现金”、“银行存款”等科目的记录分析填列。

(7)“取得子公司及其他营业单位支付的现金净额”项目,反映企业购买子公司及其他营业单位购买出价中以现金支付的部分,减去子公司及其他营业单位持有的现金和现金等价物后的净额。本项目可以根据“长期股权投资”、“库存现金”、“银行存款”等科目的记录分析填列。

(8)“收到其他与投资活动有关的现金”、“支付其他与投资活动有关的现金”项目,反映企业除上述(1)至(7)项目外收到或支付的其他与投资活动有关的现金,金额较大的应当单独列示。

【检测9-10】多项选择题

下列交易或事项中，会引起现金流量表“投资活动产生的现金流量净额”发生变化的有(　　)。

A. 购买股票支付的现金　　B. 向投资者派发的现金股利

C. 购建固定资产支付的现金　　D. 收到被投资单位分配的现金股利

3. 筹资活动产生的现金流量

(1) “吸收投资收到的现金”项目，反映企业以发行股票、债券等方式筹集资金实际收到的款项(发行收入减去支付的佣金等发行费用后的净额)。本项目可以根据“实收资本(或股本)”、“应付债券”、“库存现金”、“银行存款”等科目的记录分析填列。

(2) “取得借款收到的现金”项目，反映企业举借各种短期、长期借款而收到的现金。本项目可以根据“短期借款”、“长期借款”、“银行存款”等科目的记录分析填列。

(3) “偿还债务支付的现金”项目，反映企业为偿还债务本金而支付的现金，包括偿还金融企业的借款本金、偿还债券本金等。本项目可以根据“短期借款”、“长期借款”、“应付债券”、“银行存款”等科目的记录分析填列。

(4) “分配股利、利润和偿付利息支付的现金”项目，反映企业实际支付的现金股利、支付给其他投资单位的利润或用现金支付的借款利息、债券利息。本项目可以根据“应付股利”、“应付利息”、“财务费用”、“在建工程”、“库存现金”、“银行存款”等科目的记录分析填列。

(5) “收到其他与筹资活动有关的现金”、“支付其他与筹资活动有关的现金”项目，反映企业除上述(1)至(4) 项目外收到或支付的其他与筹资活动有关的现金，金额较大的应当单独列示。

【检测9-11】多项选择题

下列各项中，属于现金流量表“筹资活动产生的现金流量”的有(　　)。

A. 分配股利支付的现金　　B. 清偿应付账款支付的现金

C. 偿还债券利息支付的现金　　D. 清偿长期借款支付的现金

4. 汇率变动对现金及现金等价物的影响

“汇率变动对现金及现金等价物的影响”项目，反映企业外币现金流量折算为记账本位币时，采用现金流量发生日的即期汇率或按照系统合理的方法确定的、与现金流量发生日即期汇率近似的汇率折算的金额与“现金及现金等价物净增加额”中的外币现金及现金等价物净增加额按资产负债表日即期汇率折算的金额之间的差额。

5. 现金及现金等价物净增加额

经营活动产生的现金流量净额、投资活动产生的现金流量净额、筹资活动产生的现金流量净额和汇率变动对现金及现金等价物的影响的合计数即“现金及现金等价物净增加额”项目的金额，本项目的金额应与资产负债表的现金及现金等价物的年初余额和期末余额的差额相符。

例9-3　承例9-1、例9-2，根据2014年度甲股份有限公司的有关资料及编制的资产负债表和利润表，采用工作底稿法编制现金流量表。其具体步骤如下。

1) 将资产负债表的期初余额和期末余额列入工作底稿的期初数栏和期末数栏。

2) 对本期业务进行分析并编制调整分录。编制调整分录时，要以利润表项目为基础，从“营业收入”开始，结合资产负债表项目逐一进行分析。本例调整分录如下。

① 分析调整营业收入时：

借：经营活动现金流量——销售商品收到的现金	6 871 000	
应收账款	1 500 000	
贷：营业收入		6 250 000
应收票据		1 058 500
应交税费		1 062 500

利润表中的营业收入是按权责发生制反映的，应转换为现金制。为此，应调整应收账款和应收票据的增减变动。本例应收账款增加 1 500 000 元，增值税销项税额 1 062 500 元，应减少经营活动产生的现金流量，而应收票据减少 1 058 500 元均系货款，应增加经营活动产生的现金流量。

② 分析调整营业成本时：

借：营业成本	3 750 000	
应付票据	500 000	
应交税费	291 780	
存货	13 500	
贷：经营活动现金流量——购买商品支付的现金		4 555 280

应付票据减少 500 000 元，表明本期用于购买存货的现金支出增加 500 000 元，增值税进项税额 291 780 元；存货增加 13 500 元，表明本期用于购买商品的现金支出增加 13 500 元。

③ 分析调整营业税金及附加时：

借：营业税金及附加	10 000	
贷：应交税费		10 000

即本年支付的营业税金及附加。

④ 分析调整销售费用时：

借：销售费用	100 000	
贷：经营活动现金流量——支付其他与经营活动有关的现金		100 000

本例中利润表所列销售费用与按现金制确认数相同。

⑤ 分析调整管理费用时：

借：管理费用	485 500	
贷：经营活动现金流量——支付其他与经营活动有关的现金		485 500

管理费用中包含着不涉及现金支出的项目，此笔分录先将管理费用全额转入"经营活动现金流量——支付其他与经营活动有关的现金"项目中，至于不涉及现金支出的项目，再分别进行调整。

⑥ 分析调整财务费用时：

借：财务费用	150 000	
贷：经营活动现金流量——销售商品收到的现金		100 000
筹资活动现金流量——偿付利息支付的现金		50 000

本期增加的财务费用中，有 100 000 元是票据贴现利息，由于在调整应收票据时已全额计入"经营活动现金流量——销售商品收到的现金"，所以要从"经营活动现金流量——销售商品收到的现金"项目内冲回，不能作为现金流出；支付长期借款利息 50 000 元，作为偿付利息所支付的现金。

⑦ 分析调整资产减值损失时：

借：资产减值损失	157 500	
贷：坏账准备		7 500
固定资产减值准备		150 000

本期计提的坏账准备和固定资产减值准备影响净利润，但不影响现金流量。

⑧ 分析调整公允价值变动收益时：

借:交易性金融资产 10 000

贷:投资收益 10 000

本期发生的公允价值变动收益影响净利润,但不影响现金流量。资产负债表日,交易性金融资产公允价值增加 10 000 元。本期处置交易性金融资产,调整公允价值变动损益 10 000 元,转入投资收益。

⑨ 分析调整投资收益时:

借:投资活动现金流量——收回投资收到的现金 82 500

——取得投资收益收到的现金 15 000

交易性金融资产 515 000

贷:交易性金融资产 75 000

投资收益 12 500

投资活动现金流量——投资支付的现金 525 000

投资收益应从利润表项目中调整出来,列入投资活动现金流量中。本例投资收益包括 3 个部分,一是出售交易性金融资产获利 17 500 元,其中 10 000 元已在分录(8)中调整;二是购买交易性金融资产发生了 10 000 元的交易费用;三是分得现金股利 15 000 元

⑩ 分析调整营业外收入时:

借:投资活动现金流量——处置固定资产收回的现金 1 500 000

累计折旧 750 000

贷:营业外收入 250 000

固定资产 2 000 000

编制现金流量表时,须对营业外收入和营业外支出进行分析,以列入现金流量表的不同部分。本例中营业外收入 250 000 元是处置固定资产的利得,处置收到的现金应列入投资活动的现金流量。

⑪ 分析调整营业外支出时:

借:营业外支出 98 500

投资活动现金流量——处置固定资产收回的现金 1 500

累计折旧 900 000

贷:固定资产 1 000 000

借:营业外支出 11 700

经营活动现金流量——购买商品支付的现金 46 800

贷:经营活动现金流量——销售商品收到的现金 58 500

本例中营业外支出 110 200 元由两个部分组成:一部分营业外支出 98 500 元是处置固定资产的损失,处置过程中收到的现金应列入投资活动现金流量中;另一部分营业外支出是债务重组损失,债务重组中增加存货和增值税进项税额 46 800 元,已经计入了“经营活动现金流量——购买商品支付的现金”,债务重组中减少的应收票据 58 500 元,也已经计入了“经营活动现金流量——销售商品收到的现金”,应作补充调整。

⑫ 分析调整所得税费用时:

借:所得税费用 439 825

递延所得税资产 39 375

贷:应交税费 479 200

将利润表中的所得税费用调入应交税费。

⑬ 分析调整固定资产时:

借:固定资产 7 432 350

贷:投资活动现金流量——购建固定资产支付的现金 432 350

在建工程 7 000 000

本期固定资产的增加包括两个部分，一是购入设备432 350元，二是在建工程完工转入7 000 000元。本期处置固定资产已在分录⑪中调整。

⑭ 分析调整累计折旧时：

借：经营活动现金流量——支付其他与经营活动有关的现金　　100 000
　　　　　　　　　——购买商品支付的现金　　400 000
　贷：累计折旧　　500 000

本期计提的折旧500 000元中，计入管理费用的100 000元，计入制造费用的400 000元，基于和第⑪笔分录同样的理由，应作补充调整。

⑮ 分析调整在建工程时：

借：在建工程　　2 140 000
　工程物资　　750 000
　贷：投资活动现金流量——购建固定资产支付的现金　　1 750 000
　　筹资活动现金流量——偿付利息支付的现金　　1 000 000
　　应付职工薪酬　　140 000

本期在建工程增加的原因，包括以下几个方面：一是以现金购买工程物资750 000元及支付工资1 000 000元；二是支付的长期借款利息1 000 000元，资本化到在建工程成本中；三是为建造工人计提的福利费140 000元，资本化到在建工程成本中。

⑯ 分析调整累计摊销时：

借：经营活动现金流量——支付其他与经营活动有关的现金　　300 000
　贷：累计摊销　　300 000

无形资产摊销时已计入管理费用，所以应作补充调整。理由同第⑪笔分录。

⑰ 分析调整短期借款时：

借：短期借款　　1 250 000
　贷：筹资活动现金流量——偿还债务支付的现金　　1 250 000

偿还短期借款应列入筹资活动的现金流量。

⑱ 分析调整应付职工薪酬时：

借：经营活动现金流量——购买商品支付的现金　　1 624 500
　　　　　　　　　——支付其他与经营活动有关的现金　　85 500
　贷：经营活动现金流量——支付给职工以及为职工支付的现金　　1 500 000
　　应付职工薪酬　　210 000

本期应付职工薪酬的期末期初差额为350 000元，由计提的职工福利费构成，包括在建工程应负担的职工福利费140 000元，已在分录⑮中调整，以及为生产人员和管理人员计提的福利费210 000元。本例中并没有出现使用应付福利费的情况。若本期使用了应付福利费，则应将这部分金额列入"经营活动现金流量——支付给职工以及为职工支付的现金"项目中。上述分录中，由于工资费用分配时已分别计入制造费用和管理费用，所以要补充调整。

⑲ 分析调整应交税费时：

借：应交税费　　989 200
　贷：经营活动现金流量——支付的各项税费　　989 200

本期支付的各项税费包括营业税金及附加10 000元、已交增值税500 000元，以及已交所得税479 200元。为便于取得分析所需的数据，企业在日常核算中，应按应交税费的税种分设明细账。

⑳ 分析调整应付股利时：

借：未分配利润　　300 000
　贷：应付股利　　300 000

本期宣告分派的现金股利。

㉑ 分析调整长期借款时：

借：长期借款 3 000 000

贷：筹资活动现金流量——偿还债务支付的现金 3 000 000

以现金偿还长期借款。

借：筹资活动现金流量——取得借款收到的现金 5 000 000

贷：长期借款 5 000 000

举借长期借款。

㉒ 结转净利润时：

借：净利润 1 319 475

贷：未分配利润 1 319 475

㉓ 提取盈余公积时：

借：未分配利润 131 948

贷：盈余公积 131 948

㉔ 调整现金净变化额时：

借：现金 230 970

贷：现金净增加额 230 970

3）将调整分录过入工作底稿的相应部分，如表 9－4 所示。

表 9－4 现金流量表工作底稿

单位：元

项目	期初数	调整分录		期末数
		借方	贷方	
一、资产负债表项目				
借方项目：				
货币资金	7 031 500	㉔ 230 970		7 262 470
以公允价值计量且其变动计入当期损益的金融资产	75 000	⑧ 10 000 ⑨ 440 000		525 000
应收票据	1 230 000		① 1 058 500	171 500
应收账款	2 000 000	① 1 500 000		3 500 000
预付款项	500 000			500 000
应收股利				
应收利息				
其他应收款	1 525 000			1 525 000
存货	12 900 000	② 13 500		12 913 500
一年内到期的非流动资产				
其他流动资产				
可供出售金融资产				
持有至到期投资				
长期应收款				
长期股权投资	1 250 000			1 250 000
投资性房地产				
固定资产	5 500 000	⑬ 7 432 350	⑩ 2 000 000 ⑪ 1 000 000	9 932 350

（续表）

项　目	期初数	调整分录		期末数
		借　方	贷　方	
在建工程	7 500 000	⑮ 2 140 000	⑬ 7 000 000	2 640 000
工程物资		⑮ 750 000		750 000
固定资产清理				
无形资产	3 000 000			3 000 000
开发支出				
商誉				
长期待摊费用				
递延所得税资产	2 500	⑫ 39 375		41 875
其他非流动负债	1 000 000			1 000 000
借方项目合计				45 011 695
贷方项目：				
坏账准备	10 000		⑦ 7 500	17 500
累计折旧	1 500 000	⑩ 750 000 ⑪ 900 000	⑭ 500 000	350 000
累计摊销			⑯ 300 000	300 000
固定资产减值准备			⑦ 150 000	150 000
短期借款	1 500 000	⑰ 1 250 000		250 000
应付票据	1 000 000	② 500 000		500 000
应付账款	4 774 000			4 774 000
预收款项				
应付职工薪酬	550 000		⑮ 140 000 ⑱ 210 000	900 000
应交税费	183 000	② 291 780 ⑲ 989 200	① 1 062 500 ③ 10 000 ⑫ 479 200	453 720
应付利息				
应付股利			⑳ 300 000	300 000
其他应付款	250 000			250 000
一年内到期的非流动负债				
其他流动负债	4 994 500			4 994 500
长期借款	3 000 000	㉑ 3 000 000	㉑ 5 000 000	5 000 000
应付债券				
长期应付款				
专项应付款				

（续表）

项　目	期初数	调整分录		期末数
		借　方	贷　方	
预计负债				
递延所得税负债	2 500			2 500
其他非流动负债				
实收资本（或股本）	25 000 000			25 000 000
资本公积				
盈余公积	500 000		㉓ 131 948	631 948
未分配利润	250 000	⑳ 300 000 ㉓ 131 948	㉒ 1 319 475	1 137 527
减：库存股				
贷方项目合计				45 011 695
二、利润表项目				本期金额
营业收入			① 6 250 000	6 250 000
营业成本		② 3 750 000		3 750 000
营业税金及附加		③ 10 000		10 000
销售费用		④ 100 000		100 000
管理费用		⑤ 485 500		485 500
财务费用		⑥ 150 000		150 000
资产减值损失		⑦ 157 500		157 500
公允价值变动收益（损失以“－”填列）				
投资收益（损失以“－”填列）			⑧ 10 000 ⑨ 12 500	22 500
营业外收入			⑩ 250 000	250 000
营业外支出		⑪ 110 200		110 200
所得税费用		⑫ 439 825		439 825
净利润（净亏损以“－”填列）		㉒ 1 319 475		1 319 475
三、现金流量表项目				
（一）经营活动产生的现金流量				
销售商品、提供劳务收到的现金		① 6 871 000	⑥ 100 000 ⑪ 58 500	6 712 500
收到的税费返还				
收到其他与经营活动有关的现金				
经营活动现金流入小计				6 712 500
购买商品、接受劳务支付的现金		⑪ 46 800 ⑭ 400 000 ⑱ 1 624 500	② 4 555 280	2 483 980

（续表）

项 目	期初数	调整分录		期末数
		借 方	贷 方	
支付给职工以及为职工支付的现金			⑱ 1 500 000	1 500 000
支付的各项税费			⑲ 989 200	989 200
支付其他与经营活动有关的现金		⑭ 100 000 ⑯ 300 000 ⑱ 85 500	④ 100 000 ⑤ 485 500	100 000
经营活动现金流出小计				5 073 180
经营活动产生的现金流量净额				1 639 320
（二）投资活动产生的现金流量				
收回投资收到的现金		⑨ 82 500		82 500
取得投资收益收到的现金		⑨ 15 000		15 000
处置固定资产、无形资产和其他长期资产收回的现金净额		⑩ 1 500 000 ⑪ 1 500		1 501 500
处置子公司及其他营业单位收到的现金净额				
收到其他与投资活动有关的现金				
投资活动现金流入小计				1 599 000
购建固定资产、无形资产和其他长期资产支付的现金			⑬ 432 350 ⑮ 1 750 000	2 182 350
投资支付的现金			⑨ 525 000	525 000
取得子公司及其他营业单位支付的现金净额				
支付其他与投资活动有关的现金				
投资活动现金流出小计				2 707 350
投资活动产生的现金流量净额				-1 108 350
（三）筹资活动产生的现金流量				
吸收投资收到的现金				
取得借款收到的现金		㉑ 5 000 000		5 000 000
收到其他与筹资活动有关的现金				
筹资活动现金流入小计				5 000 000

（续表）

项　目	期初数	调整分录		期末数
		借　方	贷　方	
偿还债务支付的现金			⑰ 1 250 000 ㉑ 3 000 000	4 250 000
分配股利、利润或偿付利息支付的现金			⑥ 50 000 ⑮ 1 000 000	1 050 000
支付其他与筹资活动有关的现金				
筹资活动现金流出小计				5 300 000
筹资活动产生的现金流量净额				-300 000
（四）汇率变动对现金及现金等价物的影响				
（五）现金及现金等价物净增加额			㉔ 230 970	230 970
调整分录借贷合计		43 218 423	43 218 423	

4）核对调整分录，借方、贷方合计数已经相等，资产负债表项目年初余额加减调整分录的借贷金额以后已等于期末余额，利润表项目调整分录的借贷金额相抵以后也等于本期金额。

5）根据工作底稿中的现金流量表项目部分编制现金流量表，如表9-5所示。

表9-5　现金流量表

会企03表

编制单位：甲股份有限公司　　　　2014年度　　　　单位：元

项　目	本期金额	上期金额
一、经营活动产生的现金流量：		
销售商品、提供劳务收到的现金	6 712 500	（略，下同）
收到的税费返还		
收到其他与经营活动有关的现金		
经营活动现金流入小计	6 712 500	
购买商品、接受劳务支付的现金	2 483 980	
支付给职工以及为职工支付的现金	1 500 000	
支付的各项税费	989 200	
支付其他与经营活动有关的现金	100 000	
经营活动现金流出小计	5 073 180	
经营活动产生的现金流量净额	1 639 320	
二、投资活动产生的现金流量：		
收回投资收到的现金	82 500	
取得投资收益收到的现金	15 000	
处置固定资产、无形资产和其他长期资产收回的现金净额	1 501 500	
处置子公司及其他营业单位收到的现金净额		
收到其他与投资活动有关的现金		

（续表）

项　目	本期金额	上期金额
投资活动现金流入小计	1 599 000	
购建固定资产、无形资产和其他长期资产支付的现金	2 182 350	
投资支付的现金	525 000	
取得子公司及其他营业单位支付的现金净额		
支付其他与投资活动有关的现金		
投资活动现金流出小计	2 707 350	
投资活动产生的现金流量净额	-1 108 350	
三、筹资活动产生的现金流量：		
吸收投资收到的现金		
取得借款收到的现金	5 000 000	
收到其他与筹资活动有关的现金		
筹资活动现金流入小计	5 000 000	
偿还债务支付的现金	4 250 000	
分配股利、利润或偿付利息支付的现金	1 050 000	
支付其他与筹资活动有关的现金		
筹资活动现金流出小计	5 300 000	
筹资活动产生的现金流量净额	-300 000	
四、汇率变动对现金及现金等价物的影响		
五、现金及现金等价物净增加额	230 970	
加：期初现金及现金等价物余额	7 031 500	
六、期末现金及现金等价物余额	7 262 470	

在实务中，也可以采用台账法编制现金流量表。现仍以2014年度甲股份有限公司的资料，采用台账法编制现金流量表的具体步骤如下。

1）设置多栏式现金流量表台账，按“经营活动现金流入”、“经营活动现金流出”、“投资活动现金流入”、“投资活动现金流出”、“筹资活动现金流入”和“筹资活动现金流出”分设账页，并按现金流量表项目设置专栏，如表9-6至表9-11所示。

2）根据编制的会计分录（实务中为“收款凭证”和“付款凭证”）所记录的现金流入和流出业务，分析确定现金流入和流出的类别及项目，并按业务发生顺序逐笔登记现金流量表台账。

表9-6　现金流量表台账

账页名称：经营活动现金流入　　单位：元

2014年		凭证号码	摘　要	金　额	现金流量表项目		
月	日				销售商品、提供劳务收到的现金	收到的税费返还	收到其他与经营活动有关的现金
（略）	（略）	13	收到销售商品款	4 095 000	4 095 000		
		14	收回应收票据款	1 000 000	1 000 000		
		26	收回应收账款	255 000	255 000		
		33	应收票据贴现额	1 362 500	1 362 500		
			本年累计	6 712 500	6 712 500		

表9-7　现金流量表台账

账页名称:经营活动现金流出　　单位:元

2014年 月	2014年 日	凭证号码	摘　要	金　额	现金流量表项目 购买商品、接受劳务支付的现金	支付给职工以及为职工支付的现金	支付的各项税费	支付其他与经营活动有关的现金
(略)	(略)	1	支付材料采购款	877 500	877 500			
		3	支付应付票据款	500 000	500 000			
		4	支付材料采购款	583 830	583 830			
		7	支付设备进项税额	72 650	72 650			
		17	支付经营人员薪酬	1 500 000		1 500 000		
		23	支付生产用水电费	450 000	450 000			
		28	支付销售展览费	50 000				50 000
		31	支付销售广告费	50 000				50 000
		35	交纳增值税等税费	510 000			510 000	
		50	交纳所得税	479 200			479 200	
			本年累计	5 073 180	2 483 980	1 500 000	989 200	100 000

表9-8　现金流量表台账

账页名称:投资活动现金流入　　单位:元

2014年 月	2014年 日	凭证号码	摘　要	金　额	现金流量表项目 收回投资收到的现金	取得投资收益收到的现金	处置长期资产收回现金净额	收到其他与投资活动有关的现金
(略)	(略)	6	出售交易性金融资产	82 500	82 500			
		11	固定资产报废的净额	1 500			1 500	
		15	出售固定资产的价款	1 500 000			1 500 000	
		43	收到分配的现金股利	15 000		15 000		
			本年累计	1 599 000	82 500	15 000	1 501 500	

表9-9　现金流量表台账

账页名称:投资活动现金流出　　单位:元

2014年 月	2014年 日	凭证号码	摘　要	金　额	现金流量表项目 购建长期资产支付的现金	投资支付的现金	支付其他与投资活动有关的现金
(略)	(略)	7	支付设备购置款	432 350	432 350		
		8	支付购入工程物资款	750 000	750 000		
		16	购入交易性金融资产	525 000		525 000	
		17	支付工程人员薪酬	1 000 000	1 000 000		
			本年累计	2 707 350	2 182 350	525 000	

表 9－10 现金流量表台账

账页名称:筹资活动现金流入 单位:元

2014 年		凭证号码	摘 要	金 额	现金流量表项目		
月	日				吸收投资收到的现金	取得借款收到的现金	收到其他与筹资活动有关的现金
(略)	(略)	12	从银行借入长期借款	5 000 000		5 000 000	
			本年累计	5 000 000		5 000 000	

表 9－11 现金流量表台账

账页名称:筹资活动现金流出 单位:元

2014 年		凭证号码	摘 要	金 额	现金流量表项目		
月	日				偿还债务支付的现金	分配股利、利润或偿付利息支付的现金	支付其他与筹资活动有关的现金
(略)	(略)	38	归还短期借款	1 250 000	1 250 000		
		39	支付借款利息	1 050 000		1 050 000	
		40	归还长期借款	3 000 000	3 000 000		
			本年累计	5 300 000	4 250 000	1 050 000	

3) 期末,结计现金流量表台账各项目的本期累计发生额,并根据本期累计发生额编制现金流量表(见表 9－5)。

第五节 所有者权益变动表

一、所有者权益变动表的定义和结构

(一) 所有者权益变动表的定义

所有者权益变动表是指反映构成所有者权益各组成部分当期增减变动情况的报表。通过所有者权益变动表,既可以为财务报表使用者提供所有者权益总量增减变动的信息,也能为其提供所有者权益增减变动的结构性信息,特别是能让财务报表使用者理解所有者权益增减变动的根源。

(二) 所有者权益变动表的结构

所有者权益变动表至少应单独列示反映这些信息的项目:①综合收益总额;②会计政策变更和前期差错更正的累积影响金额;③所有者投入资本和向所有者分配利润等;④按照规定提取的盈余公积;⑤所有者权益各组成部分的期初和期末余额及其调节情况。

所有者权益是指企业资产扣除负债后由所有者享有的剩余权益。所有者权益的来源包括所有者投入的资本(包括实收资本和资本溢价等资本公积)、其他综合收益、留存收益(包括盈余公积和未分配利润)等。所有者权益变动表应当反映构成所有者权益的各组成部分当期的增减变动情况。综合收益和与所有者(或股东)的资本交易导致的所有者权益的变动,应当分别列示。与所有者的资本交易,是指与所有者以其所有者身份进行的、导致企业所有者权益变动的交易。

所有者权益变动表以矩阵的形式列示:一方面,列示导致所有者权益变动的交易或事项,即按所有者权益变动的来源对一定时期所有者权益变动情况进行全面反映;另一方面,按照所有者权益各组成部分（包括实收资本、资本公积、其他综合收益、盈余公积、未分配利润和库存股）列示交易或事项对所有者权益各部分的影响。

我国一般企业的所有者权益变动表格式见表9－12。

二、所有者权益变动表的编制

（一）所有者权益变动表项目的填列方法

所有者权益变动表各项目均须填列“本年金额”和“上年金额”两栏。

所有者权益变动表“上年金额”栏内各项数字，应根据上年度所有者权益变动表“本年金额”栏内所列数字填列。上年度所有者权益变动表规定的各个项目的名称和内容同本年度不一致的，应对上年度所有者权益变动表各项目的名称和数字按照本年度的规定进行调整，填入所有者权益变动表的“上年金额”栏内。

所有者权益变动表“本年金额”栏内各项数字一般应根据“实收资本（或股本）”、“资本公积”、“其他综合收益”、“盈余公积”、“利润分配”、“库存股”、“以前年度损益调整”科目的发生额分析填列。

企业的净利润及其分配情况作为所有者权益变动的组成部分，不需要单独编制利润分配表列示。

（二）所有者权益变动表项目填列说明

1. “上年年末余额”项目

反映企业上年资产负债表中实收资本（或股本）、资本公积、库存股、其他综合收益、盈余公积、未分配利润的年末余额。本项目应根据上年资产负债表的年末余额填列。

2. “会计政策变更”、“前期差错更正”项目

分别反映企业采用追溯调整法处理的会计政策变更的累积影响金额和采用追溯重述法处理的会计差错更正的累积影响金额。本项目应根据“盈余公积”、“利润分配”、“以前年度损益调整”科目的发生额分析填列。

上年年末所有者权益余额，经过会计政策变更和前期差错更正的累积影响金额调整后的所有者权益余额，即为本年年初余额。

3. “本年增减变动金额”项目

（1）“综合收益总额”项目，反映企业当年的综合收益总额。本项目应根据当年利润表中“其他综合收益的税后净额”和“净利润”项目填列，并对应列在“其他综合收益”和“未分配利润”栏。

（2）“所有者投入和减少资本”项目，反映企业当年所有者投入的资本和减少的资本，其中：①“所有者投入资本”项目，反映企业接受投资者投入形成的实收资本（或股本）和资本溢价或股本溢价。本项目应根据“实收资本”、“资本公积”等科目的发生额分析填列，并对应列在“实收资本”和“资本公积”栏。②“股份支付计入所有者权益的金额”项目，反映企业处于等待期的权益结算的股份支付当年计入资本公积的金额。本项目应根据“资本公积”科目所属的“其他资本公积”二级科目的发生额分析填列，并对应列在“资本公积”栏。

（3）“利润分配”项目，反映企业当年对所有者（或股东）分配的利润（或股份）金额，和按照规定提取的盈余公积金额，并对应列在“未分配利润”和“盈余公积”栏。其中：①“提取盈余公积”项目，反映企业按照规定提取的盈余公积，包括法定盈余公积和任意盈余公积。本项目应根据“盈余公积”、“利润分配”科目的发生额分析填列。②“对所有者（或股东）的分配”项目，反映企业对所有者（或股东）分配的利润或股利金额。本项目应根据“利润分配”科目的发生额分析填列。

（4）“所有者权益内部结转”下各项目，反映企业不影响当年所有者权益总额的所有者权益各组成部分之间当年的增减变动金额，包括资本公积转增资本（或股本）、盈余公积转增资本（或股本）、盈余公积弥补亏损等。其中：①“资本公积转增资本（或股本）”项目，反映企业以资本公积转

增资本或股本的金额。本项目应根据“实收资本”、“资本公积”等科目的发生额分析填列。②“盈余公积转增资本(或股本)”项目,反映企业以盈余公积转增资本或股本的金额。本项目应根据“实收资本”、“盈余公积”等科目的发生额分析填列。③“盈余公积弥补亏损”项目,反映企业以盈余公积弥补亏损的金额。本项目应根据“盈余公积”、“利润分配”等科目的发生额分析填列。

4. “本年年末余额”项目

反映企业本年资产负债表中实收资本(或股本)、资本公积、库存股、其他综合收益、盈余公积、未分配利润的年末余额。本项目应根据本表中“本年年初余额”、“本年增减变动金额”各项目所列数字计算填列,并与本年资产负债表中所有者权益的“年末余额”数字相符。

【检测9－12】判断题

所有者权益变动能够反映所有者权益各组成部分当期增减变动情况,有助于财务报表使用者理解所有者权益增减变动的原因。( )

例9－4 承例9－1,根据甲股份有限公司2014年度的资产负债表及所有者权益各账户的本期发生额等资料编制所有者权益变动表,如表9－12所示。

表9－12 所有者权益变动表

会企04表

编制单位:甲股份有限公司 2014年度 单位:元

项目	本年金额							上年金额						
	实收资本(或股本)	资本公积	减:库存股	其他综合收益	盈余公积	未分配利润	所有者权益合计	实收资本(或股本)	资本公积	减:库存股	其他综合收益	盈余公积	未分配利润	所有者权益合计
一、上年年末余额	25 000 000			500 000		250 000	25 750 000							
加:会计政策变更														
前期差错更正														
二、本年年初余额	25 000 000			500 000		250 000	25 750 000							
三、本年增减变动金额(减少以“－”填列)				131 948		887 527	1 019 475							
(一)综合收益总额						1 319 475	1 319 475							
(二)所有者投入和减少资本														
1. 所有者投入资本														

（续表）

项　目	本年金额							上年金额						
	实收资本（或股本）	资本公积	减:库存股	其他综合收益	盈余公积	未分配利润	所有者权益合计	实收资本（或股本）	资本公积	减:库存股	其他综合收益	盈余公积	未分配利润	所有者权益合计
2. 股份支付计入所有者权益的金额														
3. 其他														
（三）利润分配				131 948		-431 948	-300 000							
1. 提取盈余公积				131 948		-131 948	0							
2. 对所有者（或股东）的分配						-300 000	-300 000							
3. 其他														
（四）所有者权益内部结转														
1. 资本公积转增资本（或股本）														
2. 盈余公积转增资本（或股本）														
3. 盈余公积弥补亏损														
4. 其他														
四、本年年末余额	25 000 000			631 948		1 137 527	26 769 475							

第六节　附　注

一、附注的定义和作用

附注是对资产负债表、利润表、现金流量表和所有者权益变动表等报表中列示项目的文字描述或明细资料，以及对未能在这些报表中列示项目的说明等。

附注主要起到两方面的作用：①附注的披露，是对资产负债表、利润表、现金流量表和所有者权益变动表列示项目的补充说明，帮助使用者准确地把握其含义。例如，通过阅读附注中披露的固定资产折旧政策的说明，使用者可以掌握报告企业与其他企业在固定资产折旧政策上的异同，以便进行更准确的比较。②附注提供了对资产负债表、利润表、现金流量表和所有者权益变动表中未列示项目的详细或明细说明。例如，通过阅读附注中披露的存货增减变动情况，使用者可以了解资产负债表中未单列的存货分类信息。

附注是财务报表的重要组成部分，通过附注与资产负债表、利润表、现金流量表和所有者权益变动表列示项目的相互参照关系，以及对未能在报表中列示项目的说明，可以使财务报表使用者全面了解企业的财务状况、经营成果和现金流量。

二、附注的主要内容

附注披露的信息应是定量、定性信息的结合。附注一般应当按照下列顺序至少披露以下内容。

（一）企业的基本情况

（1）企业注册地、组织形式和总部地址。

（2）企业的业务性质和主要经营活动。

（3）母公司以及集团最终母公司的名称。

（4）财务报告的批准报出者和批准报出日，或者以签字人及其签字日期为准。

（5）营业期限有限的企业，还应当披露有关其营业期限的信息。

（二）财务报表的编制基础

财务报表的编制基础是指财务报表是在持续经营基础上还是非持续经营基础上编制的。企业一般在持续经营基础上编制财务报表，清算、破产属于非持续经营基础。企业如有近期获利经营的历史且有财务资源支持，则通常表明以持续经营为基础编制财务报表是合理的。

在编制财务报表的过程中，企业管理层应当利用所有可获得信息来评价企业自报告期末起至少12个月的持续经营能力。评价时要考虑宏观政策风险、市场经营风险、企业目前或长期的盈利能力、偿债能力、财务弹性以及企业管理层改变经营政策的意向等因素。评价结果表明对持续经营能力产生重大怀疑的，企业应当披露导致对持续经营能力产生重大怀疑的因素以及企业拟采取的改善措施。

企业正式决定或被迫在当期或将在下一个会计期间进行清算或停止营业的，则表明以持续经营为基础编制财务报表不再合理。在这种情况下，企业应当采用其他基础编制财务报表，并说明财务报表未以持续经营为基础编制的事实，披露未以持续经营为基础编制的原因和财务报表的编制基础。

（三）遵循企业会计准则的声明

企业应当声明编制的财务报表符合企业会计准则的要求，真实、完整地反映了企业的财务状况、经营成果和现金流量等有关信息。

（四）重要会计政策和会计估计

重要会计政策的说明，包括财务报表项目的计量基础和在运用会计政策过程中所做的重要判断等。重要会计估计的说明，包括可能导致下一个会计期间内资产、负债账面价值重大调整的会计估计的确定依据等。

企业应当披露采用的重要会计政策和会计估计，并结合企业的具体实际披露其重要会计政策的确定依据和财务报表项目的计量基础，及其会计估计所采用的关键假设和不确定因素。

（五）会计政策和会计估计变更以及差错更正的说明

企业应当按照会计政策、会计估计变更和差错更正会计准则的规定，披露会计政策和会计估计变更以及差错更正的有关情况。

（六）报表重要项目的说明

企业对报表重要项目，应当按照资产负债表、利润表、现金流量表、所有者权益变动表及其项目列示的顺序，采用文字和数字描述相结合的方式进行披露。报表重要项目的明细金额合计，应当与报表项目金额相衔接，主要包括以下重要项目。

(1) 交易性金融资产。企业应当披露交易性金融资产的构成及期初、期末公允价值等信息。

(2) 应收款项。企业应当披露应收款项的账龄结构和客户类别以及期初、期末账面余额等信息。

(3) 存货。企业应当披露下列信息。

① 各类存货的期初和期末账面价值。

② 确定发出存货成本所采用的方法。

③ 存货可变现净值的确定依据，存货跌价准备的计提方法，当期计提的存货跌价准备的金额，当期转回的存货跌价准备的金额，以及计提和转回的有关情况。

④ 用于担保的存货账面价值。

(4) 可供出售金融资产。企业应当披露可供出售金融资产的构成及期初、期末公允价值等信息。

(5)持有至到期投资。企业应当披露持有至到期投资的构成及期初、期末账面余额等信息。

(6)长期股权投资。企业应当披露下列信息。

① 在子公司中的权益，企业应当在合并报表中披露以下信息。

1) 企业集团的构成，包括子公司的名称、主要经营地及注册地、业务性质、企业的持股比例(或类似权益比例，下同)等。

2) 企业在其子公司所有者权益份额发生变化且该变化未导致企业丧失对子公司控制权的，应当披露该变化对本企业所有者权益的影响。

3) 企业在其子公司所有者权益份额发生变化且该变化导致企业丧失对子公司控制权的，应当披露由于丧失控制权而产生的利得或损失以及相应的列报项目，剩余股权在丧失控制权日按照公允价值重新计量而产生的利得或损失。

② 在合营安排或联营企业中权益的披露如下。

1) 存在重要的合营安排或联营企业的，应当披露合营安排或联营企业的名称、主要经营地及注册地；企业与合营安排或联营企业的关系的性质，包括合营安排或联营企业活动的性质，以及合营安排或联营企业对企业活动是否具有战略性等；企业的持股比例，持股比例不同于企业持有的表决权比例的，还应当披露该表决权比例；对于重要的合营企业或联营企业，还应当披露对合营企业或联营企业投资的会计处理方法，从合营企业或联营企业收到的股利，以及合营企业或联营企业在其自身财务报表中的主要财务信息。

2) 在单个合营企业或联营企业中的权益不重要的，应当分别就合营企业和联营企业披露按照权益法进行会计处理的对合营企业或联营企业投资的账面价值合计数；对合营企业或联营企业的净利润、终止经营的净利润、其他综合收益、综合收益等项目，企业按照其持股比例计算的金额的合计数。

3) 合营企业或联营企业以发放现金股利、归还贷款或垫款等形式向企业转移资金的能力存在重大限制的，应当披露该限制的性质和程度。

4) 对合营企业或联营企业投资采用权益法进行会计处理，被投资方发生超额亏损且投资方不再确认其应分担合营企业或联营企业损失份额的，应当披露未确认的合营企业或联营企业损失份额，包括当期份额和累积份额。

5）单独披露与其对合营企业投资相关的未确认承诺，以及与其对合营企业或联营企业投资相关的或有负债。

（7）投资性房地产。企业应当披露下列信息。

① 投资性房地产的种类、金额和计量模式。

② 采用成本模式的，投资性房地产的折旧或摊销，以及减值准备的计提情况。

③ 采用公允价值模式的，公允价值的确定依据和方法，以及公允价值变动对损益的影响。

④ 房地产转换情况、理由，以及对损益或所有者权益的影响。

⑤ 当期处置的投资性房地产及其对损益的影响。

（8）固定资产。企业应当披露下列信息。

① 固定资产的确认条件、分类、计量基础和折旧方法。

② 各类固定资产的使用寿命、预计净残值和折旧率。

③ 各类固定资产的期初和期末原价、累计折旧额及固定资产减值准备累计金额。

④ 当期确认的折旧费用。

⑤ 对固定资产所有权的限制及金额和用于担保的固定资产账面价值。

⑥ 准备处置的固定资产名称、账面价值、公允价值、预计处置费用和预计处置时间等。

（9）无形资产。企业应当披露下列信息。

① 无形资产的期初和期末账面余额、累计摊销额及减值准备累计金额。

② 使用寿命有限的无形资产，其使用寿命的估计情况；使用寿命不确定的无形资产，其使用寿命不确定的判断依据。

③ 无形资产的摊销方法。

④ 用于担保的无形资产账面价值、当期摊销额等情况。

⑤ 计入当期损益和确认为无形资产的研究开发支出金额。

（10）职工薪酬。企业应当披露下列信息。

① 企业应当披露与短期职工薪酬有关的下列信息。

1）应当支付给职工的工资、奖金、津贴和补贴及其期末应付未付金额。

2）应当为职工缴纳的医疗保险费、工伤保险费和生育保险费等社会保险费及其期末应付未付金额。

3）应当为职工缴存的住房公积金及其期末应付未付金额。

4）为职工提供的非货币性福利及其计算依据。

5）依据短期利润分享计划提供的职工薪酬金额及其计算依据。

6）其他短期薪酬。

② 企业应当披露所设立或参与的设定提存计划的性质、计算缴费金额的公式或依据，当期缴费金额以及期末应付未付金额。

③ 企业应当披露与设定受益计划有关的下列信息。

1）设定受益计划的特征及与之相关的风险。

2）设定受益计划在财务报表中确认的金额及其变动。

3）设定受益计划对企业未来现金流量金额、时间和不确定性的影响。

4）设定受益计划义务现值所依赖的重大精算假设及有关敏感性分析的结果。

④ 企业应当披露支付的因解除劳动关系所提供辞退福利及其期末应付未付金额。

⑤ 企业应当披露提供的其他长期职工福利的性质、金额及其计算依据。

（11）应交税费。企业应当披露应交税费的构成及期初、期末账面余额等信息。

（12）短期借款和长期借款。企业应当披露短期借款、长期借款的构成及期初、期末账面余额等信息。对于期末逾期借款,应分别贷款单位、借款金额、逾期时间、年利率、逾期未偿还原因和预期还款期等进行披露。

(13) 应付债券。企业应当披露应付债券的构成及期初、期末账面余额等信息。

(14) 长期应付款。企业应当披露长期应付款的构成及期初、期末账面余额等信息。

(15) 营业收入。企业应当披露营业收入的构成及本期、上期发生额等信息。

(16) 公允价值变动收益。企业应当披露公允价值变动收益的来源及本期、上期发生额等信息。

(17) 投资收益。企业应当披露投资收益的来源及本期、上期发生额等信息。

(18) 资产减值损失。企业应当披露各项资产的减值损失及本期、上期发生额等信息。

(19) 营业外收入。企业应当披露营业外收入的构成及本期、上期发生额等信息。

(20) 营业外支出。企业应当披露营业外支出的构成及本期、上期发生额等信息。

(21) 所得税费用。企业应当披露下列信息。

① 所得税费用(收益)的主要组成部分。

② 所得税费用(收益)与会计利润关系的说明。

(22) 每股收益。企业应当披露下列信息。

① 基本每股收益和稀释每股收益分子、分母计算过程。

② 列报期间不具有稀释性但以后期间很可能具有稀释性的潜在普通股。

③ 在资产负债表日至财务报告批准报出日之间,企业发行在外普通股或潜在普通股股数发生重大变化的情况,如股份发行、股份回购、潜在普通股发行、潜在普通股转换或行权等。

(23) 其他综合收益。企业应当披露下列信息。

① 其他综合收益各项目及其所得税影响。

② 其他综合收益各项目原计入其他综合收益、当期转出计入当期损益的金额。

③ 其他综合收益各项目的期初和期末余额及其调节情况。

(24)政府补助。企业应当披露下列信息。

① 政府补助的种类及金额。

② 计入当期损益的政府补助金额。

③ 本期返还的政府补助金额及原因。

(25)借款费用。企业应当披露下列信息。

① 当期资本化的借款费用金额。

② 当期用于计算确定借款费用资本化金额的资本化率。

(26) 费用按照性质分类的利润表补充资料。企业应当披露费用按照性质分类为耗用的原材料、产成品及在产品存货变动、职工薪酬、折旧费和摊销费用、非流动资产减值损失、支付的租金、财务费用、其他费用等项目的本期金额和上期金额。

(七) 其他需要说明的重要事项

这些重要事项主要包括或有事项、资产负债表日后非调整事项、关联方关系及其交易等需要说明的事项;在资产负债表日后、财务报告批准报出日前提议或宣布发放的股利总额和每股股利金额(或向投资者分配的利润总额);有助于财务报表使用者评价企业管理资本的目标、政策及程序的信息。

(八) 现金流量表补充资料

(1) 关于采用间接法披露将净利润调节为经营活动现金流量的信息。企业至少应当单独披露对净利润进行调节的下列项目。

① 资产减值准备。

② 固定资产折旧。

③ 无形资产摊销。

④ 长期待摊费用摊销。

⑤ 处置固定资产、无形资产和其他长期资产的损益。

⑥ 固定资产报废损失。

⑦ 公允价值变动损益。

⑧ 财务费用。

⑨ 投资损益。

⑩ 递延所得税资产。

⑪ 递延所得税负债。

⑫ 存货。

⑬ 经营性应收项目。

⑭ 经营性应付项目。

(2) 关于不涉及本期现金收支、但影响企业财务状况或在未来可能影响企业现金流量的重大投资和筹资活动,企业应当披露下列重要信息。

① 本期转为资本的债务金额。

② 一年内到期的可转换公司债券的本息。

③ 本期融资租入固定资产的最低租赁付款额扣除应分期计入利息费用的未确认融资费用后的净额。

(3) 现金和现金等价物的构成及其在资产负债表中的相应金额。

(九) 公允价值披露

企业应当区分持续的公允价值计量和非持续的公允价值计量,并根据相关资产或负债的性质、特征、风险以及公允价值计量的层次对该资产或负债进行恰当分组,并按照组别披露公允价值计量的相关信息。

(1) 在相关资产或负债初始确认后的每个资产负债表日,企业至少应当披露持续以公允价值计量的每组资产和负债的信息如下。

① 其他相关会计准则要求或者允许企业在资产负债表日持续以公允价值计量的项目和金额。

② 公允价值计量的层次。

③ 在各层次之间转换的金额和原因,以及确定各层次之间转换时点的政策。每一层次的转入与转出应当分别披露。

④ 对于第二层次的公允价值计量,企业应当披露使用的估值技术和输入值的描述性信息。当变更估值技术时,企业还应当披露这一变更以及变更的原因。

⑤ 对于第三层次的公允价值计量,企业应当披露使用的估值技术、输入值和估值流程的描述性信息。当变更估值技术时,企业还应当披露这一变更以及变更的原因。企业应当披露公允价值计量中使用的重要的、可合理取得的不可观察输入值的量化信息。

⑥ 对于第三层次的公允价值计量,企业应当披露期初余额与期末余额之间的调节信息,包括计入当期损益的已实现利得或损失总额,以及确认这些利得或损失时的损益项目;计入当期损益的未实现利得或损失总额,以及确认这些未实现利得或损失时的损益项目(如相关资产或负债的公允价值变动损益等);计入当期其他综合收益的利得或损失总额,以及确认这些利得或损失时的其他综合收益项目;分别披露相关资产或负债购买、出售、发行及结算情况。

⑦ 对于第三层次的公允价值计量,当改变不可观察输入值的金额可能导致公允价值显著变化时,企业应当披露有关敏感性分析的描述性信息。这些输入值和使用的其他不可观察输入值之间具

有相关关系的,企业应当描述这种相关关系及其影响,其中不可观察输入值至少包括⑤要求披露的不可观察输入值。对于金融资产和金融负债,如果为反映合理、可能的其他假设而变更一个或多个不可观察输入值将导致公允价值的重大改变,企业还应当披露这一事实、变更的影响金额及其计算方法。

⑧ 当非金融资产的最佳用途与其当前用途不同时,企业应当披露这一事实及其原因。

(2) 在相关资产或负债初始确认后的资产负债表中,企业至少应当披露非持续以公允价值计量的每组资产和负债的信息如下。

① 其他相关会计准则要求或者允许企业在特定情况下非持续以公允价值计量的项目和金额,以及以公允价值计量的原因。

② 公允价值计量的层次。

③ 对于第二层次的公允价值计量,企业应当披露使用的估值技术和输入值的描述性信息。当变更估值技术时,企业还应当披露这一变更以及变更的原因。

④ 对于第三层次的公允价值计量,企业应当披露使用的估值技术、输入值和估值流程的描述性信息,当变更估值技术时,企业还应当披露这一变更以及变更的原因。企业应当披露公允价值计量中使用的重要不可观察输入值的量化信息。

⑤ 当非金融资产的最佳用途与其当前用途不同时,企业应当披露这一事实及其原因。

(十) 企业应当披露终止经营的收入、费用、利润总额、所得税费用和净利润,以及归属于母公司所有者的终止经营利润

【检测 9-13】判断题

财务报表附注是对资产负债表、利润表、现金流量表和所有者权益变动表等报表中列示项目的文字描述或明细资料,以及对未能在这些报表中列示项目的说明等。( )

考情分析

本章内容在近几年全国初级会计资格考试《初级会计实务》中的题型、题量及试题分数如下表所示。2011 年一个综合题与本章有关。从近几年试题分数看,本章内容非常重要。

题 型	2011 年	2012 年	2013 年/2014 年
单项选择题	3 题 3 分	2 题 2 分	4 题 6 分
多项选择题	5 题 10 分	3 题 6 分	3 题 6 分
判断题	2 题 2 分	1 题 1 分	2 题 2 分
不定项选择题		1 题 12 分	
综合题	1 题 15 分		
分数合计	30 分	21 分	14 分

同步训练

一、单项选择题

1. 某企业 2013 年 12 月 31 日“固定资产”科目余额为 1 000 万元,“累计折旧”科目余额为 300 万元,“固定资产减值准备”科目余额为 50 万元。该企业 2013 年 12 月 31 日资产负债表“固定资产”项目的金额为(　　)万元。

A. 650　　B. 700　　C. 950　　D. 1 000

2. 下列各科目的期末余额,不应在资产负债表“存货”项目列示的是(　　)。

A. 库存商品　　B. 生产成本　　C. 工程物资　　D. 委托加工物资

3. 应列入利润表“管理费用”项目的是(　　)。

A. 计提的坏账准备　　B. 出租无形资产的摊销额

C. 支付中介机构的咨询费　　D. 处置固定资产的净损失

4. 不应在利润表“营业收入”项目列示的是(　　)。

A. 政府补助收入　　B. 设备安装劳务收入

C. 代修品销售收入　　D. 固定资产出租收入

5. 属于现金流量表“投资活动产生的现金流量”的是(　　)。

A. 取得借款收到的现金　　B. 处置固定资产收回的现金净额

C. 吸收投资收到的现金　　D. 分配股利、利润或偿付利息支付的现金

6. 不属于现金流量表“经营活动产生的现金流量”的是(　　)。

A. 收到的税费返还　　B. 偿还债务支付的现金

C. 销售商品、提供劳务收到的现金　　D. 支付给职工以及为职工支付的现金

7. 不影响利润表“营业利润”项目金额的是(　　)。

A. 出售原材料损失　　B. 计提无形资产减值准备

C. 出售交易性金融资产损失　　D. 公益性捐赠支出

8. 某企业 2011 年 4 月 1 日从银行借入期限为 3 年的长期借款 400 万元,2013 年 12 月 31 日编制资产负债表时,此项借款应填入资产负债表的项目是(　　)。

A. 短期借款　　B. 长期借款

C. 其他非流动负债　　D. 一年内到期的非流动负债

9. 甲企业年初未分配利润的贷方余额为 150 万元,本年度实现的净利润为 200 万元,分别按 10% 和 5% 提取法定盈余公积和任意盈余公积。假定不考虑其他因素,甲企业年末资产负债表中“未分配利润”项目的金额为(　　)万元。

A. 350　　B. 320　　C. 297. 5　　D. 200

10. 某企业年末“应收账款”科目的借方余额为 650 万元,其中,“应收账款”明细账的借方余额为 850 万元,贷方余额为 200 万元,年末“坏账准备”科目中有关应收账款计提的坏账准备余额为 65 万元。该企业年末资产负债表中“应收账款”项目的金额为(　　)万元。

A. 585　　B. 600　　C. 785　　D. 800

11. 下列各项中,应列入资产负债表“其他应付款”项目的是(　　)。

A. 应付租入包装物租金　　B. 应付融资租入固定资产租金

C. 结转到期无力支付的应付票据　　D. 应付由企业负担的职工社会保险费

12. 2014 年 5 月,甲公司销售商品实际应交增值税 38 万元、应交消费税 20 万元,提供运输劳务实际应交营业税 15 万元;适用的城市维护建设税税率为 7%,教育费附加为 3%,假定不考虑其他因素,甲公司当月应列入利润表“营业税金及附加”项目的金额为(　　)万元。

A. 7. 3　　B. 38. 5　　C. 42. 3　　D. 80. 3

二、多项选择题

1. 应列入利润表“资产减值损失”项目的有(　　)。

A. 原材料盘亏损失
B. 固定资产减值损失
C. 应收账款减值损失
D. 无形资产处置净损失

2. 影响利润表"所得税费用"项目金额的有（ ）。
A. 当期应交所得税
B. 递延所得税收益
C. 递延所得税费用
D. 代扣代缴的个人所得税

3. 应列入利润表"营业成本"项目的有（ ）。
A. 出售商品的成本
B. 销售材料的成本
C. 出租非专利技术的摊销额
D. 经营出租设备计提的折旧额

4. 应在资产负债表"预付款项"项目列示的有（ ）。
A. "预付账款"科目所属明细科目的借方余额
B. "应收账款"科目所属明细科目的借方余额
C. "应付账款"科目所属明细科目的借方余额
D. "预收账款"科目所属明细科目的借方余额

5. 属于所有者权益变动表单独列示的项目有（ ）。
A. 提取盈余公积
B. 综合收益总额
C. 盈余公积转增资本
D. 资本公积转增资本

6. 属于现金流量表中现金及现金等价物的项目有（ ）。
A. 库存现金
B. 其他货币资金
C. 3 个月内到期的债券投资
D. 随时用于支付的银行存款

7. 属于现金流量表中"筹资活动产生的现金流量"的现金流出项目有（ ）。
A. 偿还应付账款
B. 偿还短期借款
C. 发放现金股利
D. 支付借款利息

8. 应作为现金流量表"经营活动产生的现金流量"的项目有（ ）。
A. 销售商品收到的现金
B. 取得短期借款收到的现金
C. 采购原材料支付的增值税
D. 取得长期股权投资支付的手续费

9. 属于资产负债表"存货"项目的有（ ）。
A. 已经购入但尚未运达本企业的货物
B. 已经售出但货物尚未运离本企业的存货
C. 已经运离本企业但尚未售出的存货
D. 收取手续费方式委托代销商品已经发出但尚未收到代销清单的存货

10. 会使资产负债表负债项目金额增加的项目有（ ）。
A. 计提坏账准备
B. 计提存货跌价准备
C. 计提长期借款利息
D. 计提一次还本付息应付债券的利息

11. 影响当期营业利润的项目有（ ）。
A. 所得税费用
B. 固定资产减值损失
C. 销售商品收入
D. 投资性房地产公允价值变动收益

12. 应列入资产负债表"应收账款"项目的有（ ）。
A. 预付职工差旅费
B. 代购货单位垫付的运杂费
C. 销售产品应收取的款项
D. 对外提供劳务应收取的款项

13. 应列入资产负债表"应付利息"项目的有（ ）。
A. 计提的短期借款利息
B. 计提的一次还本付息债券利息
C. 计提的分期付息到期还本债券利息
D. 计提的分期付息到期还本长期借款利息

三、判断题

1. 所有者权益变动表在一定程度上体现了企业综合收益。（　）

2. “固定资产清理”科目期末为借方余额，则资产负债表中“固定资产清理”项目应当以负数填列。（　）

3. 企业在编制现金流量表时，对为职工支付的社会保险费和住房公积金等，应按照职工的工作性质和服务对象分别在经营活动和投资活动产生的现金流量有关项目中反映。（　）

4. 资产负债表“开发支出”项目，应当根据“研发支出”科目所属的“费用化支出”明细科目期末余额填列。（　）

5. 附注是财务报表的重要组成部分，但企业编制财务报表时，如果没有需要可以不披露附注。（　）

6. “利润分配”总账科目的年末余额不一定与相应的资产负债表中“未分配利润”项目的数额一致。（　）

7. 企业出售固定资产应交的营业税，应列入利润表的“营业税金及附加”项目。（　）

8. 现金流量表采用报告式结构，分类反映经营活动产生的现金流量、投资活动产生的现金流量和筹资活动产生的现金流量，最后汇总反映企业某一期间现金及现金等价物净增加额。（　）

9. 综合收益的构成包括净利润和其他综合收益的税后净额两部分。（　）

10. 以营业利润为基础，加上营业外收入，减去营业外支出，加上公允价值变动收益（减去公允价值变动损失）和投资收益（减去投资损失），可以计算出利润总额。（　）

11. 现金流量表中“销售商品、提供劳务收到的现金”项目，反映本企业自营销售商品或提供劳务收到的现金，不包括委托代销商品收到的现金。（　）

12. 所有者权益变动表“未分配利润”栏目的本年年末余额应当与本年资产负债表“未分配利润”项目的年末余额相等。（　）

四、不定项选择题

（一）甲公司为增值税一般纳税人，适用的增值税率为17%，所得税率为25%，假定销售商品、原材料和提供劳务均符合收入确认条件，其成本在确认收入时逐笔结转，商品、原材料售价中不含增值税。2013年甲公司发生交易或事项如下。

1）3月2日，向乙公司销售商品一批，按商品标价计算的金额为200万元。该批商品实际成本为150万元。由于是成批销售，甲公司给予乙公司10%的商业折扣并开具了增值税专用发票，并在销售合同中规定现金折扣条件为2/10、1/20、n/30，甲公司已于当日发出商品，乙公司于3月15日付款，假定计算现金折扣时不考虑增值税。

2）5月5日，甲公司由于产品质量原因对上年出售给丙公司的一批商品按售价给予10%的销售折让，该批商品售价为300万元，增值税额为51万元，货款已结清。经认定，同意给予折让并以银行存款退还折让款，同时开具红字增值税专用发票。

3）9月20日，销售一批材料，增值税专用发票上注明的售价为15万元。增值税额为2.55万元。款项已由银行收妥。该批材料的实际成本为10万元。

4）10月5日，承接一项设备安装劳务，合同期为6个月，合同总收入为120万元，已经预收80万元，余额在设备安装完成时收回。采用完工百分比法确认劳务收入。完工率按照已发生成本占估计总成本的比例确定，至2013年12月31日已发生的成本为50万元，预计完成劳务还将发生成本30万元。

5）11月10日，向本公司行政管理人员发放自产产品作为福利。该批产品的实际成本为8万元，市场售价为 10 万元。

6）12 月 20 日，收到国债利息收入 59 万元，以银行存款支付销售费用 5. 5 万元，支付税收滞纳金 2 万元。

要求：根据上述资料，不考虑其他因素，分析回答下列第 1～6 小题：

1. 根据资料 1），下列各项中，甲公司的会计处理结果正确的是（　　）。

A. 3 月 2 日，应确认销售收入 180 万元

B. 3 月 2 日，应确认销售收入 176 万元

C. 3 月 15 日，应确认财务费用 2 万元

D. 3 月 15 日，应确认财务费用 1. 8 万元

2. 根据资料 2）至 5），下列各项中，会计处理正确的是（　　）。

A. 5 月 5 日，甲公司发生销售折让时的会计分录。

借：主营业务收入	300 000	
应交税费——应交增值税（销项税额）	51 000	
贷：银行存款		351 000

B. 9 月 20 日，甲公司销售材料时的会计分录。

借：银行存款	175 500	
贷：其他业务收入		150 000
应交税费——应交增值税（销项税额）		25 500
借：其他业务成本	100 000	
贷：原材料		100 000

C. 11 月 10 日，甲公司向行政管理人员发放自产产品时的会计分录。

借：管理费用	117 000	
贷：应付职工薪酬		117 000
借：应付职工薪酬	117 000	
贷：主营业务收入		100 000
应交税费——应交增值税（销项税额）		17 000
借：主营业务成本	80 000	
贷：库存商品		80 000

D. 12 月 31 日，甲公司确认劳务收入，结转劳务成本的会计分录。

借：预收账款	750 000	
贷：主营业务收入		750 000
借：主营业务成本	500 000	
贷：劳务成本		500 000

3. 根据资料 1）至 5），甲公司 2013 年度利润表中“营业收入”项目的金额是（　　）万元。

A. 225　　B. 235　　C. 250　　D. 280

4. 根据资料 1）至 5），甲公司 2013 年度利润表中“营业成本”项目的金额是（　　）万元。

A. 168　　B. 200　　C. 208　　D. 218

5. 根据资料 1）至 6），下列各项中，甲公司 2013 年度利润表中“期间费用”和“营业利润”的计算结果正确的是（　　）。

A. 期间费用为 7. 3 万元　　B. 期间费用为 19 万元

C. 营业利润为 13 万元　　D. 营业利润为 72 万元

6. 根据资料 1）至 6），下列各项中，甲公司 2013 年度利润表中“所得税费用”和“净利润”的计

算结果正确的是(　　　)。

A. 所得税费用3.25万元　　B. 净利润66.75万元

C. 所得税费用17.5万元　　D. 净利润52.5万元

(二) 甲股份有限公司(以下简称甲公司)2013年有关资料如下。

(1) 1月1日甲公司部分总账及其所属明细账余额如下表所示。(金额单位:万元)

总　账	明细账	借或贷	余　额
应收账款	A公司	借	600
坏账准备		贷	30
长期股权投资	B公司	借	2 500
固定资产	厂房	借	3 000
累计折旧		贷	900
固定资产减值准备		贷	200
应付账款	C公司	借	150
应付账款	D公司	贷	1 050
长期借款	甲银行	贷	300

(注:①该公司未单独设置“预付账款”科目;②表中的长期借款为2012年10月1日从银行借入,借款期限2年,年利率为5%,每年付息一次。)

(2) 2013年甲公司发生如下交易或事项。

1) 3月10日,收回上年已作为坏账转销的应收A公司账款70万元并存入银行。

2) 4月15日,收到C公司发来的材料一批并验收入库,增值税专用发票上注明价款100万元,增值税额17万元,其款项上年已预付。

3) 4月20日,对厂房进行更新改造,发生后续支出总计500万元,所替换的旧设施账面价值为300万元(该设施原价500万元,已提折旧167万元,已提减值准备33万元)。该厂房于12月30日达到预定可使用状态,其后续支出符合资本化条件。

4) 1至4月该厂房已计提折旧100万元。

5) 6月30日,从乙银行借款200万元,期限3年,年利率为6%,每半年付息一次。

6) 10月份以票据结算的经济业务有(不考虑增值税):持银行汇票购进材料500万元,持银行本票购进库存商品300万元,签发6个月的商业汇票购进物资800万元。

7) 12月31日,经计算本月应付职工工资200万元,应计提社会保险费50万元,同日,以银行存款预付下月住房租金2万元,该住房供公司高级管理人员免费居住。

8) 12月31日,经减值测试,应收A公司账款预计未来现金流量现值为400万元。

9) 甲公司对B公司的长期股权投资采用权益法核算,其投资占B公司表决权资本的30%,2013年B公司实现净利润9 000万元。长期股权投资在资产负债表日不存在减值迹象。

要求:根据上述资料,不考虑其他因素,分析回答下列第7~12小题。

7. 根据资料(1)和(2),甲公司资产负债表中“预付款项”和“应收账款”项目的金额是(　　　)万元。

A. 35　　B. 150　　C. 400　　D. 600

8. 根据资料(1)和(2),甲公司资产负债表中“长期股权投资”项目的金额是(　　　)万元。

A. 2 500　　B. 2 700　　C. 5 200　　D. 9 000

9. 根据资料(1)和(2),甲公司资产负债表中“固定资产”项目的金额是(　　　)万元。

A. 2 100　　B. 2 600　　C. 3 100　　D. 2 000

10. 根据资料(1)和(2),甲公司资产负债表中"应付票据"和"应付职工薪酬"项目的金额是(　　)万元。

A. 800　　B. 250　　C. 1 050　　D. 550

11. 根据资料(1)和(2),甲公司资产负债表中"应付账款"项目的金额是(　　)万元。

A. 900　　B. 150　　C. 1 050　　D. 800

12. 根据资料(1)和(2),甲公司资产负债表中"长期借款"项目的金额是(　　)万元。

A. 300　　B. 200　　C. 100　　D. 500

五、综合题

1. 乙有限责任公司(简称乙公司)为一家从事机械制造的增值税一般纳税企业。2013 年 1 月 1 日所有者权益总额为 5 400 万元,其中:实收资本 4 000 万元,资本公积 400 万元,盈余公积 800 万元,未分配利润 200 万元。2013 年度乙公司发生经济业务如下。

1) 经批准,接受丙公司投入不需要安装的设备一台并交付使用,合同约定的价值为 3 500 万元(与公允价值相符),增值税税额为 595 万元;同时乙公司增加实收资本 2 000 万元,相关法律手续已办妥。

2) 出售一项专利技术,售价 25 万元,款项存入银行,不考虑相关税费。该项专利技术实际成本 50 万元,累计摊销额 38 万元,未计提减值准备。

3) 被投资企业丁公司可供出售金融资产的公允价值净值增加 300 万元,乙公司采用权益法按 30% 持股比例确认应享有的份额。

4) 结转固定资产清理净收益 50 万元。

5) 摊销递延收益 31 万元(该递延收益是以前年度确认的与资产相关的政府补助)。

6) 年末某研发项目完成并形成无形资产,该项目研发支出资本化金额为 200 万元。

7) 除上述经济业务外,乙公司当年实现营业收入 10 500 万元,发生营业成本 4 200 万元、营业税金及附加 600 万元、销售费用 200 万元、管理费用 300 万元、财务费用 200 万元,经计算确定营业利润为 5 000 万元。

按税法规定当年准予税前扣除的职工福利费 120 万元,实际发生并计入当年利润总额的职工福利费 150 万元。此外,不存在其他纳税调整项目,也未发生递延所得税。所得税税率为 25%。

8) 确认并结转全年所得税费用。

9) 年末将"本年利润"科目贷方余额 3 813 万元结转至未分配利润。

10) 年末提取法定盈余公积 381.3 万元,提取任意盈余公积 360 万元。

11) 年末将"利润分配——提取法定盈余公积"、"利润分配——提取任意盈余公积"明细科目余额结转至未分配利润。

假定除上述资料外,不考虑其他相关因素。

要求:

(1) 根据资料 1)至 6),逐项编制乙公司相关经济业务的会计分录。

(2) 根据资料 2)至 7),计算乙公司 2013 年度利润总额和全年应交所得税。

(3) 根据资料 8)至 11),逐项编制乙公司相关经济业务的会计分录。

(4) 计算乙公司 2013 年 12 月 31 日资产负债表中"实收资本"、"资本公积"、"盈余公积"、"未分配利润"项目的期末余额。

(答案中的金额单位用万元表示。)

2. 甲公司为增值税一般纳税人,适用增值税税率 17%,所得税税率 25%。原材料和库存商品均按实际成本核算,其销售价均不含增值税,其销售成本随销售收入的确认逐笔结转。本年利润采用表结法核算,年末一次确认全年所得税费用。该公司2013年12月31日资产负债表(简表)如下表所示,其中,"应收账款"科目的期末余额为1 600 000元,"坏账准备"科目的期末余额为8 000元;假定其他各项资产未计提资产减值准备,交易性金融资产的账面价值等于公允价值,长期股权投资采用成本法核算。

资产负债表(简表)

编制单位:甲公司　　2013年12月31日　　单位:元

资　产	期末余额	负债和所有者权益	期末余额
货币资金	3 164 000	短期借款	2 000 000
以公允价值计量且其变动计入当期损益的金融资产	200 000	应付账款	840 000
应收票据	240 000	应付票据	400 000
应收账款	1 592 000	预收款项	600 000
预付款项	160 000	应付职工薪酬	40 000
存货	3 680 000	应交税费	96 000
流动资产合计	9 036 000	应付利息	400 000
长期股权投资	4 800 000	流动负债合计	4 376 000
固定资产	14 420 000	长期借款	10 080 000
在建工程	1 488 000	负债合计	14 456 000
固定资产清理	-80 000	实收资本	16 000 000
无形资产	2 050 000	盈余公积	960 000
递延所得税资产	2 000	未分配利润	300 000
非流动资产合计	22 680 000	所有者权益合计	17 260 000
资产总计	31 716 000	负债及所有者权益总计	31 716 000

2014年甲公司发生如下交易或事项。

1) 收回应收票据240 000元已存入银行账户。

2) 从银行借入1年期借款500 000元,借款已存入银行账户。

3) 购入商品一批,增值税专用发票上注明价款4 000 000元,增值税额680 000元,商品已验收入库。货款以银行存款支付2 680 000元,余款暂欠。

4) 一台管理用设备毁损,经批准报废,原价500 000元,已提折旧80 000元,清理费用10 000元,残值收入30 000元,均通过银行存款收支。该项固定资产已清理完毕。

5) 以商业承兑汇票支付方式购入材料一批,发票账单已经收到,增值税专用发票上注明的价款1 150 000元,增值税额195 500元。材料已验收入库。

6) 销售商品一批,开出的增值税专用发票上注明价款4 600 000元,增值税额782 000元,该批商品实际成本为3 700 000元。提货单和增值税专用发票已交购货方,货款已收到存入银行。

7) 以银行存款偿还应付票据400 000元。

8) 委托证券公司购入公允价值为500 000元的股票,列入交易性金融资产核算。

9) 销售材料一批,材料销售价格1 650 000元,增值税额280 500元,该批材料实际成本为900 000元。材料已发出,销售款项存入银行。

10) 以银行存款支付广告宣传等销售费用200 000元。

11) 购入商品一批,增值税专用发票上注明价款3 500 000元,增值税额595 000元,商品已验收入库,货款已以银行存款结清。

12）结转固定资产清理净收益 80 000 元。

13）计提固定资产折旧 500 000 元，其中销售费用 400 000 元、管理费用 100 000 元；摊销无形资产成本 150 000 元。

14）确认交易性金融资产公允价值变动收益 20 000 元。

15）销售商品一批，该批商品售价 5 650 000 元，增值税额 960 500 元，实际成本为4 100 000 元，商品已发出。甲公司已于上年预收货款 600 000 元，其余款项已收到存入银行。

16）以银行存款支付职工薪酬 1 500 000 元。

17）收到长期股权投资分得的现金股利 60 000 元。

18）分配职工薪酬费用，其中销售人员薪酬 900 000 元、管理人员薪酬 400 000 元、在建工程人员薪酬 200 000 元。

19）计提应收账款坏账准备 20 000 元，计提存货跌价准备 80 000 元

20）计提短期借款利息 50 000 元；计提应计入在建工程的长期借款利息 400 000 元，长期借款为分期付息。

21）计提应交城市维护建设税 38 500 元，应交教育费附加 16 500 元。

22）转让长期股权投资，实际收到款项 1 500 000 元已存入银行，该项长期股权投资的成本为 1 000 000 元。

23）转销无法支付的应付账款 300 000 元。

24）收回应收账款 500 000 元已存入银行账户。

25）用银行存款交纳增值税 500 000 元；城市维护建设税 35 000 元；教育费附加 15 000 元；预交所得税 250 000 元。

26）用银行存款归还短期借款本金 2 000 000 元；长期借款本金 3 000 000 元。

27）以银行存款偿还应付利息 400 000 元。

28）本期计提存货跌价准备 80 000 元和计提应收账款坏账准备 20 000 元，导致存货和应收账款的账面价值与其计税基础存在差异；本期交易性金融资产公允价值增加 20 000 元，导致交易性金融资产账面价值与其计税基础存在差异；假定无其他纳税调整项目。企业按照税法规定计算的应纳税所得额为 1 485 000（1 405 000 + 100 000 − 2 000）元，应交所得税 371 250 元，确认递延所得税资产 25 000（100 000 × 25%）元，确认递延所得税负债 5 000（20 000 × 25%）元。

29）将各收支科目结转本年利润。

30）将“本年利润”科目余额转入“利润分配——未分配利润”科目。

31）按照净利润的 10% 提取法定盈余公积金。

32）将利润分配各明细科目的余额转入“未分配利润”明细科目。

假定除上述资料外，不考虑其他相关因素。

要求：

（1）编制甲公司 2014 年发生的交易或事项的会计分录。

（2）编制甲公司 2014 年的资产负债表、利润表、现金流量表和所有者权益变动表。

第十章 事业单位会计基础

学习目标

知识目标

掌握事业单位资产、负债、净资产的内容及核算方法、事业单位收入和支出的构成及核算方法；熟悉事业单位会计报表；了解事业单位会计的特点。

技能目标

能正确运用事业单位会计的核算原则和方法，对资产、负债、净资产、收入、支出等业务进行会计处理；能编制事业单位资产负债表、收入支出表和财政补助收入支出表。

事业单位是指国家以增进社会公益为目的，由国家机关举办或者其他组织利用国有资产举办，从事教育、科研、文化、卫生、体育等活动的社会服务组织。我国的事业单位构成范围广泛，涉及教科文卫和经济建设各个方面的27个行业领域，与人民生活息息相关，在社会政治、经济、文化生活中起着重要作用。事业单位是国家预算执行的重要组成部分，事业单位会计自然成为预算会计的重要分支。

第一节 事业单位会计概述

一、非企业会计体系概述

我国现行会计体系包括企业会计体系和非企业会计体系。企业会计体系包括企业会计准则和小企业会计准则。非企业会计体系主要包括预算会计和民间非营利组织会计、基金会计。

预算会计是以预算管理为中心，对各级政府预算和行政事业单位预算的执行情况进行连续、系统核算和监督的专业会计。预算会计主要包括财政总预算会计、行政单位会计和事业单位会计。

财政总预算会计是各级政府财政部门反映和监督政府预算执行和财政周转金等各项财政性资金活动的专业会计。财政总预算会计核算的主要内容是预算执行情况，包括各级政府财政性资金的收入、支出和结余，其中，明细核算以政府收支分类科目为基础。

行政事业单位会计是各级各类行政、事业单位对其预算资金以及各项业务活动进行全面、系统、连续的核算和监督的专业会计。行政事业单位会计主要以收付实现制为基础，以同时满足预算管理和财务管理为主要目标，以资产、负债、净资产、收入和支出情况为主要核算内容，反映单位财务状况和预算执行情况等有关的会计信息。

民间非营利组织会计是社会团体、基金会和民办非企业单位等民间非营利组织，对本单位各项经济业务和活动进行全面、系统、连续的核算和监督的专业会计。民间非营利组织的会计核算以权责发生制为基础，反映民间非营利组织的财务状况、业务活动情况、现金流量等信息。

基金会计以基金作为独立的会计主体进行确认、计量和披露。基金独立于基金经办机构的自有财产及其管理的其他财产，实行专款专用，所以基金的会计核算应当与基金经办机构自身各项经济业务和事项的会计核算分别进行。基金会计核算适用相关的基金会计制度，基金经办机构自身的会计核算适用事业单位会计制度等会计制度。目前，我国的基金会计包括社会保险基金会计、住房公积金会计、新型农村合作医疗基金会计、新型农村合作养老保险基金会计等。

本章主要以财政部2012年修订发布的《事业单位会计制度》为基础介绍事业单位会计的有关内容。

二、事业单位会计的特点

事业单位会计是非企业会计体系的重要组成部分，具有明显区别于企业会计的特点。尽管事业单位所属行业或部门不尽相同，各自从事的业务活动也存在明显差异，但都具有不以盈利为目的、不具有社会管理职能的特点。事业单位会计主要有以下几个特点。

一是事业单位会计核算目标是向会计信息使用者提供与事业单位财务状况、事业成果、预算执行情况等有关的会计信息。因此，事业单位的会计报表包括资产负债表、收入支出表和财政补助收入支出表，反映事业单位某一特定日期的财务状况和某一会计期间的事业成果和预算执行情况。其中，财政补助收入支出表反映事业单位某一会计年度财政补助收入、支出、结转及结余情况。

二是事业单位会计核算一般采用收付实现制，但部分经济业务或事项的核算采用权责发生制。为反映预算执行情况，事业单位的会计核算以收付实现制为主，收入一般在实际收到款项时确认，支出一般在实际支付时确认。事业单位对其经营性收支业务采用权责发生制核算，对应收应付款项等部分经济业务或事项也采用权责发生制核算。

三是事业单位会计要素分为资产、负债、净资产、收入和支出五大类。而企业会计要素分为资产、负债、所有者权益、收入、费用和利润六大类。

四是事业单位的各项财产物资应当按照取得或购建时的实际成本进行计量，除国家另有规定外，事业单位不得自行调整其账面价值。

【思考10－1】(1)企业的资产减去负债后的净资产是所有者权益，那么事业单位的资产减去负债后的净资产也是所有者权益吗？为什么？(2)事业单位会计为什么没有利润会计要素？事业单位会计的支出会计要素为什么不叫费用会计要素？

三、事业单位会计科目

《事业单位会计制度》中规定的事业单位通用会计科目如表10－1所示。

表10－1 事业单位会计科目表

序 号	科 目 编 号	科 目 名 称
一、资产类		
1	1001	库存现金
2	1002	银行存款
3	1011	零余额账户用款额度
4	1101	短期投资
5	1201	财政应返还额度

（续表）

序 号	科目编号	科目名称
	120101	财政直接支付
	120102	财政授权支付
6	1211	应收票据
7	1212	应收账款
8	1213	预付账款
9	1215	其他应收款
10	1301	存货
11	1401	长期投资
12	1501	固定资产
13	1502	累计折旧
14	1511	在建工程
15	1601	无形资产
16	1602	累计摊销
17	1701	待处置资产损溢
	二、负债类	
18	2001	短期借款
19	2101	应缴税费
20	2102	应缴国库款
21	2103	应缴财政专户款
22	2201	应付职工薪酬
23	2301	应付票据
24	2302	应付账款
25	2303	预收账款
26	2305	其他应付款
27	2401	长期借款
28	2402	长期应付款
	三、净资产类	
29	3001	事业基金
30	3101	非流动资产基金
	310101	长期投资
	310102	固定资产
	310103	在建工程
	310104	无形资产
31	3201	专用基金
32	3301	财政补助结转
	330101	基本支出结转
	330102	项目支出结转

（续表）

序　号	科目编号	科目名称
33	3302	财政补助结余
34	3401	非财政补助结转
35	3402	事业结余
36	3403	经营结余
37	3404	非财政补助结余分配
	四、收入类	
38	4001	财政补助收入
39	4101	事业收入
40	4201	上级补助收入
41	4301	附属单位上缴收入
42	4401	经营收入
43	4501	其他收入
	五、支出类	
44	5001	事业支出
45	5101	上缴上级支出
46	5201	对附属单位补助支出
47	5301	经营支出
48	5401	其他支出

第二节　资产和负债

一、资产

事业单位的资产是指事业单位占有或者使用的能以货币计量的经济资源，包括各种财产、债权和其他权利。事业单位的资产按其流动性，分为流动资产和非流动资产。流动资产是指预计在1年内（含1年）变现或者耗用的资产，包括货币资金、短期投资、应收及预付款项、存货等。非流动资产是指流动资产以外的资产，包括长期投资、固定资产、在建工程、无形资产等。事业单位的资产应当按照取得时的实际成本或实际发生额进行计量。除国家另有规定外，事业单位不得自行调整其账面价值。

（一）货币资金

事业单位的货币资金是指事业单位经济活动过程中处于货币形态的那部分资金，是事业单位资产的重要组成部分，包括库存现金、银行存款、零余额账户用款额度等。

1. 库存现金

事业单位的库存现金是指存放在本单位的现金，主要用于单位的日常零星开支。事业单位应当严格按照国家有关现金管理的规定收支现金，不得超范围、超额度使用现金，不得"坐支"现金，并按规定核算现金的各项收支业务，确保库存现金使用的合法性和合理性，保护库存现金的安全与完整。

为核算库存现金,事业单位应当设置“库存现金”科目,该科目借方登记库存现金的增加,贷方登记库存现金的减少,期末借方余额反映事业单位实际持有的库存现金。单位收到现金,借记“库存现金”科目,贷记有关科目;支出现金,借记有关科目,贷记“库存现金”科目。

事业单位应当设置“现金日记账”,由出纳人员根据收付款凭证,按照业务发生顺序逐笔登记。每日终了,应当计算当日的现金收入合计数、现金支出合计数和结余数,并将结余数与实际库存数核对,做到账款相符。如发现现金溢余,属于应支付给有关人员或单位的部分,借记本科目,贷记“其他应付款”科目;属于无法查明原因的部分,借记本科目,贷记“其他收入”科目。如发现现金短缺,属于应由责任人赔偿的部分,借记“其他应收款”科目,贷记本科目;属于无法查明原因的部分,报经批准后,借记“其他支出”科目,贷记本科目。

现金收入业务较多、单独设有收款部门的事业单位,收款部门的收款员应当将每天所收现金连同收款凭据等一并交财务部门核收记账;或者将每天所收现金直接送存开户银行后,将收款凭据及向银行送存现金的凭证等一并交财务部门核收记账。

2. 银行存款

事业单位的银行存款是指事业单位存入银行和其他金融机构的各种存款。事业单位应当严格按照国家有关支付结算办法的规定办理银行存款收支业务,并按照事业单位会计制度规定核算银行存款的各项收支业务。

为核算事业单位存入银行的各种存款,事业单位应当设置“银行存款”科目,借方登记银行存款的增加,贷方登记银行存款的减少,期末借方余额反映事业单位实际存放在银行或其他金融机构的款项。单位将款项存入银行或其他金融机构时,借记“银行存款”科目,贷记有关科目;提取和支出存款时,借记有关科目,贷记“银行存款”科目。

事业单位应当按开户银行或其他金融机构、存款种类及币种等,分别设置“银行存款日记账”,由出纳人员根据收付款凭证,按照业务的发生顺序逐笔登记,每日终了应结出余额。“银行存款日记账”应定期与“银行对账单”核对,至少每月核对一次。月度终了,事业单位银行存款账面余额与银行对账单余额之间如有差额,必须逐笔查明原因并进行处理,按月编制“银行存款余额调节表”,使之相符。

3. 零余额账户用款额度

(1) 国库集中收付制度。国库集中收付,是指以国库单一账户体系为基础,将所有财政性资金都纳入国库单一账户体系管理,收入直接缴入国库和财政专户,支出通过国库单一账户体系支付到商品和劳务供应者或用款单位的一项国库管理制度。国库集中收付包括国库集中收缴和国库集中支付两部分。国库集中支付包括财政直接支付和财政授权支付两种方式。

在财政直接支付方式下,事业单位在需要使用财政性资金时,按照批复的部门预算和资金使用计划,向财政国库支付执行机构提出支付申请。财政国库支付执行机构根据批复的部门预算和资金使用计划及相关要求对支付申请审核无误后,向代理银行发出支付令,并通知中国人民银行国库部门,通过代理银行进入全国银行清算系统实时结算,财政资金从国库单一账户划拨到收款人的银行账户。

在财政授权支付方式下,事业单位按照批复的部门预算和资金使用计划,向财政国库支付执行机构申请授权支付的月度用款限额,财政国库支付执行机构将批准后的限额通知代理银行和事业单位,并通知中国人民银行国库部门。事业单位在月度用款限额内,自行开具支付令,通过财政国库支付执行机构转由代理银行向收款人付款,并与国库单一账户清算。

【链接10-1】

(2) 零余额账户用款额度的核算。事业单位设置“零余额账户用款额度”科目,核算实行国库集中支付的事业单位根据财政部门批复的用款计划收到和支用的零余额账户用款额度。该科目借方登记收到授权支付到账额度，贷方登记支用的零余额用款额度，期末借方余额反映事业单位尚未支用的零余额用款额度。年度终了，事业单位应当依据代理银行提供的对账单做注销额度的相关账务处理，所以，本科目年末应无余额。

在财政授权支付方式下，收到代理银行盖章的“授权支付到账通知书”时，根据通知书所列数额，借记“零余额账户用款额度”科目，贷记“财政补助收入”科目。按规定支用额度时，借记“事业支出”、“存货”等科目，贷记“零余额账户用款额度”科目。

例 10－1　2013 年 10 月 8 日，某事业单位收到同级财政部门批复的分月用款计划及代理银行盖章的授权支付到账通知书，金额为 200 000 元。财会部门根据有关凭证，应编制如下会计分录。

借：零余额账户用款额度　　200 000
　贷：财政补助收入　　200 000

例 10－2　2013 年 11 月 5 日，某事业单位以财政授权支付的方式购买一般性办公用品 12 000 元，直接交有关业务部门使用。财会部门根据有关凭证，应编制如下会计分录。

借：事业支出　　12 000
　贷：零余额账户用款额度　　12 000

（二）短期投资

事业单位的短期投资是指依法取得的，持有时间不超过 1 年（含 1 年）的投资，主要是国债投资。事业单位应当严格遵守国家法律、行政法规以及财政部门、主管部门关于对外投资的有关规定。

为核算短期投资，事业单位应当设置“短期投资”科目，该科目借方登记实际取得的短期投资，贷方登记出售或到期收回的短期投资，期末借方余额反映事业单位持有的短期投资成本。本科目应按国债投资的种类等进行明细核算。

短期投资在取得时，应当按照其实际成本（包括购买价款以及税金、手续费等相关税费），借记“短期投资”科目，贷记“银行存款”等科目。短期投资持有期间收到利息时，按实际收到的金额，借记“银行存款”科目，贷记“其他收入——投资收益”科目。出售短期投资或到期收回短期国债本息，按照实际收到的金额，借记“银行存款”科目，按照出售或收回短期国债的成本，贷记“短期投资”科目，按其差额，贷记或借记“其他收入——投资收益”科目。

例 10－3　2013 年 7 月 1 日，某事业单位购买 6 个月到期国债，购买金额为 50 000 元，票面利率为 4%，一次还本付息。6 个月后国债到期，收回本息共 51 000 元。财会部门根据有关凭证，应编制如下会计分录。

① 购买国债时：

借：短期投资　　50 000
　贷：银行存款　　50 000

② 到期收回国债本息时：

借：银行存款　　51 000
　贷：短期投资　　50 000
　　其他收入——投资收益　　1 000

（三）应收及预付款项

事业单位的应收及预付款项是指事业单位在开展业务活动中形成的各种债权，包括财政应返还额度、应收票据、应收账款、其他应收款等应收款项和预付账款。

1. 财政应返还额度

财政应返还额度是指实行国库集中支付的事业单位，年度终了应收财政下年度返还的资金额度，即反映事业单位年终结转下年使用的用款额度。为核算财政应返还额度，事业单位应设置“财政应返还额度”科目，本科目设置“财政直接支付”、“财政授权支付”两个明细科目，进行明细核算，本科目期末余额在借方，反映事业单位应收财政返还的资金额度。

在财政直接支付方式下，年度终了，事业单位根据本年度财政直接支付预算指标数与当年财政直接支付实际支出数的差额，借记“财政应返还额度——财政直接支付”科目，贷记“财政补助收入”科目。下年度恢复财政直接支付额度后，事业单位以财政直接支付方式发生实际支出时，借记“事业支出”等科目，贷记“财政应返还额度——财政直接支付”科目。

例 10－4 某事业单位本年度财政直接支付预算指标数为 150 万元，而财政直接支付的实际支出数为 145 万元，其差额为 5 万元。下年度初，财政部门恢复了该单位的财政直接支付额度。下年度 1 月 15 日，该单位以财政直接支付方式购买业务活动所需的一批材料（属于上年预算指标数），支付给供应商 5 万元价款。该事业单位应编制如下会计分录。

① 本年度末，补记预算指标数与实际支出数的差额时：

借：财政应返还额度——财政直接支付　　50 000

　贷：财政补助收入　　50 000

② 下年度初，使用上年预算指标购买材料时：

借：存货　　50 000

　贷：财政应返还额度——财政直接支付　　50 000

在财政授权支付方式下，年度终了，事业单位依据代理银行提供的对账单做注销额度的相关账务处理，借记“财政应返还额度——财政授权支付”科目，贷记“零余额账户用款额度”科目，下年初，事业单位依据代理银行提供的额度恢复到账通知书做恢复额度的相关账务处理时，借记“零余额账户用款额度”科目，贷记“财政应返还额度——财政授权支付”科目。年度终了，事业单位本年度财政授权支付预算指标数大于零余额账户用款额度下达数的，根据未下达的用款额度，借记“财政应返还额度——财政授权支付”科目，贷记“财政补助收入”科目。下年初，事业单位收到财政部门批复的上年末未下达零余额账户用款额度时，借记“零余额账户用款额度”科目，贷记“财政应返还额度——财政授权支付”科目。

例 10－5 某事业单位本年度财政授权支付预算指标数为 80 万元，该单位零余额账户代理银行收到的零余额账户用款额度为 78 万元，但年度内财政授权支付的实际支付数为 75 万元。该事业单位应编制如下会计分录。

① 本年度末，注销尚未使用的用款额度 3（78－75）万元，补记未下达的用款额度 2（80－78）万元时：

借：财政应返还额度——财政授权支付　　30 000

　贷：零余额账户用款额度　　30 000

借：财政应返还额度——财政授权支付　　20 000

　贷：财政补助收入　　20 000

② 下年度初，收到代理银行提供的额度恢复到账通知书及财政部门批复的上年末未下达用款额度时：

借：零余额账户用款额度　　30 000

贷:财政应返还额度——财政授权支付 30 000

借:零余额账户用款额度 20 000

贷:财政应返还额度——财政授权支付 20 000

2. 应收票据

事业单位的应收票据是指事业单位因开展经营活动销售产品、提供有偿服务等而收到的商业汇票,包括商业承兑汇票和银行承兑汇票。

为核算应收票据业务,事业单位应当设置"应收票据"科目,该科目借方登记取得的商业汇票,贷方登记商业汇票的收回、贴现、背书转让或转为应收账款,期末借方余额反映事业单位持有的商业汇票票面金额。本科目应按开出、承兑商业汇票的单位等进行明细核算。

事业单位收到商业票据时,借记"应收票据"科目,贷记"经营收入"、"应交税费——应交增值税"等有关科目;应收票据收回、贴现、背书转让或转为应收账款时,借记有关科目,贷记"应收票据"科目。

事业单位应当设置"应收票据备查簿",逐笔登记每一应收票据的种类、号数、出票日期、到期日、票面金额、交易合同号和付款人、承兑人、背书人姓名或单位名称、背书转让日、贴现日期、贴现率及贴现净额、收款日期、收回金额和退票情况等资料。应收票据到期结清票款或退票后,应当在备查簿内逐笔注销。

3. 应收账款

事业单位的应收账款是指事业单位因开展经营活动销售产品、提供有偿服务等而应收取的款项。

为核算应收账款,事业单位应当设置"应收账款"科目,该科目借方登记应收账款的增加,贷方登记应收账款的收回或核销,期末借方余额反映事业单位尚未收回的应收账款。本科目应按购货、接受劳务单位(或个人)进行明细核算。

事业单位发生应收账款时,借记"应收账款"科目,贷记"经营收入"、"应交税费"等有关科目;收到款项时,借记"银行存款"科目,贷记"应收账款"科目。

逾期3年或以上、有确凿证据表明确实无法收回的应收账款,按规定报经批准后予以核销。核销的应收账款应在备查簿中保留登记。转入待处置资产时,按照待核销的应收账款金额,借记"待处置资产损溢"科目,贷记"应收账款"科目。报经批准予以核销时,借记"其他支出"科目,贷记"待处置资产损溢"科目。已核销应收账款在以后期间收回的,按照实际收回的金额,借记"银行存款"等科目,贷记"其他收入"科目。

4. 预付账款

事业单位的预付款项是指事业单位按照购货、劳务合同规定预付给供应单位的款项。

为核算预付账款,事业单位应当设置"预付账款"科目,该科目借方登记支付的预付账款,贷方登记已结算的预付账款,期末借方余额反映事业单位实际预付但尚未结算的款项。本科目应按供应单位(或个人)进行明细核算。

事业单位发生预付账款时,借记"预付账款"科目,贷记"零余额账户用款额度"、"财政补助收入"、"银行存款"等科目;收到所购物资或劳务时,按照购入物资或劳务的成本,借记有关科目,按照相应预付账款金额,贷记"预付账款"科目,按照补付的款项,贷记"零余额账户用款额度"、"财政补助收入"、"银行存款"等科目。

逾期3年或以上、有确凿证据表明因供货单位破产、撤销等原因已无望再收到所购物资,且确实无法收回的预付账款,按规定报经批准后予以核销。核销的预付账款应在备查簿中保留登记。转入待处置资产时,按照待核销的预付账款金额,借记"待处置资产损溢"科目,贷记"预付账款"科目。报经批准予以核销时,借记"其他支出"科目,贷记"待处置资产损溢"科目。已核销预付账款在以后期间收回的，按照实际收回的金额，借记“银行存款”等科目，贷记“其他收入”科目。

【提示10－1】事业单位应当通过明细核算或辅助登记方式，登记预付账款的资金性质（区分财政补助资金、非财政专项资金和其他资金）。

5. 其他应收款

事业单位的其他应收款是指事业单位除财政应返还额度、应收票据、应收账款、预付账款以外的其他各项应收及暂付款项，如职工预借的差旅费、拨付给内部有关部门的备用金、应向职工收取的各种垫付款项等。

为核算其他应收款，事业单位应当设置“其他应收款”科目，该科目借方登记其他应收款的增加，贷方登记已结算的其他应收款，期末借方余额反映事业单位尚未收回的其他应收款。本科目应按其他应收款的类别以及债务单位（或个人）进行明细核算。

事业单位发生其他各种应收及暂付款项时，借记“其他应收款”科目，贷记“银行存款”等科目；收回或转销其他各种应收及暂付款项时，借记有关科目，贷记“其他应收款”科目。

逾期3年或以上、有确凿证据表明确实无法收回的其他应收款，按规定报经批准后予以核销。核销的其他应收款应在备查簿中保留登记。转入待处置资产时，按照待核销的其他应收款金额，借记“待处置资产损溢”科目，贷记“其他应收款”科目。报经批准予以核销时，借记“其他支出”科目，贷记“待处置资产损溢”科目。已核销其他应收款在以后期间收回的，按照实际收回的金额，借记“银行存款”等科目，贷记“其他收入”科目。

（四）存货

事业单位的存货是指事业单位在开展业务活动及其他活动中为耗用而储存的各种材料、燃料、包装物、低值易耗品及达不到固定资产标准的用具、装具、动植物等。事业单位随买随用的零星办公用品，可以在购进时直接列作支出，不作为存货核算。

为核算存货，事业单位应当设置“存货”科目，该科目借方登记存货的增加，贷方登记存货的发出或核销，期末借方余额反映事业单位存货的实际成本。本科目应当按存货的种类、规格、保管地点等进行明细核算。事业单位应当通过明细核算或辅助登记方式，登记取得存货成本的资金来源（区分财政补助资金、非财政专项资金和其他资金）。

事业单位的存货在取得时按照其实际成本入账。购入的存货，其成本包括购买价款、相关税费、运输费、装卸费、保险费以及使得存货达到目前场所和状态所发生的其他支出。自行加工的存货，其成本包括耗用的直接材料费用、发生的直接人工费用和按照一定方法分配的与存货加工有关的间接费用。接受捐赠、无偿调入的存货，其成本按照有关凭据注明的金额加上相关税费、运输费等确定；没有相关凭据的，其成本比照同类或类似存货的市场价格加上相关税费、运输费等确定；没有相关凭据，同类或类似存货的市场价格也无法可靠取得的，该存货按照名义金额（即人民币1元，下同）入账。存货增加时，借记“存货”科目，贷记“银行存款”、“应付账款”、“财政补助收入”、“零余额账户用款额度”等科目。

例10－6 某事业单位购入自用甲材料一批，取得的增值税专用发票上注明的价款为4 000元，增值税税额为680元，当日收到物资，经验收合格后入库，款项已通过银行转账支付。财会部门根据有关凭证，应编制如下会计分录。

借：存货——甲材料　　4 680

　贷：银行存款　　4 680

发出存货时,应当根据实际情况采用先进先出法、加权平均法或者个别计价法确定发出存货的实际成本。有关先进先出法、加权平均法和个别计价法的具体应用参见本书第二章第四节的相关介绍。开展业务活动等领用、发出存货,按领用、发出存货的实际成本,借记“事业支出”、“经营支出”等科目,贷记“存货”科目。对外捐赠、无偿调出存货,转入待处置资产时,按照存货的账面余额,借记“待处置资产损溢”科目,贷记“存货”科目;实际捐出、调出存货时,借记“其他支出”科目,贷记“待处置资产损溢”科目。

【链接 10-2】

例 10-7 某事业单位领用自用乙材料 20 件,按照先进先出法确定的乙材料单价为 80 元。财会部门根据有关凭证,应编制如下会计分录。

借:事业支出 1 600

　贷:存货——乙材料 1 600

事业单位的存货应当定期进行清查盘点,每年至少盘点一次。对于发生的存货盘盈、盘亏或者报废、毁损,应当及时查明原因,按规定报经批准后进行账务处理。盘盈的存货,按照同类或类似存货的实际成本或市场价格确定入账价值;同类或类似存货的实际成本、市场价格均无法可靠取得的,按照名义金额入账。盘盈的存货,按照确定的入账价值,借记“存货”科目,贷记“其他收入”科目。盘亏或者毁损、报废的存货,转入待处置资产时,按照待处置存货的账面余额,借记“待处置资产损溢”科目,贷记“存货”科目;报经批准予以处置时,借记“其他支出”科目,贷记“待处置资产损溢”科目。

例 10-8 某事业单位对自用材料进行盘点,盘盈乙材料 10 件,同类材料每件单价为 117 元;盘亏甲材料 10 件,每件单价为 234 元。盘亏的材料报经批准予以处置。财会部门根据有关凭证,应编制如下会计分录。

① 乙材料盘盈时:

借:存货——乙材料 1 170

　贷:其他收入 1 170

② 甲材料盘亏,转入待处置资产时:

借:待处置资产损溢 2 340

　贷:存货——甲材料 2 340

③ 报经批准予以处置时:

借:其他支出 2 340

　贷:待处置资产损溢 2 340

【检测 10-1】单项选择题

事业单位存货清查盘点发生自用材料盘亏,报经批准予以处置时,应当(　　)。

A. 计入当期经营支出　　B. 计入当期其他支出

C. 计入当期事业支出　　D. 冲减自用材料盘盈价值

(五) 长期投资

事业单位的长期投资是指事业单位依法取得,持有时间超过 1 年(不含 1 年)的股权和债权性质的投资。事业单位进行长期投资,应当严格遵守国家法律、行政法规以及财政部门、主管部门有关事业单位对外投资的规定。

为核算长期投资，事业单位应当设置“长期投资”科目，该科目借方登记长期投资的增加，贷方登记长期投资的减少，期末借方余额反映事业单位持有的长期投资成本。本科目应当按长期投资的种类和被投资单位等进行明细核算。事业单位长期投资增加和减少时，应相应调整非流动资产基金，长期投资账面余额应与对应的非流动资产基金账面余额保持相等。

1. 长期股权投资

事业单位依法取得长期股权投资时，应当按其实际成本作为投资成本。以货币资金取得的长期股权投资，按实际支付的全部价款（包括购买价款以及税金、手续费等相关税费）作为投资成本，借记“长期投资”科目，贷记“银行存款”等科目；同时，按照投资成本金额，借记“事业基金”科目，贷记“非流动资产基金——长期投资”科目。

以固定资产或无形资产取得的长期股权投资，按照评估价值加上相关税费作为投资成本，借记“长期投资”科目，贷记“非流动资产基金——长期投资”科目，按发生的相关税费，借记“其他支出”科目，贷记“银行存款”、“应缴税费”等科目；同时，按照投出固定资产或无形资产对应的非流动资产基金，借记“非流动资产基金——固定资产（或无形资产）”科目，按照投出固定资产或无形资产已计提折旧（或摊销），借记“累计折旧（或累计摊销）”科目，按投出固定资产或无形资产的账面余额，贷记“固定资产（或无形资产）”科目。

事业单位在长期股权投资持有期间，收到利润等投资收益时，按实际收到的金额，借记“银行存款”等科目，贷记“其他收入——投资收益”科目。

事业单位转让或核销长期股权投资时，应将长期股权投资转入待处置资产，按待转让长期股权投资的账面余额，借记“待处置资产损溢——处置资产价值”科目，贷记“长期投资”科目；实际转让时，按所转让长期股权投资对应的非流动资产基金，借记“非流动资产基金——长期投资”科目，贷记“待处置资产损溢——处置资产价值”科目。对处置过程中取得的收入、发生的相关税费通过“待处置资产损溢”科目核算，处置净收入根据国家有关规定处理。

例 10－9 2013 年 6 月 20 日，某事业单位出资 300 000 元投资了甲企业。2014 年 4 月 20 日，该事业单位收到甲企业分配的利润 6 000 元。财会部门根据有关凭证，应编制如下会计分录。

① 2013 年 6 月 20 日投资甲企业时：

借：长期投资——股权投资	300 000	
贷：银行存款		300 000

同时：

借：事业基金	300 000	
贷：非流动资产基金——长期投资		300 000

② 2014 年 4 月 20 日收到利润时：

借：银行存款	6 000	
贷：其他收入——投资收益		6 000

2. 长期债券投资

事业单位依法取得长期债券投资时，应当按其实际成本作为投资成本。以货币资金购入的长期债券投资，按实际支付的全部价款（包括购买价款以及税金、手续费等相关税费）作为投资成本，借记“长期投资”科目，贷记“银行存款”等科目；同时，按照投资成本金额，借记“事业基金”科目，贷记“非流动资产基金——长期投资”科目。

事业单位在长期债券投资持有期间收到利息时，按实际收到的金额，借记“银行存款”等科目，贷记“其他收入——投资收益”科目。

事业单位对外转让或到期收回长期债券投资本息时，按实际收到的金额，借记“银行存款”等科目，按收回长期投资的成本，贷记“长期投资”科目，按其差额，贷记或借记“其他收入——投资收益”科目；同时，按收回长期投资对应的非流动资产基金，借记“非流动资产基金——长期投资”科目，贷记“事业基金”科目。

例 10－10 2013 年 7 月 1 日，某事业单位用银行存款购入 3 年期国债 60 000 元，年利率 4%，按年分期付息，到期还本，付息日为每年 7 月 1 日，最后一年偿还本金并付最后一次利息。财会部门根据有关凭证，应编制如下会计分录。

① 2013 年 7 月 1 日购入国债时：

借：长期投资——债券投资	60 000	
贷：银行存款		60 000
同时：		
借：事业基金	60 000	
贷：非流动资产基金——长期投资		60 000

② 2014～2015 年，每年 7 月 1 日收到利息时：

借：银行存款	2 400	
贷：其他收入——投资收益		2 400

③ 2016 年 7 月 1 日收回债券本息时：

借：银行存款	62 400	
贷：长期投资——债券投资		60 000
其他收入——投资收益		2 400
同时：		
借：非流动资产基金——长期投资	60 000	
贷：事业基金		60 000

（六）固定资产

事业单位的固定资产是指事业单位持有的使用期限在 1 年（不含 1 年）以上，单位价值在 1 000 元以上（其中，专用设备单位价值在 1 500 元以上），并在使用过程中基本保持原有物质形态的资产。单位价值虽未达到规定标准，但使用期限超过 1 年（不含 1 年）的大批同类物资，作为固定资产核算和管理。事业单位的固定资产一般分为 6 类：房屋及构筑物；专用设备；通用设备；文物和陈列品；图书、档案；家具、用具、装具及动植物。事业单位应当根据固定资产定义，结合本单位的具体情况，制定适合于本单位的固定资产目录、具体分类方法，作为进行固定资产核算的依据。

为核算固定资产，事业单位应当设置“固定资产”科目，该科目借方登记因购入、接受捐赠、无偿调入、盘盈等而增加的固定资产，贷方登记因出售、无偿调出、对外捐赠、报废、毁损、盘亏以及对外投资转出等而减少的固定资产，期末借方余额反映事业单位固定资产的原价。事业单位应当设置“固定资产登记簿”和“固定资产卡片”，按固定资产类别、项目和使用部门等进行明细核算。事业单位固定资产增加或减少时，应当相应增加或减少非流动资产基金；固定资产在计提折旧时，逐期减少固定资产对应的非流动资产基金。

1. 固定资产的取得

固定资产在取得时，应当按照其实际成本入账。购入的固定资产，其成本包括购买价款、相关税费以及固定资产交付使用前所发生的可归属于该项资产的运输费、装卸费、安装调试费和专业人员服务费等。

购入不需要安装的固定资产，按照确定的固定资产成本，借记“固定资产”科目，贷记“非流动资产基金——固定资产”科目；同时，按实际支付金额，借记“事业支出”、“经营支出”、“专用基金——修购基金”等科目，贷记“财政补助收入”、“零余额账户用款额度”、“银行存款”等科目。

购入需要安装的固定资产，先通过“在建工程”科目核算。安装完工交付使用时，借记“固定资产”科目，贷记“非流动资产基金——固定资产”科目；同时，借记“非流动资产基金——在建工程”科目，贷记“在建工程”科目。

例 10-11 某事业单位购入1台不需要安装即可投入使用的专业业务活动用设备，其价款为140 000元，发生运输及保险费10 000元，均以银行存款支付。财会部门根据有关凭证，应编制如下会计分录。

借：固定资产　150 000

　贷：非流动资产基金——固定资产　150 000

同时：

借：事业支出　150 000

　贷：银行存款　150 000

2. 固定资产的折旧

事业单位应当按照《事业单位财务规则》或相关财务制度的规定确定是否对固定资产计提折旧。事业单位可对除下列各项资产以外的其他固定资产计提折旧：文物和陈列品；动植物；图书、档案；以名义金额计量的固定资产。

事业单位一般应按月计提固定资产折旧。当月增加的固定资产，当月不提折旧，从下月起计提折旧；当月减少的固定资产，当月照提折旧，从下月起不提折旧。固定资产提足折旧后，无论能否继续使用，均不再计提折旧；提前报废的固定资产，也不再补提折旧。

事业单位一般应采用年限平均法或工作量法计提固定资产折旧，固定资产的应折旧金额为其成本，不考虑预计净残值。按月计提固定资产折旧时，按照实际计提金额，借记“非流动资产基金——固定资产”科目，贷记“累计折旧”科目。

例 10-12 某事业单位计提本月固定资产折旧20 000元。财会部门根据有关凭证，应编制如下会计分录。

借：非流动资产基金——固定资产　20 000

　贷：累计折旧　20 000

3. 固定资产的处置

事业单位固定资产的处置包括固定资产的出售、无偿调出、对外捐赠或报废、毁损、盘亏等。固定资产转入待处置资产时，按待处置固定资产的账面价值，借记“待处置资产损溢”科目，按已计提折旧，借记“累计折旧”科目，按固定资产的账面余额，贷记“固定资产”科目。报经批准实际予以处置时，按处置固定资产对应的非流动资产基金，借记“非流动资产基金——固定资产”科目，贷记“待处置资产损溢”科目。对处置过程中取得的收入、发生的相关税费通过“待处置资产损溢”科目核算，处置净收入根据国家有关规定处理。

例 10-13 某事业单位对固定资产进行盘点，盘亏笔记本电脑一台，账面余额为9 000元，已计提折旧6 000元，报经批准后按照正常盘亏处理。财会部门根据有关凭证，应编制如下会计分录。

① 固定资产转入待处置资产时：

借：待处置资产损溢　3 000

　　累计折旧　6 000

贷:固定资产 9 000

② 固定资产报经批准予以核销时:

借:非流动资产基金——固定资产 3 000

贷:待处置资产损溢 3 000

【思考10-2】事业单位的固定资产核算与企业的固定资产核算相比较,主要有哪些方面的区别?

【检测10-2】判断题

事业单位固定资定的应折旧金额为固定资产成本,计提固定资产折旧不考虑预计净残值。( )

(七)在建工程

事业单位的在建工程是指事业单位已经发生必要支出,但尚未完工交付使用的各种建筑(包括新建、改建、扩建、修缮等)和设备安装工程。

为核算在建工程,事业单位应当设置"在建工程"科目,该科目借方登记在建工程成本的增加,贷方登记因工程完工交付使用而结转的工程成本,期末借方余额反映事业单位尚未完工的在建工程发生的实际成本。本科目应当按工程性质和具体工程项目等进行明细核算。事业单位在建工程增加或减少时,应当相应增加或减少非流动资产基金。

1. 建筑工程

将固定资产转入改建、扩建或修缮等时,按固定资产的账面价值,借记"在建工程"科目,贷记"非流动资产基金——在建工程"科目;同时,按固定资产对应的非流动资产基金,借记"非流动资产基金——固定资产"科目,按已计提折旧,借记"累计折旧"科目,按固定资产的账面余额,贷记"固定资产"科目。

支付工程价款、专门借款利息(属于建设期间发生的利息)时,借记"在建工程"科目,贷记"非流动资产基金——在建工程"科目;同时,借记"事业支出"、"其他支出"等科目,贷记"财政补助收入"、"零余额账户用款额度"、"银行存款"等科目。

工程完工交付使用时,按建筑工程所发生的实际成本,借记"固定资产"科目,贷记"非流动资产基金——固定资产"科目;同时,借记"非流动资产基金——在建工程"科目,贷记"在建工程"科目。

2. 设备安装工程

购入需要安装的设备,按确定的成本,借记"在建工程"科目,贷记"非流动资产基金——在建工程"科目;同时,按实际支付金额,借记"事业支出"、"经营支出"等科目,贷记"财政补助收入"、"零余额账户用款额度"、"银行存款"等科目。

发生安装费用,借记"在建工程"科目,贷记"非流动资产基金——在建工程"科目;同时,借记"事业支出"、"经营支出"等科目,贷记"财政补助收入"、"零余额账户用款额度"、"银行存款"等科目。

设备安装完工交付使用时,借记"固定资产"科目,贷记"非流动资产基金——固定资产"科目;同时,借记"非流动资产基金——在建工程"科目,贷记"在建工程"科目。

例 10-14 某事业单位购入一台需要安装的设备,用于本单位的专业业务活动,设备价款为234 000元,运输费为1 000元,款项以银行存款支付。安装设备时,支付安装费用5 000元。

设备安装完工即交付使用。财会部门根据有关凭证，应编制如下会计分录。

① 支付设备价款及运输费时：

借：在建工程　　235 000

　　贷：非流动资产基金——在建工程　　235 000

同时：

借：事业支出　　235 000

　　贷：银行存款　　235 000

② 支付安装费用时：

借：在建工程　　5 000

　　贷：非流动资产基金——在建工程　　5 000

同时：

借：事业支出　　5 000

　　贷：银行存款　　5 000

③ 设备安装完工交付使用时：

借：固定资产　　240 000

　　贷：非流动资产基金——固定资产　　240 000

同时：

借：非流动资产基金——在建工程　　240 000

　　贷：在建工程　　240 000

（八）无形资产

事业单位的无形资产是指事业单位持有的没有实物形态的可辨认非货币性资产，包括专利权、商标权、著作权、土地使用权、非专利技术等。事业单位购入的不构成相关硬件不可缺少组成部分的应用软件，应当作为无形资产核算。

为核算无形资产，事业单位应当设置“无形资产”科目，该科目借方登记无形资产的增加，贷方登记因转让、无偿调出、对外捐赠、核销以及对外投资转出等而减少的无形资产，期末借方余额反映事业单位无形资产的原价。本科目应当按无形资产的类别、项目等进行明细核算。事业单位无形资产增加或减少时，应当相应增加或减少非流动资产基金；无形资产在计提摊销时，逐期减少无形资产对应的非流动资产基金。

1. 无形资产的取得

事业单位取得无形资产时，应当按其实际成本入账。外购的无形资产，其成本包括购买价款、相关税费以及可归属于该项资产达到预定用途所发生的其他支出。购入的无形资产，按确定的无形资产成本，借记“无形资产”科目，贷记“非流动资产基金——无形资产”科目；同时，按实际支付金额，借记“事业支出”等科目，贷记“财政补助收入”、“零余额账户用款额度”、“银行存款”等科目。

委托软件公司开发软件视同外购无形资产进行处理，支付软件开发费时，按实际支付金额，借记“事业支出”等科目，贷记“财政补助收入”、“零余额账户用款额度”、“银行存款”等科目。软件开发完成交付使用时，按软件开发费总额，借记“无形资产”科目，贷记“非流动资产基金——无形资产”科目。

自行开发并按法律程序申请取得的无形资产，按依法取得时发生的注册费、聘请律师费等费用，借记“无形资产”科目，贷记“非流动资产基金——无形资产”科目；同时，借记“事业支出”等科目，贷记“财政补助收入”、“零余额账户用款额度”、“银行存款”等科目。依法取得前所发生的研究开发支出，应于发生时直接计入当期支出，借记“事业支出”等科目，贷记“银行存款”等科目。

例 10－15 某事业单位使用财政项目补助资金购入一项专利技术,价款为 500 000 元,以财政授权支付的方式支付。财会部门根据有关凭证,应编制如下会计分录。

借:无形资产 500 000

  贷:非流动资产基金——无形资产 500 000

借:事业支出 500 000

  贷:零余额账户用款额度 500 000

2. 无形资产的摊销

事业单位应当按照《事业单位财务规则》或相关财务制度的规定确定是否对无形资产计提摊销。对无形资产计提摊销的,应当按月计提,按实际计提金额,借记"非流动资产基金——无形资产"科目,贷记"累计摊销"科目。

例 10－16 某事业单位计提本月无形资产摊销 8 000 元。财会部门根据有关凭证,应编制如下会计分录。

借:非流动资产基金——无形资产 8 000

  贷:累计摊销 8 000

3. 无形资产的处置

事业单位无形资产的处置包括无形资产的转让、无偿调出、对外捐赠等。无形资产预期不能为事业单位带来服务潜力或经济利益的,应当按规定报经批准后将该无形资产的账面价值予以核销。无形资产转入待处置资产时,按待处置无形资产的账面价值,借记"待处置资产损溢"科目,按已计提摊销,借记"累计摊销"科目,按无形资产的账面余额,贷记"无形资产"科目。实际转让、调出、捐出及核销时,按处置无形资产对应的非流动资产基金,借记"非流动资产基金——无形资产"科目,贷记"待处置资产损溢"科目。对处置过程中取得的收入、发生的相关税费通过"待处置资产损溢"科目核算,处置净收入根据国家有关规定处理。

例 10－17 某事业单位将其拥有的一项专利权转让,取得转让收入 60 000 元(按规定应先上缴国库),该专利权账面余额为 50 000 元,已计提摊销 20 000 元。假设不考虑相关税费,财会部门根据有关凭证,应编制如下会计分录。

① 无形资产转入待处置资产时:

借:待处置资产损溢 30 000

  累计摊销 20 000

  贷:无形资产 50 000

② 无形资产实际转让时:

借:非流动资产基金——无形资产 30 000

  贷:待处置资产损溢 30 000

③ 收到转让收入时:

借:银行存款 60 000

  贷:待处置资产损溢 60 000

④ 结转无形资产转让收入时:

借:待处置资产损溢 60 000

  贷:应交国库款 60 000

【检测10-3】多项选择题

下列各项中,会引起事业单位非流动资产基金发生增减变动的有( )。

A. 转让专利权　　B. 处置长期投资

C. 固定资产计提折旧　　D. 购入3个月到期的国债

(九)待处置资产损溢

待处置资产损溢是指事业单位待处置资产的价值及处理损溢。事业单位资产处理包括资产的出售、出让、转让、对外捐赠、无偿调出、盘亏、报废、毁损以及货币性资产损失核销等。

为核算待处置资产损溢,事业单位应当设置"待处置资产损溢"科目,该科目借方登记转入待处置资产的价值、发生的相关税费以及处理净收入转出,贷方登记报经批准予以核销或处理、实际转让以及实际捐出或调出的处置资产价值、取得的变价收入或赔偿,本科目期末如为借方余额,反映尚未处理完毕的各种资产价值及净损失;期末如为贷方余额,反映尚未处理完毕的各种资产净溢余;年度终了报经批准处理后,本科目一般应无余额。本科目应当按照待处置资产项目进行明细核算;对于在处理过程中取得相关收入、发生相关费用的处理项目,还应设置"处置资产价值"、"处理净收入"明细科目进行明细核算。

事业单位处置资产一般应当先记入"待处置资产损溢"科目,按规定报经批准后及时进行账务处理。年度终了结账前一般应处理完毕。待处置资产损溢的主要账务处理如下。

1. 按规定报经批准予以核销的应收及预付款项、长期股权投资、无形资产

(1) 转入待处置资产时,借记"待处置资产损溢"科目(核销无形资产的,还应借记"累计摊销"科目),贷记"应收账款"、"预付账款"、"其他应收款"、"长期投资"、"无形资产"等科目。

(2) 报经批准予以核销时,借记"其他支出"科目(应收及预付款项核销)或"非流动资产基金——长期投资、无形资产"科目(长期投资、无形资产核销),贷记"待处置资产损溢"科目。

2. 盘亏或者毁损、报废的存货、固定资产

(1) 转入待处置资产时,借记"待处置资产损溢——处置资产价值"科目(处理固定资产的,还应借记"累计折旧"科目),贷记"存货"、"固定资产"等科目。

(2) 报经批准予以处理时,借记"其他支出"科目(处理存货)或"非流动资产基金——固定资产"科目(处理固定资产),贷记"待处置资产损溢——处置资产价值"科目。

(3) 处理毁损、报废存货、固定资产过程中收到残值变价收入、保险理赔和过失人赔偿等,借记"库存现金"、"银行存款"等科目,贷记"待处置资产损溢——处理净收入"科目。

(4) 处理毁损、报废存货、固定资产过程中发生相关费用,借记"待处置资产损溢——处理净收入"科目,贷记"库存现金"、"银行存款"等科目。

(5) 处理完毕,按照处理收入扣除相关处理费用后的净收入,借记"待处置资产损溢——处理净收入"科目,贷记"应交国库款"等科目。

3. 对外捐赠、无偿调出存货、固定资产、无形资产

(1) 转入待处置资产时,借记"待处置资产损溢"科目(捐赠、调出固定资产、无形资产的,还应借记"累计折旧"、"累计摊销"科目),贷记"存货"、"固定资产"、"无形资产"等科目。

(2) 实际捐出、调出时,借记"其他支出"科目(捐出、调出存货)或"非流动资产基金——固定资产、无形资产"科目(捐出、调出固定资产、无形资产),贷记"待处置资产损溢"科目。

4. 转让(出售)长期股权投资、固定资产、无形资产

(1) 转入待处置资产时,借记"待处置资产损溢——处置资产价值"科目(转让固定资产、无形

资产的，还应借记“累计折旧”、“累计摊销”科目），贷记“长期投资”、“固定资产”、“无形资产”等科目。

（2）实际转让时，借记“非流动资产基金——长期投资、固定资产、无形资产”科目，贷记“待处置资产损溢——处置资产价值”科目。

（3）转让过程中取得价款、发生相关税费，以及转让价款扣除相关税费后的净收入的账务处理，按照国家有关规定，比照有关毁损、报废存货、固定资产进行处理。

二、负债

事业单位的负债是指事业单位所承担的能以货币计量，需要以资产或者劳务偿还的债务。事业单位的负债按照流动性，分为流动负债和非流动负债。流动负债是指预计在1年内（含1年）偿还的负债，包括短期借款、应付及预收款项、应付职工薪酬、应缴款项等。非流动负债是指流动负债以外的负债，包括长期借款、长期应付款等。事业单位的负债应当按照合同金额或实际发生额进行计量。

（一）短期借款

事业单位的短期借款是指事业单位借入的期限在1年内（含1年）的各种借款。

为了核算短期借款，事业单位应当设置“短期借款”科目，该科目贷方登记实际借入的短期借款本金，借方登记偿还的借款，期末贷方余额反映事业单位尚未偿还的短期借款本金。本科目应当按贷款单位和贷款种类进行明细核算。

事业单位借入各种短期借款时，按实际借入的金额，借记“银行存款”科目，贷记“短期借款”科目；支付短期借款利息时，借记“其他支出”科目，贷记“银行存款”科目；归还短期借款时，借记“短期借款”科目，贷记“银行存款”科目。

例 10－18 某事业单位向某银行借入一笔款项，借款本金为100 000元，期限1年，年利率6%，按季付息，到期还本并支付最后一季利息。财会部门根据有关凭证，应编制如下会计分录。

① 借入短期借款时：

借：银行存款　　100 000
　　贷：短期借款　　100 000

② 按季支付利息时：

借：其他支出　　1 500
　　贷：银行存款　　1 500

③ 到期归还本金及支付最后一季利息时：

借：短期借款　　100 000
　　其他支出　　1 500
　　贷：银行存款　　101 500

（二）应缴款项

事业单位的应缴款项是指事业单位应缴未缴的各种款项，包括应当上缴国库或者财政专户的款项、应缴税费，以及其他按照国家有关规定应当上缴的款项。

1. 应交税费

事业单位的应交税费是指事业单位按照税法等规定计算应缴纳的各种税费，包括营业税、增值税、城市维护建设税、教育费附加、车船税、房产税、城镇土地使用税、企业所得税等。

为了核算应缴纳的各种税费，事业单位应当设置“应缴税费”科目，该科目贷方登记事业单位发生纳税义务时应当缴纳的税费，借方登记实际缴纳的金额，期末贷方余额反映事业单位应缴未缴的税费金额；如期末借方余额，则反映事业单位多缴纳的税费金额。本科目应当按应缴税费种类进行明细核算。

事业单位发生营业税、城市维护建设税、教育费附加、车船税、房产税、城镇土地使用税等纳税义务时，按应缴纳的税费金额，借记有关科目，贷记“应缴税费”科目；代扣代缴个人所得税时，按应代扣代缴的个人所得税金额，借记“应付职工薪酬”科目，贷记“应缴税费”科目；发生企业所得税纳税义务时，按应缴税金数额，借记“非财政补助结余分配”科目，贷记“应缴税费”科目。事业单位实际缴纳税费时，借记“应缴税费”科目，贷记“银行存款”等科目。

属于增值税一般纳税人的事业单位购入非自用材料的，按确定的成本（不含增值税进项税额），借记“存货”科目，按增值税专用发票上注明的增值税额，借记“应缴税费——应缴增值税（进项税额）”科目，按实际支付或应付的金额，贷记“银行存款”、“应付账款”等科目；销售应税产品或提供应税服务，按包含增值税的价款总额，借记“银行存款”、“应收账款”、“应收票据”等科目，按扣除增值税销项税额后的价款金额，贷记“经营收入”等科目，按增值税专用发票上注明的增值税金额，贷记“应缴税费——应缴增值税（销项税额）”科目；实际缴纳增值税时，借记“应缴税费——应缴增值税（已交税金）”科目，贷记“银行存款”科目。

属于增值税小规模纳税人的事业单位销售应税产品或提供应税服务，按实际收到或应收的价款，借记“银行存款”、“应收账款”、“应收票据”等科目，按实际收到或应收价款扣除增值税额后的金额，贷记“经营收入”等科目，按应缴增值税金额，贷记“应缴税费——应缴增值税”科目；实际缴纳增值税时，借记“应缴税费——应缴增值税”科目，贷记“银行存款”科目。

2. 应缴国库款

事业单位的应缴国库款是指事业单位按规定应缴入国库的款项（应缴税费除外）。

为了核算应缴国库的各类款项，事业单位应当设置“应缴国库款”科目，该科目贷方登记应缴国库款的增加，借方登记实际缴纳的金额，期末贷方余额反映事业单位应缴入国库但尚未缴纳的款项。本科目应当按应缴国库的各款项类别进行明细核算。

事业单位按规定计算确定或实际取得应缴国库的款项时，借记有关科目，贷记“应缴国库款”科目；上缴款项时，借记“应缴国库款”科目，贷记“银行存款”等科目。

【检测 10－4】多项选择题

事业单位应通过“应缴税费”科目核算的是（　　　）。

A. 房产税　B. 企业所得税　C. 增值税　D. 教育费附加

3. 应缴财政专户款

事业单位的应缴财政专户款是指事业单位按规定应缴入财政专户的款项。

为核算应缴财政专户的各类款项，事业单位应当设置“应缴财政专户款”科目，该科目贷方登记应缴财政专户款的增加，借方登记实际缴纳的金额，期末贷方余额反映事业单位应缴入财政专户但尚未缴纳的款项。本科目应当按应缴财政专户的各款项类别进行明细核算。

事业单位取得应缴财政专户的款项时，借记有关科目，贷记“应缴财政专户款”科目；上缴款项时，借记“应缴财政专户款”科目，贷记“银行存款”等科目。

（三）应付职工薪酬

事业单位的应付职工薪酬是指事业单位按有关规定应付给职工及为职工支付的各种薪酬。包括基本工资、绩效工资、国家统一规定的津贴补贴、社会保险费、住房公积金等。

为核算职工薪酬,事业单位应当设置"应付职工薪酬"科目,该科目贷方登记应付职工薪酬的增加,借方登记实际支付或结转的金额,期末贷方余额反映事业单位应付未付的职工薪酬。本科目应当根据国家有关规定按照"工资(离退休费)"、"地方(部门)津贴补贴"、"其他个人收入"以及"社会保险费"、"住房公积金"等进行明细核算。

事业单位计算当期应付职工薪酬,借记"事业支出"、"经营支出"等科目,贷记"应付职工薪酬"科目;按税法规定代扣代缴个人所得税,借记"应付职工薪酬"科目,贷记"应缴税费——应缴个人所得税"科目;向职工支付工资、津贴补贴等薪酬及按国家有关规定缴纳职工社会保险费和住房公积金,借记"应付职工薪酬"科目,贷记"财政补助收入"、"零余额账户用款额度"、"银行存款"等科目。

例 10－19 某事业单位为开展专业业务活动及其辅助活动人员发放本月工资300 000元,津贴和补贴200 000元,按规定应代扣代缴个人所得税20 000元,该单位以银行存款转账方式支付职工薪酬并缴纳代扣的个人所得税。财会部门根据有关凭证,应编制如下会计分录。

① 计算应付职工薪酬时:

借:事业支出	500 000	
贷:应付职工薪酬		500 000

② 实际支付职工薪酬并代扣个人所得税时:

借:应付职工薪酬	500 000	
贷:银行存款		480 000
应缴税费		20 000

③ 缴纳代扣的个人所得税时:

借:应缴税费	20 000	
贷:银行存款		20 000

(四) 应付及预收款项

事业单位的应付及预收款项是指事业单位在开展业务活动中发生的各项债务,包括应付票据、应付账款、其他应付款等应付款项和预收账款。

1. 应付票据

事业单位的应付票据是指事业单位因购买材料、物资等而开出、承兑的商业汇票,包括银行承兑汇票和商业承兑汇票。

为核算应付票据,事业单位应当设置"应付票据"科目,该科目贷方登记应付票据的增加,借方登记汇票到期时支付或结转,期末贷方余额反映事业单位开出、承兑的尚未到期的商业汇票票面金额。本科目应当按债权单位进行明细核算。

事业单位开出、承兑商业汇票时,借记"存货"等科目,贷记"应付票据"科目;支付银行承兑汇票的手续费时,借记"事业支出"、"经营支出"等科目,贷记"银行存款"等科目。收到银行支付到期票据的付款通知时,借记"应付票据"科目,贷记"银行存款"科目。银行承兑汇票到期,本单位无力支付票款的,按汇票票面金额,借记"应付票据"科目,贷记"短期借款"科目;商业承兑汇票到期,本单位无力支付票款的,按汇票票面金额,借记"应付票据"科目,贷记"应付账款"科目。

事业单位应当设置"应付票据备查簿",详细登记每一应付票据的种类、号数、出票日期、到期日、票面金额、交易合同号、收款人姓名或单位名称,以及付款日期和金额等资料。应付票据到期结清票款后,应当在备查簿内逐笔注销。

例 10－20 某事业单位购入自用材料一批,取得的增值税专用发票上注明的价款为

5 000元，增值税税额为850 元。同日该单位开出一张期限为3 个月，票面金额为5 850 元的不带息商业承兑汇票。3 个月后票据到期，该单位支付了价款和增值税。财会部门根据有关凭证，应编制如下会计分录。

① 购入材料并开出商业承兑汇票时：

借：存货　　5 850

　贷：应付票据　　5 850

② 票据到期兑付票款时：

借：应付票据　　5 850

　贷：银行存款　　5 850

2. 应付账款

事业单位的应付账款是指事业单位因购买材料、物资等而应付的款项。

为核算应付账款，事业单位应当设置“应付账款”科目，该科目贷方登记应付账款的增加，借方登记实际偿付的款项，期末贷方余额反映事业单位尚未支付的应付账款。本科目应当按债权单位（或个人）进行明细核算。

事业单位购入材料、物资等已验收入库但货款尚未支付的，按应付未付金额，借记“存货”等科目，贷记“应付账款”科目；偿付应付账款时，按实际支付的款项金额，借记“应付账款”科目，贷记“银行存款”等科目。无法偿付或债权人豁免偿还的应付账款，借记“应付账款”科目，贷记“其他收入”科目

3. 预收账款

事业单位的预收账款是指事业单位按合同规定预收的款项。

为核算预收账款，事业单位应当设置“预收账款”科目，该科目贷方登记事业单位从付款方预收的款项，借方登记实际结算的款项，期末贷方余额反映事业单位按合同规定预收但尚未实际结算的款项。本科目应当按债权单位（或个人）进行明细核算。

事业单位从付款方预收款项时，按照实际预收的金额，借记“银行存款”等科目，贷记“预收账款”科目；确认有关收入时，借记“预收账款”科目，按应确认的收入金额，贷记“经营收入”等科目，按付款方补付或退回付款方的金额，借记或贷记“银行存款”等科目。无法偿付或债权人豁免偿还的预收账款，借记“预收账款”科目，贷记“其他收入”科目。

4. 其他应付款

事业单位的其他应付款是指事业单位除应缴税费、应缴国库款、应缴财政专户款、应付职工薪酬、应付票据、应付账款、预收账款之外的其他各项偿还期限在1 年内（含1 年）的应付及暂收款项，如存入保证金等。

为核算其他应付款，事业单位应当设置“其他应付款”科目，该科目贷方登记其他应付款的增加，借方登记实际支付的款项，期末贷方余额反映事业单位尚未支付的其他应付款。本科目应当按其他应付款的类别及债权单位（或个人）进行明细核算。

事业单位发生其他各项应付及暂收款项时，借记“银行存款”等科目，贷记“其他应付款”科目；支付其他应付款项时，借记“其他应付款”科目，贷记“银行存款”等科目。无法偿付或债权人豁免偿还的其他应付款项，借记“其他应付款”科目，贷记“其他收入”科目。

（五）长期借款

事业单位的长期借款是指事业单位借入的期限超过1 年（不含1 年）的各种借款。

为核算长期借款，事业单位应当设置“长期借款”科目，该科目贷方登记实际借入的长期借款本金，借方登记偿还的借款本金，期末贷方余额反映事业单位尚未偿还的长期借款本金。本科目应当按贷款单位和贷款种类进行明细核算。对于基建项目借款，还应按具体项目进行明细核算。

事业单位借入各项长期借款时，按照实际借入的金额，借记“银行存款”科目，贷记“长期借款”科目。支付长期借款利息时，按支付的利息金额，借记“其他支出”科目，贷记“银行存款”科目；如为购建固定资产的专门借款利息，并属于工程项目建设期间支付的，还应同时借记“在建工程”科目，贷记“非流动资产基金——在建工程”科目。归还长期借款时，借记“长期借款”科目，贷记“银行存款”科目。

（六）长期应付款

事业单位的长期应付款是指事业单位发生的偿还期限超过1年（不含1年）的应付款项，如以融资租赁租入固定资产的租赁费、跨年度分期付款购入固定资产的价款等。

为核算长期应付款，事业单位应当设置“长期应付款”科目，该科目贷方登记长期应付款的增加，借方登记实际偿付的款项，期末贷方余额反映事业单位尚未支付的长期应付款。本科目应当按长期应付款的类别以及债权单位（或个人）进行明细核算。

事业单位发生长期应付款时，借记“固定资产”、“在建工程”等科目，贷记“长期应付款”、“非流动资产基金”等科目；支付长期应付款时，借记“事业支出”、“经营支出”等科目，贷记“银行存款”等科目；同时，借记“长期应付款”科目，贷记“非流动资产基金”科目。无法偿付或债权人豁免偿还的长期应付款，借记“长期应付款”科目，贷记“其他收入”科目。

第三节 净资产

事业单位的净资产是指事业单位资产扣除负债后的余额。事业单位的净资产包括事业基金、非流动资产基金、专用基金、财政补助结转结余、非财政补助结转结余等。

事业单位应当严格区分财政补助结转结余和非财政补助结转结余。财政补助结转结余不参与事业单位的结余分配、不转入事业基金，单独设置“财政补助结转”和“财政补助结余”科目核算。非财政补助结转结余通过“非财政补助结转”、“事业结余”、“经营结余”、“非财政补助结余分配”等科目核算。

一、财政补助结转结余

财政补助结转结余是指事业单位各项财政补助收入与其相关支出相抵后剩余滚存、须按规定管理和使用的结转和结余资金。

（一）财政补助结转

财政补助结转资金是指当年支出预算已执行但尚未完成或因故未执行，下年须按原用途继续使用的财政补助资金。财政补助结转资金，包括基本支出结转和项目支出结转。事业单位设置“财政补助结转”科目，核算滚存的财政补助结转资金。本科目应当设置“基本支出结转”、“项目支出结转”两个明细科目，并在“基本支出结转”明细科目下按“人员经费”、“日常公用经费”进行明细核算，在“项目支出结转”明细科目下按具体项目进行明细核算；本科目还应按《政府收支分类科目》中“支出功能分类科目”的相关科目进行明细核算。

期末，将财政补助收入本期发生额结转入本科目，借记“财政补助收入——基本支出、项目支出”科目，贷记“财政补助结转（基本支出结转、项目支出结转）”科目；将事业支出（财政补助支出）本期发生额结转入本科目，借记“财政补助结转（基本支出结转、项目支出结转）”科目，贷记“事业支出——财政补助支出（基本支出、项目支出）”或“事业支出——基本支出（财政补助支出）、项目支出（财政补助支出）”科目。

例 10－21 期末,某事业单位结账前有关会计科目的余额如下。

财政补助收入——基本支出 900 000

——项目支出 100 000

事业支出——财政补助支出(基本支出) 850 000

——财政补助支出(项目支出) 90 000

期末,该事业单位将本期财政补助收入和支出结转,应编制如下会计分录。

① 结转财政补助收入时:

借:财政补助收入——基本支出 900 000

——项目支出 100 000

贷:财政补助结转——基本支出结转 900 000

——项目支出结转 100 000

② 结转财政补助支出时:

借:财政补助结转——基本支出结转 850 000

——项目支出结转 90 000

贷:事业支出——财政补助支出(基本支出) 850 000

——财政补助支出(项目支出) 90 000

年末,完成上述财政补助收支结转后,应当对财政补助各明细项目执行情况进行分析,按有关规定将符合财政补助结余性质的项目余额转入财政补助结余,借记或贷记“财政补助结转”科目(项目支出结转——××项目),贷记或借记“财政补助结余”科目。

按规定上缴财政补助结转资金或注销财政补助结转额度的,按实际上缴资金数额或注销的资金额度数额,借记“财政补助结转”科目,贷记“财政应返还额度”、“零余额账户用款额度”、“银行存款”等科目。取得主管部门归集调入财政补助结转资金或额度的,做相反会计分录。

例 10－22 承例 10－21,财政部门要求将多余的补助款项 50 000 元上缴财政部门。财会部门根据有关凭证,应编制如下会计分录。

借:财政补助结转——基本支出结转 50 000

贷:银行存款 50 000

(二) 财政补助结余

财政补助结余资金是指支出预算工作目标已完成,或由于受政策变化、计划调整等因素影响,工作终止,当年剩余的财政补助资金。事业单位设置“财政补助结余”科目,核算滚存的财政补助项目支出结余资金。本科目应当按《政府收支分类科目》中“支出功能分类科目”的相关科目进行明细核算。年末,对财政补助各明细项目执行情况进行分析,按有关规定将符合财政补助结余性质的项目余额转入财政补助结余,借记或贷记“财政补助结转——项目支出结转(××项目)”科目,贷记或借记“财政补助结余”科目。

例 10－23 承例 10－21,年末,将符合财政补助结余性质的项目余额 10 000 元转入财政补助结余,应编制如下会计分录。

借:财政补助结转——项目支出结转 10 000

贷:财政补助结余 10 000

按规定上缴财政补助结余资金或注销财政补助结余额度的,按实际上缴资金数额或注销的资金额度数额,借记“财政补助结余”科目,贷记“财政应返还额度”、“零余额账户用款额度”、“银行存款”等科目。取得主管部门归集调入财政补助结余资金或额度的，做相反会计分录。

二、非财政补助结转结余

非财政补助结转结余是指事业单位除财政补助收支以外的各项收入与各项支出相抵后的余额。

（一）非财政补助结转

非财政补助结转资金是指事业单位除财政补助收支以外的各专项资金收入与其相关支出相抵后剩余滚存、须按规定用途使用的结转资金。事业单位设置“非财政补助结转”科目，核算滚存、须按规定用途使用的非财政补助结转资金。本科目应当按非财政专项资金的具体项目进行明细核算。

期末，将事业收入、上级补助收入、附属单位上缴收入、其他收入本期发生额中的专项资金收入结转入本科目，借记“事业收入”、“上级补助收入”、“附属单位上缴收入”、“其他收入”科目下各专项资金收入明细科目，贷记“非财政补助结转”科目；将事业支出、其他支出本期发生额中的非财政专项资金支出结转入本科目，借记“非财政补助结转”科目，贷记“事业支出——非财政专项资金支出”或“事业支出——项目支出（非财政专项资金支出）”、“其他支出”科目下各专项资金支出明细科目。

年末，完成上述非财政补助收支结转后，应当对非财政补助专项结转资金各项目情况进行分析，将已完成项目的项目剩余资金区分以下情况处理：缴回原专项资金拨入单位的，借记“非财政补助结转（××项目）”科目，贷记“银行存款”等科目；留归本单位使用的，借记“非财政补助结转（××项目）”科目，贷记“事业基金”科目。

例 10-24 某事业单位启动一项科研项目，当年收到上级主管部门拨入的非财政专项资金 2 000 000 元，为该项目发生事业支出 1 800 000 元。年末，该项目结项，经上级主管部门批准，该项目的结余资金 60% 缴回上级部门，40% 留归事业单位使用。该事业单位应编制如下会计分录。

① 结转上级补助收入中该专项资金收入时：

借：上级补助收入　　2 000 000
　贷：非财政补助结转　　2 000 000

② 结转事业支出中该专项支出时：

借：非财政补助结转　　1 800 000
　贷：事业支出——非财政专项资金支出　　1 800 000

③ 经批准结余资金 60% 缴回上级部门，40% 留归本单位使用时：

借：非财政补助结转　　200 000
　贷：银行存款　　120 000
　　事业基金　　80 000

【检测 10-5】单项选择题

事业单位非财政补助专项资金结转后，按规定留归本单位使用的剩余资金应转入的科目是（　　）。

A. 事业基金　　B. 事业结余　　C. 非财政补助结余　　D. 非财政补助结余分配

（二）非财政补助结余

非财政补助结余是指事业单位除财政补助收支以外的各非专项资金收入与各非专项资金支出相抵后的余额，包括事业结余和经营结余。

1. 事业结余

事业结余是指事业单位一定期间除财政补助收支、非财政专项资金收支和经营收支以外各项收支相抵后的余额。

为核算事业结余，事业单位应当设置“事业结余”科目。期末，将事业收入、上级补助收入、附属单位上缴收入、其他收入本期发生额中的非专项资金收入结转入本科目，借记“事业收入”、“上级补助收入”、“附属单位上缴收入”、“其他收入”科目下各非专项资金收入明细科目，贷记“事业结余”科目；将事业支出、其他支出本期发生额中的非财政、非专项资金支出，以及对附属单位补助支出、上缴上级支出的本期发生额结转入本科目，借记“事业结余”科目，贷记“事业支出——其他资金支出”或“事业支出——基本支出（其他资金支出）、项目支出（其他资金支出）”科目、“其他支出”科目下各非专项资金支出明细科目、“对附属单位补助支出”、“上缴上级支出”科目；该科目期末如为贷方余额，反映事业单位自年初至报告期末累计实现的事业结余；如为借方余额，反映事业单位自年初至报告期末累计发生的事业亏损。

2. 经营结余

经营结余是指事业单位一定期间各项经营收支相抵后余额弥补以前年度经营亏损后的余额。

为核算经营结余，事业单位应当设置“经营结余”科目。期末，将经营收入本期发生额结转入本科目，借记“经营收入”科目，贷记“经营结余”科目；将经营支出本期发生额结转入本科目，借记“经营结余”科目，贷记“经营支出”科目；该科目期末如为贷方余额，反映事业单位自年初至报告期末累计实现的经营结余弥补以前年度经营亏损后的经营结余；如为借方余额，反映事业单位截至报告期末累计发生的经营亏损。

例 10-25　期末，某事业单位对其收支科目进行分析，事业收入和上级补助收入本期发生额中的非专项资金收入分别为 800 000 元、200 000 元，事业支出和其他支出本期发生额中的非财政、非专项资金支出分别为 600 000 元、150 000 元，对附属单位补助支出本期发生额为 100 000 元；经营收入本期发生额为 120 000 元，经营支出本期发生额为 70 000 元。期末，该事业单位应编制如下会计分录。

① 结转本期非财政、非专项资金收支时：

借：事业收入	800 000	
上级补助收入	200 000	
贷：事业结余		1 000 000
借：事业结余	850 000	
贷：事业支出——其他资金支出		600 000
其他支出		150 000
对附属单位补助支出		100 000

② 结转本期经营收支时：

借：经营收入	120 000	
贷：经营结余		120 000
借：经营结余	70 000	
贷：经营支出		70 000

3. 非财政补助结余分配

事业单位应当设置“非财政补助结余分配”科目，核算事业单位本年度非财政补助结余分配的情况和结果。年末，应将“事业结余”科目余额结转入“非财政补助结余分配”科目，借记或贷记“事业结余”科目，贷记或借记“非财政补助结余分配”科目。年末结账后，“事业结余”科目应无余额。年末，如“经营结余”科目余额在贷方，应将余额结转入“非财政补助结余分配”科目，借记“经营结余”科目，贷记“非财政补助结余分配”科目；如余额在借方，为经营亏损，不予结转。年末结账后，“经营结余”科目一般无余额；如为借方结余，反映事业单位累计发生的经营亏损。

有企业所得税缴纳义务的事业单位计算出应缴纳的企业所得税时，借记“非财政补助结余分配”科目，贷记“应缴税费——应缴企业所得税”科目；按有关规定提取职工福利基金时，按提取的金额，借记“非财政补助结余分配”科目，贷记“专用基金——职工福利基金”科目。

年末，按规定完成上述处理后，将“非财政补助结余分配”科目余额结转入事业基金，借记或贷记“非财政补助结余分配”科目，贷记或借记“事业基金”科目。年末结账后，“非财政补助结余分配”科目应无余额。

例 10-26 某事业单位年终结账时，“事业结余”科目的贷方余额为60 000元，“经营结余”科目的贷方余额为50 000元。该事业单位应缴纳企业所得税12 000元，按有关规定提取职工福利基金15 000元。年末，该事业单位应编制如下会计分录。

① 结转事业结余和经营结余时：

借：事业结余	60 000	
经营结余	50 000	
贷：非财政补助结余分配		110 000

② 计算确定应缴纳企业所得税时：

借：非财政补助结余分配	12 000	
贷：应缴税费——应缴企业所得税		12 000

③ 提取专用基金时：

借：非财政补助结余分配	15 000	
贷：专用基金——职工福利基金		15 000

④ 将“非财政补助结余分配”科目余额结转入事业基金时：

借：非财政补助结余分配	83 000	
贷：事业基金		83 000

【检测10-6】判断题

年末，事业单位的“事业结余”和“经营结余”科目余额均应结转入“非财政补助结余分配”科目。（ ）

三、事业基金

事业单位的事业基金是指事业单位拥有的非限定用途的净资产，主要为非财政补助结余扣除结余分配后滚存的金额。

为核算事业基金，事业单位应当设置“事业基金”科目，核算事业基金的增减变动，该科目期末贷方余额，反映事业单位历年积存的非限定用途净资产的金额。年末，将“非财政补助结余分配”

科目余额转入事业基金，借记或贷记“非财政补助结余分配”科目，贷记或借记“事业基金”科目；将留归本单位使用的非财政补助专项（项目已完成）剩余资金转入事业基金，借记“非财政补助结转”科目，贷记“事业基金”科目。

事业单位以货币资金取得长期股权投资、长期债券投资，按实际支付的全部价款（包括购买价款以及税金、手续费等相关税费）作为投资成本，借记“长期投资”科目，贷记“银行存款”等科目；同时，按投资成本金额，借记“事业基金”科目，贷记“非流动资产基金——长期投资”科目。

事业单位对外转让或到期收回长期债券投资本息，按实际收到的金额，借记“银行存款”等科目，按收回长期投资的成本，贷记“长期投资”科目，按其差额，贷记或借记“其他收入——投资收益”科目；同时，按收回长期投资对应的非流动资产基金，借记“非流动资产基金——长期投资”科目，贷记“事业基金”科目。

四、非流动资产基金

事业单位的非流动资产基金是指事业单位长期投资、固定资产、在建工程、无形资产等非流动资产占用的金额。

事业单位应当设置“非流动资产基金”科目，核算因非流动资产增减变动而引起的非流动资产基金增减变动，该科目期末贷方余额反映事业单位非流动资产占用的金额，本科目应当设置“长期投资”、“固定资产”、“在建工程”、“无形资产”等明细科目进行明细核算。非流动资产基金应当在取得长期投资、固定资产、在建工程、无形资产等非流动资产或发生相关支出时予以确认；计提固定资产折旧、无形资产摊销时，应当冲减非流动资产基金；处置长期投资、固定资产、无形资产，以及以固定资产、无形资产对外投资时，应当冲销该资产对应的非流动资产基金。非流动资产基金的具体账务处理可参见本章第二节长期投资、固定资产、在建工程、无形资产的有关核算内容。

五、专用基金

事业单位的专用基金是指事业单位按规定提取或者设置的具有专门用途的净资产，主要包括修购基金、职工福利基金等。

为核算专用基金，事业单位应当设置“专用基金”科目，该科目贷方登记提取的专用基金，借方登记实际使用的专用基金，期末贷方余额反映事业单位专用基金余额。本科目应当按专用基金的类别进行明细核算。

事业单位按规定提取专用基金时，借记“事业支出”、“经营支出”科目或“非财政补助结余分配”科目，贷记“专用基金（修购基金或职工福利基金）”科目。按规定使用专用基金时，借记“专用基金”科目，贷记“银行存款”等科目；使用专用基金形成固定资产的，还应同时借记“固定资产”科目，贷记“非流动资产基金——固定资产”科目。

第四节 收入和支出

一、收入

事业单位的收入是指事业单位为开展业务及其他活动依法取得的非偿还性资金，包括财政补助收入、事业收入、上级补助收入、附属单位上缴收入、经营收入、其他收入等。事业单位的收入一般应当在收到款项时予以确认，并按实际收到的金额进行计量。采用权责发生制确认的收入，应当在提供服务或者发出存货，同时收讫价款或者取得索取价款的凭据时予以确认，并按实际收到的金额或有关凭据注明的金额进行计量。

（一）财政补助收入

事业单位的财政补助收入是指事业单位从同级财政部门取得的各类财政拨款，包括基本支出补助和项目支出补助。

为核算财政补助收入，事业单位应当设置“财政补助收入”科目，该科目贷方登记事业单位取得的财政补助收入，借方登记期末结转的金额，期末结账后该科目应无余额。本科目应当设置“基本支出”和“项目支出”两个明细科目；两个明细科目下按《政府收支分类科目》中“支出功能分类”的相关科目进行明细核算；同时在“基本支出”明细科目下按“人员经费”和“日常公用经费”进行明细核算，在“项目支出”明细科目下按具体项目进行明细核算。

在财政直接支付方式下，对财政直接支付的支出，事业单位根据财政国库支付执行机构委托代理银行转来的财政直接支付入账通知书及原始凭证，按通知书中的直接支付入账金额，借记有关科目，贷记“财政补助收入”科目。年度终了，根据本年度财政直接支付预算指标数与当年财政直接支付实际支出数的差额，借记“财政应返还额度——财政直接支付”科目，贷记“财政补助收入”科目。

在财政授权支付方式下，事业单位根据代理银行转来的授权支付到账通知书，按通知书中的授权支付额度，借记“零余额账户用款额度”科目，贷记“财政补助收入”科目。年度终了，事业单位本年度财政授权支付预算指标数大于零余额账户用款额度下达数的，根据未下达的用款额度，借记“财政应返还额度——财政授权支付”科目，贷记“财政补助收入”科目。

在其他方式下，实际收到财政补助收入时，按照实际收到的金额，借记“银行存款”等科目，贷记本科目。

期末，事业单位应将“财政补助收入”科目本期发生额转入财政补助结转，借记“财政补助收入”科目，贷记“财政补助结转”科目。

例 10－27　某事业单位根据经过批准的部门预算和用款计划，向同级财政部门申请支付本月电费 13 000 元。财政部门经审核后，以财政直接支付方式向供电部门支付了该单位的电费 13 000 元。该事业单位收到了财政直接支付入账通知书，应编制如下会计分录。

借：事业支出	13 000	
贷：财政补助收入		13 000

在财政授权支付方式下的账务处理，可参见本章第二节的例 10－1。

（二）事业收入

事业单位的事业收入是指事业单位开展专业业务活动及其辅助活动所取得的收入。其中：按国家有关规定应当上缴国库或者财政专户的资金，不计入事业收入；从财政专户核拨给事业单位的资金和经核准不上缴国库或者财政专户的资金，计入事业收入。

为核算事业收入，事业单位应当设置“事业收入”科目，该科目贷方登记事业单位取得的事业收入，借方登记期末结转的金额，期末结账后该科目应无余额。本科目应当按事业收入类别、项目、《政府收支分类科目》中“支出功能分类”相关科目等进行明细核算；事业收入中如有专项资金收入，还应按具体项目进行明细核算。

采用财政专户返还方式管理的事业收入，收到应上缴财政专户的事业收入时，按收到的款项金额，借记“银行存款”、“库存现金”等科目，贷记“应缴财政专户款”科目；向财政专户上缴款项时，按实际上缴的款项金额，借记“应缴财政专户款”科目，贷记“银行存款”等科目；收到从财政专户返还的事业收入时,按实际收到的返还金额,借记“银行存款”等科目,贷记“事业收入”科目。对其他事业收入,按收到的款项金额,借记“银行存款”、“库存现金”等科目,贷记“事业收入”科目。

期末,事业单位应将“事业收入”科目本期发生额中的专项资金收入结转入非财政补助结转,借记“事业收入”科目下各专项资金收入明细科目,贷记“非财政补助结转”科目;将“事业收入”科目本期发生额中的非专项资金收入结转入事业结余,借记“事业收入”科目下各非专项资金收入明细科目,贷记“事业结余”科目。

例 10-28 某事业单位部分事业收入采用财政专户返还方式管理。2013 年 11 月 5 日,该单位收到应上缴财政专户的事业收入 300 000 元;11 月 15 日,该单位将上述款项上缴财政专户;12 月 15 日,该单位收到从财政专户返还的事业收入 300 000 元。财会部门根据有关凭证,应编制如下会计分录。

① 收到应上缴财政专户的事业收入时:

借:银行存款	300 000	
贷:应缴财政专户款		300 000

② 向财政专户上缴款项时:

借:应缴财政专户款	300 000	
贷:银行存款		300 000

③ 收到从财政专户返还的事业收入时:

借:银行存款	300 000	
贷:事业收入		300 000

(三) 上级补助收入

事业单位的上级补助收入是指事业单位从主管部门和上级单位取得的非财政补助收入。

为核算上级补助收入,事业单位应当设置“上级补助收入”科目,该科目贷方登记事业单位取得的上级补助收入,借方登记期末结转的金额,期末结账后该科目应无余额。本科目应当按发放补助单位、补助项目、《政府收支分类科目》中“支出功能分类”相关科目等进行明细核算;上级补助收入中如有专项资金收入,还应按具体项目进行明细核算。

事业单位收到上级补助收入时,借记“银行存款”等科目,贷记“上级补助收入”科目。期末,事业单位应将“上级补助收入”科目本期发生额中的专项资金收入结转入非财政补助结转,借记“上级补助收入”科目下各专项资金收入明细科目,贷记“非财政补助结转”科目;将“上级补助收入”科目本期发生额中的非专项资金收入结转入事业结余,借记“上级补助收入”科目下各非专项资金收入明细科目,贷记“事业结余”科目。

(四) 附属单位上缴收入

事业单位的附属单位上缴收入是指事业单位附属独立核算单位按照有关规定上缴的收入。

为核算附属单位上缴收入,事业单位应当设置“附属单位上缴收入”科目,该科目贷方登记事业单位取得的附属单位上缴收入,借方登记期末结转的金额,期末结账后该科目应无余额。本科目应当按附属单位、缴款项目、《政府收支分类科目》中“支出功能分类”相关科目等进行明细核算;附属单位上缴收入中如有专项资金收入,还应按具体项目进行明细核算。

事业单位收到附属单位缴来的款项时,借记“银行存款”等科目,贷记“附属单位上缴收入”科目。期末,事业单位应将“附属单位上缴收入”科目本期发生额中的专项资金收入结转入非财政补助结转,借记“附属单位上缴收入”科目下各专项资金收入明细科目,贷记“非财政补助结转”科目;将“附属单位上缴收入”科目本期发生额中的非专项资金收入结转入事业结余,借记“附属单位上缴收入”科目下各非专项资金收入明细科目,贷记“事业结余”科目。

（五）经营收入

事业单位的经营收入是指事业单位在专业业务活动及其辅助活动之外开展非独立核算经营活动取得的收入。

【提示10－2】事业单位经营收入必须具备两个特征:一是开展经营活动取得的收入,而不是专业业务活动及其辅助活动取得的收入;二是非独立核算经营活动取得的收入,而不是独立核算经营活动取得的收入。

为核算经营收入,事业单位应当设置“经营收入”科目,该科目贷方登记事业单位开展非独立核算经营活动取得的收入,借方登记期末结转的金额,期末结账后该科目应无余额。平时贷方余额反映经营收入累计数,年终结账后该科目应无余额。本科目应当按经营活动类别、项目、《政府收支分类科目》中“支出功能分类”相关科目等进行明细核算。

经营收入应当在提供服务或发出存货,同时收讫价款或者取得索取价款的凭据时,按照实际收到或应收的金额确认收入。属于增值税一般纳税人的事业单位实现经营收入,按包含增值税的价款总额,借记“银行存款”、“应收账款”、“应收票据”等科目,按扣除增值税销项税额后的价款金额,贷记“经营收入”科目,按增值税专用发票上注明的增值税金额,贷记“应缴税费——应缴增值税(销项税额)”科目。

属于增值税小规模纳税人的事业单位实现经营收入,按实际出售价款,借记“银行存款”、“应收账款”、“应收票据”等科目,按出售价款扣除增值税额后的金额,贷记“经营收入”科目,按应缴增值税金额,贷记“应缴税费——应缴增值税”科目。

期末,事业单位应将“经营收入”科目本期发生额转入经营结余,借记“经营收入”科目,贷记“经营结余”科目。

（六）其他收入

事业单位的其他收入是指事业单位除财政补助收入、事业收入、上级补助收入、附属单位上缴收入、经营收入以外的各项收入,包括投资收益、银行存款利息收入、租金收入、捐赠收入、现金盘盈收入、存货盘盈收入、收回已核销应收及预付款项、无法偿付的应付及预收款项等。

为核算其他收入,事业单位应当设置“其他收入”科目,该科目贷方登记事业单位取得的其他收入,借方登记期末结转的金额,期末结账后该科目应无余额。本科目应当按其他收入的类别、《政府收支分类科目》中“支出功能分类”相关科目等进行明细核算。对于事业单位对外投资实现的投资净损益,应单设“投资收益”明细科目进行核算;其他收入中如有专项资金收入(如限定用途的捐赠收入),还应按具体项目进行明细核算。

事业单位收到对外投资持有期间的利息或利润、收到银行存款利息和资产承租人支付的租金、接受捐赠现金资产、现金盘盈、收回已核销的应收及预付款项等时,按实际收到的金额,借记“银行存款”、“库存现金”等科目,贷记“其他收入”科目;出售或到期收回国债投资本息,按实际收到的金额,借记“银行存款”等科目,按出售或收回国债投资的成本,贷记“短期投资”、“长期投资”科目,按其差额,贷记或借记“其他收入”科目;接受存货捐赠或发生存货盘盈时,借记“存货”科目,贷记“其他收入”科目;发生无法偿付或债权人豁免偿还的应付及预收款项时,借记“应付账款”等科目,贷记“其他收入”科目。

【提示10-3】接受捐赠固定资产、无形资产等非流动资产，不通过"其他收入"科目核算，而是按照确定的成本，借记"固定资产"、"无形资产"科目，贷记"非流动资产基金——固定资产或无形资产"科目。

期末，事业单位应将"其他收入"科目本期发生额中的专项资金收入结转入非财政补助结转，借记"其他收入"科目下各专项资金收入明细科目，贷记"非财政补助结转"科目；将"其他收入"科目本期发生额中的非专项资金收入结转入事业结余，借记"其他收入"科目下各非专项资金收入明细科目，贷记"事业结余"科目。

例10-29　某事业单位接受甲公司捐赠的一批实验材料，甲公司提供的凭据表明其价值为80 000元，该事业单位以银行存款支付了运输费1 000元。财会部门根据有关凭证，应编制如下会计分录。

借：存货　　81 000
　贷：其他收入　　80 000
　　银行存款　　1 000

【检测10-7】多项选择题

事业单位取得的下列各项收入，其会计处理表述正确的有（　　）。

A. 收到对外债券投资持有期间的利息收入计入其他收入

B. 收到从财政专户返还的专项资金收入计入事业收入

C. 收到主管部门拨入的非财政补助收入计入上级补助收入

D. 收到附属独立核算单位上缴的收入计入经营收入

二、支出

事业单位的支出是指事业单位开展业务及其他活动发生的资金耗费及损失，包括事业支出、对附属单位补助支出、上缴上级支出、经营支出和其他支出等。事业单位的支出一般应当在实际支付时予以确认，并按实际支付金额进行计量。采用权责发生制确认的支出或者费用，应当在其发生时予以确认，并按实际发生额进行计量。

（一）事业支出

事业单位的事业支出是指事业单位开展专业业务活动及其辅助活动发生的基本支出和项目支出。

为核算事业支出，事业单位应当设置"事业支出"科目，该科目借方登记当期实际发生的事业支出，贷方登记期末结转的金额，期末结账后该科目应无余额。本科目应当按"基本支出"和"项目支出"、"财政补助支出"、"非财政专项资金支出"和"其他资金支出"等层级进行明细核算，并按《政府收支分类科目》中"支出功能分类"相关科目进行明细核算；"基本支出"和"项目支出"明细科目下应当按《政府收支分类科目》中"支出经济分类"的款级科目进行明细核算；同时在"项目支出"明细科目下按具体项目进行明细核算。

事业单位开展专业业务活动及其辅助活动中发生各项支出时，借记"事业支出"科目，贷记"应付职工薪酬"、"存货"、"库存现金"、"银行存款"、"零余额账户用款额度"、"财政补助收入"等科目。期末,将"事业支出(财政补助支出)"科目本期发生额结转入"财政补助结转"科目,借记"财政补助结转"科目,贷记"事业支出——财政补助支出"科目;将"事业支出(非财政专项资金支出)"科目本期发生额结转入"非财政补助结转"科目,借记"非财政补助结转"科目,贷记"事业支出——非财政专项资金支出"科目;将"事业支出(其他资金支出)"科目本期发生额结转入"事业结余"科目,借记"事业结余"科目,贷记"事业支出——其他资金支出"科目。

例 10-30 某事业单位用财政专项补助购买一台专业业务活动使用的不须安装的设备,设备价款为550 000元,由财政直接支付。该事业单位根据收到的财政直接支付入账通知书及有关凭证,应编制如下会计分录。

借:固定资产 550 000
　　贷:非流动资产基金——固定资产 550 000
借:事业支出——财政补助支出 550 000
　　贷:财政补助收入 550 000

例 10-31 某事业单位的事业支出各明细科目本期发生额如下:财政补助支出600 000元,非财政专项资金支出150 000元,其他资金支出250 000元。期末,该事业单位将本期的事业支出结转入相关结余科目,应编制如下会计分录。

借:财政补助结转 600 000
　　非财政补助结转 150 000
　　事业结余 250 000
　　贷:事业支出——财政补助支出 600 000
　　　　　　　——非财政专项资金支出 150 000
　　　　　　　——其他资金支出 250 000

(二) 上缴上级支出

事业单位的上缴上级支出是指事业单位按照财政部门和主管部门的规定上缴上级单位的支出。

为核算上缴上级支出,事业单位应当设置"上缴上级支出"科目。该科目借方登记当期实际上缴上级单位的款项,贷方登记期末结转的金额,期末结账后该科目应无余额。本科目应当按收缴款项单位、缴款项目、《政府收支分类科目》中"支出功能分类"相关科目等进行明细核算。

事业单位按规定将款项上缴上级单位的,借记"上缴上级支出"科目,贷记"银行存款"等科目。期末,将"上缴上级支出"科目本期发生额结转入事业结余,借记"事业结余"科目,贷记"上缴上级支出"科目。

(三) 对附属单位补助支出

事业单位的对附属单位补助支出是指事业单位用财政补助收入之外的收入对附属单位补助发生的支出。

为核算对附属单位补助支出,事业单位应当设置"对附属单位补助支出"科目。该科目借方登记当期实际发生的对附属单位的补助支出,贷方登记期末结转的金额,期末结账后该科目应无余额。本科目应当按照接受补助单位、补助项目、《政府收支分类科目》中"支出功能分类"相关科目等进行明细核算。

事业单位发生对附属单位补助支出的,借记"对附属单位补助支出"科目,贷记"银行存款"等科目。期末,将"对附属单位补助支出"科目本期发生额结转入事业结余,借记"事业结余"科目,贷记"对附属单位补助支出"科目。

(四) 经营支出

事业单位的经营支出是指事业单位在专业业务活动及其辅助活动之外开展非独立核算经营活动发生的支出。事业单位开展非独立核算经营活动的,应当正确归集开展经营活动发生的各项费用数;无法直接归集的,应当按规定的标准或比例合理分摊。经营支出应当与经营收入相配比。

为核算经营支出,事业单位应当设置"经营支出"科目,该科目借方登记当期实际发生的经营支出,贷方登记期末结转的金额,期末结账后该科目应无余额。本科目应当按经营活动类别、项目、《政府收支分类科目》中"支出功能分类"相关科目等进行明细核算。

事业单位在专业业务活动及其辅助活动之外开展非独立核算经营活动发生的各项支出,借记"经营支出"科目,贷记"应付职工薪酬"、"存货"、"库存现金"、"银行存款"、"应缴税费"等科目。期末,将"经营支出"科目本期发生额结转入经营结余,借记"经营结余"科目,贷记"经营支出"科目。

(五) 其他支出

事业单位的其他支出是指事业单位除事业支出、上缴上级支出、对附属单位补助支出、经营支出以外的各项支出,包括利息支出、捐赠支出、现金盘亏损失、资产处置损失、接受捐赠(调入)非流动资产发生的税费支出等。

为核算其他支出,事业单位应当设置"其他支出"科目,该科目借方登记当期实际发生的其他支出,贷方登记期末结转的金额,期末结账后该科目应无余额。本科目应当按其他支出的类别、《政府收支分类科目》中"支出功能分类"相关科目等进行明细核算。其他支出中如有专项资金支出,还应按具体项目进行明细核算。

事业单位支付银行借款利息、对外捐赠现金资产、现金盘亏损失、支付接受捐赠(调入)非流动资产发生的相关税费时,借记"其他支出"科目,贷记"银行存款"、"库存现金"等科目;报经批准核销应收及预付款项、捐出或处置存货时,借记"其他支出"科目,贷记"待处置资产损溢"科目。期末,将"其他支出"科目本期发生额中的专项资金支出结转入非财政补助结转,借记"非财政补助结转"科目,贷记"其他支出"科目下各专项资金支出明细科目;将"其他支出"科目本期发生额中的非专项资金支出结转入事业结余,借记"事业结余"科目,贷记"其他支出"科目下各非专项资金支出明细科目。

例 10-32 某事业单位本期发生下列支出业务:支付借款利息 2 000 元;现金盘点中发现现金短缺 1 200 元,无法查明原因,报经批准予以处理;存货盘亏 2 500 元,报经批准予以处置。财会部门根据有关凭证,应编制如下会计分录。

① 支付借款利息时:

借:其他支出	2 000	
贷:银行存款		2 000

② 现金短缺报经批准予以处理时:

借:其他支出	1 200	
贷:库存现金		1 200

③ 存货盘亏报经批准予以处置时:

借:其他支出	2 500	
贷:待处置资产损溢		2 500

例 10－33 某事业单位的其他支出各明细科目本期发生额为:非财政专项资金支出300 000元,其他资金支出800 000元。期末,该事业单位将本期的其他支出结转入相关结余科目,应编制如下会计分录。

借:非财政补助结转	300 000	
事业结余	800 000	
贷:其他支出——非财政专项资金支出		300 000
——其他资金支出		800 000

【检测 10－8】判断题

期末,事业单位应将"其他支出"科目本期发生额中的专项资金支出结转入非财政补助结转,将"其他支出"科目本期发生额中的非专项资金支出结转入事业结余。( )

第五节 财务会计报告

一、财务报告的概念和构成

事业单位的财务会计报告是反映事业单位某一特定日期的财务状况和某一会计期间的事业成果、预算执行等会计信息的文件。事业单位的财务会计报告包括财务报表和其他应当在财务会计报告中披露的相关信息和资料。

财务报表是对事业单位财务状况、事业成果、预算执行情况等的结构性表述。财务报表由会计报表及其附注构成。会计报表至少应当包括资产负债表、收入支出表或收入费用表、财政补助收入支出表。资产负债表是指反映事业单位在某一特定日期的财务状况的报表。收入支出表或收入费用表是指反映事业单位在某一会计期间的事业成果及其分配情况的报表。财政补助收入支出表是指反映事业单位在某一会计期间财政补助收入、支出、结转及结余情况的报表。附注是指对在会计报表中列示项目的文字描述或明细资料,以及对未能在会计报表中列示项目的说明等。

事业单位财务报表应当根据登记完整、核对无误的账簿记录和其他有关资料编制,做到数字真实、计算准确、内容完整、报送及时。

二、资产负债表的编制

事业单位的资产负债表是反映事业单位在某一特定日期全部资产、负债和净资产的报表。资产负债表应当按照资产、负债和净资产分类列示。资产和负债应当分别流动资产和非流动资产、流动负债和非流动负债列示。事业单位应当编制月度和年度资产负债表。资产负债表的基本格式如表10－2所示。

表 10－2　资产负债表

会计事业 01 表

编制单位：某事业单位　　　　2013 年 12 月 31 日　　　　单位：元

资　产	期末余额	年初余额	负债和净资产	期末余额	年初余额
流动资产：			流动负债：		
货币资金	250 000	150 000	短期借款	50 000	
短期投资	50 000	50 000	应缴税费	2 000	2 000
财政应返还额度			应缴国库款		
应收票据			应缴财政专户款		
应收账款			应付职工薪酬	120 000	120 000
预付账款			应付票据		
其他应收款	25 000	20 000	应付账款	100 000	
存货	450 000	350 000	预收账款		
其他流动资产			其他应付款	20 000	15 000
流动资产合计	775 000	570 000	其他流动负债		
非流动资产：			流动负债合计	292 000	137 000
长期投资	200 000	200 000	非流动负债：		
固定资产	4 000 000	4 500 000	长期借款	150 000	150 000
固定资产原价	5 000 000	5 000 000	长期应付款		
减：累计折旧	1 000 000	500 000	非流动负债合计	150 000	150 000
在建工程	1 500 000	1 000 000	负债合计	442 000	287 000
无形资产	2 000 000	1 500 000	净资产：		
无形资产原价	2 200 000	1 600 000	事业基金	153 000	123 000
减：累计摊销	200 000	100 000	非流动资产基金	7 700 000	7 200 000
待处置资产损溢			专用基金	180 000	160 000
非流动资产合计	7 700 000	7 200 000	财政补助结转		
			财政补助结余		
			非财政补助结转		
			非财政补助结余		
			1. 事业结余		
			2. 经营结余		
			净资产合计	8 033 000	7 483 000
资产总计	8 475 000	7 770 000	负债和净资产总计	8 475 000	7 770 000

事业单位资产负债表“年初余额”栏各项目数字，应根据上年末资产负债表“期末余额”栏数字填列；“期末余额”栏各项目数字，应根据事业单位本期总账科目期末余额填列。

“期末余额”栏各项目的内容和填列方法如下。

1. 资产类项目

(1) “货币资金”项目，反映事业单位期末库存现金、银行存款和零余额账户用款额度的合计数。本项目应当根据“库存现金”、“银行存款”、“零余额账户用款额度”科目的期末余额合计填列。

(2)“短期投资”项目,反映事业单位期末持有的短期投资成本。本项目应当根据“短期投资”科目的期末余额填列。

(3)“财政应返还额度”项目,反映事业单位期末财政应返还额度的金额。本项目应当根据“财政应返还额度”科目的期末余额填列。

(4)“应收票据”项目,反映事业单位期末持有的应收票据的票面金额。本项目应当根据“应收票据”科目的期末余额填列。

(5)“应收账款”项目,反映事业单位期末尚未收回的应收账款余额。本项目应当根据“应收账款”科目的期末余额填列。

(6)“预付账款”项目,反映事业单位预付给商品或者劳务供应单位的款项。本项目应当根据“预付账款”科目的期末余额填列。

(7)“其他应收款”项目,反映事业单位期末尚未收回的其他应收款余额。本项目应当根据“其他应收款”科目的期末余额填列。

(8)“存货”项目,反映事业单位期末为开展业务活动及其他活动耗用而储存的各种材料、燃料、包装物、低值易耗品及达不到固定资产标准的用具、装具、动植物等的实际成本。本项目应当根据“存货”科目的期末余额填列。

(9)“其他流动资产”项目,反映事业单位除上述各项之外的其他流动资产,如将在1年内(含1年)到期的长期债券投资。本项目应当根据“长期投资”等科目的期末余额分析填列。

(10)“长期投资”项目,反映事业单位持有时间超过1年(不含1年)的股权和债权性质的投资。本项目应当根据“长期投资”科目期末余额减去其中将于1年内(含1年)到期的长期债券投资余额后的金额填列。

(11)“固定资产”项目,反映事业单位期末各项固定资产的账面价值。本项目应当根据“固定资产”科目期末余额减去“累计折旧”科目期末余额后的金额填列。

“固定资产原价”项目,反映事业单位期末各项固定资产的原价。本项目应当根据“固定资产”科目的期末余额填列。

“累计折旧”项目,反映事业单位期末各项固定资产的累计折旧。本项目应当根据“累计折旧”科目的期末余额填列。

(12)“在建工程”项目,反映事业单位期末尚未完工交付使用的在建工程发生的实际成本。本项目应当根据“在建工程”科目的期末余额填列。

(13)“无形资产”项目,反映事业单位期末持有的各项无形资产的账面价值。本项目应当根据“无形资产”科目期末余额减去“累计摊销”科目期末余额后的金额填列。

“无形资产原价”项目,反映事业单位期末持有的各项无形资产的原价。本项目应当根据“无形资产”科目的期末余额填列。

“累计摊销”项目,反映事业单位期末各项无形资产的累计摊销。本项目应当根据“累计摊销”科目的期末余额填列。

(14)“待处置资产损溢”项目,反映事业单位期末待处置资产的价值及处置损溢。本项目应当根据“待处置资产损溢”科目的期末借方余额填列;如“待处置资产损溢”科目期末余额在贷方,则以“-”填列。

(15)“非流动资产合计”项目,按照“长期投资”、“固定资产”、“在建工程”、“无形资产”、“待处置资产损溢”项目金额的合计数填列。

2. 负债类项目

(16)“短期借款”项目,反映事业单位借入的期限在1年内(含1年)的各种借款。本项目应当根据“短期借款”科目的期末余额填列。

(17)“应缴税费”项目,反映事业单位应交未交的各种税费。本项目应当根据“应缴税费”科目的期末贷方余额填列;如“应缴税费”科目期末余额在借方,则以“-”填列。

(18)“应缴国库款”项目,反映事业单位按规定应缴入国库的款项(应缴税费除外)。本项目应当根据“应缴国库款”科目的期末余额填列。

(19)“应缴财政专户款”项目,反映事业单位按规定应缴入财政专户的款项。本项目应当根据“应缴财政专户款”科目的期末余额填列。

(20)“应付职工薪酬”项目,反映事业单位按有关规定应付给职工及为职工支付的各种薪酬。本项目应当根据“应付职工薪酬”科目的期末余额填列。

(21)“应付票据”项目,反映事业单位期末应付票据的金额。本项目应当根据“应付票据”科目的期末余额填列。

(22)“应付账款”项目,反映事业单位期末尚未支付的应付账款的金额。本项目应当根据“应付账款”科目的期末余额填列。

(23)“预收账款”项目,反映事业单位期末按合同规定预收但尚未实际结算的款项。本项目应当根据“预收账款”科目的期末余额填列。

(24)“其他应付款”项目,反映事业单位期末应付未付的其他各项应付及暂收款项。本项目应当根据“其他应付款”科目的期末余额填列。

(25)“其他流动负债”项目,反映事业单位除上述各项之外的其他流动负债,如承担的将于1年内(含1年)偿还的长期负债。本项目应当根据“长期借款”、“长期应付款”等科目的期末余额分析填列。

(26)“长期借款”项目,反映事业单位借入的期限超过1年(不含1年)的各项借款本金。本项目应当根据“长期借款”科目的期末余额减去其中将于1年内(含1年)到期的长期借款余额后的金额填列。

(27)“长期应付款”项目,反映事业单位发生的偿还期限超过1年(不含1年)的各种应付款项。本项目应当根据“长期应付款”科目的期末余额减去其中将于1年内(含1年)到期的长期应付款余额后的金额填列。

3. 净资产类项目

(28)“事业基金”项目,反映事业单位期末拥有的非限定用途的净资产。本项目应当根据“事业基金”科目的期末余额填列。

(29)“非流动资产基金”项目,反映事业单位期末非流动资产占用的金额。本项目应当根据“非流动资产基金”科目的期末余额填列。

(30)“专用基金”项目,反映事业单位按规定设置或提取的具有专门用途的净资产。本项目应当根据“专用基金”科目的期末余额填列。

(31)“财政补助结转”项目,反映事业单位滚存的财政补助结转资金。本项目应当根据“财政补助结转”科目的期末余额填列。

(32)“财政补助结余”项目,反映事业单位滚存的财政补助项目支出结余资金。本项目应当根据“财政补助结余”科目的期末余额填列。

(33)“非财政补助结转”项目,反映事业单位滚存的非财政补助专项结转资金。本项目应当根据“非财政补助结转”科目的期末余额填列。

(34)“非财政补助结余”项目,反映事业单位自年初至报告期末累计实现的非财政补助结余弥补以前年度经营亏损后的余额。本项目应当根据“事业结余”、“经营结余”科目的期末余额合计填列;如“事业结余”、“经营结余”科目的期末余额合计为亏损数,则以“-”填列。在编制年度资产负债表时,本项目金额一般应为“0”;若不为“0”,本项目金额应为“经营结余”科目的期末借方余额(“-”填列)。

“事业结余”项目,反映事业单位自年初至报告期末累计实现的事业结余。本项目应当根据“事业结余”科目的期末余额填列;如“事业结余”科目的期末余额为亏损数,则以“-”填列。在编制年度资产负债表时,本项目金额应为“0”。

“经营结余”项目,反映事业单位自年初至报告期末累计实现的经营结余弥补以前年度经营亏损后的余额。本项目应当根据“经营结余”科目的期末余额填列;如“经营结余”科目的期末余额为亏损数,则以“-”填列。在编制年度资产负债表时,本项目金额一般应为“0”;若不为“0”,本项目金额应为“经营结余”科目的期末借方余额(“-”填列)。

例 10-34 资产负债表的编制。

(一)资料。

1. 某事业单位2013年12月31日资产负债表(见表10-2)。

2. 2014年1月份,某事业单位发生如下业务。

1)1月5日,收到同级财政部门批复的分月份用款计划及代理银行盖章的《授权支付到账通知书》,金额为180 000元。

2)1月3日,根据经过批准的部门预算和用款计划,向主管财政申请支付职工薪酬100 000元,向税务机关支付代扣代缴个人所得税2 000元。1月10日,财政部门经审核后,以财政直接支付方式支付了102 000元。

3)1月10日,以财政授权支付的方式支付差旅费20 000元。

4)1月12日,购入一台无须安装就能投入使用的专业业务活动专用设备,设备价款为80 000元,发生运杂费2 000元。购买设备使用的资金是非财政、非专项资金。该单位以银行存款支付其价款及运杂费。

5)1月15日,领取价值50 000元的物资用于开展专业业务活动。辅助登记的信息表明,购买该物资使用的资金是非财政、非专项资金。

6)1月18日,开展专业业务活动取得事业收入(非专项资金收入)100 000元,款项通过银行转账收取。

7)1月22日,收到未指定用途的捐款50 000元,款项通过银行转账收取。

8)1月25日,以财政授权支付的方式支付会议费等日常办公用经费140 000元。

9)1月31日,计提当月固定资产折旧40 000元,进行无形资产摊销10 000元。

10)1月31日,计算当期应付职工薪酬102 000元。按税法规定应代扣代缴个人所得税2 000元。

(二)根据上述资料,该事业单位应编制如下会计分录。

① 借:零余额账户用款额度　　180 000
　　贷:财政补助收入　　　　　　180 000

② 借:应付职工薪酬　　100 000
　　　应缴税费　　　　2 000
　　贷:财政补助收入　　　　102 000

③ 借:事业支出——财政补助支出　　20 000
　　贷:零余额账户用款额度　　　　　20 000

④ 借:固定资产　　82 000
　　贷:非流动资产基金——固定资产　　82 000

借:事业支出——其他资金支出　82 000
　贷:银行存款　82 000
⑤ 借:事业支出——其他资金支出　50 000
　贷:存货　50 000
⑥ 借:银行存款　100 000
　贷:事业收入　100 000
⑦ 借:银行存款　50 000
　贷:其他收入　50 000
⑧ 借:事业支出——财政补助支出　140 000
　贷:零余额账户用款额度　140 000
⑨ 借:非流动资产基金——固定资产　40 000
　贷:累计折旧　40 000
借:非流动资产基金——无形资产　10 000
　贷:累计摊销　10 000
⑩ 借:事业支出——财政补助支出　102 000
　贷:应付职工薪酬　102 000
借:应付职工薪酬　2 000
　贷:应缴税费　2 000

期末,结转本期收支:

借:财政补助收入　282 000
　贷:财政补助结转　282 000
借:财政补助结转　262 000
　贷:事业支出——财政补助支出　262 000
借:事业收入　100 000
　其他收入　50 000
　贷:事业结余　150 000
借:事业结余　132 000
　贷:事业支出——其他资金支出　132 000

(三) 根据2013年12月31日资产负债表和上述会计分录登记入账后的期末余额,编制2014年1月31日资产负债表,如表10-3所示。

表10-3　资产负债表

会事业01表

编制单位:某事业单位　　2014年1月31日　　单位:元

资　产	期末余额	年初余额	负债和净资产	期末余额	年初余额
流动资产:			流动负债:		
货币资金	338 000	250 000	短期借款	50 000	50 000
短期投资	50 000	50 000	应缴税费	2 000	2 000
财政应返还额度			应缴国库款		
应收票据			应缴财政专户款		
应收账款			应付职工薪酬	120 000	120 000
预付账款			应付票据		

（续表）

资 产	期末余额	年初余额	负债和净资产	期末余额	年初余额
其他应收款	25 000	25 000	应付账款	100 000	100 000
存货	400 000	450 000	预收账款		
其他流动资产			其他应付款	20 000	20 000
流动资产合计	813 000	775 000	其他流动负债		
非流动资产：			流动负债合计	292 000	292 000
长期投资	200 000	200 000	非流动负债：		
固定资产	4 042 000	4 000 000	长期借款	150 000	150 000
固定资产原价	5 082 000	5 000 000	长期应付款		
减：累计折旧	1 040 000	1 000 000	非流动负债合计	150 000	150 000
在建工程	1 500 000	1 500 000	负债合计	442 000	442 000
无形资产	1 990 000	2 000 000	净资产：		
无形资产原价	2 200 000	2 200 000	事业基金	153 000	153 000
减：累计摊销	210 000	200 000	非流动资产基金	7 732 000	7 700 000
待处置资产损溢			专用基金	180 000	180 000
非流动资产合计	7 732 000	7 700 000	财政补助结转	20 000	
			财政补助结余		
			非财政补助结转		
			非财政补助结余	18 000	
			1. 事业结余	18 000	
			2. 经营结余		
			净资产合计	8 103 000	8 033 000
资产总计	8 545 000	8 475 000	负债和净资产总计	8 545 000	8 475 000

三、收入支出表的编制

事业单位的收入支出表是反映事业单位在某一会计期间内各项收入、支出和结转结余情况，以及年末非财政补助结余的分配情况的报表。收入支出表或者收入费用表应当按照收入、支出或者费用的构成和非财政补助结余分配情况分项列示。事业单位应当编制月度和年度收入支出表。收入支出表的基本格式如表10－4所示。

表10－4 收入支出表

会事业02表

编制单位：某事业单位　　2014年1月　　单位：元

项 目	本月数	本年累计数
一、本期财政补助结转结余	20 000	20 000
财政补助收入	282 000	282 000
减：事业支出（财政补助支出）	262 000	262 000
二、本期事业结转结余	18 000	18 000
（一）事业类收入	150 000	150 000

（续表）

项　目	本月数	本年累计数
1. 事业收入	100 000	100 000
2. 上级补助收入		
3. 附属单位上缴收入		
4. 其他收入	50 000	50 000
其中：捐赠收入	50 000	50 000
减：(二)事业类支出	132 000	132 000
1. 事业支出(非财政补助支出)	132 000	132 000
2. 上缴上级支出		
3. 对附属单位补助支出		
4. 其他支出		
三、本期经营结余		
经营收入		
减：经营支出		
四、弥补以前年度亏损后的经营结余		
五、本年非财政补助结转结余		
减：非财政补助结转		
六、本年非财政补助结余		
减：应缴企业所得税		
减：提取专用基金		
七、转入事业基金		

收入支出表“本月数”栏反映各项目的本月实际发生数；在编制年度收入支出表时，应当将本栏改为“上年数”栏，反映上年度各项目的实际发生数。“本年累计数”栏反映各项目自年初起至报告期末止的累计实际发生数；编制年度收入支出表时，应当将本栏改为“本年数”。

“本月数”栏各项目的内容和填列方法如下。

(1) “本期财政补助结转结余”项目，反映事业单位本期财政补助收入与财政补助支出相抵后的余额。本项目应当按照本表中“财政补助收入”项目金额减去“事业支出(财政补助支出)”项目金额后的余额填列。

(2) “财政补助收入”项目，反映事业单位本期从同级财政部门取得的各类财政拨款。本项目应当根据“财政补助收入”科目的本期发生额填列。

(3) “事业支出(财政补助支出)”项目，反映事业单位本期使用财政补助发生的各项事业支出。本项目应当根据“事业支出——财政补助支出”科目的本期发生额填列，或者根据“事业支出——基本支出(财政补助支出)”、“事业支出——项目支出(财政补助支出)”科目的本期发生额合计填列。

(4) “本期事业结转结余”项目，反映事业单位本期除财政补助收支、经营收支以外的各项收支相抵后的余额。本项目应当按照本表中“事业类收入”项目金额减去“事业类支出”项目金额后的余额填列；如为负数，以“－”填列。

(5) “事业类收入”项目，反映事业单位本期事业收入、上级补助收入、附属单位上缴收入、其他收入的合计数。本项目应当按照本表中“事业收入”、“上级补助收入”、“附属单位上缴收入”、

“其他收入”项目金额的合计数填列。

“事业收入”项目，反映事业单位开展专业业务活动及其辅助活动取得的收入。本项目应当根据“事业收入”科目的本期发生额填列。

“上级补助收入”项目，反映事业单位从主管部门和上级单位取得的非财政补助收入。本项目应当根据“上级补助收入”科目的本期发生额填列。

“附属单位上缴收入”项目，反映事业单位附属独立核算单位按照有关规定上缴的收入。本项目应当根据“附属单位上缴收入”科目的本期发生额填列。

“其他收入”项目，反映事业单位除财政补助收入、事业收入、上级补助收入、附属单位上缴收入、经营收入以外的其他收入。本项目应当根据“其他收入”科目的本期发生额填列。

“捐赠收入”项目，反映事业单位接受现金、存货捐赠取得的收入。本项目应当根据“其他收入”科目所属相关明细科目的本期发生额填列。

(6)“事业类支出”项目，反映事业单位本期事业支出(非财政补助支出)、上缴上级支出、对附属单位补助支出、其他支出的合计数。本项目应当按照本表中“事业支出(非财政补助支出)”、“上缴上级支出”、“对附属单位补助支出”、“其他支出”项目金额的合计数填列。

“事业支出(非财政补助支出)”项目，反映事业单位使用财政补助以外的资金发生的各项事业支出。本项目应当根据“事业支出——非财政专项资金支出”、“事业支出——其他资金支出”科目的本期发生额合计填列，或者根据“事业支出——基本支出(其他资金支出)”、“事业支出——项目支出(非财政专项资金支出、其他资金支出)”科目的本期发生额合计填列。

“上缴上级支出”项目，反映事业单位按照财政部门和主管部门的规定上缴上级单位的支出。本项目应当根据“上缴上级支出”科目的本期发生额填列。

“对附属单位补助支出”项目，反映事业单位用财政补助收入之外的收入对附属单位补助发生的支出。本项目应当根据“对附属单位补助支出”科目的本期发生额填列。

“其他支出”项目，反映事业单位除事业支出、上缴上级支出、对附属单位补助支出、经营支出以外的其他支出。本项目应当根据“其他支出”科目的本期发生额填列。

(7)“本期经营结余”项目，反映事业单位本期经营收支相抵后的余额。本项目应当按照本表中“经营收入”项目金额减去“经营支出”项目金额后的余额填列；如为负数，以“-”填列。

(8)“经营收入”项目，反映事业单位在专业业务活动及其辅助活动之外开展非独立核算经营活动取得的收入。本项目应当根据“经营收入”科目的本期发生额填列。

(9)“经营支出”项目，反映事业单位在专业业务活动及其辅助活动之外开展非独立核算经营活动发生的支出。本项目应当根据“经营支出”科目的本期发生额填列。

(10)“弥补以前年度亏损后的经营结余”项目，反映事业单位本年度实现的经营结余扣除本年初未弥补经营亏损后的余额。本项目应当根据“经营结余”科目年末转入“非财政补助结余分配”科目前的余额填列；如该年末余额在借方，以“-”填列。

(11)“本年非财政补助结转结余”项目，反映事业单位本年除财政补助结转结余之外的结转结余金额。如本表中“弥补以前年度亏损后的经营结余”项目为正数，本项目应当按照本表中“本期事业结转结余”、“弥补以前年度亏损后的经营结余”项目金额的合计数填列；如为负数，以“-”填列。如本表中“弥补以前年度亏损后的经营结余”项目为负数，本项目应当按照本表中“本期事业结转结余”项目金额填列；如为负数，以“-”填列。

(12)“非财政补助结转”项目，反映事业单位本年除财政补助收支外的各专项资金收入减去各专项资金支出后的余额。本项目应当根据“非财政补助结转”科目本年贷方发生额中专项资金收入转入金额合计数减去本年借方发生额中专项资金支出转入金额合计数后的余额填列。

(13)“本年非财政补助结余”项目，反映事业单位本年除财政补助之外的其他结余金额。本项目应当按照本表中“本年非财政补助结转结余”项目金额减去“非财政补助结转”项目金额后的金额填列;如为负数,以“-”填列。

(14)“应缴企业所得税”项目,反映事业单位按照税法规定应缴纳的企业所得税金额。本项目应当根据“非财政补助结余分配”科目的本年发生额分析填列。

(15)“提取专用基金”项目,反映事业单位本年按规定提取的专用基金金额。本项目应当根据“非财政补助结余分配”科目的本年发生额分析填列。

(16)“转入事业基金”项目,反映事业单位本年按规定转入事业基金的非财政补助结余资金。本项目应当按照本表中“本年非财政补助结余”项目金额减去“应缴企业所得税”、“提取专用基金”项目金额后的余额填列;如为负数,以“-”填列。

上述(10)至(16)项目,只有在编制年度收入支出表时才填列;编制月度收入支出表时,可以不设置此7个项目。

例 10-35 收入支出表的编制。

承例10-34的相关资料,编制2014年1月的收入支出表,如表10-4所示。

四、财政补助收入支出表

事业单位的财政补助收入支出表是反映事业单位某一会计年度财政补助收入、支出、结转及结余情况的报表。事业单位应当编制年度财政补助收入支出表。财政补助收入支出表的基本格式如表10-5所示。

表10-5 财政补助收入支出表

会事业03表

编制单位: ______年度 单位:元

项 目	本年数	上年数
一、年初财政补助结转结余		—
(一)基本支出结转		—
1. 人员经费		—
2. 日常公用经费		—
(二)项目支出结转		—
××项目		—
(三)项目支出结余		—
二、调整年初财政补助结转结余		—
(一)基本支出结转		—
1. 人员经费		—
2. 日常公用经费		—
(二)项目支出结转		—
××项目		—
(三)项目支出结余		—
三、本年归集调入财政补助结转结余		
(一)基本支出结转		
1. 人员经费		

（续表）

项　目	本年数	上年数
2. 日常公用经费		
（二）项目支出结转		
××项目		
（三）项目支出结余		
四、本年上缴财政补助结转结余		
（一）基本支出结转		
1. 人员经费		
2. 日常公用经费		
（二）项目支出结转		
××项目		
（三）项目支出结余		
五、本年财政补助收入		
（一）基本支出		
1. 人员经费		
2. 日常公用经费		
（二）项目支出		
××项目		
六、本年财政补助支出		
（一）基本支出		
1. 人员经费		
2. 日常公用经费		
（二）项目支出		
××项目		
七、年末财政补助结转结余		
（一）基本支出结转		
1. 人员经费		
2. 日常公用经费		
（二）项目支出结转		
××项目		
（三）项目支出结余		

财政补助收入支出表“上年数”栏内各项数字，应当根据上年度财政补助收入支出表“本年数”栏内数字填列。“本年数”栏各项目的内容和填列方法如下。

（1）“年初财政补助结转结余”项目及其所属各明细项目，反映事业单位本年初财政补助结转和结余余额。各项目应当根据上年度财政补助收入支出表中“年末财政补助结转结余”项目及其所属各明细项目“本年数”栏的数字填列。

（2）“调整年初财政补助结转结余”项目及其所属各明细项目，反映事业单位因本年发生需要调整以前年度财政补助结转结余的事项，而对年初财政补助结转结余的调整金额。各项目应当根据“财政补助结转”、“财政补助结余”科目及其所属明细科目的本年发生额分析填列。如调整减少年初财政补助结转结余,以“-”填列。

(3)“本年归集调入财政补助结转结余”项目及其所属各明细项目,反映事业单位本年度取得主管部门归集调入的财政补助结转结余资金或额度金额。各项目应当根据“财政补助结转”、“财政补助结余”科目及其所属明细科目的本年发生额分析填列。

(4)“本年上缴财政补助结转结余”项目及其所属各明细项目,反映事业单位本年度按规定实际上缴的财政补助结转结余资金或额度金额。各项目应当根据“财政补助结转”、“财政补助结余”科目及其所属明细科目的本年发生额分析填列。

(5)“本年财政补助收入”项目及其所属各明细项目,反映事业单位本年度从同级财政部门取得的各类财政拨款金额。各项目应当根据“财政补助收入”科目及其所属明细科目的本年发生额填列。

(6)“本年财政补助支出”项目及其所属各明细项目,反映事业单位本年度发生的财政补助支出金额。各项目应当根据“事业支出”科目所属明细科目本年发生额中的财政补助支出数填列。

(7)“年末财政补助结转结余”项目及其所属各明细项目,反映事业单位截至本年末的财政补助结转和结余余额。各项目应当根据“财政补助结转”、“财政补助结余”科目及其所属明细科目的年末余额填列。

五、附注

附注是指对在会计报表中列示项目的文字描述或明细资料,以及对未能在会计报表中列示项目的说明等。事业单位的会计报表附注至少应当披露下列内容。

(1) 遵循《事业单位会计准则》、《事业单位会计制度》的声明。

(2) 单位整体财务状况、业务活动情况的说明。

(3) 会计报表中列示的重要项目的进一步说明,包括其主要构成、增减变动情况等。

(4) 重要资产处置情况的说明。

(5) 重大投资、借款活动的说明。

(6) 以名义金额计量的资产名称、数量等情况,以及以名义金额计量理由的说明。

(7) 以前年度结转结余调整情况的说明。

(8) 有助于理解和分析会计报表需要说明的其他事项。

考情分析

本章内容在近几年全国初级会计资格考试《初级会计实务》中的题型、题量及试题分数如下表所示。从近几年试题分数看,本章内容比较重要。

题 型	2011 年	2012 年	2013 年/2014 年
单项选择题	2 题 2 分	1 题 1 分	2 题 3 分
多项选择题	1 题 2 分	1 题 2 分	1 题 2 分
判断题		1 题 1 分	1 题 1 分
分数合计	4 分	4 分	6 分

同步训练

一、单项选择题

1. 事业单位的现金溢余,属于无法查明原因的部分,应借记“库存现金”科目,贷记“(　　)”科目。

A. 营业外收入　　B. 事业收入　　C. 待处置资产损溢　　D. 其他收入

2. 逾期3年或以上,有确凿证据表明确实无法收回的应收款项,事业单位按规定报经批准后予以核销的不包括(　　)。

A. 应收账款　　B. 应收票据　　C. 预付账款　　D. 其他应收款

3. 事业单位接受捐赠、无偿调入的存货,如果没有相关凭据,同类或类似存货的市场价格也无法可靠取得,该存货应(　　)。

A. 按照暂估价值入账　　B. 不入账

C. 按照名义金额入账　　D. 在备查簿中登记

4. 事业单位固定资产的处置通过(　　)核算。

A. 待处理财产损溢　　B. 待处置资产损溢

C. 固定资产清理　　D. 营业外收支

5. 事业单位的无形资产摊销应借记“(　　)”科目。

A. 事业支出　　B. 经营支出

C. 其他支出　　D. 非流动资产基金

6. 事业单位无法偿付或债权人豁免偿还的应付账款计入(　　)。

A. 经营收入　　B. 事业收入　　C. 其他收入　　D. 事业基金

7. 期末,事业单位应将“事业收入”、“上级补助收入”、“附属单位上缴收入”、“其他收入”科目本期发生额中的专项资金收入结转入(　　)。

A. 非财政补助结转　　B. 事业结余　　C. 经营结余　　D. 财政补助结转

8. 事业单位应当编制(　　)财政补助收入支出表。

A. 月度　　B. 季度　　C. 半年度　　D. 年度

二、多项选择题

1. 事业单位的货币资金包括(　　)。

A. 库存现金　　B. 银行存款

C. 其他货币资金　　D. 零余额账户用款额度

2. 事业单位长期投资的成本包括(　　)。

A. 购买价款或评估价值　　B. 利息

C. 税金　　D. 手续费

3. 事业单位会计核算中,涉及“非流动资产基金”的资产有(　　)。

A. 固定资产　　B. 无形资产　　C. 长期投资　　D. 在建工程

4. 事业单位的净资产包括(　　)。

A. 财政补助结转结余　　B. 事业基金和专用基金

C. 非流动资产基金　　D. 非财政补助结转结余

5. 事业单位的财政补助结转是由“(　　)”科目结转的。

A. 财政补助收入　　B. 财政补助支出

C. 事业支出——财政补助支出　　D. 事业支出——其他资金支出

6. 事业单位在(　　　　)情况下,应冲减非流动资产基金。
   A. 计提固定资产折旧　　　　B. 无形资产摊销
   C. 处置长期投资　　　　D. 固定资产对外投资
7. 事业单位的(　　　　)科目结账后应无余额。
   A. 财政补助收入　　B. 上缴上级支出　　C. 上级补助收入　　D. 其他支出
8. 事业单位的会计报表至少应当包括(　　　　)。
   A. 利润表　　　　B. 资产负债表
   C. 收入支出表　　　　D. 财政补助收入支出表

三、判断题

1. 事业单位的"零余额账户用款额度"科目年末应为借方余额。(　)
2. 事业单位的存货发生盘盈或盘亏,均须先转入待处置资产损溢,待批准处理后,再转入其他收支处理。(　)
3. 事业单位的长期投资账面余额应与对应的非流动资产基金账面余额保持相等。(　)
4. 事业单位的固定资产和无形资产均应计提折旧或摊销。(　)
5. 事业单位的经营支出与经营收入应当配比。(　)
6. 财政补助结转结余参与事业单位的结余分配。(　)
7. 事业单位的非财政补助结转资金是财政补助收支以外有专门用途的资金。(　)
8. 事业单位的收入支出表反映事业单位在某一会计期间内各项收入、支出和结转结余情况。(　)

四、不定项选择题

甲事业单位2014年3月末结账前有关科目的发生额或余额资料如下表所示。

科 目	借或贷	本期发生额/元	期末余额/元
长期投资——债券投资	借		50 000
固定资产(自有资产)	借		9 000 000
累计折旧	贷		4 000 000
在建工程	借		2 000 000
无形资产	借		1 000 000
累计摊销	贷		400 000
财政补助收入	贷	600 000	
事业收入——专项资金收入	贷	250 000	
事业收入——非专项资金收入	贷	150 000	
经营收入	贷	80 000	
上级补助收入——专项资金收入	贷	350 000	
其他收入——非专项资金收入	贷	100 000	
事业支出——财政补助支出	借	580 000	
事业支出——非财政专项资金支出	借	550 000	
事业支出——其他资金支出	借	200 000	
经营支出	借	60 000	
其他支出——其他资金支出	借	120 000	

要求:根据上述资料,不考虑其他因素,分析回答下列第 1 ~5 小题。

1. 甲事业单位的“非流动资产基金”科目的期末余额为(　　　　)元。

A. 7 600 000　　B. 7 650 000　　C. 10 500 000　　D. 12 500 000

2. 期末,将本期发生额结转入财政补助结转,会计处理正确的是(　　　　)。

A. 借:事业收入——专项资金收入　250 000
　　贷:财政补助结转　250 000

B. 借:上级补助收入——专项资金收入　350 000
　　贷:财政补助结转　350 000

C. 借:财政补助收入　600 000
　　贷:财政补助结转　600 000

D. 借:财政补助结转　580 000
　　贷:事业支出——财政补助支出　580 000

3. 期末,将本期发生额结转入非财政补助结转,会计处理正确的是(　　　　)。

A. 借:事业收入——专项资金收入　250 000
　　贷:非财政补助结转　250 000

B. 借:事业收入——非专项资金收入　150 000
　　贷:非财政补助结转　150 000

C. 借:上级补助收入——专项资金收入　350 000
　　贷:非财政补助结转　350 000

D. 借:非财政补助结转　550 000
　　贷:事业支出——非财政专项资金支出　550 000

4. 期末,将本期发生额结转入事业结余,会计处理正确的是(　　　　)。

A. 借:事业收入——非专项资金收入　150 000
　　贷:事业结余　150 000

B. 借:其他收入——非专项资金收入　100 000
　　贷:事业结余　100 000

C. 借:事业结余　200 000
　　贷:事业支出——其他资金支出　200 000

D. 借:事业结余　120 000
　　贷:其他支出——其他资金支出　120 000

5. 期末,将本期发生额结转入经营结余,会计处理正确的是(　　　　)。

A. 借:经营收入　80 000
　　贷:经营结余　80 000

B. 借:其他收入——非专项资金收入　100 000
　　贷:经营结余　100 000

C. 借:经营结余　60 000
　　贷:经营支出　60 000

D. 借:经营结余　120 000
　　贷:其他支出——其他资金支出　120 000

参考文献

[1] 全国会计专业技术资格考试领导小组办公室．初级会计专业技术资格考试大纲(2013)．北京:经济科学出版社,2013.

[2] 财政部会计资格评价中心．初级会计实务(2013)[M]．北京:中国财政经济出版社,2013.

[3] 财政部会计资格评价中心．中级会计实务(2013)[M]. 北京:经济科学出版社,2013.

[4] 财政部．企业会计准则(2006). 北京:经济科学出版社,2006.

[5] 财政部．企业会计准则应用指南(2006). 北京:中国财政经济出版社,2006.

[6] 财政部会计司编写组．企业会计准则讲解(2010). 北京:人民出版社,2010.

[7] 朱小平,徐泓．初级会计学[M]. 北京:中国人民大学出版社,2005.

[8] 马建钢．财务会计[M]. 上海:立信会计出版社,2010.

[9] 戴得明,林钢,赵西卜．财务会计[M]. 北京:中国人民大学出版社,2010.

[10] 余孝文．财务会计[M]. 北京:冶金工业出版社,2010.

[11] 财政部会计司．企业会计准则第 39 号——公允价值计量．北京:中国财政经济出版社,2014.

[12] 财政部会计司．企业会计准则第 30 号——财务报表列报．北京:中国财政经济出版社,2014.

[13] 财政部会计司．企业会计准则第 9 号——职工薪酬．北京:中国财政经济出版社,2014.

[14] 财政部会计司．企业会计准则第 40 号——合营安排．北京:经济科学出版社,2014.

[15] 财政部会计司．企业会计准则第 2 号——长期股权投资．北京:经济科学出版社,2014.

[16] 财政部会计司．企业会计准则第 41 号——在其他主体中权益的披露．北京:中国财政经济出版社,2014.

[17] 财政部．营业税改征增值税试点有关企业会计处理规定．财会〔2012〕13 号文件．

[18] 财政部．事业单位会计准则．〔2012〕第 72 号令．

[19] 财政部．事业单位会计制度．财会〔2012〕22 号文件．

[20] 王健琪,黄毅勤．新编事业单位会计[M]. 北京:中国市场出版社,2013.

[21] 张志风．2014 年会计专业技术资格考试应试指导及全真模拟测试・初级会计实务．北京:北京大学出版社,2014.